마미파워의
**깐깐하게 고른
육아용품**

초보 맘에게 들려주는 첫 아이를 위한 제품 선별 팁

마미파워의
깐깐하게 고른
육아용품

| 양혜숙 지음 |

CONTENTS

01
아이가 태어나기 전에 마련하는 육아용품

배냇저고리 010
내의 012
보디 슈트·우주복 014
모자 016
신생아 손발 싸개·양말 018
속싸개·겉싸개 020
기저귀 023
거즈 수건 026
걸음마 보조기 028
보행기 030
딸랑이 032

BONUS
아이의 패션을 완성시켜줄 잇 아이템

02
맛있고 건강한 음식을 위해 갖춰야 할 식사용품

이유식 용기·재료 보관 용기 038
이유식 숟가락 040
이유식 마스터 042
식판·식기 044
아이 과자·스낵 컵 046
과즙망 048   빨대 컵 050
식탁 의자·매트 054
범보 의자·부스터 058
치즈 커팅·바나나 보관 통·두유와 우유 케이스 060
젖병·분유 케이스 063
보온병·보온통 066
턱받이 068

BONUS
젖병은 많고 시간이 없을 때 사용하는 물건

03
아이의 청결을 위한 준비물 목욕용품

유아 변기·변기 커버 074
유아 손 세정 제품·디딤대 077
샴푸 캡·샴푸 컵 080
목욕놀이 용품 082
버블 배스·입욕제 084
로션·오일 086
목욕 장갑·거품 타월 088
미끄럼 방지 용품 090
아이 타월·목욕 가운 092
유아용 면봉 094
아이 욕조 096
칫솔·치약 098
목욕 장난감 101
클렌저 104

BONUS
아이의 목욕 용품을 깨끗하게 보관하는 물건

04
튼튼하고 건강한 아이를 위한 의약용품

유아용 영양제 110
손과 입 티슈·해열 시트 112
콧물 흡입기 116
온습도계·탕온계 118
체온계 120
손톱깎이·손톱가위·핀셋 122
물티슈 124
치발기 126
모기·벌레 퇴치제 128
유아 피부 진정제·선크림 130

BONUS
모든 성분 표시를 꼼꼼히 확인해야 하는 제품

05
편안한 잠자리와 정리정돈을 위한 아이 방 용품

신생아 이불 세트·방수 요 136
짱구 베개·베개 139
유아 원목 침대·범퍼 침대 142
헝겊·촉감 인형 146
기저귀 정리함 148   장난감 정리함 150
책상·의자 152   아이 소파 154
수면등 156   바운서·스윙 158
배 가리개·수면 조끼 160   아이 모기장 162
침대 가드·집 안 안전용품 164
매트 168   베이비 룸 172
모빌 174   베이비 장·옷걸이 176
-
BONUS
책부터 교구, 장난감까지 놓을 수 있는 수납공간

06
물놀이와 캠핑을 즐기기 위한 나들이용품

튜브·구명 조끼 182
수영복·물안경·방수 기저귀 186
돗자리·캠핑 매트 188
여행용 캐리어 190
-
BONUS
캠핑장에서 보내는 아이들과의 특별한 하루

07
아이와 엄마가 함께할 때 필요한 외출용품

카시트 196
유모차 199
카시트·유모차 액세서리 204
힙시트 208
아기 띠·아기 띠 워머 210
웨건 213
유모차 라이더·자전거 트레일러 215
보냉 가방·지퍼백 217
블랭킷 219
기저귀 가방·파우치 222
무릎 보호대·아동용 헬맷 226
미아 방지 제품 228
운동화·샌들 230
유아가방 232
우산·장화 234
우의·바람막이 236
-
BONUS
아이를 업어 키우거나 안아 키울 때 필요한 제품

08
아이와 교감할 수 있게 도와주는 놀이용품

아기 초점책 242   아기 체육관 244
러닝 홈 246   점퍼루·쏘서 248
병원놀이 250   비눗방울 252
주방놀이 254   인형놀이 258
움직이는 동물 인형 260   공놀이 262
볼링놀이 264   트램펄린·농구대 266
악기 장난감 268   자석 칠판 270
롤러코스터·비지쥬 272   세계지도·지구본 274
구슬 꿰기·실 꿰기 276   유아 텐트 278   모래놀이 281
낚시놀이 284   미술놀이 286
클레이놀이 290   학습용 시계·숫자 세기 294
쌓기놀이 296   원목 장난감·교구 300
자석 교구·가베 304   퍼즐 308
스토리빔 310   유아용 자전거 312
실내외 승용 완구 316
-
BONUS
집 안에 생긴 작은 놀이터
부록. 엄마를 위한 출산 준비 용품·아이를 위한 어린이집 용품

PROLOGUE

첫아이를 낳고 심각할 정도로 산후 우울증을 겪었습니다. 결혼하기 전까지 직장생활을 했고, 오지랖도 넓어 이것저것 다양한 일을 많이 했는데 결혼 후 얼마 지나지 않아 임신을 하면서 자연스럽게 일을 놓았지요. 그런데 그 후유증이 출산 후 갑자기 우울증으로 나타났습니다. 제가 우울증에 걸릴 거라고는 단 한 번도 생각해본 적이 없었던 터라 우울증에 대비할 새도 없어 꽤 오랜 시간 고생했습니다. 다행히 가족과 지인들의 꾸준한 관심과 도움으로 우울증을 극복한 저는 '다시 나를 찾아야겠다'는 생각으로 육아 카페 '엄마는 마법사'를 운영하기 시작했습니다. 그런데 놀랍게도 그렇게 시작한 작은 카페가 어느덧 네이버의 인기 육아 카페가 될 정도로 커졌고, 덕분에 저는 육아 블로거로 자리를 잡게 되었지요. 운영하는 카페의 특성상 정말 다양한 육아용품을 접하고 있습니다. 카페를 통해 많은 엄마로부터 육아용품 관련 질문도 꾸준히 받고 있고요. 아이를 키우는 엄마들은 아이 먹거리부터 교육까지 직접 챙겨야 하는 것이 한두 가지가 아니잖아요. 육아용품 역시 신경이 많이 쓰이는 분야입니다. 내 아이가 직접 만지며 사용할 것들이라 좀 더 꼼꼼하게 확인하고 싶은 것이 엄마들의 마음이니까요. 또 육아용품은 비슷한 제품이라도 가격이 천차만별이라 제품을 선택할 때 고민도 많고 신중해집니다. 아마도 이런 이유들 때문에 많은 엄마가 제게 물어보신 게 아닐까 생각합니다.

저도 첫아이 때는 뭐든 다 해주고 싶고 또 그래야만 할 것 같아서 많은 육아용품을 구매했습니다. 하지만 다른 아이는 정말 좋아해 잘 활용했다는 물건을 내 아이는 별로 좋아하지 않아 제대로 써보지도 못한 경우도 많았답니다. 육아용품 구입에서 실패의 쓴맛을 여러 번 맛보았죠. 특히 가격이 비싼 제품들은 아이가 별 반응을 보이지 않아 제대로 활용하지 못하면 속이 엄청 쓰렸습니다. 저는 육아를 그리 잘하는 엄마도, 똑똑한 엄마도 아니지만 육아용품에 대해 궁금해하는 초보 맘들에게 조금이나마 도움이 되기를 바라는 마음으로 이 책을 쓰게 됐습니다. 제 육아 경험과 그에 맞는 제품들을 소개하려고요. 그래서 주로 제가 사용했던 제품들을 중심으로 그와 관련된 에피소드를 곁들여 소개하였고, 제가 직접 사용하지 않았던 제품들은 그동안 카페를 운영하면서 만난 전국의 많은 엄마들의 의견과 저의 직간접적인 경험을 바탕으로 선정하여 소개하였습니다. 모든 아이가 다 같을 수는 없지만 참고한다면 적절한 선택과 소비에 도움이 되리라 생각합니다.

책 속 제품 소개 부분에서 오픈 마켓 외 구입처로 표기된 곳은 제가 직접 구매한 곳도 있지만 대부분 해당 브랜드의 공식 쇼핑몰입니다. 이런 공식 쇼핑몰은 오픈 마켓과 가격 차이가 발생할 수 있으므로 꼭 가격을 비교해보고 구입하길 권합니다. 하지만 간혹 가격이 너무 저렴한 제품은 정품이나 직수입 제품이 아니라 유사 제품일 가능성이 있으므로 주의해야 합니다. 또 제품에 따라 공식 수입처가 아닌 곳에서 살 경우 A/S 등이 어려울 수 있으므로 이 점도 꼭 확인해야 하고요. 이런 부분을 기억해두었다가 책의 육아용품 정보를 접한다면 훨씬 도움이 될 거라 생각합니다.

지금 다섯 살, 세 살인 두 아이를 키운 에피소드와 제품들을 정리하다 보니 5년 남짓 엄마 역할을 하는 동안 제게도 참 많은 일이 있었구나 싶습니다. 한편으로는 우리 엄마도 나를 이렇게 애지중지 키우셨겠구나, 지금의 나처럼 자신에게는 작은 것 하나도 인색하셨겠지, 하는 생각이 들어 울컥하기도 했습니다. 큰딸인데도 성격이 무뚝뚝해 한 번도 말씀 못 드렸는데, 제가 엄마로서 행복을 느끼며 살 수 있게 해주신 엄마 아빠, 두 분 정말 존경하고 사랑합니다. 지금까지 사랑과 배려로 지켜봐 주신 은혜 꼭 보답할게요. 또 책을 쓰는 동안 신나게 놀아주지 못해 너무 미안했는데 그래도 엄마가 〈겨울왕국〉의 엘사보다 더 예쁘다고 말해주는 우리 아들 딸, 고맙고 사랑한다. 이제 엄마가 신나게 놀아줄게. 그리고 모니터링을 해주신 많은 블로거 이웃들과 글 쓰는 재주가 없는 저에게 길라잡이가 되어준 이종희 님, 정원 씨, 동생 혜미에게도 감사의 마음을 전합니다. 이 책을 세상에 선보이게 해준 RHK 담당자 분들도 잊지 않을게요. 그리고 무엇보다 책 작업을 할 수 있도록 큰 사랑으로 외조를 해준 남편에게 가장 먼저 책을 선사하고 싶어요. 고맙고 사랑합니다. 마지막으로 이 책의 첫 페이지를 선뜻 열어주신 세상의 모든 엄마들, 고맙습니다. 먼저 경험한 선배 맘의 눈으로 본 육아용품과 선배 맘이 겪은 육아 에피소드들이 이제 막 엄마가 되신 여러분께 작은 위로와 도움이 되길 진심으로 바랍니다.

01. CHAPTER

아이가 태어나기 전에 마련하는 육아용품

임신 7개월 무렵부터 본격적으로 육아용품을 준비하기 시작했다. 많은 제품 중 가장 먼저 고른 것은 바로 아이의 배냇저고리. 3벌 정도면 충분하다는 엄마들도 있고, 7~8벌도 부족하다는 친구도 있었다. 지금 생각해보면 배냇저고리가 몇 벌인지는 중요하지 않지만, 그때는 너무 고민스러웠다. 잘 게워내는 아이는 하루에 7벌도 모자라지만 그렇지 않은 아이는 3~4벌로도 충분하니 말이다. 아이가 태어나기 전 대형 마트에서 저렴한 가격에 여러 벌 산 내의가 몇 번 입히지도 않았는데 소맷단이 늘어나는 경우도 있었다.(집에서만 입으니 싼 옷을 여러 벌 사는 것이 좋을 줄 알았는데 오래 입히지도 못하고 돈은 두 배로 더 들었던 것.) 이때 무조건 싼 제품을 사서는 안 된다는 교훈을 얻었다. 또 첫아이 때 기저귀를 아무거나 사용해도 발진이 없어, 둘째 때도 아무거나 썼다가 발진을 경험하기도 했다.(무조건 싼 제품이 정답은 아니라는 것.) 다른 아이들에게는 잘 맞는 물건이 내 아이에게는 맞지 않을 수 있다는 사실도 아이를 키우며 깨달았다. 이렇게 마음만 앞서 무턱대고 준비한 첫아이 때의 좌충우돌 육아용품 경험담을 소개한다. 아이가 태어나기 전, 엄마가 준비해야 할 필수 제품을 담아보았다.

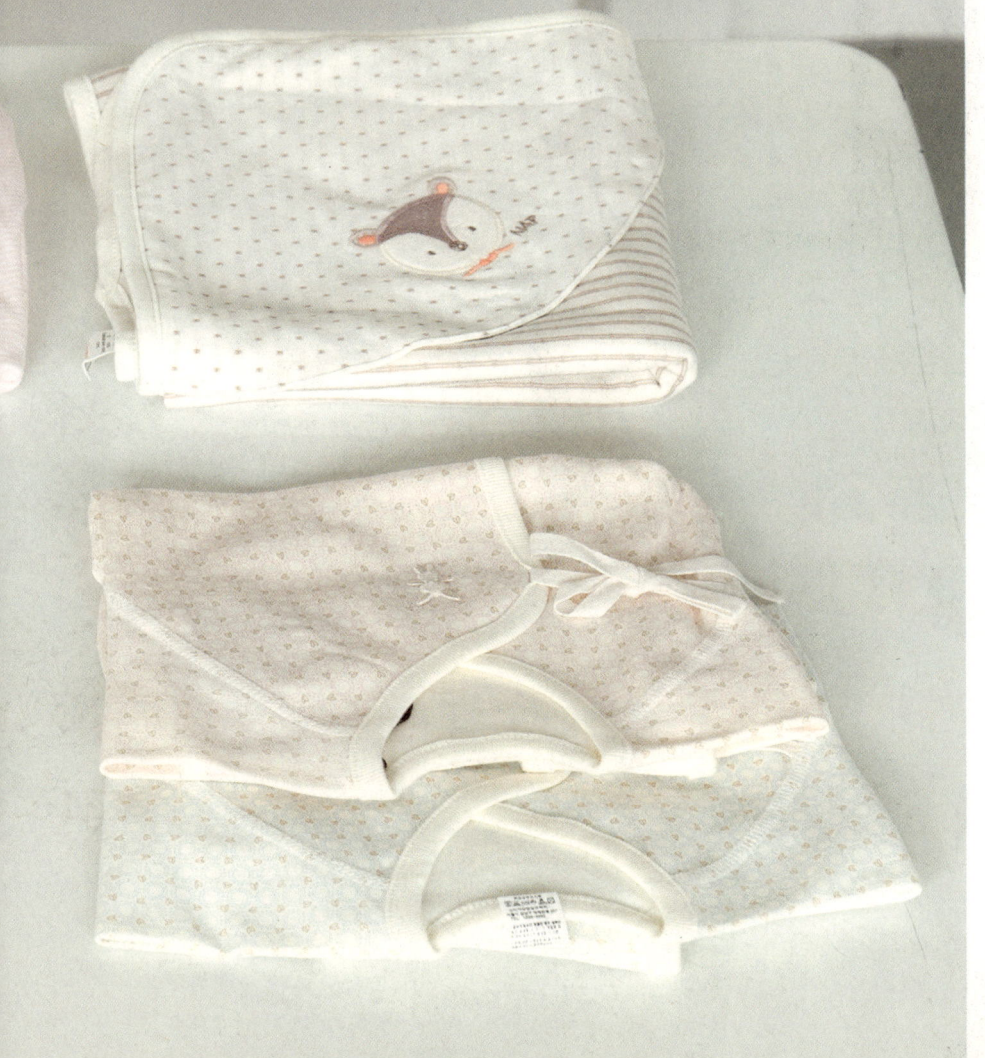

• • •

배냇저고리

내의

보디 슈트·우주복

모자

신생아 손발 싸개·양말

속싸개·겉싸개

기저귀

거즈 수건

걸음마 보조기

보행기

딸랑이

BONUS 아이의 패션을 완성시켜줄 잇 아이템

01. CHAPTER

배냇저고리
001
엄마가 고르는 첫 옷

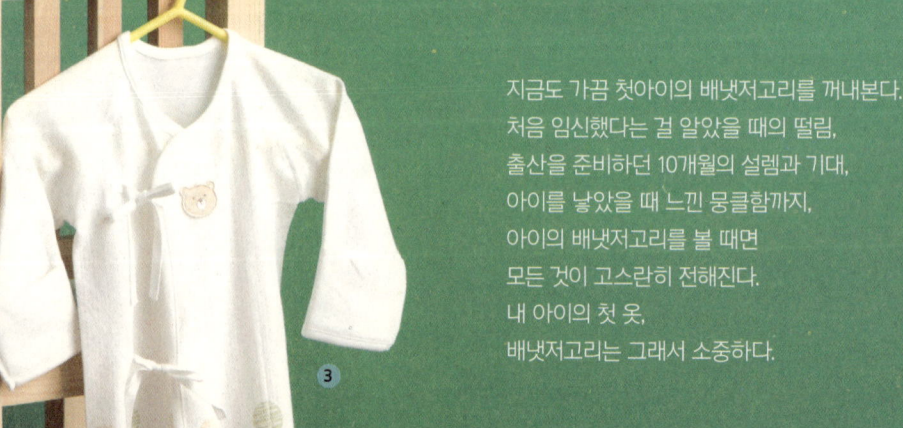

지금도 가끔 첫아이의 배냇저고리를 꺼내본다.
처음 임신했다는 걸 알았을 때의 떨림,
출산을 준비하던 10개월의 설렘과 기대,
아이를 낳았을 때 느낀 뭉클함까지,
아이의 배냇저고리를 볼 때면
모든 것이 고스란히 전해진다.
내 아이의 첫 옷,
배냇저고리는 그래서 소중하다.

아이를 만난다는 설렘이 그대로 담긴 옷

만삭이 되면 움직이기 힘들다는 주변 사람들의 조언을 듣고 임신 7개월 무렵부터 육아용품을 준비하기 시작했다. 그중 가장 먼저 고른 제품은 배냇저고리다. 출산하면 병원에서 선물로 주기도 하고 지인들이 가장 많이 하는 선물이라는 이야기를 들었지만, 아이가 세상에 태어나 처음 입을 옷은 내가 직접 골라주고 싶었다. 임신 7개월, 18kg이나 불어버린 거대한 몸을 이끌고 신랑과 함께 배냇저고리를 사기 위해 백화점 유아 매장을 전부 돌아다녔다. 색이 마음에 들면 원단이 너무 두껍고, 원단이 괜찮으면 디자인이 마음에 들지 않았다. 나름 털털한 성격이라 자부했는데, 내 뱃속에 있는 새로운 생명에 대한 경이로움과 그동안 품어온 아이를 곧 만난다는 기대와 설렘 때문에 배냇저고리 하나 고르는 데도 깐깐하게 굴었다.

배냇저고리는 100% 순면 재질이 좋다

아이의 성별에 따라 분홍색이나 파란색 계열 배냇저고리도 많이 구입하지만, 엄마들은 보통 흰색이나 아이보리색을 선호하는 편이다. 아이의 첫 옷인 만큼 순백색의 순결한 느낌을 간직하고 싶은 마음 때문일 것이다. 배냇저고리는 여름용과 겨울용으로 나뉘어 있어 출산 시기에 맞게 선택하면 된다. 그리고 생후 한두 달 정도밖에 입히지 않지만 매일 2~3번은 갈아 입히기 때문에 4~7벌 정도 구비해 두면 무난하다.
배냇저고리는 100% 순면 재질에 신생아의 살갗에 닿지 않도록 시접이 밖으로 처리된 것이 좋다. 또 소매 끝을 손 싸개 모양으로 처리한 것은 아이가 자기 손톱으로 얼굴 할퀴는 것을 방지할 수 있으니 구매할 때 확인한다. 요즘은 대부분 이런 조건들을 반영한 제품이 출시되므로 디자인과 계절만 잘 맞춰서 구매하면 무리가 없다. 최근에는 엄마가 직접 만들어주는 DIY 배냇저고리도 태교용으로 인기다. 아이를 위해 한 땀 한 땀 정성 들여 배냇저고리를 만들어주고 싶은 엄마라면 도전해볼 만하다.

육아에 지친 엄마를 힐링시키는 배냇저고리

우리 큰아이가 지금 딱 미운 다섯 살 시기라 말을 잘 듣지 않고 떼를 쓰거나 고집을 피워 아이를 혼내는 경우가 많다. 그러다 보니 아이에 대한 미안함, 나 자신에 대한 반성 등이 더해져 육아 스트레스가 적지 않다. 이럴 때는 보관해둔 아이의 배냇저고리를 꺼내본다. 배냇저고리에는 신생아 때의 흔적과 나와 살을 비볐던 냄새들이 그대로 남아 있어 그때의 기억들이 떠올라 스트레스를 받았던 마음이 가라앉곤 한다. 출산 전이라면 아이를 미워한다는 말이 믿어지지 않겠지만, 육아가 현실이 되는 순간 분명 100% 공감하게 될 것이다.

마미파워의 선택

난쟁이 똥자루 배냇저고리
임신하면서 아이에게 어떤 의미 있는 선물을 할까 고민하다 선택한 배냇저고리 DIY 세트. 배냇저고리, 손발 싸개 등이 세트로 구성되어 있다. 화학물질을 전혀 사용하지 않은 오가닉 원단이라 안심이 된다. 바느질 초보 엄마들을 위해 휘갑치기 처리가 되어 있어 간단한 홈질과 박음질로 완성할 수 있다.
마미파워의 한마디 바느질을 꼼꼼하게 하지 않으면 꿰맨 부분이 두꺼워져 아이가 불편해한다. 더욱이 DIY 세트는 보통 5~6가지로 구성돼 만들려면 인내심이 필요하다.
INFO WWW.NANDDONG.COM 2만~6만원대. (구성, 개수에 따라 다양한 선택 가능.)

1 아가방 냅베이비-오가닉 핑크 도트, 오가닉 블루 도트 배냇저고리
100% 오가닉 제품이지만 가격대가 다양해 배냇저고리가 여러 개 필요할 때 구입하기 좋다. 연약한 아이 피부를 위해 모든 봉제 라인을 바깥쪽으로 처리했으며, 소매 끝을 손 싸개로 이용할 수 있어 아이들이 손톱으로 얼굴에 상처 내는 것을 막아준다. 아가방 브랜드라 배냇저고리 외에 다른 용품들을 함께 구매하면 적립금이나 사은품 등의 혜택을 받을 수 있다.
마미파워의 한마디 타사 오가닉 제품보다 저렴한 편이다.
INFO WWW.AGANET.CO.KR/MAIN.DO
1만 2천원대.

2 엔젤비닷 엔젤화이트 배냇저고리
100% 순면 무형광 소재로 만든 배냇저고리. 원단은 물론 스냅을 비롯한 모든 부자재까지 무형광 소재를 사용해 안심하고 입힐 수 있다. 40수 양면에 두께도 적당해 사계절 모두 입힐 수 있고, 소맷단을 손 싸개 형태로 처리해 아기 손톱으로 인한 상처를 방지한다.
마미파워의 한마디 흰색인 만큼 얼룩이 지지 않도록 관리를 잘해야 한다.
INFO WWW.BABIZMALL.CO.KR 1만 7천원대.

3 압소바 오가닉 배냇저고리
무형광 소재의 깔끔하고 귀여우면서 고급스러운 디자인의 배냇저고리. 순수 유기농 면을 사용해 촉감이 좋고 자극이 없다. 짜임이 톡톡해 가을, 겨울에 태어나는 아이에게 입히면 좋다.
마미파워의 한마디 오프라인 매장에서 직접 보고 구입할 수 있는 장점이 있다.
INFO WWW.HAPPYLAND.CO.KR/MALL
2만원대.

01. CHAPTER

내의

— 002 —

아이가 자라는 동안 가장 많이 입는 옷

아이가 아주 어릴 땐 보디 슈트를 실내복으로 많이 입히지만, 걷기 시작할 무렵부터는 내의를 많이 입힌다. 내의는 아이가 자라는 동안 제일 많이 입는 옷이므로 미리 사두지 말고 필요할 때마다 구입하고, 필수 육아용품인 만큼 저렴하게 준비하는 게 좋다.

하루에도 몇 번씩 갈아 입히는 옷

아이가 음식을 먹다 흘리거나, 대소변 실수를 하거나, 미술놀이 등을 하면서 옷이 더러워지기 때문에 갈아 입힐 내복이 많이 필요하다. 여름에는 땀을 많이 흘리기 때문에 더욱 자주 갈아 입혀야 한다. 우리 아이들의 경우 내복을 7~8벌씩은 가지고 있다. 처음에는 아기 선물로 내복을 많이 받아 따로 구매하지 않고 사이즈에 맞게 사용했는데, 브랜드에 따라 소재가 짱짱한 것과 그렇지 않은 것이 있고, 동일한 사이즈라도 브랜드에 따라 아이에게 맞지 않는 경우도 있었다. 이런 경우 세탁을 하고 나면 사이즈가 더 줄어들어 아쉬웠다. 아이들은 금방 자라기 때문에 작년에 입혔던 내의를 올해는 입히지 못하는 경우가 많다. 그래서 내복은 미리 사두지 말고 필요할 때마다 사는 것이 좋다. 1만 원 미만의 보세 제품이지만, 100% 순면 무형광 제품, 한국의류시험연구원에서 자율안전시험을 통과한 안전한 소재로 만든 제품들도 있어 발품을 팔면 저렴한 가격으로도 좋은 내의를 구입할 수 있다. 특히 육아 공구 카페는 좋은 구매 통로! 단, 질 좋은 상품을 사기 위해선 제품 설명 글을 꼭 읽고 선택해야 한다. 제대로 보지 않고 구매하면 받았을 때 저질 원단을 사용해 실망할 수도 있다.

내의를 고를 때는 소맷단을 눈여겨보자

세탁을 하면 옷이 많이 부드러워져 좋지만, 소맷단이 짱짱하지 않으면 오래 입히지 못하니 내의를 살 때는 소맷단을 확인하고 구입한다. 디자인만 보고 샀다가 소맷단이 너무 빨리 늘어나 몇 번 입히지도 못하고 버린 적도 많다. 여름에는 에어컨이나 선풍기를 틀면 체온 조절이 잘 안 돼 반팔 내의보다 7부로 된 옷을 많이 입혔다. 그러나 냉방기 없이 지내는 경우에는 반팔 내의를 입히는 편이 좋다. 그리고 겨울 외출 시에는 너무 두꺼운 내복보다 적당히 도톰한 내복 위에 겹겹으로 옷을 입혔다. 원단이 두꺼운 내복은 겨울철 집 안에서만 입히는 실내복으로 적당하다.

외출할 때는 예쁜 내의를 입히자

어린이집에서는 아이들이 덥다고 해 내의만 입혀두는 경우가 많으므로 아이의 스타일을 위해 예쁜 내의를 입혀 보내는 것이 좋다. 큰아이가 어린이집에 다닐 때 끝날 시간에 맞춰 아이를 데리러 갔더니 선생님께서 "어머니~오늘 아드님이 공주가 되었더라고요! 호호호." 하며 웃으셨다. 조카의 분홍 꽃무늬 내의를 입혀 보냈는데, 하필 그날 아이들이 내의만 입고 지낸 것이다. 그 후로는 어린이집에 보낼 때 신경 써서 내의를 입혔다. 또 너무 화려한 내의보다 무난한 디자인의 내의가 필요할 때도 있고, 겉옷에 따라 내의가 목이나 팔목에 드러나는 경우도 있어 신경 쓰지 않으면 아이가 패션 테러리스트가 될 수도 있다.

마미파워의 선택

1 삐삐롱 유아 내의
디자이너들이 직접 만들어 하나밖에 없는 디자인 내의를 입힐 수 있다. 내의가 맞나 싶을 정도로 예쁜 디자인을 자랑한다. 100% 국내에서 생산한 면 원단을 사용하고, 디자인도 예쁜데 가격까지 착하다. 늘어나기 쉬운 소매나 무릎 부분의 처리가 돋보인다.
마미파워의 한마디 할인 행사를 할 때 구매하면 좋다.
INFO WWW.PPIPPILONGMALL.COM 1만원대.

2 해피랜드 유아 내의
해피랜드는 압소바, 파코라반 베이비, 까리제 등 다양한 브랜드를 갖고 있는 회사다. 압소바나 파코라반 베이비는 내의 중 고가 라인이지만 품질이 좋아 세탁 후에도 변형이 없는 게 장점이다. 대부분의 백화점과 대형 마트에 입점해 있어 구매하기 쉽다.
마미파워의 한마디 이월상품이나 할인 찬스를 이용하면 저렴하게 구입할 수 있다.
INFO WWW.HAPPYLAND.CO.KR/MALL 1만~4만원대.

3 엔젤비닷 해피 클로버 슬림내의
골지스판 원단을 사용했고, 무형광 제품이다.
마미파워의 한마디 어깨 부분이 스냅없이 입고 벗기에 편한 디자인이다.
INFO WWW.BABIZMALL.CO.KR 1만 7천원대.

4 무냐무냐 유아 내의
지비스타일의 유·아동 내의만 전문으로 생산 및 판매하는 브랜드. 내의 전문 브랜드라 일반 내의부터 기능성 내의(계절용), 잠옷, 속옷까지 한 번에 구입할 수 있다. 유기농 순면, 비화학 처리, 자연 염료를 이용한 천연 염색 등 자연 친화적인 소재를 사용해 아이 피부에 닿아도 안전하다. 잦은 세탁에도 형태 변형이 거의 없고, 디자인이 평범하지 않아 엄마들이 좋아한다.
마미파워의 한마디 오프라인 매장이 많아 제품을 직접 보고 구매할 수 있다.
INFO WWW.CHUMMY.CO.KR 2만~4만원대.

01. CHAPTER

보디 슈트 · 우주복

003

실내 · 외에서 입기 좋은 옷

아이 옷은 내의만 있는 줄 알던 시절이 있었다. 내의만 입혀도 아이가 생활하는 데 큰 지장이 없어서였다. 하지만 아이의 발달 시기와 계절에 따라 내의보다 더 반가운 옷들이 있다. 바로 보디 슈트와 우주복이다.

보디 슈트를 입지 않았던 아이의 반란

어느 여름, 날이 너무 더워 겉옷은 벗기고 반팔 내복을 입힌 채 기저귀만 채워놓은 적이 있다. 그런데 잠깐 한눈을 판 사이 아이가 기저귀를 빼고 놀이 매트 위에서 소변으로 물장난을 치고 있었다. 기저귀를 벗을 거라고는 생각지 못했다. 그 이후 수영복처럼 생긴 보디 슈트를 많이 입혔다. 여름 외의 계절에는 보디 슈트 위에 바지를 덧입혀 체온이 내려가지 않게 해줬다.

보디 슈트, 아이와 엄마 모두에게 편한 옷

보디 슈트는 아이가 손발을 자유롭게 움직일 수 있는, 수영복처럼 디자인한 옷이다. 기저귀를 갈 때도 바지를 벗길 필요 없이 똑딱이 단추만 열면 되기 때문에 편리하다. 아이를 안거나 아이가 배밀이를 해도 배 위로 옷이 올라가지 않아 배앓이도 방지된다. 또 일반 내의보다 디자인이 예쁜 게 많아 집에 손님이 오거나 외출할 때 내의 대신 아이의 스타일을 살려줄 실내복으로 입히기 좋다. 상의만 입힌 것 같지만 기저귀 부분을 감싸주어 아이가 기저귀를 빼내는 것도 막을 수 있다. 그러나 대부분의 보디 슈트는 머리부터 넣는 방식이라 아이가 어느 정도 목을 가눌 수 있어야 입히기가 편하다. 우리 둘째 아이는 머리 둘레가 큰 편이라 보디 슈트 어깨에 똑딱이 단추가 있는 것을 많이 이용했다. 똑딱이 단추가 없는 옷은 아이의 머리가 잘 들어가지 않았고, 옷을 입혔다 하더라도 나중에 벗기는 일이 고민이었다. 아이의 머리 둘레가 크다면 오픈식 보디 슈트를 권한다.

우주복은 집업 스타일이 실용적이다

우주복은 상의와 하의가 붙어 있는 옷으로 외출용과 실내용이 있다. 특히 외출용 우주복은 모자까지 달려있어 머리부터 발끝까지 다 감싸주니 외출할 때 유용했다. 첫아이 때는 똑딱이 단추로 된 외출용 우주복을 입혔는데, 이동하는 중에는 옷을 벗길 일이 없어 괜찮았지만 예방 접종을 하거나 기저귀를 갈 때는 풀었던 똑딱이 단추를 다시 채우는 것도 일이었다. 그래서 둘째 때는 지퍼로 된 외출용 우주복을 입혔다. 지퍼는 하나하나 채울 필요 없이 한 번에 잠글 수 있어 훨씬 편했다. 외출용 우주복은 옷을 다 입힌 후 겉싸개처럼 아이를 감싸는 용도로 사용하게 되므로 아이의 신체보다 살짝 큰 사이즈로 선택한다. 한편, 실내용 우주복은 기저귀를 갈 때마다 옷을 벗기는 일이 번거롭고, 겨울에는 난방을 따뜻하게 하기 때문에 집 안에서는 그다지 필요하지 않다. 나는 실내에서는 보디 슈트 위에 바지를 입히거나 내복을 많이 입히고, 내복 위에 수면 조끼를 입혀 체온을 유지할 수 있게 해주었다. 외출용 우주복을 고를 때 주의할 점도 있다. 외출용 우주복에 달린 지퍼는 엄마가 사용하기에는 편할 수 있지만, 아이에게는 위험할 수 있다. 자칫 지퍼에 아이 피부가 끼일 수 있으므로 주의해야 한다. 똑딱이 단추의 경우 엄마가 일일이 채워야 하는 번거로움은 있지만 아이의 옷 자체는 훨씬 가볍다. 아이가 앞뒤로 누울 때 배기는 것도 덜한 편이다. 지퍼가 달린 옷은 지퍼의 양끝이 아이에게 거슬리지 않도록 마감 처리가 제대로 되어 있는지, 안감 지퍼가 아이 피부에 닿지 않도록 시접이 넉넉한지 확인해야 한다.

마미파워의 선택

1 카터스 보디 슈트

돌 전까지 많이 입히는 카터스. 코스트코 매장이나 해외 직구, 육아박람회장 등에서 접할 수 있는 브랜드로 색감이 다채로워 아이가 입으면 참 예쁘다. 신축성이 좋은 소재로 만들어 아이가 편하게 입을 수 있다. 가격 대비 품질이 좋고 내의지만 디자인이 외출복 같다.

마미파워의 한마디 슬림핏으로 나와 사이즈가 작게 느껴질 수 있다.

INFO WWW.CARTERS.COM
보디 슈트 1만 5천 원 ◎ 패키지 3만~4만원대.

폴로 베이비

특별한 날 한 번씩 입히기 좋다. 활동적인 디자인부터 결혼식이나 가족 행사 때 입히면 좋은 고급스러운 정장 스타일까지 디자인이 다양하고 예쁘다. 실크 제품 외에는 세탁기 사용이 가능하고 세탁 후에도 변형이 없다.

마미파워의 한마디 해외 브랜드이다 보니 가격이 비싸다.

INFO WWW.RALPHLAUREN.CO.KR
7만~20만원.

2 엔젤비닷 슬림 우주복

사랑스러운 갈색 우주복. 95% 순면, 무형광 제품으로 예민한 아기 피부에도 안전하다. 전체 트임이 가능한 스냅을 사용해 입히고 벗기기 편하며 손목과 발목 단의 셔링을 고무줄로 보완해 흘러내리지 않는다. 목 부분의 신축성이 좋아 얼굴이 끼이는 현상도 없다.

마미파워의 한마디 아기자기하고 귀여운 디자인보다 심플한 디자인을 원하는 엄마라면 추천.

INFO WWW.BABIZMALL.CO.KR 2만원대.

주펑 올라올라 기모 우주복

쫀쫀한 시보리와 따뜻한 기모 안감으로 보온성을 높이고 발목까지 이중 안감 지퍼가 있어 입히고 벗기기가 편하다. 주펑은 외출용 우주복 디자인이 다양하다.

마미파워의 한마디 신생아의 외출용 우주복은 한두 벌이면 충분하다.

INFO WWW.ZOOFUN.CO.KR 2만 6천원대.

01. CHAPTER

모자

004

체온 유지와 자외선 차단, 일석이조 아이템

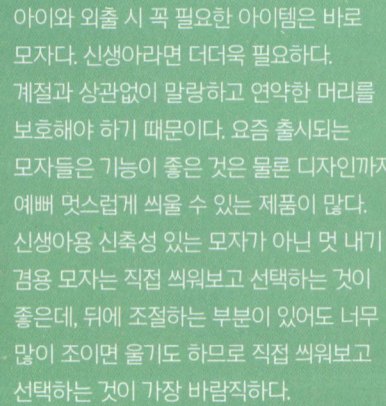

아이와 외출 시 꼭 필요한 아이템은 바로 모자다. 신생아라면 더더욱 필요하다. 계절과 상관없이 말랑하고 연약한 머리를 보호해야 하기 때문이다. 요즘 출시되는 모자들은 기능이 좋은 것은 물론 디자인까지 예뻐 멋스럽게 씌울 수 있는 제품이 많다. 신생아용 신축성 있는 모자가 아닌 멋 내기 겸용 모자는 직접 씌워보고 선택하는 것이 좋은데, 뒤에 조절하는 부분이 있어도 너무 많이 조이면 울기도 하므로 직접 씌워보고 선택하는 것이 가장 바람직하다.

계절에 따라 사용 용도가 다르다

첫째는 겨울에 태어나 모자를 씌우고 그 위에 우주복 모자를 또 씌워 이중으로 보온을 유지했다. 그리고 여름에 태어난 둘째는 이동하는 차 안이나 병원 안의 냉방으로부터 체온이 떨어지지 않도록 면으로 된 비교적 가벼운 것을 사용했다. 혹시 초음파 검사 때 아이의 머리 둘레가 조금 큰 편이라는 얘기를 들었다면, 면 재질보다는 신축성 있는 재질의 모자를 선택한다. 신생아는 목을 잘 가누지 못하기 때문에 모자를 씌울 때도 목에 힘이 들어가지 않도록 살짝 씌워야 하므로 신축성이 있는 소재가 편하다. 다만 니트나 인조 양모로 만든 모자는 신축성이 좋고 디자인은 예쁘지만 땀이 많은 신생아에겐 적합하지 않다. 통풍이 안 되는 모자로 인해 땀에 젖으면 체온이 떨어질 수도 있다.

마미파워의 선택

바바오가닉 모자 DIY
목화씨를 뿌릴 때부터 직조되는 모든 과정을 GOTS 인증을 받은 원단을 사용해 안심이 된다. DIY 제품으로 엄마가 직접 만들어 의미가 있다. 민무늬 양면 원단(양면 모두 무늬가 없어 안팎 구분 없이 사용 가능한 사계절용 원단)과 자카드 원단(겉면에는 동그란 무늬가 들어가고 안쪽에는 무늬가 없는 사계절용 원단) 중 선택해서 만들 수 있다. 모자 외에도 레이스 달린 배냇저고리, 턱받이 등 예쁜 제품이 많다.
마미파워의 한마디 바늘, 유기농 실 등 부자재를 따로 구매해야 한다.
INFO WWW.BABAORGANIC.COM 1만원대.

1 엔젤비닷 리틀닷
양면을 모두 활용할 수 있는 디자인으로 도트와 화이트 2가지로 연출이 가능한 보닛. 100% 순면, 무형광 제품으로 아이 피부에도 안전하다. 안감 챙에 부드러운 소재를 더하고 턱 끈은 면을 사용해 착용감이 부드러우며 쉽게 벗겨지지 않는다.
마미파워의 한마디 아이 머리 둘레에 맞는 사이즈를 확인하고 구매한다.
INFO WWW.BABIZMALL.CO.KR 2만 2천원대.

2 베이비앤 보닛·밴드
특별한 날 필요한 화려한 디자인의 보닛과 밴드. 0세부터 사용 가능한 사이즈가 있고 면 40수 원단으로 제작해 품질이 좋다.
마미파워의 한마디 보닛에서 향기로운 향이 난다.
INFO WWW.BABYANN.CO.KR 2만원대.

3 해피프린스 골든 래빗 파일럿
3온스 패딩을 사용해 따뜻한 모자. 은은한 컬러가 돋보이는 코르덴 소재라 다양한 룩에 코디하기 좋고, 귀여운 토끼 모양이 아기를 더욱 귀엽게 만든다. 안감과 귀 부분에 빈티지한 무늬 원단을 덧대 포인트를 살렸다.
마미파워의 한마디 색상이 2가지이므로 엄마의 취향에 맞게 선택한다.
INFO WWW.HAPPYPRINCE.CO.KR 1만 2천원대.

아밍 캡
추울 때 쓰면 좋은 모자. 목도리와 모자가 하나로 이어진 제품으로 아이 혼자서는 쉽게 벗을 수 없다. 하지만 목 부분이 트여 있어 엄마가 씌우고 벗기기에는 편하다. 딱히 판매처가 있는 것이 아니어서 오픈 마켓이나 박람회를 이용하면 좀 더 저렴하게 구입할 수 있다.
마미파워의 한마디 열이 많은 아이들은 답답해할 수도 있다.
INFO KIDKKIDS.CO.KR 8천원대.

4 킨더스펠 엘핀 햇
디자인도 예쁘고 원단도 좋아서 엄마들에게 사랑받는 제품. 사계절 모두 사용 가능하며 디자인이 다양해 좋다.
마미파워의 한마디 사계절 모두 사용 가능하다.
INFO WWW.KINDERSPEL.CO.KR 3만 8천원대.

5 킨더스펠 스노 햇
부드러운 털이 귀를 따뜻하게 감싸주고 안감이 폴라폴리스라 포근함을 느낄 수 있다. 모자에 달린 스트랩을 이용해 귀 부분을 펴거나 접는 2가지 연출이 가능하다.
마미파워의 한마디 사이즈가 다양하지 않다.
INFO WWW.PETITELINSTORE.COM 4만원대.

01. CHAPTER

신생아 손 싸개·양말
005
아이의 손발을 따뜻하게 감싸주는 아이템

엄마들은 자신의 뱃속에서 10개월 동안 잘 자라준 아이에게 해주고 싶은 것이 참 많다. 그래서 이것저것 생각나는 대로 출산용품 리스트를 적다 보면 이게 정말 필요한 것인지 아닌지도 잘 모를 때가 많다. 특히 '나 신생아예요'를 상징하는 손발 싸개나 양말 같은 물품들이라면 더욱 그렇다.

손 싸개, 사용 여부를 선택하자

첫아이를 낳았을 때 물려받은 손 싸개가 10개 이상이었지만 거의 사용하지 않았다. 임신 당시에는 아이가 태어나 손 싸개를 하고 있으면 정말 귀엽겠다는 상상을 하곤 했지만, 정작 아이를 키울 때는 손 싸개가 필요한 경우가 거의 없었다. 아이가 입는 배냇저고리에도 손이 나오지 않게 처리가 되어 있고, 속옷은 소매가 길게 나오는 편이라 자연스럽게 손 싸개 역할을 했기 때문이다. 보통은 아이가 손을 움직이다가 손톱으로 얼굴을 긁지 않게 하려고 손 싸개를 사용하게 되는데 손 싸개 대신 손톱을 자주 관리해 얼굴에 상처가 나는 것을 방지하는 방법도 있다. 내 경우에는 촉각발달을 위해 손 싸개를 쓰지 않은 편이지만 아이에 따라서 얼굴에 상처가 자주 나는 경우라면 필요할 것 같다. 손 싸개는 선물로 많이 들어오므로 사용 여부는 아이에 따라 엄마가 선택하자.

아이의 체온 유지에 꼭 필요한, 양말

아이와 외출할 때 양말은 반드시 챙겼다. 신생아는 겨울은 물론 여름에도 외부 온도에 민감하기 때문이다. 특히 여름에는 더 신경을 썼다. 산후 조리 중에는 몸에 무리가 갈 수도 있어 직접 운전을 하지 않다 보니 외출 시 택시를 많이 이용했는데, 차량에 남아 있는 에어컨의 서늘한 기운 때문에 아이가 감기에 걸리지 않을까 노심초사했다. 하루 24시간 중 20시간 이상 잠을 자는 아이의 숙면에 도움이 될 것 같아 양말은 늘 신겨 놓았다. 양말을 구입할 때는 디자인보다는 발목 부분의 고무줄이 너무 꽉 조이지는 않는지 확인하고 고르는 것이 좋다. 신생아는 활동량이 없기 때문에 물려받은 양말들을 사용했다. 몇 번의 세탁으로 더 부드러워져 오히려 새것보다 좋았다. 양말은 2~3켤레만 준비해도 된다. 신생아 때는 매일 빨래를 하기 때문에 양말도 그때그때 빨아서 사용하면 충분하다.

마미파워의 선택

1 릴헤븐 신생아 양말(퓨어삭스)
100% 오가닉 코튼으로 만들었다. 화학적 염색을 거치지 않고 자연 색상 그대로 만든 친환경 양말. 덴마크 감성 디자인으로 과하지 않게 예쁘고 고급스럽다. 발목까지 오는 길이라 쉽게 벗겨지지 않고 접어 신길 수 있어 활용도가 높다.
마미파워의 한마디 착용 기간이 짧은 신생아 양말임을 감안해야 한다. 선물로 받으면 좋을 제품!
INFO WWW.LILLEHAVEN.CO.KR 7천원대.

2 해피프린스 워밍슈
신축성 있는 소재의 덧신으로 신생아부터 12개월까지 신길 수 있다. 덧신이라 신기고 벗기기 쉬운 게 제일 큰 장점. 최고급 국내산 탁텔사(수면 양말 소재)에 깜찍한 털 방울을 하나하나 손으로 달았다. 따뜻하고 부드러운 원단으로 보온성과 통기성이 좋아 여름과 겨울 모두 신길 수 있고, 바닥에 미끄럼 방지 처리가 되어 있다.
마미파워의 한마디 신기고 벗기기 쉽다.
INFO WWW.HAPPYPRINCE.CO.KR 2천원대.

3 릴헤븐 손 싸개
원단부터 공정까지 GOTS 인증을 받은 최고의 친환경 소재만을 사용해서 만든다. 100% 오가닉 코튼으로 화학적 유해 성분을 전혀 사용하지 않고, 자연 친화적인 감성을 그대로 디자인에 담았다. 아기의 안전과 편안한 움직임을 고려해 불필요한 장식을 최소화한 것도 장점이다. 국내에서 제작해 품질이 좋다.
마미파워의 한마디 디자인이 심플하다.
INFO WWW.PETITELINSTORE.COM 3만원대.(모자 포함)

메릴린 인퍼트 부츠(핑키블라썸)
발싸개 겸 신발. 신생아부터 6개월까지 신길 수 있는 100% 면 제품이다. 입구 절개 디자인으로 사이즈 조절이 가능하고 발목이 높아 체온 유지에 좋다. 바닥 면의 앙증맞은 패턴이 포인트. 같은 디자인의 손 싸개도 있다. 외출용으로 하나쯤 장만하면 좋다.
마미파워의 한마디 양말이라고 생각하면 가격이 비싼 편이다.
INFO WWW.BRICA.CO.KR 1만 9천원대.

01. CHAPTER

속싸개 · 겉싸개

006

아이에게 꼭 필요한 멀티 아이템

예방접종을 위해 첫아이와 처음 외출하던 날 속싸개, 겉싸개를 몇 번이고 풀었다 감기를
반복한 기억이 난다. 아이를 너무 꼭 안으면 충격을 받을까 싶어 꼭 안지도 못했고,
혹시라도 넘어질까 병원 계단도 조심조심 올랐던 기억들이 지금은 추억이 되었다.

꽁꽁 싸매면 아이가 좋아한다

아이가 태어나면 편안함, 안정감, 보온을 위해 아이를 천으로 싸는데, 이때 사용하는 것이 속싸개다. 아이가 갓 태어났을 때는 속싸개로 감싸는 것조차 조심스럽고 엄두가 나지 않아 매번 친정 엄마의 도움을 받았다. 친정 엄마처럼 꽁꽁 싸면 아이가 답답하지 않을까 했는데, 속싸개로 싸주면 자궁 안에 있는 듯해 아이가 심리적으로 아늑함과 안정감을 느낀다고 한다. 특히 신생아는 체온 조절 능력이 부족해 속싸개로 감싸주어야 배앓이를 예방할 수 있고 숙면에도 도움이 된다. 속싸개는 아이를 감싸는 역할은 물론 목욕 타월 기능도 한다.

물려받은 속싸개가 더 부드럽다

속싸개는 배냇저고리 다음으로 아이 피부에 바로 닿기 때문에 면으로 된 무형광 제품을 선택했다. 3개는 구입하고 3개는 물려받아 사용했는데, 오히려 물려받은 속싸개의 면이 더 부드러워 사용하기 좋았다. 처음 임신했을 때는 첫아이니까 무엇이든 새것, 좋은 것을 사려고 했는데, 막상 경험해보니 물려받은 제품들이 더 부드럽고 사용하기 편했다. 신생아 용품은 다들 몇 번 사용하지 않고 그마저도 깨끗하게 사용하므로 될 수 있으면 물려받아 쓰는 것이 좋다. 속싸개 중에는 곰돌이 등의 문양으로 자수가 놓인 것과 아무런 모양이 없는 민무늬 속싸개가 있었는데, 막상 사용해보니 민무늬에 손이 더 많이 갔다. 목욕 후 아이를 닦다가 자수 부분이 살에 닿을까 걱정되기도 했고, 민무늬 속싸개는 일정한 방향이 없어 아이를 감싸기도 더 편했기 때문이다. 보통 아이들을 목욕 시키고 나면 감싸서 이동하는데 이때 속싸개만 한 것이 없었다.

외출 시 이불, 담요로도 사용 가능하다

아이가 태어나면 한동안 예방접종이 많아 외출할 일이 잦은데, 겉싸개는 이럴 때 보온을 위해 필요한 제품이다. 특히 겨울에 태어난 첫아이에게는 겉싸개가 꼭 필요했다. 출산 전 육아용품을 준비할 때는 겉싸개 사용 기간이 너무 짧아 아깝다는 이야기도 들었는데, 겨울 출산이다 보니 겉싸개를 대체할 만한 제품이 없어 결국 구입하게 되었다. 겉싸개도 속싸개처럼 아이를 돌돌 잘 감싸야 하는데, 아이를 잘 싸지 못해 외출 시간이 다 되도록 몇 번이고 다시 쌌던 기억이 난다. 아이가 조금 컸을 때는 겉싸개를 낮잠 이불로 사용했다. 아이 전용 요와 이불 한 세트가 있었는데, 이불을 빨 땐 겉싸개를 이불 대용으로 활용했다. 아이를 감쌀 수 있을 정도도 넉넉한 사이즈라 아이가 돌 전까지는 이불로도 적당했다. 겉싸개는 사용 기간이 짧은 것을 감안해 너무 고가의 제품보다는 비교적 저렴한 제품으로 소재만 잘 확인하고 구입하면 된다.

마미파워의 선택

1 아가방 토끼 자카드 속싸개
속싸개는 블랭킷이나 얇은 아이 이불로도 사용하는데, 아이 머리를 감쌀 수 있도록 모자가 달려 있는 것이 좋다. 100% 오가닉 코튼이라 아이 피부에 안전하고, 계절에 상관없이 아이를 감싸주거나 덮어줄 수 있다. 양면 원단의 한 겹으로 되어 있어 봄, 여름, 가을에 사용하기 알맞다.

마미파워의 한마디 오가닉 원단의 특성상 세탁 후 줄어드는 현상이 생길 수 있다.
INFO WWW.AGANET.CO.KR 2만원대.

2 스와들업 기적의 속싸개
기적의 속싸개라고 불릴 정도로 기능성이 좋다. 입혔을 때 모양새는 조금 웃기지만 아이는 편안해한다. 아이는 보통 나비잠이라고 하여 팔을 머리 위로 벌리는 자세로 자는데 스와들업 속싸개는 이 자세를 편안하게 취할 수 있도록 만들었다. 일반 속싸개로 꽁꽁 싸매는 것보다 덜 불편하고 팔다리가 자유롭다. 손 싸개가 따로 필요 없고, 스트레칭이 가능한 코튼 엘라스틴 재질이라 아이의 팔다리 운동 효과도 있다. 제품 안쪽에는 태그나 봉제 라인이 전혀 없고 위아래 트윈 지퍼라 기저귀를 갈 때도 편하다.

마미파워의 한마디 기존 속싸개 모양에 익숙한 사람이라면 낯설게 느껴질 수 있다.
INFO WWW.LOVETODREAM.CO.KR 6만원대.

3 엘리펀트이어스 코슬린 블랭킷 2중 코튼
숨 쉬는 속싸개. 2중 구조로 가벼우면서 보온성이 뛰어나며, 부드럽고 신축성이 있어 아이가 안정감을 느낀다. 체온 조절에 탁월한 머슬린 원단은 흡수성, 통기성이 좋아 아이의 태열과 땀띠를 예방하고 고급 면 합사를 사용해 세탁 후에도 뭉침이 적고 부드럽다. 다양하고 예쁜 디자인이 많아 엄마들에게 인기다. 일반 속싸개와 달리 아이가 커도 사용할 수 있어 활용도가 높다.

마미파워의 한마디 삶거나 다림질하면 제품이 손상될 수 있다.
INFO WWW.ELEPHANTEARS.CO.KR 3만원대.

4 엔젤비닷 엔젤화이트 속싸개
100% 순면, 40수 양면의 부드러운 소재로 만든 속싸개. 원단은 물론 스냅 등 모든 부자재까지 무형광 소재를 사용했다. 두께가 적당해 사계절 사용이 가능하며, 상단 모서리에 고깔이 달려 아이의 머리를 따뜻하게 덮어줄 수 있다. 목욕 타올로도 사용할 수 있다.

마미파워의 한마디 흰색의 특성상 관리를 잘 해야 한다.
INFO WWW.BABIZMALL.CO.KR 1만 2천원대.

난쟁이 똥자루 걸싸개
국내산 고급 면 원단과 압축 구름 솜을 사용해 가볍고 따뜻하다. 무형광 원단이라 아이 피부에 닿아도 안전하고 세탁 시 잘 뭉치지 않는다. 한여름을 제외하고 모두 사용 가능하다. 완제품은 물론 엄마가 직접 만들 수 있는 DIY 제품도(3만 원대 초반) 있어 태교용으로도 좋다.

마미파워의 한마디 손재주가 있는 엄마라면 DIY 제품을 추천한다. 직접 만들어 아이에게 선물하면 좋은 추억이 된다.
INFO WWW.NANDDONG.COM 4만원대 후반.

5 엘리펀트이어스 듀얼 머프(걸싸개&풋 머프 겸용)
단추가 달린 후드로 상단 여밈 장치를 만들어 아이를 따뜻하게 보호한다. 고급 패브릭 원단이라 피부 자극이 없고, 안감에 벨보아 원단을 사용해 보온성이 좋고 가볍다. 여러 겹의 레이어 구조로 만든 하이포머 솜은 공기 함유량이 높아 쾌적함을 느낄 수 있다. 반복 세탁 후에도 복원력이 뛰어나며 건조가 빠른 것이 장점. 아이의 움직임을 고려해서 옆면과 아랫면에 지퍼를 달아 유모차 사용 시 내리기 쉽게 만들었다. 아랫면을 열면 블랭킷으로도 활용 가능하다.

마미파워의 한마디 손세탁을 권장하며, 세탁기 사용 시 세탁망에 넣어서 세탁해 주어야 한다.
INFO WWW.PETITELINSTORE.COM 9만원대.

01. CHAPTER

기저귀

007

아이가 하루 종일 차고 있는 아이템

아이들은 하루 종일 기저귀를 차고 있다. 그래서 공기가 잘 통하고 흡수가 잘되는 제품을 선택하는 것이 중요하다. 수많은 제품 중 우리 아이에게 맞는 기저귀를 찾기란 쉬운 일이 아니다. 어떤 아이에게는 좋은 기저귀가 내 아이에게는 맞지 않을 수도 있으므로 처음부터 대량으로 구매하는 것은 피한다. 출산 후 바로 산후조리원으로 간다면 신생아용 기저귀를 살 필요는 없다. 조리원 생활이 끝나면 소형 기저귀부터 시작하면 된다. 기저귀는 처음에 한 팩 정도 사서 써보고 내 아이에게 맞으면 그 다음에 대량으로 구매하는 게 좋다. 아이마다 맞는 기저귀와 맞지 않는 기저귀가 있다는 사실을 꼭 기억하자.

천 기저귀 VS 일회용 기저귀

큰아이를 임신했을 때 잠깐이지만 천 기저귀 사용을 고민한 적이 있다. 천 기저귀는 공기가 잘 통해 발진 걱정이 없고 환경적으로도 좋으며, 반복 사용이 가능해 일회용 기저귀보다 비용도 저렴한 편이다. 하지만 기저귀를 빨아야 하는 노동과 전기세, 물 사용료를 따져보면 일회용 기저귀와 비용 면에서 크게 차이가 없다는 의견도 있다. 사실 비용이 비슷하다면 기저귀 선택은 오롯이 엄마의 의지. 아이를 먼저 키운 지인은 일회용 기저귀 사용을 권유했다. 천 기저귀의 경우 손빨래를 먼저 하고 다시 세탁기로 이중 세탁을 해야 하는데 신생아의 경우 사용량이 많아 천 기저귀를 빨고 말리는 일이 만만치 않다는 것. 손빨래가 어디 쉬운 일이랴. 결국 일회용 기저귀를 사용하기로 마음먹고 일회용 기저귀를 알아보았다.

아이에게 착용해보고 선택한다

신생아는 하루에 10개가 넘는 기저귀를 사용한다는 말을 듣고 한 달 사용량을 계산해보니 어마어마했다. 선배 맘들이 신생아용으로 나온 비교적 저렴한 기저귀가 있다고 조언해주어 일단 그 제품을 구입했다. 그런데 가격이 저렴한 대신 아쉬운 점이 나타나기 시작했다. 대변의 양이 많을 땐 밖으로 새기도 하고, 기저귀의 끈끈이를 뜯고 다시 붙일 때 접착력이 다소 떨어졌다. 한 달 정도 사용할 생각으로 300개 정도 구입했는데 결국 한 달을 채 사용하지 못하고 다른 기저귀로 교체했다. 기저귀 발진은 없었으나 자꾸만 새는 게 신경 쓰여 사용이 꺼려졌다. 그래서 쓰다 남은 기저귀는 통풍을 위해 잠깐씩 아이 엉덩이를 내놓을 때 밑에 깔아두는 용도로만 사용하고 다른 기저귀를 알아보기 시작했다. 이때부터 기저귀 구입에 조금 더 신중해졌다.

내 아이에게 맞는 기저귀를 찾자

기저귀를 많이 사용해본 선배들의 조언을 들어보니 어떤 기저귀는 발진이 난다 하고 어떤 기저귀는 부드럽지 않아 아이가 불편해한다고 했다. 또 다른 기저귀는 통풍이 잘 안 된다고도 하고 가격 차이도 컸다. 어떤 게 좋은 기저귀인지 판단하기가 너무 어려웠다. 인터넷 검색도 하고 지인들에게 물어보기도 하다가 엄마들에게 선풍적인 인기를 끈 일본산 기저귀를 구입했다. 큰아이의 경우 발진도 가려움 증상도 없었다. 그런데 둘째는 큰아이와 달리 기저귀 발진이 나타났다. 깨알같이 작은 것들이 올라오며 피부가 붉게 변했다. 주변에서 좋다는 다른 기저귀로 바꿨지만 발진은 여전했고, 또 다른 기저기로 바꾸자 발진이 멈췄다. 결국 모든 아이에게 다 맞는 기저귀는 없다는 걸 알았다. 후기나 조언보다 더 중요한 건 바로 경험이었다.

마미파워의 선택

1 하기스
기저귀 중 인지도가 높은 제품. 3중 파워의 완벽한 흡수력으로 많은 양을 싸고 마음 껏 움직여도 새지 않는다. 밴드가 다리 바깥쪽에 부착되어 움직임이 많은 다리 쪽을 이중으로 막아 옆으로 새지 않는 점도 좋다. 생후 100일 전 아기의 묽은 용변도 깔끔 하게 흡수되고, 매직홀 사이로 공기가 통해 아기 엉덩이를 보송보송하게 만들어준다. 오줌 알림 마크가 있어 아이가 용변을 봐도 쉽게 알 수 있고, 신생아부터 연령별로 제 품이 있어 선택하기 좋다.
마미파워의 한마디 허리 밴드가 뗏다 붙였다 용이해서 아이들이 직접 떼는 경우도 있다.
INFO WWW.KR.HUGGIES.COM 프리미어 4만원대(70P). 매직 팬티 2만원대(33P).

2 마미포코 팬티 기저귀
걷기 시작하는 시기에 팬티처럼 많이 입히는 제품. 하기스보다 사이즈가 커서 큰 아이 들에게 좋다. 100% 팬티형으로 신축성이 좋은 게 특징. 고분자 성분이 많은 양의 소 변도 빠르게 흡수하고, 꽉 잡아주어 샐 걱정이 없다. 용변을 보면 양옆 부분만 간편하 게 뜯어서 교체하고, 뒤처리 테이프로 깔끔하게 말아서 처리하면 된다. 소변 알림 마 크가 있어 쉽게 확인할 수 있고, 앞뒤 디자인이 달라 구분이 쉬운 것도 장점이다.
마미파워의 한마디 찢어서 버리는 팬티 특성상 재사용이 불가능하다.
INFO STOREFARM.NAVER.COM/MAMAN 4만원대(대형 152P).

3 보솜이 천연 코튼
타 기저귀에 비해 가격이 저렴한 편임에도 흡수력이 좋다. 저자극 듀얼 소프트 쿠션 커버가 엉덩이를 부드럽게 보호하고 초흡수 에어홀이 잔여물을 순간적으로 빠르게 흡수하는 게 특징. 흡수력이 좋아 아이가 용변을 본 기저귀도 보송보송하다.
마미파워의 한마디 허리 밴드의 신축성이 적어 뻣뻣하다는 느낌이 들 수 있다.
INFO WWW.BOSOMIMALL.CO.KR 1만원대(천연 코튼 50P).

4 팸퍼스 베이비 드라이
우리나라보다는 외국에서 많이 쓰는 기저귀. 온·오프라인에서 모두 구입 가능하다. 흡 수층이 3중이라 12시간 동안 보송보송함이 유지된다. 허리 밴드의 신축성이 뛰어나 움직임이 편안하고 두께가 얇아 착용감이 가볍다. 냄새를 잡아주는 파우더 향이 함 유되어 소변 냄새가 나지 않는다. 부피가 작아 외출할 때 좋다
마미파워의 한마디 팸퍼스 특유의 파우더향이 난다.
INFO PROMOTION.AUCTION.CO.KR 5만원대(180P).

01. CHAPTER

거즈 수건
008
가장 자주 사용하는 필수 육아용품

휴지나 물티슈도 있지만 아이의 얼굴이나 엉덩이를 닦을 때 가장 많이 사용하는 것은 역시 거즈 수건이다. 육아 생활에서 빠지면 안 될 필수 아이템이라고 해도 과언이 아니다. 선물로 많이 받지만 사용하는 양이 만만치 않으니 미리 준비해두면 좋다.

부위별로 구분해 사용하자

아이는 성인과 달리 위가 발달하지 않아 모유나 분유를 토하는 경우가 많다. 이때 입 주변을 거즈 수건으로 닦아주는 것이 좋은데, 아이의 입 안까지 닦아주려면 깨끗이 삶아서 사용한다. 한번 사용한 거즈 수건은 반드시 삶아서 사용해야 위생적이다. 아이 입가를 닦는 데 사용한 거즈 수건만 하루에 10장 정도 된다. 수시로 닦아주는 데도 한계가 있을 때는 아이의 목에 거즈 수건을 둘러놓으면 아이가 토했을 때 신속하게 닦을 수 있어 도움이 된다. 아이가 조금 더 자라 무엇이든 물고 빠는 시기에는 트림이 아니라 입가에 질질 흐르는 침 때문에도 거즈 수건은 필수. 흘리는 양이 많은 이유식 초기에도 거즈 수건을 목 주변에 끼워 턱받이 대용으로 활용하면 좋다.

물티슈 대신 사용하면 좋다

거즈 수건은 아이 엉덩이를 닦아줄 때도 유용했다. 모유를 먹는 갓난아기는 하루에 10차례 가까이 똥을 누는데 그때마다 연약한 아이 피부를 물티슈로 닦는 것은 내키지 않았다. 그렇다고 매번 물로 닦는 것은 번거로웠다. 그래서 선택한 것이 바로 거즈 수건. 횟수는 잦지만 한 번에 싸는 양은 적어 거즈 수건 2장 정도면 충분했다. 깨끗이 삶아 소독한 거즈 수건에 따뜻한 물을 적신 다음 꼭 짜서 엉덩이를 닦아주었다. 엉덩이를 닦아줄 때 쓸 거즈 수건은 용도를 구분하기 위해 무늬가 다른 것으로 따로 구매했다. 목욕 후 아이의 몸을 닦아줄 때도 거즈 수건은 유용하게 쓰인다.(갓난아기는 워낙 작아 거즈 수건 3장 정도면 온몸의 물기를 닦을 수 있다.) 피부에 닿는 촉감이 부드럽고 흡수력도 좋아 세탁도 쉽고 금방 마르는 것이 장점. 이 밖에도 모유수유 중에 떨어지는 모유를 닦거나 아이의 목감기 예방을 위해 목에 둘러두기도 하는 등 매우 다양하게 활용가능하다. 아이 제품의 물기를 닦는 데도 거즈 수건을 사용하고, 물티슈 등으로 닦아도 물기가 남으면 거즈 수건으로 닦았다. 얼굴이나 손에 사용하는 것과 엉덩이에 사용하는 것, 장난감 등 제품을 닦을 때 사용하는 것으로 구분해놓으면 좋다.

많으면 많을수록 좋다

아이를 키울 때 거즈 수건은 많으면 많을수록 편하다. 거즈 수건은 출산 선물로 받은 배냇저고리나 내의 등을 구입할 때 서비스 품목으로 주는 경우도 많지만, 활용도가 높은 만큼 따로 넉넉하게 준비하는 것이 포인트. 색상이나 무늬, 사이즈가 다양하니 사용 용도에 맞춰 나눠서 구매한다. 거즈 수건은 대부분 재질이 면이라 부드럽지만 직접 만져보면 제품마다 약간씩 차이가 있다. 여러 장 살 계획이라면 꼼꼼하게 비교해보는 것이 좋다.

마미파워의 선택

1 해피랜드 거즈 손수건
쉽게 손이 가는 거즈 손수건. 면 100%에 무형광 제품이라 안심하고 사용할 수 있다. 또 친환경 씨엘-콜라겐 섬유유연제인 아미셀로 특수 가공 처리해 촉감이 부드럽고 아토피 등 피부를 보호하는 기능을 한다.
마미파워의 한마디 오프라인 매장에서 구매하기 쉽다.
INFO WWW.HAPPYLAND.CO.KR
1만원대(10장 기준).

2 큐비앤맘 오가닉 가제 손수건(5매입)
화학 처리를 전혀 하지 않은 유기농 목화를 사용한 100% 면 제품. 흡수성과 통기성이 뛰어나고 촉감이 매우 부드러워 연약하고 민감한 아기 피부에 좋다.
마미파워의 한마디 디자인이 깔끔하다.
INFO WWW.CUBYNMOM.COM
1만 2천원대(5장 기준).

아리와아기 냥이 사각 거즈 손수건
부드러운 순면 자카드 원단으로 일반 거즈 수건보다 도톰해서 아이들이 침을 흘릴 때 턱받이로도 사용할 수 있다. 무형광, 무표백, 무나염이라 아이 입이나 손을 닦을 때 사용해도 안전하다. 귀여운 캐릭터 디자인이 예뻐 초기 이유식 턱받이로도 괜찮다.
마미파워의 한마디 아이들은 피부가 연약하므로 닦을 때 자수 부분이 피부에 닿지 않게 한다. 자수 부분은 턱받이 포인트로만 쓰는 게 좋다.
INFO WWW.ARIAGI.COM 1만원대(10장 기준).

3 큐비앤맘 대나무 거즈
화학 비료와 농약 없이 자란 대나무로 만든 국내 생산 제품. 부드러운 대나무 섬유가 아이 피부를 보호해준다. 기저귀 용도로 나왔지만 목욕하거나 엉덩이를 닦아줄 때 사용하면 좋다.
마미파워의 한마디 천연 섬유라 세탁 후 주름이 생기고 수축 현상이 발생할 수 있다.
INFO WWW.CUBYNMOM.COM
6천원대(5장 기준).

01. CHAPTER

걸음마 보조기

009
아이가 걷기 두려워할 때 필요한 제품

걸음마 보조기를 구입할 때는 아이 무게를 지탱할 만큼 무게 있는 제품을 골라야 한다. 걸음마 보조기라고 다 아이 무게를 고려해서 만들지는 않는다. 중고 사이트를 통해 저렴하게 구매하거나 장난감 대여소에서 빌리는 것도 좋은 방법이고, 물려받을 수 있다면 더욱 좋다.

아이에겐 놀이, 엄마에겐 노동이 될 수 있다

주변에서 걸음마 보조기는 필요 없다는 말들을 해 사지 않으려고 했다. 그런데 아이가 소파를 붙잡고 걸음을 떼더니 엄마 손을 잡고 한 발 한 발 걷는 것을 정말 즐거워했다. 걷기를 놀이 삼아 해주는 것도 좋겠다는 생각이 들었다. 그러나 걷자고 보챌 때마다 매번 일어나는 것도 노동이 될 지경에 이르렀다. 걷는 게 좋다는 아이에게 하지 말자고 할 수도 없는 노릇. 그래서 가격이 부담되지 않는 선에서 걸음마 보조기를 구입하기로 했다. 보조기 기능은 물론 소리 나는 장난감 역할도 하는 제품으로 알아보았다.

걸음마 보조기가 꼭 필요한 아이는 따로 있다

걸음마 보조기는 아이의 호기심을 자극하기에 충분했다. 소리도 나고 여기저기서 불빛도 반짝이는 게 신기했는지 박수까지 치며 좋아했다. 이런 장치들이 걸음마 보조기를 밀면서 걸음마 연습을 하는 데도 확실히 도움이 되었다. 그러던 어느 날 아이가 걸음마 보조기를 잡고 일어나려던 순간 보조기가 앞으로 밀리면서 꽈당 하고 앞으로 고꾸라졌다. 걸음마 연습을 할 때도 아이가 미는 힘 때문에 보조기가 앞으로 밀린다는 느낌이 들었는데 틀리지 않았다. 목이 쉬어라 아프다고 우는 아이를 어르고 달래 진정시켜놓고 걸음마 보조기에 아이 혼자 접근할 수 없도록 베란다로 빼두었다. 몇 번의 위험한 경험을 한 뒤 남편은 아이의 손을 직접 잡거나 자기 발등 위에 아이 발을 올려놓고 걷는 연습을 시켰다. 돌잔치를 끝내고 한 달 뒤 아이가 스스로의 힘으로 걷기 시작했다.

걸음마 보조기는 겁이 많아 걷기를 두려워하는 아이들에게는 유용할 것 같다. 내 조카는 15개월이 지나서도 겁이 많아 스스로 걸으려 하지 않았다. 그래서 동생이 고민 끝에 걸음마 보조기를 들였는데, 15개월 즈음이라 다리에 어느 정도 힘이 있어 스스로 넘어지는 것을 제어하고, 보조기에 의지할 수 있어서 그런지 아이도 걷는 데 자신감을 가졌고 또 혼자 걸어보며 성취감도 느꼈다. 조카는 얼마 지나지 않아 걸음마 보조기 없이 걷기 시작했고 심지어 달리기까지 했다. 걸음마 보조기를 구입할 때는 아이 무게를 지탱할 만큼 무게감이 있는 제품을 골라야 한다.

마미파워의 선택

1 브이텍 걸음마 학습기

`사용연령` 6개월 이상

걸음마 연습과 말 배우기가 동시에 가능하다. 전화놀이, 노래 따라 부르기, 단어 배우기 등 다양하고 재미있는 놀이를 할 수 있어 장난감 역할도 OK. 언어감각이 발달하는 12~24개월 때는 전자식 학습 패널을 분리해 단독으로도 사용할 수 있다.

`마미파워의 한마디` 속도 조절 장치가 있어 아이들 발달 단계에 따라서 조절하며 걸음마 속도를 맞출 수 있다.

`INFO` WWW.KIDS.CO.KR 8만원대.

2 금보 헬로키티 왕바퀴 걸음마차

`사용연령` 12개월 이상

바퀴가 크고 바퀴에 링이 부착되어 안정감이 있다. 레버를 이용한 감속 기능도 있는 게 특징. 걸음마를 하면 헬로 키티와 미미가 위아래로 움직여 걸음마를 하는 아이에게 흥미를 더해준다.

`마미파워의 한마디` 특별한 놀이나 학습 기능이 없지만 걸음마 보조기 역할에 충실한 제품이라 하나의 역할만 원하는 엄마들이 많이 사용한다.

`INFO` 오픈 마켓(11번가, G마켓, 옥션) 3만원대. (오픈 마켓 가격 비교 권장.)

치코 걸음마 보조기

`사용연령` 9개월 이상

게임과 걸음마 보조 2가지 기능이 가능하다. 잡기 편하게 제작한 손잡이가 돋보인다. 색깔, 도형, 멜로디 및 효과음으로 놀이가 가능하고 누름 버튼이 손 조작 능력을 도와준다.

`마미파워의 한마디` 장난감을 잡고 걸으면 멜로디가 나오고 멈추면 멜로디가 나오지 않아 아이가 걸음마에 흥미를 느낄 수 있다. 브레이크 기능이 따로 있는 것도 장점.

`INFO` WWW.CHICCO.CO.KR 10만원대.

01. CHAPTER

보행기
◀ 010 ▶
안전을 확보해야 하는 제품

아이를 키울 때 안전이 얼마나 중요한지 보행기를 통해 처음 배웠다. 잠깐 한눈 파는 사이에도 아이가 다칠 수 있기 때문이다. 따라서 보행기를 사용할 때는 절대 아이에게서 눈을 떼서는 안되며, 아이의 손에 닿을 만한 물건들은 다 치워야 한다. 아이가 자유롭게 이동하도록 매트나 다른 장난감들은 미리 깨끗하게 정리해놓아야 사고를 예방할 수 있다.

보행기의 아찔한 기억

보행기 예찬론자인 친정 엄마는 우리가 방문하면 태우겠다며 보행기를 구입해놓으셨다. 움직임이 적은 소서와 점퍼루보다는 움직임이 많은 보행기를 아이가 더 재미있어 한다며 보행기 태우는 것을 중요하게 생각하셨다. 하지만 사건은 늘 방심 속에서 일어나는 법! 문제의 그날은 아이가 6개월 때로 친정집 2층에서 일어났다. 조카가 1층으로 내려오면서 계단문을 열어두었는지 갑자기 우두두두 쾅 하는 소리가 들렸다. 나는 아이가 떨어졌음을 직감했다. 보행기가 전복되었을 모습을 상상했는데 하늘이 도왔는지 보행기는 아이가 타고 있던 자세 그대로 내려와 구석에 박혀 있었다. 다행히 아이는 다친 곳 없이 놀라서 울기만 했다. 내 비명소리를 듣고 달려온 친정 엄마에게 "그러니까 보행기 안 된다고 했잖아!" 하며 애꿎은 화풀이를 했다. 결국 보행기는 바퀴가 다 부서졌다.

아이가 좋아하는 놀이 기구

너무 어린 영아는 척추에 무리를 주어 발달이 늦어진다며 보행기를 태우지 않는 게 좋다는 전문가들도 있다. 하지만 아찔했던 그날의 사고만 아니었다면 보행기는 아이가 가장 좋아하는 장난감이 되었을 듯하다. 보행기를 타는 동안은 보행기의 앞 부분이 가드 역할을 해 벽이나 다른 가구 등으로부터 아이를 보호할 수 있었고, 아이도 자기가 원하는 방향으로 자유롭게 이동할 수 있어 좋아했다. 보행기에 달린 장난감들도 큰 역할을 했지만, 무엇보다도 아이는 이동을 위해 쭉 미는 것과 엄마와 놀이하듯 도망가는 것을 유독 좋아했다. 걷기 전이라 자유로운 움직임에 한계가 있는데 보행기를 통해 적극적인 행동을 할 수 있어 아이 스스로도 굉장히 만족해했던 것 같다.

아이의 움직임을 주시하자

보행기는 분명 활동적이고 움직임이 많은 아이들에게 좋은 제품이다. 하지만 보행기만 믿고 아이를 혼자 두는 것은 조심해야 한다. 아이가 보행기 밖으로 나오고 싶어 안간힘을 쓰다 두 다리가 모두 한쪽 구멍으로 들어가 낑낑거린 적도 있고, 보행기를 잡고 일어났는데 보행기가 밀려 넘어진 적도 있다. 또 다리를 끼우는 부분에 팔을 넣어 엄마를 당황하게 하니 보행기를 태울 때는 늘 아이를 주시해야 한다. 그리고 보행기를 태울 때는 아이 발에 굳은살이 배기거나 발톱이 갈라질 수 있으니 보행기 신발을 신기는 것이 좋다. 보행기 신발 대신 조금 두꺼운 양말을 신겨도 되는데 미끄러지지 않게 바닥에 끈끈이 처리가 된 양말을 신긴다.

마미파워의 선택

1 아가방 폴링 보행기

가장 많이 쓰는 기본적인 형태이. 이중 안전장치가 되어 있고 어떤 여건에서도 보행기가 바로 접히지 않아 안전사고를 예방할 수 있다. 바닥에 안전 멈춤 장치인 스토퍼가 설치되어 더욱 안전하고, 아이의 발달 상태에 따라 5단계로 높낮이를 조절할 수 있다. 보행기 앞에 있는 8가지 동물을 누르면 소리가 나고, 수화기가 탈부착 형태라 장난감으로 쓸 수 있는 것도 장점. 시트가 분리되어 세탁하기도 좋다.

마미파워의 한마디 높낮이를 조절할 때는 고정장치를 확인해야 한다. 보행기 사용 시 아이의 발이 제품의 바퀴나 하판 몸체에 끼일 수 있으니 주의한다.

INFO WWW.AGANET.CO.KR 10만원대.

2 아이엠베이비 3 IN 1 보행기

보행기와 소서, 점핑 바운서 그리고 걸음마 보조기 기능까지 갖춘 3 IN 1 보행기. 기능이 많아 사용기간이 길고 경제적인 게 가장 큰 장점이다. 운전 놀이판을 제거하면 유아 식탁으로도 사용할 수 있다. 아이의 성장에 따라 3단계로 높이를 조절할 수 있고, 미끄럼 방지 패드가 있어 흔들림이 없다. 발로 누르면 소리가 나는 페달이 있어 아이들이 좋아한다. 또 상단 양옆에 달린 손잡이를 이용해 앞으로 걸어 다니는 연습도 할 수 있다.

마미파워의 한마디 운전놀이 핸들, 손잡이 미니 자동차, 치발 겸용 고무 링, 좌우로 움직이는 미니 자동차 등이 있어 다양한 놀이가 가능하다.

INFO WWW.IMBABY.CO.KR 15만원대.

실버팍스 2 IN 1 보행기

보행기와 스윙 기능이 있는 2 IN 1 보행기. 반짝이, 노리개, 딸랑이, 다양한 동물 멜로디 버튼 등이 있어 장난감으로도 쓸 수 있다. 4단계로 높낮이 조절이 가능하고 시트가 분리되어 청결하게 쓸 수 있다.

마미파워의 한마디 스윙으로 전환하는 수고가 따른다.

INFO ITEMPAGE3.AUCTION.CO.KR 10만원대.

01. CHAPTER

딸랑이

011

아이가 갖고 노는 첫 장난감

딸랑이는 아이보다 엄마의 기억 속에 더 오래 남을 아이의 첫 장난감이다. 그러나 딸랑이는 물로 세척할 경우 물이 잘 빠지지 않는 구조이거나 인쇄된 부분이 벗겨지는 경우도 있으므로 주의해야 한다. 헝겊 딸랑이는 세탁과 건조가 쉽지 않다. 털 인형 제품은 봉지에 인형과 굵은소금을 넣고 흔들거나 비비면 깨끗해진다. 헝겊 딸랑이를 쓴다면 이 세척법을 기억해둔다.

아이 스스로 쥐는 첫 장난감

출산 전, 보기만 해도 귀엽고 깜찍한 딸랑이 세트를 선물 받아 아이가 신나게 흔들며 가지고 놀 날을 손꼽아 기다렸다. 생후 두 달 정도 지났을까? 손에 딸랑이를 쥐어주려고 했지만 역시나 잡는 건 불가능했다. 잡아보려고 손을 뻗었지만 툭툭 건드리는 정도였다. 날마다 아이 앞에서 딸랑이를 보여주고, 흔들어주고, 쥐어주는 각고의 노력을 했다. 그러다 백일 무렵, 아이가 딸랑이를 제 손에 턱 하니 잡아 보였다. 딸랑이를 잡은 것이 너무 기특하고 귀여워서 이날을 기억하기 위해 동영상을 찍으려는 찰나, 아이가 딸랑이를 흔들려다 자신의 얼굴에 집어 던지고 말았다. 그러나 울상을 짓는 아이의 모습마저도 어찌나 사랑스럽고 웃음이 나던지, 사진기를 내려놓지 못했던 기억이 난다.

일석이조 놀이 도구

딸랑이를 자유자재로 흔들 수 있게 되었을 때, 딸랑이를 쥐어주기만 하면 흔들지 않고 입으로 먼저 가져갔다. "딸랑이는 이렇게 흔드는 거야~."라고 아이에게 계속 보여줘도 엄마의 말에는 전혀 아랑곳하지 않고 그저 입으로만 가져갔다. 촉감 발달을 위해 헝겊, 플라스틱 등 다양한 재질의 딸랑이를 주는 것이 좋다고 들었지만 아이가 워낙 본래의 흔드는 용도보다 입으로 물고 빠는 것을 더 좋아해 헝겊 소재로 된 딸랑이는 줄 생각을 하지 못했다. 결국 딸랑이 대신 소리가 나는 치발기를 사용해 2가지 용도를 모두 해결했다. 만약 딸랑이 구입을 고려한다면 대신 치발기를 사라고 권하고 싶다. 요즘 나오는 딸랑이 제품들은 치발기 기능이 많이 부각되어 있지만, 굳이 딸랑이가 아니더라도 소리가 나는 것은 뭐든 아이의 장난감이 될 수 있으므로 오로지 딸랑이 역할만 하는 제품보다는 다른 기능이 더해진 제품을 구매하는 게 낫다. 사용 기간도 더 길고 활용할 수 있는 기능도 많아 일석이조다.

마미파워의 선택

1 쎄씨 딸랑이 선물 세트
물건을 붙잡는 운동 신경, 손을 뻗고 쳐다보는 운동 신경들을 자극할 수 있는 제품. 딸랑이와 치발기가 함께 구성되어 사용 기간이 길다. 색상이 밝고 선명해 아이의 시각을 자극하고 깨우기를 통해 아이들의 소근육 발달을 돕는다. 신생아부터 돌 때까지 사용할 수 있는 구성이라 구매자들의 만족도가 높은 편.
마미파워의 한마디 사용하다 보면 분실 위험이 있으니 보관함을 따로 만드는 게 좋다.
INFO ZAMBUS.CO.KR 2만 5천원대.

해피랜드 딸랑이 세트
출산 선물로 많이 받는 제품. 다양한 형태의 딸랑이로 구성돼 아이와 여러 가지 놀이를 할 수 있다.
마미파워의 한마디 플라스틱 소재라 손발 컨트롤이 어려운 아이들이 갖고 놀다가 부딪칠 수 있다.
INFO WWW.HAPPYLAND.CO.KR 2만원대.

브라이트 스타트 손목 자연 딸랑이
3개월까지는 잘 잡지 못하기 때문에 손목 딸랑이가 좋다. 동물과 곤충 모양에 선명한 색감을 사용해 인지 발달에 도움이 된다. 1개는 바스락거리는 종이, 다른 1개는 딸랑이가 들어 있어 아이가 손목을 흔들고 놀기 좋다.
마미파워의 한마디 패브릭 소재라 세탁을 잘해야 한다.
INFO WWW.BRICA.CO.KR 9천원대.

01. CHAPTER

아이의 패션을
완성시켜줄 잇 아이템

◀ BONUS ▶

아이 옷을 예쁘게 입힐 자신이 없는 엄마들이라면 주목. 스카프빕·헤어 액세서리는
아이를 스타일리시하게 만들어주는 마법 같은 아이템이다. 직접 발품을 팔면 가격도 저렴하고
예쁜 제품을 득템할 수 있다. 예쁘게 꾸미는 것도 어릴 때부터 습관을 들여야 한다는 점을 잊지 말자!

스카프빕

요즘 엄마들은 아이 옷을 센스 있게 잘 입힌다. 나는 그쪽으로는 영 소질이 없어 그저 예쁜 유아 모델이 입은 것을 그대로 구입하거나 기본 스타일의 옷만 선택하곤 했다. 하지만 나에게도 비장의 무기가 있었는데, 그게 바로 스카프빕. 아이에게 옷을 다 입히고 나서 마지막으로 멋진 스카프빕을 둘러주면 얼굴이 환해지고 더욱 사랑스러워 보인다. 보온 효과는 덤이다. 그래서 난 스카프빕을 3개 이상 구입해 그때그때 골라서 아이 목에 둘러주었다. 첫째는 남자아이라 대부분의 옷이 파란색이나 어두운 계열이었다. 하지만 스카프빕만큼은 분홍색도 OK. 포인트나 무늬가 화려한 것들로 선택했다. 남색 상의를 입히고 핑크색 스카프빕을 두르면 화려하게 꾸미지 않아도 멋스럽게 차려 입힌 효과가 있었다. 또한 스카프빕은 봄가을 환절기와 겨울철의 필수 아이템이다. 환절기에는 어른도 그렇지만 아이도 옷을 너무 얇거나 두껍게 입지 않기 때문에 얇은 바람막이 점퍼에 스카프빕을 해주었다. 목을 감싸 보온이 유지되고 두르기도 풀기도 편하다는 것도 매력이다. 무엇보다 부피가 작아 바람이 불거나 비가 올 때 간편하게 챙길 수 있어 유용했다. 스카프빕은 아이의 피부에 닿기 때문에 면 제품으로 선택하는 것은 기본. 쉽게 착용할 수 있도록 둘레 조절이 가능하고 똑딱이 여밈으로 된 것이 편하다. 아이들이 남매라면 중성적인 디자인을 선택해 두 아이에게 모두 사용하는 것도 방법이다.

헤어 액세서리

둘째가 딸이라는 것을 알았을 때 제일 걱정한 것은, '과연 아침마다 아이의 머리를 예쁘게 묶어줄 수 있을까.'였다. 유치원 선생님인 동서는 아이 머리를 현란한 솜씨로 예쁘게 묶어주었는데, 그 모습을 볼 때마다 걱정이 앞섰다. 두 돌이 된 지금까지도 난 머리를 제대로 묶어준 적이 없다. 그 이유는 아이의 머리 숱이 적어서다. 그 바람에 사람들로부터 아들이냐는 소리를 심심치 않게 듣는다. 그래서 여자아이임을 한눈에 알아볼 수 있도록 예쁜 핀을 꽂아준다. 그마저도 머리 숱이 없어 잘 빠지지만, 우리 딸처럼 머리 숱이 적은 아이들에게 헤어핀은 아이의 성별을 알려주는 고마운 존재이며 필수 패션 아이템이다.

마미파워의 선택

1 킨더스펠 러플빕
디자인이 세련되고 유니크하다. 뒷목 끈 여밈을 벨크로로 처리해 착용하기 쉽고 사이즈 조절도 가능하다. 또 앞쪽 몸판은 방수 코팅되어 오염물이 묻어도 간편하게 물 티슈로 닦을 수 있다.
마미파워의 한마디 방수 천이기 때문에 얇은 천을 한 장 대고 다림질을 해야 한다.
INFO WWW.KINDERSPEL.CO.KR 3만 2천원대.

2 라밀로우 넥 스카프
전용 더스트 백이 있어 보관과 휴대가 간편하고, 2단계 똑딱이 단추로 사이즈 조절이 가능해 착용이 쉽다. 안감보다 겉감이 넉넉해 자연스럽게 풍성한 주름을 만들 수 있어 패션 센스를 발휘할 수 있다. 목선을 둥글게 처리해 착용감이 좋고 보온성이 우수한 편. 블랭킷 안쪽에 엠보싱 처리가 되어 움직임이 많아도 돌아가지 않는다.
마미파워의 한마디 보온성이 우수해서 쌀쌀한 계절에 사용하면 좋다.
INFO WWW.LAMILLOU.CO.KR 2만 5천원대.

3 킨더스펠 스카프빕
오가닉 원단에 두께감도 있고 디자인도 다양해 패션 소품으로도 좋다. 목을 따뜻하게 해준다. 2개의 스냅 단추를 이용해 목 둘레를 조절할 수 있고 착용하기도 편하다. 백일이나 돌 선물로도 좋다.
마미파워의 한마디 보통 간절기 때 사용하지만 패션 포인트로도 좋다.
INFO WWW.KINDERSPEL.CO.KR 2만원대.

4 빅토리아프렌즈 헤어 액세서리
화려한 스타일의 헤어 액세서리를 좋아하는 여자아이를 키우는 엄마에게 추천해줄 만한 곳. 국내 생산 핸드 메이드 제품이다.
마미파워의 한마디 여름용은 시원한 소재로 만든다.
INFO WWW.VICTORIAFRIENDS.CO.KR 1만원대.

아즈나브르 캔디 머리 방울
아즈나브르는 디자인이 예쁘고 세련된 액세서리가 많다.
마미파워의 한마디 식물성 소재로 제품을 만든다.
INFO WWW.AZNAVOUR-PARIS.COM 1만 5천원대.

02. CHAPTER

맛있고 건강한 음식을 위해 갖춰야 할 식사용품

아이의 이유식 시기가 다가오면 미리 준비해야 하는 것들이 있다. 이유식을 먹일 때 필요한 물건들이다. 이유식을 시작하면 숟가락부터 컵, 식판, 식탁 매트 등 생각보다 많은 물건이 필요해 미리 준비하지 않으면 낭패를 볼 수 있다. 이유식을 먹는 숟가락이 싫어서 급기야 아이가 이유식을 거부하는 사태가 일어날 수도 있다는 선배 맘들의 이야기를 들은 나는 신중하게 아이의 첫 이유식 숟가락을 구입했다. 그런데 아이가 혹시라도 싫어할까 봐 1개만 준비했다가 아이와 숟가락 쟁탈전을 벌여야만 했다. 우리 큰아이는 숟가락을 엄청 좋아해서 내가 들고 먹이는 숟가락을 달라고 졸랐고, 결국 숟가락을 하나 더 사야만 했다. 또한 나는 5대 영양소가 가득한 이유식을 만드는 것은 물론 끼니마다 다른 이유식을 먹여야 한다는 철칙을 세워놓고, 냄비에 후딱 끓여 만들면 된다는 친정 엄마의 핀잔에도 굴하지 않고 꿋꿋이 이유식 마스터를 사용했다. 모든 엄마의 마음이 그렇겠지만, 모유 이후 아이가 먹는 첫 음식이라는 생각에 정말이지 온갖 정성을 다 쏟아 이유식을 만들고, 아이가 사용할 용기 하나하나를 비장하기까지 한 마음으로 골랐다. 지금은 절대 그렇게 할 수 없지만, 큰아이 때는 호텔 주방장도 범접할 수 없을 법한 이유식을 만들었다고 자부한다.

이유식 용기·재료 보관 용기

이유식 숟가락

이유식 마스터

식판·식기

아이 과자·스낵 컵

과즙망

빨대 컵

식탁 의자·매트

범보 의자·부스터

치즈 커팅·
바나나 보관 통·
두유와 우유 케이스

젖병·분유 케이스

보온병·보온통

턱받이

BONUS 젖병은 많고 시간이 없을 때 사용하는 물건

02. CHAPTER

이유식 용기·재료 보관 용기

001

이유식을 만들고 보관할 때 꼭 필요한 제품

아이가 이유식을 시작하면 제일 먼저 필요한 것이 숟가락과 이유식을 담을 용기다. 그런데 이유식을 만들 재료만큼이나 용기 선택도 고민스럽다. 사용하기 편하고 환경호르몬 걱정을 하지 않아도 되는 제품을 찾아야 하기 때문이다. 나는 아이 전용 밥그릇이라 생각하고 하나 구입했는데, 막상 사용하다 보니 이유식 그릇도 용도에 따라 다양하게 필요했다.

이유식 용기는 아이의 발달에 맞춰 쓴다

이유식 초기, 집에서 이유식을 먹일 때는 유리 용기를 사용했다. 환경호르몬으로부터 안전하다는 생각이 첫 번째 이유였고, 엄마가 이유식을 떠먹이는 시기라 그릇을 떨어뜨리지 않는 이상 깨뜨릴 위험도 적었기 때문이다. 또한 초기 이유식은 미음 형태라 금방 식기 십상인데, 유리 그릇은 식는 속도가 상대적으로 느려 다른 재질의 그릇보다 온기가 오래 유지되는 점도 좋았다. 그러다 돌 무렵부터는 이유식을 먹는 도중에 아이가 그릇을 잡아당기거나 내려치기도 해서 좀 더 가볍고 잘 깨지지 않는 용기로 바꿨고, 돌 이후에는 반찬도 한두 가지 곁들여야 하기 때문에 주로 식판을 사용했다.

외출용은 가볍고 튼튼한 재질이 좋다

외출용 이유식 용기는 가볍고 견고한 제품이 진리다. 아이와 외출 한번 하려면 기저귀, 물티슈, 장난감 등 이것저것 짐이 많아 이유식 용기까지 무거우면 부담스럽다. 아이 무게와 가방의 무게를 온전히 엄마가 견뎌야 하기 때문이다. 처음에는 가벼운 유리 그릇에 이유식을 담아 외출했는데, 나도 모르게 가방을 툭 내려놓아 용기를 깨뜨리고 말았다. 그 이후 이유식 용기를 다시 구입할 때는 가벼우면서 견고한 재질인지를 먼저 확인하게 되었다. 역시 경험이 중요했다. 또 이유식 용기는 아이가 클수록 용량이 늘어나기 때문에 너무 작은 것보다는 200ml 크기 6개 정도를 준비하는 것이 좋다. 이때 전자레인지 사용이 가능하고 환경호르몬이 검출되지 않는 제품인지 확인해야 한다. 겨울에는 보온 기능이 있는 용기도 필요하다.

냉동 보관 용기도 필요하다

이유식은 거의 매일 만들었는데, 중기 이후 이유식은 고기나 생선 등의 메인 음식과 제철 채소 2~3가지를 활용했다. 그런데 채소는 평소 식사 때 많이 먹는 편이라 늘 냉장고에서 바로 꺼내 사용할 수 있었지만 고기나 생선은 달랐다. 철분 흡수를 돕기 위해 초기부터 신경 써서 많이 먹인 쇠고기는 아무리 적은 양을 구입해도 한 끼에 다 먹일 수는 없었다. 그래서 항상 남은 것을 냉동실에 보관했다가 사용했는데, 비닐에 담아서 얼리면 그대로 굳어 나중에 필요한 양만 떼어내기가 힘들고 비닐이 찢기는 경우도 있어 위생적인 보관이 어려웠다. 또한 워낙 양이 적다 보니 있는 줄도 모르고 다시 구입한 적도 많다. 외출용 이유식 용기에 담아 얼린 적도 있는데, 끼니 때마다 사용할 재료들을 각각의 용기에 담아 얼리다 보니 정작 외출할 때는 용기가 부족한 사태가 발생했다. 그런데 둘째 아이를 키울 때는 달랐다. 실리콘 재질의 보관 용기가 등장해 이유식 재료들을 손쉽게 보관할 수 있었다. 아이가 이유식을 먹지 않는 지금은 음식 재료 보관 용기로 사용 중이다.

마미파워의 선택

1 베베락 밀폐 이유식 용기

가장 많이 쓰는 이유식 용기로 실리콘 패킹 처리가 되어 100% 밀폐가 가능하고, 친환경 소재를 사용해 인체에 무해한 제품이다. 전자레인지 사용이 가능해 이유식을 간편하게 데워 먹일 수 있고 자외선 살균, 끓는 물 소독이 가능해 위생적이다. 중탕한 이유식이 빨리 식지 않고, 눈금이 표시되어 용량을 쉽게 조절할 수 있다. 베베락의 다른 제품들과 호환도 가능하다.

마미파워의 한마디 가벼워서 휴대가 편하며 쌓아 보관할 수 있어 공간 활용이 좋다.

INFO WWW.BEBELOCKSHOP.COM 4PCS 5천원대.

2 프레쉬베이비 쏘이지 아이스 큐브

뚜껑이 있어 청결하게 보관되고, 다단으로 쌓으면 깔끔하게 정리된다. 이유식 후에도 다양하게 활용할 수 있다.

마미파워의 한마디 용기 재질의 특성상 살짝 비틀어 빼면 된다.

INFO TOREFARM.NAVER.COM/KIDSMARKET 1만 5천원대(2EA 1SET)

3 제이엠그린 알알이 쏙 재료 보관 용기

제품 색깔별로 내용물을 구분해서 담으면 편리하다. 손가락으로 누르면 한 조각씩 빠져나와 필요한 만큼만 사용할 수 있다. 조각당 용량이 표기되어 있어 양 조절이 쉽다.

마미파워의 한마디 차곡차곡 쌓아서 정리할 수 있다. 다른 제품에 비해 가격도 착한 편.

INFO STOREFARM.NAVER.COM/BAZA 중 사이즈 3천원대 후반(오픈 마켓 가격 비교 권장)

4 글라스락

유리 소재라 집에서 많이 쓰는 편. 오븐 사용이 불가능한 강화유리 제품이지만 내열유리는 깨질 때 파편이 생기지 않아 더 안전하다고 한다. 사면 결착으로 밀폐력이 우수하다. 아이가 크면 일반 반찬 그릇으로 사용할 수 있다.

마미파워의 한마디 외출할 때보다는 집에서 사용하기 좋다.

INFO WWW.GLASSLOCK.CO.KR 6PCS 2만원대.

02. CHAPTER

이유식 숟가락
◀ 002 ▶
아이 스스로 이유식을 먹도록 도와주는 도구

젖꼭지 선정 이후 겪는 최고의 난항은 바로 이유식 숟가락이다.
모유나 분유 이후 아이가 처음으로 음식을 먹는 시기이기 때문에 올바른 이유식
습관이 숟가락에 달렸다고 해도 과언이 아니다. 아이에 따라 숟가락을 좋아하거나
싫어할 수 있으므로 신중하게 선택해야 한다.

숟가락으로 이유식 습관을 길러주자

숟가락의 재질이나 모양에 따라 아이가 싫어할 수도 있고, 급기야 이유식을 거부하는 경우도 있다는 이야기를 들었다. 편하게 젖꼭지만 빨다가 음식을 씹어서 삼켜야 하니 아이 입장에서는 굉장히 힘든 일인데 숟가락까지 맘에 들지 않으면 이유식을 거부한다는 것. 이런저런 이야기를 들은 터라 처음부터 올바른 이유식 습관을 들이기 위해 육아용품 매장을 찾아갔다. 주변의 다른 엄마들은 온도에 따라 색이 변하는 온도 감지 숟가락을 사용하기도 했는데, 나는 제 기능만 하면 된다는 생각에 평범한 숟가락을 구입했다. 그런데 사용하다 보니 아쉬운 점이 나타났다. 이유식을 먹일 때 뜨거울까 봐 항상 내 입술에 먼저 대어 보아야만 했던 것. 이런 꺼림직함이 느껴졌다면 온도 감지 숟가락을 구입했을 텐데 아쉬움이 남았다. 요즘은 여러 가지 기능이 포함된 숟가락이 많으니 필요에 맞춰 구입하면 좋을 것 같다.

이유식 숟가락, 아이에게 빼앗기다

처음으로 쌀 미음을 만들어 걱정 반 기대 반으로 한 숟가락 떠서 아이 입에 넣어주었다. 다행히 아이는 잘 먹었다. 하지만 먹으려는 의욕과 달리 흘리는 양이 만만치 않았다. 질질 흘리면서 입을 오물거리던 아이 모습이 아직도 생생하다. 그런데 첫날은 잘 받아먹는가 싶더니 둘째 날부터 숟가락에 관심을 보였다. 이유식을 잘 받아먹긴 했지만 계속 손으로 숟가락을 잡으려고 안간힘을 썼다. 티스푼 정도 크기에 손잡이가 긴 플라스틱 수저였는데 처음 보는 물건에 호기심이 생겼던 것이다. 나는 아랑곳하지 않고 미음을 먹이는 데 충실했다. 그러자 이런 무심한 엄마가 미웠는지 칭얼거리며 짜증 섞인 울음을 터뜨려 결국 아이에게 이유식 숟가락을 쥐어주고 나는 쇠로 된 티스푼으로 이유식을 먹였다. 쇳독이 올라 아이의 입 주변이 벌겋게 달아오를 수 있다는 이웃의 말이 생각났지만, 그렇다고 어른 숟가락을 사용할 수는 없어 눈 딱 감고 티스푼으로 떠먹였다. 다행히 숟가락을 갖고 기분이 좋아진 아이는 이유식도 잘 받아먹었고, 손에 쥔 이유식 숟가락도 잘 빨아댔다.

외출할 때는 케이스가 있는 숟가락이 편리하다

쇠로 된 티스푼을 사용해도 아이는 별 탈 없이 이유식을 잘 먹었다. 그런데 언제부턴가 아이가 가끔씩 티스푼을 앙 하고 세게 물기 시작했다. 자칫하면 잇몸이나 이를 다칠 것 같았다. 그래서 하나는 이유식을 먹일 때 쓰고 다른 하나는 아이에게 주기 위해 2개를 다시 구입했다. 특히 이번에는 전용 케이스가 있는 제품을 선택했다. 예전에 동네 엄마들과 함께 외출을 한 적이 있는데, 다들 케이스에 예쁘게 담긴 이유식 숟가락을 꺼내 떠 먹이는 것을 보고 일회용 비닐에 숟가락을 둘둘 말아갔던 내가 초라하게 느껴졌던 기억 때문. 심지어 한 엄마는 국물용, 고형식용 등 용도에 따라 다른 숟가락들을 가져왔다. 케이스가 있으면 보관과 휴대가 편리할 것 같아서 나도 구입했다. 그런데 막상 사용해보니 생각보다 만족스럽진 않았다. 케이스가 있어 편리하고, 소재나 모양은 좋았지만, 숟가락이 너무 깊어 아이가 빨고 나면 안쪽에 미처 먹지 못한 음식이 남곤 했다. 무조건 케이스가 있는 숟가락을 고르기보다는 기능도 고려해 선택했으면 좋았을걸 하는 아쉬움이 남았다.

마미파워의 선택

1 더블하트 이유식 피딩 숟가락 세트

이유식 초기에 사용하는 숟가락으로 묽은 고형식을 먹이기에 좋다. 죽용과 과즙용 2가지로 구성되어 있다. 아이 입술이 닿는 부분에 부드러운 소재를 사용했고, 입 안 깊숙이 들어가지 않도록 위치 맞춤 스토퍼가 부착되어 있다. 폭, 길이, 깊이 모두 먹거나 마시기에 가장 적당하다.

마미파워의 한마디 크기가 작아서 사용 기간이 길지 않다.
INFO WWW.DOUBLEHEART.CO.KR 8천원대.

2 릿첼 UF 이유 숟가락

5개월부터 사용할 수 있는 이유식 숟가락. 크기가 비교적 큼직해 수프나 국물을 먹이기 편하고, 먹는 양이 늘어나 이유식 중기에도 사용할 수 있다. 손잡이를 탄력 있는 플라스틱 소재로 2중 성형해 엄마 손이 미끄러지지 않는다.

마미파워의 한마디 소프트 이유스푼과 이유스푼 케이스 포함 2EA세트로도 판매한다.
INFO 오픈 마켓(11번가, G마켓, 옥션, 인터파크) 6천원대.

옥소 이유식 숟가락

아이가 혼자 먹기에 좋은 중기 이유식 숟가락. BPA FREE 트라이탄 신소재를 사용해 환경호르몬이 나오지 않아 안전하다. 또한 내부는 스테인리스 재질이라 위생적이고 내구성도 강하다.

마미파워의 한마디 곡선으로 휘어진 손잡이가 아이 손에서 숟가락이 빠지는 것을 방지해 아이들이 편하게 쓸 수 있다.
INFO WWW.OXOTOT.CO.KR 1만원대 (6개월부터 사용).

02. CHAPTER

이유식 마스터

◀ 003 ▶

이유식을 쉽게 만들 수 있는 기특한 제품

지금 생각하면 정말 별것 아니지만 큰아이 때는 이유식 하나 만드는 것이 왜 그리 어려웠는지 모르겠다. 첫아이라 뭐든 조심스럽기도 했지만 모유 이후 먹이는 첫 음식이라 더 유난을 떨었던 것 같다. 나는 5대 영양소에 채소의 색감까지 고려해서 이유식을 만드는 극성을 떨었다. 이런 내가 이유식 장인이 되도록 한몫 톡톡히 한 제품이 바로 이유식 마스터다.

이유식 만들기에 대한 고민

아이가 6개월이 될 무렵, 소아과에 예방접종을 하러 갔는데 담당 선생님이 이제 이유식을 시작하라며 철분이 부족할 수 있으니 이유식에 쇠고기를 넣어 먹이라고 권했다. 그러자 친정 엄마는 쌀을 불려 냄비에 죽처럼 끓이면 된다고 하셨다. 그러나 난 냄비 사용이 꺼려졌다. 이유식이 눌어붙지 않게 계속 젓다 보면 냄비 바닥이 긁혀 아이에게 해가 되진 않을지, 재료들의 좋은 영양소가 열 때문에 빠져나가진 않을지, 아이가 모유 이후에 처음 먹는 음식이라고 생각하니 고민은 끝이 없었다. 그러던 와중에 이유식 마스터에 대해 알게 되었고, 열 손실이 없어 영양소 파괴가 적다는 한마디에 더 이상 고민하지 않고 구입했다.

마스터 하나면 이유식 만들기가 쉬워진다

내가 사용한 이유식 마스터는 찜기와 블렌더 일체형으로 손잡이만 잡고 돌리면 찜기에서 블렌더로 전환돼 무척 편리한 제품이었다. 물의 양에 맞게 자동으로 찌고 완료 후에는 전원이 차단되어 안전하기도 했다. 원하는 이유식 재료를 깨끗이 손질해서 마스터에 넣고 찐 다음 흰밥을 넣고 블렌더로 갈면 완성이었다. 처음에는 채소와 불린 쌀을 함께 찌려고 했는데 쌀알이 너무 작아 아래로 모두 빠지는 통에 밥을 찌기는 어려웠다. 쇠고기도 구입할 때 이유식용이라고 말하면 워낙 잘게 썰어줘 마스터에 넣으면 대부분이 구멍으로 빠져버리기 일쑤였다. 그래서 이유식 마스터용 쇠고기는 적당한 크기로 구입해서 찐 다음 블렌더로 함께 갈았다. 이유식 마스터가 있으니 이유식 만드는 일이 정말 편하고 쉬웠다. 열 손실이 없고 영양소 파괴도 적어 두 배로 만족스러웠다.

이유식 마스터는 세척이 중요하다

문제는 세척이었다. 보통 하루에 2~3번 먹이는 이유식을 전부 다른 재료로 만들었는데, 그때마다 마스터를 세척하려니 시간이 너무 오래 걸렸다. 뚜껑의 작은 구멍 사이에 끼는 찌꺼기들은 작은 솔로 일일이 긁어내고, 칼날도 조심스럽게 빼서 세척하고, 내부도 젖병 솔을 넣어 박박 닦아야 했다. 물기에서 세균이 번식하지 않도록 잘 건조시키는 것도 중요했다. 더욱이 물 주입구는 구연산을 물에 희석해서 넣고 스팀으로 세척한 후 헹구는 방식이었는데, 구연산 물을 따라내도 탁한 물이 계속 나와 마음이 개운하지 않았다. 물탱크에 주입된 물로 찜을 하는데, 안쪽의 구연산이 과연 깨끗하게 세척됐을지 의문이 들었다. 아이 제품이라 확실히 들어내고 닦아 햇볕에 바짝 말리고 싶었는데 기계 특성상 그렇게 할 수 없어서 많이 아쉬웠다.

이유식, 결국 냄비로 만들다

정말 편하고 쉬워 만족도에서 손가락에 꼽는 육아용품이 마스터지만 그 후로 그냥 친정 엄마의 방식을 따랐다. 아무것도 모르는 초보 엄마라 이유식을 거창하게 생각했는데, 초기 이유식은 재료를 믹서에 곱게 갈아 물을 붓고 죽처럼 끓이면 되니 어렵지 않았다. 중기·후기 이유식은 아이의 씹는 식감을 위해 재료를 찐 다음 밥과 육수 등을 넣고 믹서에 적당히 갈면 됐다. 막상 해보니 재미도 있었다. 그래서 이때부터는 이유식 마스터를 아이 전용 블렌더로 사용하고, 시댁 방문 등 장기간 외출할 때만 가지고 다니며 본래 용도로 사용했다. 사실 아이 전용 냄비를 따로 썼지만 매번 유별나게 냄비를 가지고 다닐 수는 없었다. 친정 엄마는 아무 냄비나 쓰면 된다고 하셨지만 그러지 않았다. 다른 것에는 딱히 민감하지 않았는데, 이유식만큼은 재료부터 만드는 도구까지 깐깐하게 군 편이다.

마미파워의 선택

1 베이비무브 쿡마스터

이유식기, 믹서, 찜기, 살균소독기, 보틀 워머(젖병 데우기) 기능을 모두 가지고 있다. 믹서와 찜기가 분리되어 이유식 기간이 끝나도 사용할 수 있다. 15분이면 대량의 이유식을 만들 수 있고 세척도 쉬워 여러모로 편리하다. 내부가 투명하게 보여 청결하게 사용할 수 있고 전자파 걱정 없이 해동이나 데우기가 가능하다.

마미파워의 한마디 찜기를 사용할 때 꼭 믹서에 연결해야 한다.

INFO WWW.BABYMOOV.CO.KR 20만원대.

아벤트 이유식 마스터

용기 손잡이를 잡고 돌리면 찜기에서 블렌더로 쉽게 전환된다. 용기 뚜껑 및 칼날 분리가 쉬워 세척이 간편하고, 물 주입구가 넓어 계량컵으로도 물을 부을 수 있다. 주입된 물의 양에 따라 알아서 찌고, 완료되면 자동으로 전원이 차단되는 것이 특징. 다이얼을 돌리면 아이의 성장 단계에 맞는 이유식 조리가 가능하다.

마미파워의 한마디 냉동된 재료는 해동 후에 조리하고, 생쌀과 같은 딱딱한 재료는 부드럽게 불리거나 익힌 다음 블렌딩해야 한다. 수조 관리를 잘해야 한다.

INFO 오픈 마켓(11번가, G마켓, 옥션, 인터파크) 16만원대.

치코 스팀 이유식 마스터

영양소나 재료 특유의 풍미 손실 없이 조리된다. 조리 후 바로 갈거나 섞을 수 있어 간편하게 이유식을 만들 수 있다. 재료를 섞을 때 만들어지는 공기방울을 줄여 아이의 배앓이를 방지해주는 것이 특징. 간편한 데우기와 해동 기능이 있어 미리 만들어둔 이유식 조리도 쉽다. 기능에 비해 가격도 저렴한 편이다.

마미파워의 한마디 수조 관리를 잘 해야 한다.

INFO 오픈 마켓(11번가, G마켓, 옥션, 인터파크) 7만원대.

02. CHAPTER

식판·식기

◀ 004 ▶

아이가 밥을 잘 먹지 않을 때 사용하는 물건

아이를 키우다 보면 한 번쯤은 아이가 밥을 잘 먹지 않는 시기가 온다.
이럴 때는 아이가 좋아하는 캐릭터 제품을 사용하는 것이 좋다. 그리고 아이가 음식을 여기저기
흘리더라도 낑낑대며 혼자 먹으려고 한다면 그냥 지켜본다. 스스로 할 수 있도록 돕는 것이 부모의 역할.
답답해서 속이 터질지언정 참고, 참고, 또 참아야 한다.

갑자기 밥을 거부하는 아이

큰아이가 20개월쯤 되었을 때다. 남자아이이기도 했지만 또래에 비해 워낙 먹성이 좋아 음식에 대해선 별 걱정이 없었다. 그런데 어느 날 갑자기 아이가 밥을 잘 먹지 않기 시작했다. 끼니 때마다 숟가락에 밥을 얹어 아이를 따라 다니며 먹이는 전쟁 같은 날들이 이어졌다. 이유라도 알면 좋으련만 도통 이유를 알 수가 없었다. 아이의 올바른 식사 습관을 위해 지정된 곳에서 지정된 시간에만 먹이라고 배웠지만, 마음처럼 되지 않았다. 아이가 먹지 않으면 속상했고, 또 혹시라도 성장에 악영향을 미칠까 걱정되어 배운 것은 다 뒤로한 채 아이를 졸졸 쫓아다니며 애원하는 꼴이 되었다. 아이가 밥을 잘 먹게 하려고 함께 요리를 해보기도 했지만 이것도 잠시였다. 식재료를 가지고 음식을 만들 때는 놀이로 받아들여 적극적으로 참여했지만 막상 음식을 다 만들면 처음에만 몇 숟가락 먹고 다시 거부했다.

캐릭터 식판 하나면 아이의 식욕이 돌아온다

그러던 어느 날 아이가 자신이 좋아하는 캐릭터 숟가락을 들고 돌아다니는 모습을 보았다. 순간 '아이가 좋아하는 캐릭터 식판과 식기를 사용하면 밥을 잘 먹을까?' 하는 생각이 스쳐 지나갔다. 때마침 아이가 좋아하는 캐릭터가 잔뜩 있는 실내 놀이터에 갔는데, 그곳에 캐릭터 식판과 식기가 전시되어 있었다. 플라스틱 소재라 걱정스럽긴 했지만 가볍고 깨지지 않는다는 장점을 고려해 구입했다. 그런데 식판을 본 아이의 반응은 가히 폭발적이었다. 캐릭터 이름을 노래하듯 부르며 신이 나 방방 뛰기까지 했다. 그 여세를 몰아 아이에게 캐릭터의 이름을 불러주며 누가 빨리 먹는지 시합하자며 아이를 자극했다. 아이는 음식을 먹을 때마다 식판 바닥에서 점점 드러나는 캐릭터의 눈, 코, 입 등을 가리키며 즐거워했다. 혹여 금세 흥미가 떨어질까 봐 나도 옆에서 맞장구를 쳐주며 열심히 노력했다. 그러자 아이는 언제 밥을 안 먹었느냐는 듯 먹성 좋게 식판을 비웠다.

식판으로 5대 영양소를 챙기자

식판 구입 후 아이뿐만 아니라 엄마인 나에게도 변화가 찾아왔다. 아이 음식의 영양소를 조금 더 생각하게 된 것이다. 내가 구입한 식판은 밥과 국을 포함해 총 5가지를 담을 수 있도록 공간이 나뉘어 있었다. 그렇다 보니 채소와 고기 등을 한 번에 많이 먹이기 위해 아이 음식을 덮밥 종류로 준비했던 습관에서 벗어나게 되었다. 식판의 공간이 비지 않도록 부족한 영양소가 무엇인지 체크해 더 주려고 노력했다. 또 식판을 사용하니 설거지거리도 줄어 일석이조였다.

마미파워의 선택

스킵합 식판

두 칸으로 나뉘어 국과 밥을 담기 좋고 카레나 덮밥 등 한 그릇 식사를 담기에도 좋다. 내구성이 좋고 식기세척기 사용이 가능하다. 동물 모양이라 아이들이 좋아해서 밥을 잘 먹는다.

마미파워의 한마디 음식을 담을 수 있는 공간이 두 칸이라 반찬용 볼이 더 필요하다.

INFO 오픈 마켓(11번가, G마켓, 옥션, 인터파크) 2만원대.

1 이노베이비 식판

자동차 모양 식판으로 아이들의 호기심을 자극한다. 스테인리스 재질이라 위생적이고 환경호르몬 걱정이 없다. 5개의 넉넉한 칸이 있어 밥, 국, 반찬 등을 고루 담을 수 있다. 식기세척기 사용이 가능하다.

마미파워의 한마디 칸의 깊이가 낮아 많이 먹는 아이들에게는 음식의 양이 적을 수 있다.

INFO 오픈 마켓(11번가, G마켓, 옥션, 인터파크) 2만 6천원대.

2 뽀로로 스테인리스 다용도 양수 볼(대)

간식거리부터 음식까지 담을 수 있는 다용도 제품. 뽀로로와 친구들 이미지가 있어 아이들의 흥미를 유발한다. 손잡이가 양쪽에 달려 있어 사용하기 편하다.

마미파워의 한마디 안쪽은 스테인리스 재질이라 위생적으로도 좋다.

INFO WWW.POROROSHOP.KR 8천원대.

02. CHAPTER

아이 과자 · 스낵 컵
◀ 005 ▶
아이보다 엄마가 더 좋아하는 아이템

한번은 아이랑 놀아주던 남편이 무심결에 아이 과자를 먹고 있는 모습을 보았다. 마침 아이 과자가 딱 한 봉지 남아 있어 남편에게 "비싼 거니 먹지 마!"라며 핀잔을 줬다. 멋쩍어하는 남편을 보니 미안한 마음이 들었지만 아이 과자는 그만큼 중요했다. 아이의 간식이라서가 아니다. 어른 입맛에는 맞지도 않을 뿐 아니라 외출할 때 요긴하게 쓰였기 때문이다. 아이 과자에 표기된 100% 국내산 혹은 100% 쌀은 원산지와 성분 표시일 뿐 친환경이나 유기농 제품을 말하는 것은 아니니 구매 시 참고한다. 또한 아이 과자는 대부분 큰 통에 들어 있으니 스낵컵을 이용해 아이가 먹을 때마다 꺼내주는 것이 좋다.

아이 과자는 유기농 재료로 만든 것이 좋다

이유식을 시작하면서부터 많이 먹인 것이 아이 과자다. 큰아이는 주변 엄마의 추천으로 미국산 직구 제품을 주로 먹였는데, 손가락으로 집는 동작이 아이 뇌에 자극을 줄 수 있을 것 같아 아이가 손으로 집어먹을 수 있는 것으로 선택했다. 그런데 만족하며 잘 먹이고 있던 어느 날 자연주의 육아를 고수하던 친정 엄마가 아이 과자도 만들어 먹이면 된다며 나무라셨다. 그러더니 얼마 후 가래떡을 말려 뻥튀기로 크게 한 봉지 만들어오셨다. 어떤 첨가물도 넣지 않고 가래떡만 튀긴 자연주의 과자였다. 친정 엄마의 영향으로 그 이후에는 단호박, 흑미, 고구마 등 우리 농산물로 만든 다섯 종류의 과자를 먹였다. 유기농 재료를 사용해 일반 과자보다 비쌌지만 아이가 잡기 쉬운 모양이고 우리 농산물로 만들어 마음에 들었다. 그런데 다섯가지 중 아이가 좋아하는 맛은 두가지 정도여서 이후에는 아이가 좋아하는 맛의 과자를 주로 구입했다. 엄마의 마음이야 골고루 먹이고 싶었지만 아이가 좋아하는 맛이 따로 있다 보니 먹지 않는 과자를 구입할 순 없는 노릇이었다. 그래서 어느 정도 먹였다 싶으면 새로운 맛을 한가지씩 더 구입해 지속적으로 조금씩 다른 재료로 만든 과자를 먹게끔 했다.

아이와 외출할 때 과자는 필수

아이와 함께 외출할 때 반드시 챙겨야 하는 것이 과자다. 더욱이 대중교통을 이용한다면 필수품이라 할 수 있다. 대중교통은 비교적 흔들림이 없는 지하철을 이용했는데, 수유실이 있는 지하철 역사도 많지 않고, 있다 하더라도 아이를 안고 오르락내리락하기가 쉽지 않았다. 몇 번의 경험을 통해 지하철에서는 수유가 어렵다는 것을 알게 된 뒤로는 아이가 지하철에서 울거나 보채면 과자를 꺼내 쥐어주었다. 배가 고파서 우는 경우에도 과자를 잘 받아먹어 아이를 달래는 데 꽤 유용했다. 또 직접 차를 운전해서 외출할 때도 카시트 앞에 과자를 챙겨놓아 아이가 과자를 먹거나 장난감을 갖고 놀 수 있게 대비했다. 집안일을 할 때도 아이 과자는 필수 아이템! 생각해보면 아이 과자는 아이의 간식이 아니라 아이를 달래거나 관심을 분산시킬 때 더 많이 사용한 것 같다.

마미파워의 선택

1 해피베이비 오가닉 퍼프
생산지에서 가공한 제품으로 농약이나 방부제 염려가 없다. 설탕 대신 유기농 과일주스로 단맛을 냈다. 통곡물과 신선한 과일과 채소로 만들어 영양이 좋고 칼로리는 낮다.
`마미파워의 한마디` 통이 길쭉해서 직접 꺼내 먹기가 불편하고, 눅눅해지기 쉬우므로 개봉 후에는 바로 밀폐용기에 담아놓고 조금씩 덜어 먹이는 것이 좋다.
`INFO` STOREFARM.NAVER.COM/MAMAS 7천원대 후반.

2 한스펌킨 베이비 푸드·스낵컵
부드러운 실리콘 재질이라 손을 다칠 염려가 없고 과자를 꺼내기 쉽다. 환경호르몬과 독성이 없고 재활용이 가능하다. 눈금이 있어 양 조절이 가능한 것도 장점. 푸드컵 뚜껑(밀폐형)과 스냅컵 뚜껑(흘림 방지)을 용도에 따라 선택해서 쓸 수 있다.
`마미파워의 한마디` 스낵컵, 뚜껑, 손잡이는 열탕 소독을 하면 안 된다.
`INFO` WWW.HANSPUMPKIN.COM 1만 5천원대.

에빈즈 쌀눈 가득 곡물
무농약 친환경 현미가 주원료. 합성 감미료, 합성 착향료, 합성 착색료를 넣지 않았다. 기름을 사용하지 않고 100℃ 이상의 열과 압력으로 만든 것이 특징이다. 백미와 비교해 무려 40배의 쌀눈이 함유되어 있고, 알루미늄 지퍼백을 사용해 위생적이다.
`마미파워의 한마디` 오프라인 구매처를 찾기 어렵다.
`INFO` WWW.ALVINSMALL.CO.KR 9천원대(4팩).

3 먼치킨 스낵 통
아이가 손으로 쉽게 꺼낼 수 있도록 디자인되었다. 예쁜 색감이 눈에 확 띄며, 손잡이와 바닥에 미끄럼 방지 처리가 되어 있다.
`마미파워의 한마디` 바닥에 있는 네임 블랭크에 아이 이름을 적어놓으면 잃어버릴 염려가 없다.
`INFO` WWW.SBABY.CO.KR 7천원대(오픈 마켓 가격 비교 권장).

3

02. CHAPTER

과즙망
006
아이에게 과일을 먹일 수 있는 결정적인 도구

주변의 결혼한 친구들 덕분에 육아용품에 대한 조언을 많이 들었고,
나 스스로도 육아용품에는 자신 있다고 생각했다. 하지만 이는 오산이었다.
과즙망은 내게 반성이라도 하라는 듯 홀연히 나타나
처음 보는 놀라운 세계를 경험하게 해주었다.

048

과즙망을 사용할 때는 턱받이를 준비하자

아이가 이유식을 시작한 후 먹이지 않은 식재료가 거의 없었다. 그런데 과일은 생각만큼 먹이기가 쉽지 않았다. 보통 과일을 숟가락으로 긁어서 먹이거나 믹서로 갈아 떠먹였는데, 믹서로 갈면 상당량의 과육이 버려져 아까웠다. 더욱이 과일 한번 먹이려고 믹서를 이용하는 것도 여간 번거로운 일이 아니었다. 그래서 사용하게 된 것이 과즙망이다. 과즙망을 처음 사용할 때는 비교적 단단한 과일이 좋다. 잘게 잘라서 넣으면 과즙도 더 잘 나오고 아이도 편하게 먹는다. 포도처럼 미끄러워서 그냥 넘어가기 쉬운 과일도 과즙망에 넣으면 안전하게 먹일 수 있다. 다만 '망'은 사용하기 전에 늘 안전한지 확인해야 한다. 자칫 찢어지면 과일이 그대로 넘어가 질식사고의 원인이 될 수도 있기 때문이다. 아이가 과즙망을 이용할 때는 옆에서 지켜보는 것이 가장 바람직하다. 또한 아이가 물고 빠는 만큼 항상 세척과 소독에 신경을 써야 한다. 그리고 과즙이 옷에 묻는 경우가 많으므로 턱받이는 필수다.

모든 아이가 과즙망을 좋아하는 것은 아니다

과즙망은 과일을 망 안에 넣고 빨면 되는 간단한 원리였다. 치발기 대신 사용할 수도 있었다. 먹는 양이 반, 흘리는 양이 반이지만 과일이 잘려서 아이 목으로 넘어갈 위험이 없다는 점이 매력적이었다. 처음 과즙망을 구입해서 사용할 때는 아이가 제일 좋아하는 사과를 넣어주었다. 아이는 과즙망의 손잡이 부분이 마음에 들었는지 손잡이를 물고 질겅거렸다. 그래서 몇 번이나 과즙망을 똑바로 잡게 해주었고, 사과의 단맛을 보고 나서야 망 부분을 빨기 시작했다. 하지만 사과가 단단해 쉽게 즙이 나오지 않자 이내 포기하고 던져버렸다. 큰아이는 단맛이 나는 과일은 좋아하고 신맛이 나는 과일은 싫어했는데, 즙이 쉽게 나오는 과일들은 대부분 신맛이라 아무리 즙이 잘 나와도 아이가 관심을 보이지 않았다. 과즙망이 있어도 과일 먹이기는 여전히 쉽지 않았다.

과일을 다 먹을 때까지 모양이 변하지 않는 실리콘 과즙망

둘째 아이는 단맛, 신맛 가리지 않고 과일을 아주 좋아했다. 그래서 둘째에게는 단단한 과일인 사과와 배, 말랑한 과일인 딸기 등을 가리지 않고 과즙망에 넣어서 주었다. 그리고 첫째 때는 천으로 된 과즙망을 쓰다 말았지만, 둘째 때는 실리콘으로 된 과즙망을 꾸준히 사용했다. 천으로 된 망은 과육이 없어지면 망이 아래로 내려앉아 아이가 손잡이를 과육인 줄 알고 빨게 되는데, 실리콘 과즙망은 과일을 다 먹어도 제 모양을 유지한다. 요즘은 천 과즙망이 거의 판매되지 않고 실리콘 과즙망이 대세다. 첫째 때는 실패한 듯했지만 둘째 때는 실리콘 과즙망으로 쉽게 과일을 먹일 수 있어 좋았다.

마미파워의 선택

피셔프라이스 과즙망
100% 실리콘 소재라 환경호르몬 걱정이 없는 제품. 과일을 넣고 스냅만 잠그면 된다. 아이 입에 맞는 크기를 선택할 수 있고, 미끄러짐을 방지해주는 돌기가 있는 게 특징이다. 보관 캡이 있어 위생적이며 치발기로도 사용할 수 있다.
마미파워의 한마디 말랑말랑 해서 치발기 겸용으로 사용가능.
INFO 오픈마켓(11번가, G마켓, 옥션, 인터파크) 1만 2천원대.

1 에디슨 실리콘 과즙망
100% 실리콘 소재 제품으로 원터치 안전 핀을 적용해 열고 닫기 편하고 음식물이 새지 않는다. 세척이 쉬우며, 실리콘 망만 분리해서 열탕 소독을 할 수 있다. 휴대 전용 투명 캡이 있어 위생적인 보관이 가능하다.
마미파워의 한마디 원형 복원력이 우수해 치발기로도 사용할 수 있다.
INFO INPKOREA.COM 1만 4천원대.

2 베베락 과즙망
인체에 무해한 무독성 실리콘 망. 원터치 안전 핀을 적용해 열고 닫기 편하다. 음식물이 새지 않고 손잡이를 돌리면 밀려 올라가는 방식이라 음식물을 끝까지 안전하게 섭취할 수 있다.
마미파워의 한마디 원터치 안전 핀을 적용해 아이에게 안전하고 사용하기 편하다.
INFO 오픈마켓(11번가, G마켓, 옥션, 인터파크) 1만원대.

02. CHAPTER

빨대 컵

— 007 —

경험이 모든 것을 말해주는 육아용품

내게 실패와 좌절감을 제일 많이 맛보게 해준 육아용품이 바로 컵이다.
특히 큰아이를 키울 때는 반드시 발단 단계에 맞춰 육아용품을 순서대로 써야 한다는
의무감 같은 것이 있었는데, 아이 컵을 구매할 때 이 의무감으로 채워진
착한 엄마 콤플렉스가 결국 실패를 부르고 말았다.

050

실패로 끝난 단계별 컵 구매

아이가 이유식을 시작하면서 보리차를 먹였는데, 이때부터 컵을 사용했다. 처음에는 젖꼭지 모양 스파우트 컵으로 시작했는데, 결론부터 말하면 이 컵은 전혀 사용하지 못했다. 아이가 모유 직수를 했기 때문에 젖병을 한 번도 물어본 적이 없어 스파우트 컵을 싫어했다. 젖병을 물지 않았던 아이들은 스파우트 컵을 거부하는 경우가 많다는 이야기를 나중에야 들었다. 미리 알아보지 않은 것이 실수였다. 그래서 다음에는 빨대 컵을 구입했다. 아이가 잡기 편하고 물이 새지 않아야 한다는 데 중점을 두고 선택했다. 그런데 아뿔싸! 그렇게 구입한 컵은 얼마 지나지 않아 물이 역류하기 시작했다. 컵에 있는 물이 역류할 거란 생각은 단 한 번도 하지 못해 역류 방지 기능 같은 것은 찾아보지도 않고 선택한 것이 문제였다. 벌써 두 번째 실패. 이번에는 기필코 잘 사겠다 다짐하며 물이 새지도, 역류하지도 않고 손잡이가 달린 빨대 컵을 새로 구입했다.

컵은 상황별, 용도별로 준비하는 것이 좋다

다시 컵을 샀고, 또 실패했다. 비교적 세척이 쉽고 구조가 간단한 제품을 샀더니 이번에는 빨대가 너무 굵은 것이 함정이었다. 아이가 빨대를 빨면 너무 많은 양의 물이 올라와 사레가 들렸고, 아이가 컵을 잡고 흔들면 빨대를 통해 사방으로 물이 튀는 것도 문제였다. 이후 더 이상 빨대 컵을 사지 않고, 그동안 본의 아니게 사 모은 컵들을 상황에 따라 바꿔 쓰기 시작했다. 집에서는 비교적 세척이 쉽지만 역류하는 컵, 외출할 때는 세척이 복잡하지만 역류가 없는 컵, 아이가 조금 자랐을 때는 빨대가 굵은 컵을 사용했다. 몇 번의 실패로 완벽한 컵은 없다 생각하고 더 이상 컵을 사지 않았다. 하지만 아이가 다니는 어린이집 준비물이 컵이라는 소식에 또다시 고민해야 했다. 어린이집에서 각자 개인 컵에 물을 가지고 다니라 했는데 그냥 빨대 컵은 여름에 냉장 보관도 힘들고, 소풍이나 야외 나들이 때 사용하기에도 적합하지 않은 것 같았다. 이런 이유로 내가 선택한 것은 바로 보냉이 되는 빨대 컵! 그래서 비교적 구조가 간단하고 새지 않는 것, 혹시 떨어뜨려서 다치는 것을 최소화하기 위해 손잡이가 있는 것으로 구입했다. 보냉 기능 때문에 무게가 나가 부담스러웠지만, 보통은 어린이집까지 가방을 들어다 주기 때문에 큰 걱정은 되지 않았다. 기나긴 컵 구매의 여정은 이렇게 끝이 났다.

컵을 단계적으로 사용할 필요는 없다

둘째 아이는 이유식을 할 때 보리차를 숟가락으로 떠먹였다. 큰아이 때 쓰라린 경험을 한 탓에 스파우트 컵은 아예 사지 않았고, 아이가 7~8개월 되었을 때 뚜껑에 일회용 빨대가 달린 컵을 구입해서 쓰기 시작했다. 그 컵은 뚜껑을 덮으면 빨대 컵으로, 뚜껑을 빼면 일반 컵으로 사용할 수 있었다. 외출용으로는 손잡이가 달린 보냉 빨대 컵을 쓰고 있는데, 어린이집에 다닐 때도 사용하려고 한다. 여러 번의 컵 구매 실패 경험으로 둘째 때는 단계적으로 컵을 사용해야 한다는 의무감에서 벗어나게 되었다. 또 컵에 대해 미련을 두지 않으니 오히려 컵 사용하는 요령을 첫째 때보다 더 빨리 가르칠 수 있었다. 역시 경험이 진리다. 컵은 아이가 물이나 음료를 담아 먹는 것이라 위생이 무척 중요하다. 조립하면 잘 보이지 않는 빨대 연결 부분이나 빨대 속까지 꼼꼼하게 세척해야 한다.

마미파워의 선택

1 비박스 빨대 컵
몸통 부분의 소재가 투명하고 눈금이 표시되어 있어 내용물의 양을 확인할 수 있다. 컵 추 안쪽은 안전한 스테인리스 재질로 몰딩되어 있다. 겉에 PP 재질을 덧대 물이나 음료가 직접 닿지 않아 부식되지 않고, 이물질이 끼일 염려가 없는 통주물 제조 방식으로 만들었다. 빨대 상단을 십자 모양으로 처리해 최대한 누수와 역류를 방지했으며, 고무 링으로 처리해 뒤집어도 새지 않는다.
`마미파워의 한마디` 손잡이가 곡선 형태라 아이가 잡기 편하다.
`INFO` WWW.BBOXKOREA.COM 2만원대.

2 에디슨 흘림 방지 양손 빨대 컵
흘림 방지 실리콘 밸브가 있어 빨대를 꽂지 않고 컵을 기울이거나 거꾸로 들어도 내용물이 잘 새지 않는다. 또한 빨대 제어 기능 밸브로 빨대가 쉽게 빠지지 않게 해주고, 아이 손에 꼭 맞는 양쪽 손잡이가 달려 안정감 있게 혼자서도 잘 마실 수 있다. 뚜껑이 회전형이라 열고 닫기가 편하며 제품 구성이 간단해 세척도 편하다. 얇은 요구르트 빨대나 일반 음료수 빨대도 사용할 수 있다.
`마미파워의 한마디` 용기가 불투명해서 컵 안의 내용물을 확인하기가 어렵다.
`INFO` INPKOREA.COM 1천원대.

3 더블하트 마그마그 올인원 세트
주입구가 발육 단계에 맞게 네가지로 구성되어 이유식 시작부터 끝까지 사용 가능한 실속 제품. 프리미엄 베이비 컵(3개월~)은 젖꼭지가 달려 있어 혼자 먹으려는 아이에게 좋다. 스파우트 컵(5개월~)은 젖꼭지 이외의 주입구에 익숙해져 이유식에 빠르게 적응할 수 있다는 것이 장점이며, 드링킹 컵과 스트로 컵은 아이 입 모양에 잘 맞아 흘리지 않고 마실 수 있다. 단품으로도 구매 가능하다.
`마미파워의 한마디` 단계별로 네가지 제품이 있지만, 아이가 네가지 다 사용하지 않고 한두 가지만 사용할 수도 있다.
`INFO` WWW.DOUBLEHEART.CO.KR 4만원대.

4 타파웨어 빨대 컵
커버에 매직홀이 있어 내용물이 잘 새지 않는다. 옆면 디자인이 올록볼록해 잡는 느낌이 좋고 안전하게 들고 마실 수 있다. 뒤집어도 새지 않아 휴대하기도 좋다.
`마미파워의 한마디` 가격이 높은 편이지만, 다양한 종류의 빨대를 사용할 수 있다.
`INFO` WWW.TUPPERWAREMALL.CO.KR 4만원대.

푸고컵
6개월부터 18개월까지 아이의 발달 단계에 따라 선택해서 사용할 수 있다. 단계별로 본체와 뚜껑의 호환이 가능해 활용도가 높다. 스테인리스 이중 진공 단열 제품이라 음료를 안전하고 신선하게 보관할 수 있다. 결로 현상이 없고 내용물이 새지 않는다.
`마미파워의 한마디` 빨대 컵은 구멍이 커서 물이 쑥 올라오는 경우가 있으니 돌 이후에 쓰는 것이 좋다.
`INFO` 오픈 마켓(11번가, G마켓, 옥션, 인터파크) 2만원대.

02. CHAPTER

식탁 의자 · 매트

008

온 가족의 식사 시간을 편안하게 해주는 제품

아이 엄마들이 식당이나 패밀리 레스토랑에 가면 제일 먼저 묻는 말이 있다.
"자리 있어요?"가 아닌 "아이 의자 있어요?"다. 몇 대 없는 아이 의자를 다른 사람이
이미 차지하고 있을 때는 씁쓸한 기분마저 든다. 겪어보지 않으면 절대 모른다!
아이 의자가 있을 때와 없을 때, 그 식사 시간의 차이를.

식탁이 전쟁터에서 평화의 장소가 되는 순간

큰아이가 돌 전후일 때는 이동하지 못하도록 점퍼루나 소서 등에 앉혀놓고 밥을 먹였다. 하지만 아이가 걷기 시작하자 이 방법은 통하지 않았다. 무엇보다 식탁에 관심이 많아져 점퍼루나 소서에 앉는 것을 거부하고 혼자 일어나 빠져나오기 일쑤였다. 20개월쯤 되자 아예 식탁에서 같이 밥을 먹겠다고 난리였다. 어쩔 수 없이 식탁 의자에 앉혔는데, 식탁이 높아 잘 보이지 않으니 의자에 서서 밥을 먹으려 했고, 간신히 앉혀놓아도 불안하기만 했다. 그 바람에 남편과 교대로 밥을 먹기 일쑤였는데, 식탁 의자를 점령한 아이가 급기야는 식탁 위로 올라오겠다며 한술 더 떠 난리를 피우는 통에 식사 시간마다 전쟁터가 따로 없었다. 아이 식탁 의자가 절실했다. 우여곡절 끝에 아이 식탁 의자를 구입했고, 비로소 평화가 찾아왔다. 아이도 엄마 아빠와 함께 식탁에 앉으니 만족해했고, 남편과 나도 아이가 먹는 틈틈이 밥을 먹을 수 있었다. 아이 전용 식탁이 달린 의자라 식탁 위에 먹을 것을 챙겨주면 아이 스스로 먹으려 했고, 의자 밑으로 발을 흔들며 온몸으로 '나 기분 좋아요'라고 표현했다. 그때부터 밥은 그곳에서 먹는 것으로 알고 식사 때마다 앉아서 밥을 잘 먹었다. 큰아이 때 산 의자는 둘째까지 계속 사용하고 있다. 가격은 조금 비쌌지만 가격만큼 잘 쓰고 있어 만족스럽다.

아이 식탁 의자는 식판 탈부착이 가능한 제품이 좋다

아이 식탁 의자를 찾다 보니 몇만 원대부터 수십만 원대까지 가격이 천차만별이었다. 비싼 것이 좋을까 싶은 생각도 들었지만, 구입 기준을 가격이 아닌 필요한 기능으로 따져보았다. 먼저 아이 혼자 먹다 보면 흘리는 양도 많아 세척이 쉬워야 했다. 또 오랫동안 앉아 있어야 하니 안전하고 튼튼해야 하고, 아이 전용 식탁 기능까지 포함된 제품이어야 했다. 의자만 놓으면 어른들 식탁을 함께 써야 하는데, 아이가 젓가락을 뺏어 식탁 위의 반찬들을 헤집을 게 불 보듯 뻔했다. 하지만 내 조카는 여자아이라 조심성도 많고 얌전해 어릴 때는 어른용 의자에 부스터를 고정시켜 사용하고, 좀 더 컸을 때 유아용 식탁 의자를 구입해서 사용했다. 이렇듯 아이의 성향에 따라 식탁 의자도 달라지니 미리 사둘 필요는 없다.

유아용 식탁 의자는 성장에 따라 높낮이가 조절되고 식판의 탈부착이 가능한 제품이 좀 더 편리하다. 안전벨트와 발 받침대가 있는지도 반드시 확인한다. 발 받침대가 있어야 아이가 안정적으로 발을 디딜 수 있다. 또 아이 의자에 앉혀놓아도 어른들이 방심하는 사이 아이 혼자 일어설 수 있으니 반드시 안전벨트를 착용해주어야 한다.

마미파워의 선택

1 스반 하이 체어
아이의 몸에 맞게 모든 것을 둥글게 만든 제품. 등받이는 높으면서 아이 등처럼 둥글고 손잡이 역할을 하는 홀이 있어 이동이 편하다. 볼록한 아이들의 배에 맞춰 가드를 앞뒤로 조정할 수 있어 가드가 따로 필요 없고, 36개월 전후까지 안전하게 쓸 수 있다.
마미파워의 한마디 탈부착이 가능하고 커버는 물로 세척할 수 있다.
INFO THEWALL.KR 35만원대.

2 브레비 슬렉스 에보 식탁 의자
등받이가 탈착 가능한 2단계로 되어 있어 6개월부터 초등학교 이전까지 사용할 수 있다. 높이 조절이 자유롭고 다리 길이 변화에 따라 발판도 조절할 수 있다. 산화 방지 금속 프레임이라 영구적으로 사용할 수 있고 세척이 편한 것도 장점. 5점식 안전벨트와 추락 방지 보호 가드가 있어 안전하다.
마미파워의 한마디 조립이 어려운 편이지만 그만큼 안전하게 사용할 수 있다.
INFO WWW.BREVI.CO.KR 30만원대.

3 뉴나 째즈 유아 식탁 의자
엄격한 유럽의 안전 기준을 통과한 제품. 5점식 안전벨트와 안전 가드가 장착되어 안전하다. 아이의 성장에 따라 유압식으로 높이 조절이 가능해 학습 의자로도 쓸 수 있다. 100kg까지 하중을 견뎌 팔걸이를 제거하면 아이부터 어른까지 사용 가능한 것도 특징이다. 다리 바닥에 고무 처리가 되어 있어 아이를 앉힌 채 밀고 당겨도 끌리지 않는다.
마미파워의 한마디 안전 바와 안전벨트 중간 홈에 음식물이 끼면 청소가 힘들 수 있어 각별히 신경 써야 한다.
INFO 오픈 마켓(11번가, G마켓, 옥션, 인터파크) 30만원대.

4 야마토야 마터나
최고 품질의 유럽산 너도밤나무로 만든 제품으로 가공하지 않은 두꺼운 순수 목재를 사용했다. 발이 허공에 뜨지 않도록 좌판과 발판의 높이 조절이 가능해 오랜 시간 편안하게 앉을 수 있다. 넓은 공간과 높은 등받이가 안정감을 준다. 아이가 움직여도 다리가 흔들리지 않고 미끄럼과 소음 방지 고무 패드가 장착되어 있다. 안전 가드와 안전벨트가 있어 안전하다.
마미파워의 한마디 좌판이 넓어 아이가 일어날 수 있으므로 꼭 안전벨트를 채워주어야 한다.
INFO WWW.YAMATOYA.CO.KR 20만원대.

5 빅토리아앤프렌즈 방수 부스터 시트
아직 키가 작아 식탁은 불편할 때, 극장이나 자동차 안에서 앞이 보이지 않아 답답할 때, 나들이에서 아이를 편안하게 앉히고 싶을 때 등 언제 어디서나 사용할 수 있는 실용 만점 쿠션이다. 무독성 PU 코팅으로 전면 방수 처리가 되어 오염물이 묻어도 물티슈나 손수건으로 쉽게 닦을 수 있다. 고급 골드 스펀지를 내장재로 사용해 탄성이 좋아 쉽게 꺼지거나 찌그러지지 않는다.
마미파워의 한마디 무게가 가볍다.
INFO WWW.VICTORIAFRIENDS.CO.KR 3만 7천원대.

02. CHAPTER

범보 의자 · 부스터

009

아이의 체형과 성향을 보고 사야 할 보조 의자

아이가 앉을 수 있는 시기가 되면 어떤 의자를 사야 할지 고민하게 된다.
아이의 첫 의자로 시작하는 범보 의자부터 식탁 의자에 고정하는 부스터까지 다양하기 때문이다.
하지만 이런 보조 의자를 무턱대고 미리 사두는 것은 금물! 아이의 체형과 성향에 따라 범보 의자나
부스터가 맞지 않을 수도 있다. 더욱이 보조 의자는 사용 기간이 짧아 물려받기도 좋은 제품이다.
특히 허벅지가 튼실한 아이들은 사용할 수 없으니 미리 사두지 않는 것이 좋다.

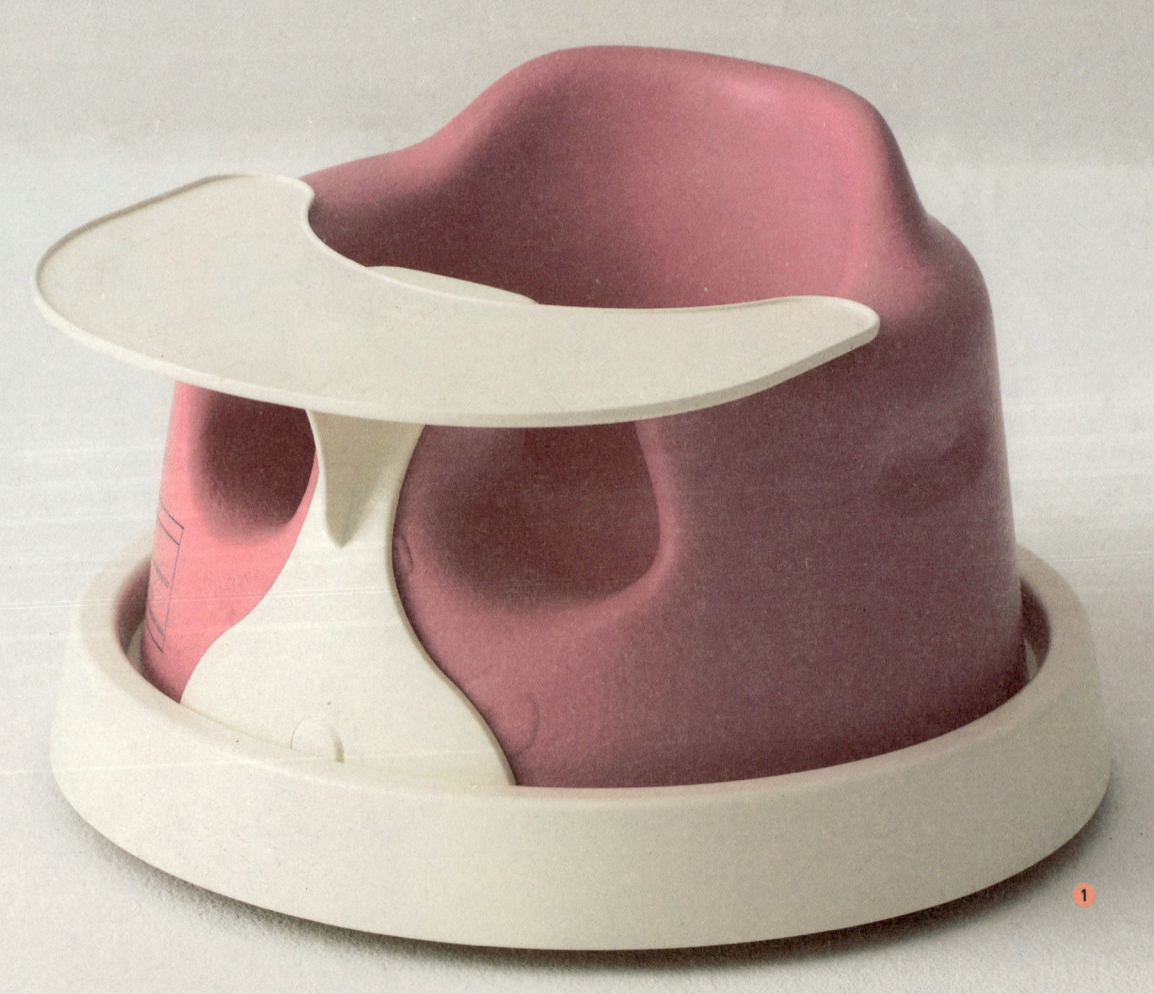

아이의 허벅지가 튼실하면 무용지물이 될 수 있다

나는 먼저 출산한 동서가 쓰던 범보 의자를 물려받았다. 아이가 어릴 때 잠깐 사용한 것이라 깨끗하고, 트레이에 가방까지 세트로 된 제품이었다. 아이가 편하게 앉을 수 있는 말랑말랑한 재질에 트레이까지 있어 이유식을 먹일 때 사용하면 좋을 듯했다. 하지만 안타깝게도 이 범보 의자는 큰아이도 둘째 아이도 몇 번 사용하지 못했다. 두 아이 모두 워낙 튼실해 아이의 허벅지가 범보 의자에 끼었던 것. 괜찮을 것 같아 잠시 앉혀두기라도 하면 범보 의자에서 빼달라고 보채거나 스스로 나오려고 버둥거려 혹여 다치기라도 할까 봐 그 후로는 앉히는 것을 포기했다. 범보 의자는 보통 백일 전후 아이를 앉혀두는 용도로 많이 사용한다. 특히 백일상에 앉힐 때 사용하는 단골 의자! 아이를 오래 안고 있어 팔이 아플 때, 아이를 잠시 앉혀놓고 싶을 때, 이유식을 먹일 때 많이 사용한다. 다른 육아용품에 비해 사용 기간이 짧아 구매를 고민하게 되지만, 백일 전후 아이를 앉혀놓는 용도로는 이만한 제품이 없다는 의견이 많다. 우리 아이들처럼 허벅지가 튼실할 경우에는 무용지물이지만 체구가 작은 아이들은 오래 사용하기도 하니 구매를 고려할 만하다.

높낮이 조절이 가능한 보조 의자 부스터

이유식을 하는 아이를 둔 엄마들이 인정하는 완소 육아용품 부스터. 부스터는 어른용 식탁 의자에 고정해서 쓸 수 있고 높낮이가 조절되는 보조 의자로 엄마 아빠와 같은 높이에서 식사를 할 수 있다는 장점이 있다. 사실 나도 부스터를 살까 고민했는데 아이가 범보 의자에 앉는 것을 싫어한 터라 부스터라고 다를까 싶어 포기했다. 남자아이들은 부스터를 잘 사용하다가도 식탁 의자에 고정되어 눈높이가 맞지 않거나 답답하다면 빼달라는 경우도 많다는 말을 들어 부스터 대체품으로 하이 체어를 구입했다. 어른용 식탁 높이와 비슷하고 비교적 공간이 넓어 만족스러웠지만, 아이가 부스터를 거부하지 않는다면 가격도 훨씬 저렴하고 기능도 많은 부스터가 더 낫다는 생각이 들었다.

부스터는 위생적이어서 좋다

내 조카는 부스터를 좋아했다. 여자아이라 그랬을까? 부스터에 앉혀놓고 간식을 주면 혼자서 잘 먹고 장난감도 잘 가지고 놀았다. 그래서 내 아이를 키우기 전까지는 모든 아이가 부스터를 좋아하는 줄 알았다. 조카가 조금 더 컸을 때는 부스터를 식탁 의자에 고정해서 사용했다. 부스터의 식판은 탈부착이 가능해 아이가 음식을 흘려도 세척이 쉬워 위생적이다. 또 휴대도 간편해 아이가 어릴 때 외부에 아이를 앉혀두기도 편하다. 부스터가 없는 우리 부부는 식당에 가면 서로 번갈아 가며 아이를 보고, 식사도 교대로 해야 했다.

* 통상적으로 말랑한 재질의 영유아 의자를 범보 의자라고 부르기 때문에 이 명칭을 사용했습니다.

마미파워의 선택

1 범보 의자

혼자서는 앉을 수 없는 아이가 편안하게 앉을 수 있도록 아이의 체형에 딱 맞게 제작한 의자. 말랑말랑한 폴리우레탄 폼 소재를 사용해 부드러우면서 아이에게 무리를 주지 않는다. 등받이가 아이의 등을 받쳐주고 허벅지를 잡아주는 기능성 구조로 바닥 면이 넓고 안전벨트가 있어 안전하다. 목을 가누는 시기부터 스스로 걸을 수 있을 때까지 쓸 수 있고, 이유식을 먹거나 장난감을 두는 트레이와 함께 사용하면 활용도가 높다.

마미파워의 한마디 폴리우레탄의 특성상 바닥 면에 기포나 스크래치가 생길 수 있다.

INFO IBUMBO.COM 범보 5만원대. 범보 의자 3종 세트 9만원대.

2 피셔프라이스 부스터

6개월부터 체중 20kg까지 사용 가능한 부스터. 아이의 성장에 따라 3단계로 식판을 조절할 수 있다. 식탁 의자에 고정할 수 있는 끈과 3점식 안전벨트가 있어 안전하다. 휴대가 간편해 외출 시 음식점 등에서도 유용하게 쓸 수 있다.

마미파워의 한마디 식판이 분리되어 세척이 쉽고, 식기세척기 사용도 가능하다.

INFO 오픈 마켓(11번가, G마켓, 옥션, 인터파크) 3만원대.

치코 부스터

높이 조절이 가능하고 이너 시트의 탈부착이 쉬워 사용하기 편하다. 다양한 형태의 의자에 간편하게 설치할 수 있고, 아이의 안전을 고려한 3점식 안전벨트가 있다. 어깨 벨트가 있어 이동이 편하고 폴더식이라 휴대하기 좋다.

마미파워의 한마디 식판이 조금 작은 편이라는 의견도 있다.

INFO 오픈 마켓(11번가, G마켓, 옥션, 인터파크) 4만원대.

02. CHAPTER

치즈 커팅·바나나 보관 통
두유와 우유 케이스

◄ 010 ►

편리한 간식 보관 제품

치즈와 바나나는 말랑말랑한 식감 때문에 아이들이 좋아하고, 이유식을 막 시작한 아이도
먹을 수 있는 영양 만점 간식이다. 특히 외출할 때 꼭 챙겨야 하는 필수 간식이다.
이때 케이스가 있으면 치즈와 바나나 보관이 한결 편해진다.

아이가 한 번에 먹는 치즈 양은 많지 않다

아이에게 모유를 먹여 분윳값은 아꼈지만 대신 간식에 많은 돈을 들여야 했다. 가장 많이 구입한 품목은 바로 치즈. 큰아이는 어릴 때부터 유제품을 워낙 좋아했다. 우유를 너무 많이 먹는 게 아닌가 걱정될 정도로 좋아했고, 치즈는 절대적으로 사랑하는 간식이었다. 아이가 어릴 때는 치즈를 작게 잘라주어야 했는데, 치즈 케이스가 없을 때는 손을 깨끗이 씻고 치즈를 떼어서 먹였다. 그런데 치즈 한 장을 꺼내면 아이가 먹는 양은 3분의 1정도밖에 안 돼 어쩔 수 없이 엄마가 먹는 양이 더 많았다. 치즈를 손으로 떼다 보면 작게 딱 떨어지지 않기도 하고, 이런저런 모양으로 길게 잘리면 너무 크다는 이유로 내가 먹는 양이 만만치 않았다. 아이용 치즈는 일반 치즈보다 훨씬 비싸 아이에게만 주고 싶었지만 막상 먹이다 보면 원하는 대로 되지 않았다. 큰아이는 하루에 2~3장의 치즈를 먹었는데, 마트에서 구입하는 것으로는 감당이 안 돼 오픈 마켓에서 대량으로 구매했다. 유통기한만 잘 확인하면 시중 가격보다 훨씬 저렴하게 구입할 수 있으니 참고하자.

쉽게 잘리고 보관도 편리하다

집에서는 괜찮지만 외출해서 치즈를 먹이려면 마땅히 손을 씻을 곳도 없고, 여름철에는 치즈가 녹아 떼어 내기도 쉽지 않았다. 이런 불편을 덜고자 구입한 것이 치즈 케이스! 귀엽고 아담한 케이스에 비닐째 치즈를 넣고 꾹 누르면 아이가 먹기 좋은 크기로 잘렸다. 비닐만 벗겨 잘린 조각을 아이용 포크에 찍어서 주면 되니 한결 수월했다. 또 케이스 내부에 여분의 치즈를 넣을 수 있어 치즈가 구겨지고 눌리는 것도 막을 수 있었다. 한편 치즈 케이스가 없을 때는 치즈를 한 장씩 사용하더라도 남은 것은 꼭 지퍼백에 넣어 보관했는데, 치즈 케이스를 사용하니 하루에 먹을 양만큼 보관할 수 있어 매번 지퍼백을 여닫는 번거로움도 없어 편했다. 나중에는 치즈 케이스 전용 아이스 파우치를 구입해 치즈 케이스와 아이 포크까지 같이 넣어 갖고 다니며 잘 활용했다.

바나나를 깔끔하게 보관할 수 있는 용기

바나나는 아이가 어릴 때부터 많이 먹인 과일이다. 어떤 과일은 너무 시거나 달아 돌 이후에 먹여야 하지만, 바나나는 초기에 먹여도 좋다고 했다. 아이에게 변비가 있을 때 바나나가 도움이 된다고 해서 자주 먹였는데, 엄마 입장에서는 다른 과일에 비해 먹이기도 편했다. 하지만 외출할 때 바나나를 가지고 다니면 금방 뭉개져서 보관이 쉽지 않았다. 그즈음 우연히 알게 된 바나나 케이스! 처음에는 그 모양이 귀여워 웃음이 나왔다. 바나나 하나를 넣을 수 있는 바나나 모양 플라스틱 용기였다. 가방 안에 잘 넣는다 해도 무르거나 으깨지기 쉬운 바나나를 온전히 보관할 수 있는 안성맞춤 제품이었다. 꼭 필요한 것은 아니지만 아이가 바나나를 좋아한다면 하나쯤 구비하는 것도 좋을 듯하다.

마미파워의 선택

1 피셔 프라이스 두유·우유 케이스
아이들이 좋아하는 다양한 팩 음료를 담아 편하게 마실 수 있는 제품. 케이스 양쪽에 손잡이가 있어 아이들이 음료를 흘리지 않고 마실 수 있다. BPA FREE 제품이라 환경호르몬으로부터 안전하다. 팩 음료의 크기에 따라 사이즈 조절이 가능하고 사용하지 않을 땐 접어서 보관할 수 있어 편리하다.
마미파워의 한마디 무리한 힘을 가해 접거나 펴지 말아야 한다.
INFO 오픈 마켓(11번가, G마켓, 옥션, 인터파크) 5천원대.

2 키즈원 치즈 커팅 케이스
치즈를 한 장씩 올려서 날카롭지 않게 자를 수 있다. 무독성 소재로 안전성을 높인 제품. 치즈가 한입 크기로 잘리고 남은 건 보관도 가능하다. 치즈를 싫어하는 아이들도 커팅 놀이를 하며 치즈와 친해질 수 있다. 커팅기 아래 치즈 케이스가 있어 여러 장의 치즈도 보관할 수 있고, 치즈를 장시간 보관할 수 있는 보냉 파우치도 있어 편리하다.
마미파워의 한마디 치즈 커팅 시 힘을 세게 주어야 한다.
INFO 오픈 마켓(11번가, G마켓, 옥션, 인터파크) 7천원대.

3 피셔 프라이스 치즈 케이스·아이스 파우치
커팅 재질이 날카롭지 않아 안전하게 사용할 수 있고, 남은 치즈 보관도 가능하다. BPA FREE 제품이라 환경호르몬이 검출되지 않는다. 다섯장의 치즈를 더 담을 수 있다. 보온·보냉 런치백은 잠수복 소재로 만들어 효과가 뛰어나다. 방수 기능과 충격 흡수 기능이 좋고, 내마모성으로 오랜 기간 사용해도 제품이 변형되지 않는다.
마미파워의 한마디 어깨에 메고 다닐 수 있도록 크로스 끈이 내장되어 있고 경량 소재라 가볍다.
INFO 오픈 마켓(11번가, G마켓, 옥션, 인터파크) 5천원대.

4 플렉사 페트병 스트로
대부분의 페트병에 사용할 수 있는 스트로. 입에 닿는 부분은 인체에 무해한 실리콘으로 만들고, 스트로 연결 부위를 분리할 수 있어 세척이 쉽다. 1회용 빨대를 사용하기 때문에 긴 빨대를 청소해야 하는 어려움을 겪지 않아도 된다. 목걸이 끈이 있어 휴대도 간편하다.
마미파워의 한마디 스트로는 리필을 별도 판매한다.
INFO 오픈 마켓(11번가, G마켓, 옥션, 인터파크) 9천원대.

5 피셔 프라이스 바나나 케이스
외출 시 바나나를 낱개로 휴대할 수 있는 제품. 끈 연결고리가 있어 편리하다. 공기구멍으로 가스가 배출되어 바나나가 변색되는 것을 막아주는 것도 장점이다.
마미파워의 한마디 케이스 속에 미니 포크가 내장되어 있어 아이들에게 먹이기 편하다.
INFO 오픈 마켓(11번가, G마켓, 옥션, 인터파크) 7천원대.

02. CHAPTER

젖병·분유 케이스

— 011 —

분유 수유 엄마들에게 꼭 필요한 제품

분유를 먹이는 엄마들은 젖병과 분유 케이스를 함께 준비하는데, 모유와 분유를 혼합 수유하는 경우 아이가 젖꼭지의 이질적인 느낌 때문에 젖병을 거부할 수 있다. 산후조리원에서 사용했던 젖병이 뭔지 미리 알아두거나 처음부터 젖병 훈련을 해두는 것도 방법이다.

모유 수유보다 분유 수유를 하는 엄마들에게 꼭 필요하다

모유 수유를 하면 젖병이 필요 없을 거라 생각했다. 하지만 보리차를 먹이거나 얼려놓은 모유를 담아 먹일 때 젖병이 필요하다는 선배 맘들의 조언으로 젖병을 구입하게 되었다. 환경호르몬이 나오는지, 소독 시 변형은 없는지 이것저것 꼼꼼하게 검색한 후 유리로 된 젖병 3개를 구입했다. 육아휴직으로 집에 있다 보니 바로 바로 모유 직수가 가능했기에 출산 후에는 젖병을 쓸 일이 거의 없었다. 보리차를 젖병에 담아 먹이는 것도 아이가 이유식을 할 때나 가능해서 신생아 시기에 젖병은 더욱 사용할 일이 없었다. 하지만 주변에 모유량이 적어 아예 모유 수유를 포기하거나 직장 생활로 유축이 힘들어 분유를 먹여야 하는 엄마들의 경우 젖병이 반드시 필요했다. 내 동생은 모유가 많지 않아 분유와 모유를 혼합 수유했는데 이때도 젖병은 반드시 필요했다.

젖병의 핵심은 젖꼭지다

젖병의 핵심은 통이 아닌 젖꼭지다. 아이에 따라 차이가 있긴 하지만 젖꼭지의 이질적인 느낌 때문에 젖병을 거부하는 아이가 적지 않다. 젖꼭지는 모양과 소재, 브랜드에 따라 신축성과 기능의 차이가 있다. 사실 우리 아이가 어떤 젖꼭지를 좋아할지는 아무도 모른다. 처음부터 젖병으로 수유를 한 경우에는 아이의 발달 단계에 따라 젖꼭지만 바꿔 사용하면 되므로 젖병 사용이 쉽다. 문제는 혼합 수유를 하거나 간헐적 젖병 수유(외출 시 모유를 젖병에 담아 먹이는 것)인데, 이런 아이들이 젖꼭지를 거부하는 경우가 많았다. 그래서 출산 후 직장에 복귀하는 엄마라면 모유량이 많아도 처음부터 젖꼭지를 물리는 습관을 들여야 한다. 그렇지 않으면 아이가 수유를 거부할 수 있다.

젖병 구입과 사용 요령

젖병은 용량이 작은 신생아용은 하나만 구입하고 나머지는 큰 것을 선택한다. 시간이 지날수록 아이가 먹는 양이 늘기 때문인데, 젖병이 커도 단계에 맞는 젖꼭지를 결합하면 신생아 때부터 사용이 가능하다. 분유를 먹이는 경우 분유를 넣고 흔들어 섞으려면 공간이 넉넉해야 하므로 큰 젖병이 좋다. 유리 재질 젖병은 소독이 쉽고 흠집이 잘 나지 않지만 무겁고 깨질 염려가 있고, 플라스틱 젖병은 가볍고 휴대하기 좋으나 가열 시 변형이나 환경호르몬 등에 유의해야 한다. 또한 젖병에 흠집이 생기면 그 틈새로 세균이 번식할 수 있으므로 5~6개월마다 교체하는 게 바람직하다고 한다. 대부분 끓는 물에 3~5분 정도 삶으면 99.9% 세균이 사라진다고. 다만 멸균 젖꼭지는 30초 삶는 게 적당하다고 한다.

분유 케이스로 분유를 쉽게 타자

예전에 분유 수유하는 친구와 1박 2일간 여행을 한 적이 있는데 짐 속에 탑처럼 쌓은 4단 분유 케이스가 있었다. 아이가 먹는 양이 많아 이마저도 부족하다며 일회용 저장 팩에 추가로 더 담아오기까지 했다. 나는 모유 수유를 하는 터라 내 아이가 먹는 양이 얼마나 되는지 가늠하지 못했는데, 또래 아이의 분유량을 보니 '내가 분윳값을 많이 아끼고 있구나.' 하는 생각마저 들었다. "스틱 분유를 갖고 오면 편하지 않아?" 하고 물으니 스틱 분유도 분유 케이스를 이용하는 것이 더 유용하다고 했다. 보통 스틱 분유 한 포의 용량이 100g인데 아이가 140g 정도 먹으면 스틱 분유 2포에서 남은 분유는 버려야 한다는 것. 또 분유 케이스에 아이가 먹는 양을 맞춰두면 다른 사람도 아이 분유를 타기가 쉬워 외출하기도 편하다고 했다. 예전 분유 케이스는 3단, 4단으로 부피가 컸지만 요즘은 부피는 작고 기능은 더해져 실속 있는 제품이 많다. 용기 대신 일회용 분유 저장 팩을 사용하는 엄마들도 있다. 일회용은 소독이 필요 없고 사용하기도 편리하다는 것. 결국 자신의 상황과 비용을 고려해서 합리적인 제품을 구매하는 것이 가장 바람직하다.

마미파워의 선택

1 더블하트 PPSU 모유 실감 젖병
일명 국민 젖병. 일단 써본 엄마들은 모두 엄지손가락을 드는 제품이다. 젖꼭지가 말랑말랑하고 각진 부분이 없이 매끈하게 이어진다.
마미파워의 한마디 모유 실감이라는 이름처럼 여러개의 구멍이 있고 삶아도 유해물질이 나오지 않는다고 한다.
INFO 오픈 마켓(11번가, G마켓, 옥션, 인터파크) 2만원대.

2 스펙트라 PPSU 젖병
아이 팔뚝을 닮은 유선형 디자인으로 잡기 편하고 손에서 잘 미끄러지지 않는다. 입구가 넓어 세척이 쉽고 타사 젖꼭지와도 호환이 가능하다.
마미파워의 한마디 젖병을 추천한다.
INFO STOREFARM.NAVER.COM/SPECTRABABY 1만원대.

3 코들라이프 유리 젖병
배앓이 방지 기능이 있어 배앓이가 심한 아이들에게 좋다. 모유 실감 젖꼭지라 아이들이 거부하는 경우가 거의 없고, 쉽게 착색되지 않고 스크래치가 나지 않아 반영구적으로 사용할 수 있다.
마미파워의 한마디 가로로 넓어 아이들이 잡고 먹기 어렵다. 잘 깨지지 않는다 해도 유리라 파손 위험이 있다. 안전이 걱정되는 경우 실리콘 보틀랩을 사용하면 좋다.
INFO WWW.PETITELINSTORE.COM 2만원대.

4 먼치킨 분유 케이스 3단
280mL 젖병 3개 분량의 분유를 나누어 담을 수 있다. 분유를 담지 않을 때는 다른 음식 보관용으로도 사용 가능하다. 다만 칸막이는 분리되지 않는다. 분유를 탈 때 칸막이 칸과 뚜껑의 홈을 잘 맞추면 다른 칸의 분유와 섞이지 않는 게 특징.
마미파워의 한마디 뚜껑의 부채꼴 모양과 본체의 부채꼴 모양을 제대로 맞춰서 닫지 않으면 양쪽의 분유가 섞이기도 한다.
INFO WWW.SBABY.CO.KR 3천~4천원대.

아벤트 분유 케이스 3단 분리형
260mL 젖병 3개 분량의 분유를 세 칸에 나누어 보관할 수 있고, 내부 용기를 빼면 그릇이나 다른 용기로도 쓸 수 있다. 내용물이 섞이지 않고 입구가 좁아 젖병에 따르기 좋은 게 특징. 위로 쌓는 제품에 비해 휴대성도 좋다.
마미파워의 한마디 독립형 분유 케이스보다 입구가 작아 분유를 담을 때 가루가 떨어질 수 있다.
INFO WWW.GREATEN.CO.KR 3천~4천원대.

피셔 프라이스 분유 케이스 5단
각각의 통이 분리되어 필요한 만큼만 휴대할 수 있고, 뚜껑이 따로 분리되어 분유를 넣기 편하다. 충격에 강하고 내열성이 뛰어난 것이 특징. BPA FREE 제품이라 환경호르몬 걱정이 없다.
마미파워의 한마디 외출 시 부피를 많이 차지한다.
INFO 오픈 마켓(11번가, G마켓, 옥션, 인터파크) 1만원대.

마이비 일회용 분유 저장 팩 90매
일회용 제품이라 휴대가 간편하고 지퍼 밀폐형이라 보조 기구가 필요 없다. 분유 주입구가 넓어 젖병에 분유를 넣기 쉽고 지퍼도 부드럽게 잘 열린다. 날짜와 용량을 적는 칸이 있어 외출해서 미처 다 사용하지 못했을 때 표기해둘 수 있는 것도 특징. BPA FREE 소재라 안전하다.
마미파워의 한마디 지퍼 부분에 분유가 묻으면 밀폐 효과가 떨어지기 때문에 조심해서 넣어야 한다.
INFO 오픈 마켓(11번가, G마켓, 옥션, 인터파크) 1만 4천원대.

02. CHAPTER

보온병 · 보온통
012
초보 엄마도 분유 타기가 쉬운 물건

분유 수유를 하는 엄마라면 누구나 한 번쯤 물 온도 맞추느라 애를 먹은 경험이 있을 것이다. 이럴 때 보온병에 미리 뜨거운 물을 담아두면 분유를 타기가 한결 쉽다. 그러나 보온병은 재질의 특성상 상당한 무게가 나가기 때문에 아이가 들다가 떨어뜨리지 않도록 아이 손이 닿지 않는 곳에 두어야 한다. 유아용 보냉컵(빨대·스파우트 등)도 아이가 꽉 잡을 수 있도록 손잡이가 있거나 손잡이가 탈부착되는 제품이 좋다.

분유를 탈 때 보온병이 있으면 편리하다

모유 수유를 한 나와 달리 분유를 먹인 엄마들은 보온병을 많이 사용했다. 아이가 배고프다고 보챌 때 물을 끓여 식히는 시간을 단축하기 위해 보온병에 미리 끓인 물을 담아 보관했던 것. 정수기가 있는 집에선 정수기의 뜨거운 물을 이용하기도 했지만 대부분의 엄마들이 물을 끓여 식힌 후 분유를 탔다. 아이가 당장 달라고 울고 보챌 때는 물이 빨리 식지 않는 것도 곤혹스럽다. 결혼 전 조카를 돌보다 분유를 타 보았는데, 물 온도를 맞추기가 쉽지 않아 애를 먹었다. 젖병을 흔들어 한두 방울 먹어보기도 하고, 팔 안쪽 살에 살짝 떨어뜨려 온도가 적당한지 느껴보기도 했는데, 결국은 물이 너무 식어 조카가 먹기에는 어중간한 온도가 되어버리고 말았다. 조카는 배가 고프다고 울고불고 난리인데 분유는 내 마음대로 타지지 않아 나도 울고 싶은 심정이었다. 그 후 동생은 아이를 잠시 맡기고 외출할 때면 보온병에 물을 담아놓았다. 보온병에 물을 담아놓으니 분유를 타는 시간도 줄어들고 훨씬 수월했다. 단, 보온병도 일정 시간이 지나면 온도가 떨어지므로 아이가 먹는 물의 온도보다 조금 더 뜨겁게 만들어 담아두어야 한다.

겨울철에 외출할 때는 이유식을 보온병에 담자

모유 수유를 해도 겨울철에 외출할 때는 보온병이 꼭 필요하다. 처음에는 물을 따뜻하게 보관하려고 보온병을 구입했는데, 이유식을 보온병에 담으니 외출할 때마다 싸늘하게 식은 이유식을 들고 전자레인지를 찾아 헤매지 않아도 되어 편했다. 보온병에 담은 이유식은 차가울 정도로 식지 않아 아이에게 먹이기에는 충분했다. 또 어린이집에서 아이들의 안전 문제 때문에 겨울에도 뜨거운 물이 나오는 정수기는 사용하지 않고 각자 집에서 물을 가져오게 했는데, 이때도 보온병이 역할을 톡톡히 했다. 그러나 보온병에 담는다 해도 처음 온도가 그대로 유지되는 것은 아니기 때문에 식을 것을 감안해 조금 뜨거울 때 담아두었다. 보온병은 아이용 제품의 작은 사이즈일지라도 재질의 특성상 상당한 무게감이 있기 때문에 아이가 장난으로 들다가 떨어뜨리면 발등을 크게 다칠 수 있어 아이 손에 닿지 않게 하는 것이 최우선이다. 어린이집용 유아용 보냉컵(빨대·스파우트 등)의 경우에도 아이가 꽉 잡을 수 있도록 손잡이가 있거나 혹은 손잡이가 탈부착되는 제품으로 선택해서 사용했다.

마미파워의 선택

1 써모스 푸고 스테인리스 보틀

공진공단열의 보온 효력으로 장시간 따뜻한 온도를 유지하고, 몸체의 재질이 이중 진공 스테인리스 스틸이라 충격에도 강하다. 아주 가벼운 것도 장점.

마미파워의 한마디 잠금 장치가 있어 뜨거운 물을 넣어도 샐 염려가 없어 안전하다고 한다.

INFO 오픈 마켓(11번가, G마켓, 옥션, 인터파크) 3만원대.

2 써모스 푸고 진공 단열 푸드 자

이유식이나 아이용 밥을 담기에 좋은 보온통. 깨지지 않는 스테인리스 재질이라 안전하고, 이중 진공 단열 구조로 음식의 온도를 유지해준다. 바닥에 미끄럼 방지 기능이 있고 흠집과 충격에 강하다.

마미파워의 한마디 조립 시 위아래를 잘 구분해서 바르게 부착해야 음식물이 새지 않는다.

INFO 오픈 마켓(11번가, G마켓, 옥션, 인터파크) 2만 5천원대.

타이거 머그형 이유식 죽통

이유식이나 아이 밥을 담기 좋은 보온통. 스테인리스 표면의 미세한 요철을 전기를 이용한 연마 기술로 막아 이물질 등이 끼지 못하게 한 것이 특징. 미생물의 번식을 차단하고 항균, 향취 기능을 하는 가공법으로 만들었다.

마미파워의 한마디 83℃는 1시간, 56℃는 6시간 보온이 가능하다.

INFO 오픈 마켓(11번가, G마켓, 옥션, 인터파크) 3만 5천원대.

턱받이

013
엄마의 빨래 양을 줄여주는 물건

이유식 초기에는 엄마가 떠먹이기 때문에 아이 목에 거즈 수건 하나만 둘러두면 충분하다. 하지만 아이 스스로 먹겠다는 의지를 보일 때부터는 전쟁이라 할 수 있다. 이때 가장 필요한 것이 턱받이인데, 아이가 잘 흘리면서 먹는 편이라면 하나로는 부족하다. 턱받이는 세탁 후 마르는 시간을 계산해 2개 정도 구비해두는 것이 좋다.

모든 아이가 턱받이를 좋아하는 것은 아니다

아이가 혼자 음식을 먹겠다고 나설 때부터가 문제다. 숟가락을 이용해 간신히 음식을 뜬 다음 아슬아슬하게 입으로 가져가지만 입으로 들어가는 건 반뿐이다. 물론 나머지는 다 옷이 먹는다. 아이 스스로 음식을 먹는 것은 분명 교육적으로 좋은 일이지만, 보고 있는 엄마 입장에선 '참을 인'자를 여러 번 새겨야 한다. 아이 스스로 하게 내버려두자고 다짐하지만 끊임없이 아이의 입 주변을 닦고 치우게 된다. 국물 음식을 먹거나 컵에 담긴 물이나 우유를 직접 들고 먹겠다고 할 때는 더 말할 것도 없다. 속 타는 엄마의 마음도 모르고 우리 큰아이는 절대 턱받이를 하려고 하지 않았다. 아이가 먹는 동안 조심스럽게 접근해 살짝 턱받이를 해주려고 하면 이내 잡아당기거나 빼라고 떼를 쓰며 버둥거려 오히려 먹고 있던 음식이 더 튀는 일이 발생하곤 했다. 거즈 수건은 몇 번 성공했지만 수건은 흡수하는 부분이 적고 턱받이로 쓰기에는 짧아 음식이 옷에 묻거나 젖는 것을 막을 순 없었다. 결국 막 입는 속옷이나 물려받은 옷 중 자주 입히지 않는 옷을 입혀놓고 먹게 했다.

둘째 때 처음 사용해본 턱받이

턱받이는 엄마가 아니라 아이의 선택이다. 턱받이를 하면 잡아당겨 어떻게든 빼버린 첫째와 달리 둘째는 "아~예쁘다." 하며 자기가 좋아하는 동물 그림이 있는 턱받이를 해주면 좋아했다. 물론 둘째도 직접 먹겠다는 의지를 불태우며 오빠의 젓가락까지 뺏어 젓가락질을 하는 통에 흘리는 양이 엄청났지만 턱받이를 하니 옷에 묻는 양은 확실히 적었다. 그러나 둘째가 사용한 턱받이는 큰아이 때 선물 받은 면제품이었는데 거즈 수건보다는 조금 두꺼웠지만 국물이 있는 음식은 그대로 젖어 제 기능을 하지 못했다. 여자아이라 심하게 흘리지 않아 계속 사용하긴 했지만, 아이가 음식을 많이 흘렸다면 방수 기능이 잘되는 턱받이를 새로 구매했을 것 같다. 외출 시 유용한 일회용 턱받이부터 유아 미술놀이용으로 쓸 수 있는 턱받이까지, 요즘 턱받이는 기능도 디자인도 훌륭하다. 아이만 좋아한다면 꼭 사용해보는 것이 좋다.

마미파워의 선택

1 엔젤비닷 엔젤화이트 방수 턱받이
모던한 디자인의 방수 턱받이. 순면 100%인 무형광 제품이라 예민한 아이 피부에도 안전하다. 뒷면에 인체에 무해한 부드러운 촉감의 방수 실리콘을 덧대 음식물이 옷으로 스며들지 않도록 방수 기능을 강화했다. 또한 뒷면을 도트로 고정해 아이가 움직여도 쉽게 벗겨지지 않고 목 여밈 부분의 신축성이 좋아 아이가 편안하게 움직일 수 있다.
마미파워의 한마디 크기가 작아 초기 이유식 용도로 적당하다.
INFO WWW.BABIZMALL.CO.KR 1만 9천원대.

2 하기스 일회용 턱받이
외출 시 휴대하기 좋은 턱받이. 간편한 원터치 오픈 시스템이라 여러 번 떼었다 붙였다 할 수 있다. 도톰한 순면 감촉 원단을 사용해 부드럽다. 끝을 살짝 뒤집으면 포켓이 만들어져 실용적이다.
마미파워의 한마디 목 부분이 벨크로로 되어 있어서 착용하기 쉽다.
INFO WWW.HAPPYBABYMALL.CO.KR 6천원대(20매).

3 피셔 프라이스 턱받이 일반형
100% 방수 기능의 이유식 턱받이로 일반형과 조끼형이 있다. 음식물 받침대가 넉넉해 옷이 더럽혀지는 것을 막아준다. 흐르는 물이나 물티슈로도 간편하게 세탁할 수 있는 것도 특징. 가볍고 잘 접히는 부드러운 소재라 휴대성이 좋고 벨크로 타입이라 착용하기도 쉽다.
마미파워의 한마디 아이가 좋아하는 동물 디자인을 선택할 수 있다.
INFO 오픈 마켓(11번가, G마켓, 옥션, 인터파크) 6천원대.

4 피셔 프라이스 일회용 턱받이
일회용 턱받이라 외출 시 사용하기 좋다. 음식물 흡수 원단이 부직포이고 음식물받이 주머니가 있어 옷이 더럽혀지지 않는다.
마미파워의 한마디 귀여운 동물 캐릭터라 아이의 거부감이 덜하다.
INFO 오픈 마켓(11번가, G마켓, 옥션, 인터파크) 7천원대(24매 기준).

5 마니또 퀵워시
포켓을 접어서 사용하는 제품으로 양옆을 접어 버클로 고정하면 된다. 국내 생산으로 품질이 좋고 위생적이다. 아주 작게 접혀 기저귀 가방이나 핸드백에 넣어서 편리하게 휴대할 수 있다.
마미파워의 한마디 음식물 받침대를 접어서 사용해야 한다.
INFO 오픈 마켓(11번가, G마켓, 옥션, 인터파크) 5천원대.

02. CHAPTER

젖병은 많고 시간이 없을 때
사용하는 물건

◀ BONUS ▶

"세상 참 편해졌다!" 여동생 집에 있던 젖병 소독기의 문을 열었다 닫았다 하며 살펴보신 친정 엄마의 감탄사다. 엄마는 우리를 키울 때 팔팔 끓는 물에 젖병이든 젖꼭지든 다 넣고 삶았다 하시며, 우리 어릴 때와는 차원이 다르게 진화하는 아이 제품들에 혀를 내두르셨다.
젖병만 소독한다고 생각하는 것은 오해! 유축기를 사용하는 엄마들은 깔대기와 착유병, 호스 등 부품을 소독하는 용도로도 많이 사용한다. 아이가 쓰는 치발기 등도 소독 가능하다.

젖병 소독기

나는 두 아이를 모두 모유 직수로 키워 젖병이 많지 않았기 때문에 젖병 소독기가 필요하진 않았다. 더욱이 나는 팔팔 끓는 물을 부어 소독하는 게 낫다고 생각하는 '열탕 소독' 애호가였다. 그래서 아이 용품 소독 목적으로 커피포트를 구입했다. 포트에 물을 재빨리 끓여 아이 장난감을 담가두었다가 건지거나 소독할 제품을 집게로 잡고 끓인 물을 붓는 방법으로 소독을 했다. 처음에는 확실하게 소독한다며 유리 젖병 등을 냄비에 담가 물을 붓고 팔팔 끓이기도 했는데, 물이 끓어오르면서 젖병들끼리 부딪치는 소리도 거슬리고 유리가 깨지지는 않을까 걱정되어 이후로는 하지 않았다. 그러나 주변에 젖병 소독기를 잘 사용한 엄마들이 많았다. 분유 수유를 하는 엄마들, 직장에 다니는 엄마들의 경우 젖병이 많고 매번 열탕 소독을 하기가 어렵기 때문에 간편한 젖병 소독기를 선호했다. 젖병뿐만 아니라 아이 장난감이나 식판, 숟가락, 포크는 물론 도마까지 소독할 수 있어 유용하다고 했다. 둘 이상의 자녀 계획을 세웠다면 첫아이 때 젖병 소독기를 구입해 오래 쓰는 것도 좋을 듯하다.
예전에 TV 소비자 정보 프로그램에서 젖병 소독기를 다룬 적이 있는데, 무조건 소독기에 넣는다고 다 소독되는 건 아니라고 한다. 소독하려는 제품의 물기를 최대한 제거한 후 소독해야 효과가 있다는 것. 물기가 남아 있으면 세균이 번식할 수도 있기 때문이다. 또한 소독하려는 물건들 사이에 적당한 공간을 두어야 하고 젖병은 입구가 위로 올라오게 해서 소독해야 한다.

마미파워의 선택

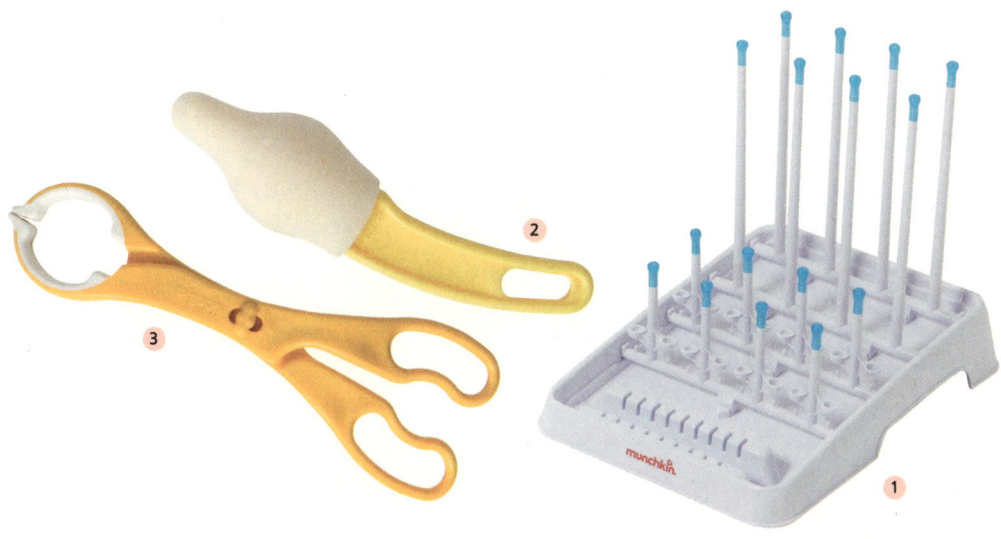

유팡 젖병 소독기
선반 설치가 간단하고 바구니가 바닥에 닿지 않아 위생적이다. 고가의 스테인리스를 사용해 빛 반사율이 높아 살균 효과가 좋고 적외선 저온 건조 방식이라 환경호르몬이 발생하지 않는다.

마미파워의 한마디 디자인이 예뻐 어디에 놓아도 어울린다.
INFO WWW.UPANG.CO.KR 15만원대.

레이퀸 젖병 소독기
크기가 커서 한 번에 많이 넣을 수 있다.(하지만 너무 많이 넣으면 살균 효과가 떨어짐.) 제품에 따라 살균 코스를 선택할 수 있고, 코스 동작 후 자동 환기 기능이 있어 간편하고 위생적이다.

마미파워의 한마디 디자인이 예뻐 어디에 놓아도 어울린다.
INFO WWW.READYHOME.CO.KR 16만원대.

1 먼치킨 젖병 건조대
엄마들이 많이 쓰는 젖병 건조대. 건조대 봉을 접었다 펼 수 있어 보관 및 사용이 편리하다. 봉 길이가 달라 젖병 ⊠ 젖꼭지 등 여러 물품을 한 번에 건조할 수 있다. 바닥 면에 경사가 있어 물이 쉽게 빠지고 건조가 잘되는 편이다. 젖병 건조대는 호불호가 많이 갈리는데 이 제품은 엄마들의 만족도가 높다.

마미파워의 한마디 플라스틱이라 무리하게 힘을 가하면 부러질 수 있다.
INFO WWW.SBABY.CO.KR 1만원대.

메똔느 유아 식기 건조대
젖병과 유아 식기의 건조와 보관이 동시에 가능하다. 뚜껑이 있어 먼지나 날벌레로부터 안전하게 건조, 보관할 수 있는 게 큰 장점. 무독성 소재라 안전하고 젖병 거치대와 수저통을 분리할 수 있어 활용도가 좋다. 물 빠짐 트레이가 기울어 있어 위생적으로 건조된다.

마미파워의 한마디 추후에 식기 건조대로 사용할 수 있다는 장점이 있다.
INFO WWW.METONNE.CO.KR 4만원대.

더블하트 젖병 스펀지 브러시
플라스틱 젖병이나 물병을 세척할 때 사용하는 제품. 길이가 길어 손이 들어가지 않는 깊은 곳도 닦을 수 있다. 돌려서 힘을 주어 닦으면 훨씬 깨끗하게 닦인다. 세척 후에는 반드시 건조 보관한다.

마미파워의 한마디 세척 스펀지에 세제가 남지 않도록 헹굼에 신경 써야 한다.
INFO WWW.HAPPYBABYMALL.CO.KR 7천원대.

2 더블하트 젖꼭지 브러시 와이드
젖꼭지에 딱 맞아 뒤집지 않아도 깨끗하게 세척된다.

마미파워의 한마디 커브 손잡이가 한 손에 쥐기 쉽도록 되어 있다.
INFO WWW.HAPPYBABYMALL.CO.KR 4천원대.

3 더블하트 젖병 집게
집게 부분의 표면이 코팅되어 녹슬지 않아 오래 사용할 수 있다.

마미파워의 한마디 젖병을 잡는 부분이 곡선이라 젖병을 잡기 쉽고 톱니 모양 디자인이라 젖꼭지를 단단히 잡을 수 있다.
INFO WWW.HAPPYBABYMALL.CO.KR 1만원대.

갓난아기일 때는 엄마의 의지대로 아이를 씻길 수 있었지만, 조금 자라자 목욕을 하지 않겠다고 떼를 쓰고 고집을 부리는 바람에 매번 신경전을 벌여야 했다. 목욕과 머리 감는 것을 싫어하는 아이를 빨리 씻기려다 보면 오히려 아이 눈 쪽으로 샴푸 거품이 튀거나 미처 헹구지 못한 거품이 남기도 해 실수가 더 많았고, 그러면 아이는 샴푸 때문에 눈이 매워 목욕을 더 싫어하는 악순환이 반복됐다. 이런 아이에게 즐거운 목욕 시간을 만들어주기 위해 정말 눈물 나게 노력했다. 각종 물놀이 스티커로 호기심을 자극하고, 목욕 시간에만 할 수 있는 물감놀이를 준비해 벽을 도화지 삼아 그림을 그리기도 하고, 목욕 장난감으로 바다놀이도 했다. 그나마 놀이에 정신이 빠져 있는 동안에는 샴푸도 무서워하지 않고 목욕도 순조롭게 시킬 수 있었다. 이런 노력 때문일까? 지금은 목욕 장난감들이 없어도 매일 목욕도 즐겁게 하고 아들의 표현대로 매운 샴푸에도 머리를 잘 감는 목욕 우등생이 되었다.

· · ·
유아 변기 · 변기 커버
유아 손 세정 제품 · 디딤대
샴푸 캡 · 샴푸 컵
목욕놀이 용품
버블 배스 · 입욕제
로션 · 오일
목욕 장갑 · 거품 타월
미끄럼 방지 용품
아기 타월 · 목욕 가운
유아용 면봉
아기 욕조
칫솔 · 치약
목욕 장난감
클렌저

BONUS 아이의 목욕 용품을 깨끗하게 보관하는 물건

03. CHAPTER

아이의 청결을 위한
준비물 목욕용품

03. CHAPTER

유아 변기 · 변기 커버

◂ 001 ▸

아이가 성장하는 동안 꼭 거쳐야 할 필수 아이템

아이를 키우면서 꼭 해야 하지만 가끔은 귀찮기도 한 일이 바로 기저귀 갈기다.
오줌을 쌌는지 똥을 쌌는지 전혀 알 길이 없는 돌 전까지는 엄마가 아이 기저귀를 수시로 만져보며 체크할
수밖에 없다. 이런 시기가 지나 아이가 "쉬~." 하며 자기 기저귀를 손가락으로 가리키거나 말문이 트였을
때는 놀랍고 반가울 따름! 하지만 이때부터 무시무시한 기저귀 떼기 훈련이 시작된다.

아이를 변기에 적응시키려면 캐릭터를 이용하자

큰아이는 15개월 즈음부터 대소변에 대한 신호를 표현하기 시작했다. 아이가 대변을 보았는지는 철저히 내 후각에 의지해 확인했는데, 직접 "또옹~." 하면서 말을 해주니 슬슬 배변 훈련에 욕심이 생겼다. 아이와 어느 정도 의사소통이 되고 걷는 것이 좀 더 능숙해진 20개월 여름부터 본격적으로 변기 사용 훈련을 시작했다. 처음에는 "쉬~." 하며 신호를 보내면 재빨리 화장실로 데리고 가 무작정 유아용 변기에 앉혔다. 그런데 "쉬쉬~." 하는 동시에 그 자리에서 싸는 경우가 허다했다. 아이가 바닥에 실수를 해도 변기에 소변을 봐야 한다는 것을 가르쳐 주기 위해 유아용 변기에 한 번씩 꼭 앉아보게 했다. 아이가 점점 조절 능력이 생기면서 드디어 변기에 소변을 보기 시작했다. 그런데 아이는 유아용 변기에 앉아서 볼일을 보는 것이 낯선지 오줌을 참기도 했고, 기저귀를 채워달라고 떼를 쓰기도 했다. 이때가 가장 난감했는데, 아이가 변기와 친해지게 할 방법을 고민하던 중 유아 변기에 붙여놓은 캐릭터를 가리키며 "뽀통령이 우리 건후 응가가 먹고 싶대! 냠냠~." 하며 엽기적인 발상으로 아이의 관심을 끌었다. 유아 변기에 붙여놓은 캐릭터 스티커가 큰 역할을 한 셈이다. 뽀토령이 이렇게 고마울 수가 없었다. 배변 훈련을 할 때는 장난감을 겸할 수 있는 친근한 디자인의 변기가 확실히 도움이 된다.

유아용 소변기, 유아용 변기 고르기

대변을 보면서 끙끙대는 경우가 많으므로 아이가 안정감을 느낄 수 있도록 아이에게 맞는 크기의 입체감 있는 변기 커버로 준비한다. 다리가 안정적으로 바닥에 닿아야 힘이 더 잘 들어간다고 하니 성인 변기에 커버를 올려 사용하는 유아용 변기 커버를 쓴다면 발 디딤대도 함께 준비하는 것이 좋다.

남자아이들이 쓰는 유아용 소변기는 아이가 슬리퍼를 신고 화장실로 들어설 수 있을 때부터 사용 가능하다. 공중 소변기와 모양이 비슷하기 때문에 '아빠처럼'이라는 말로 남자라는 성을 구별해주면 자극을 받아 그럴듯하게 따라 한다. 유아용 소변기는 아이가 정확히 조준할 수 있도록 화장실 벽에 붙여서 사용하는 제품을 고르는 것이 포인트! 청소하기 쉬운지 확인하는 것도 중요하다. 성인 변기에 함께 설치해서 쓰는 유아용 변기 커버는 폭신하고 입체감이 있는 제품이 좋다. 성인 변기 겸용 제품은 대부분 입체감 없이 평평한 모양이라 행여 아이를 혼자 앉혔을 때 작은 움직임으로도 넘어질까 걱정스러운 것도 있었다. 그래서 아이가 대변을 볼 때 항상 옆에 서서 나를 붙잡게 했는데, 나중에 유아용 입체감이 있는 변기 커버를 사용해보니 이런 불편과 걱정이 해소되었다.

변기에 익숙하게 만들자

나는 아이가 변기에 익숙해지도록 변기를 장난감으로도 사용했다. 예를 들어 유아 변기 의자에 인형을 앉히고 "인형이 응아한다~." 하며 변기 구멍으로 볼풀을 하나씩 떨어뜨려주었다. 또 아이가 변기에 직접 대소변을 보았을 때 온 가족이 박수를 치며 칭찬해주었는데, 이때 아이가 느끼는 성취감은 대단했다. 똥 싸고 박수 받는 특권을 가진 유일한 시기! 이렇게 두 돌 전후로 변기와 충분히 친해지면서 배변 훈련은 꽤 쉽게 풀렸다. 초기에는 변기에 적응시키기 위해 남자아이지만 앉아서 소변을 보도록 유도했고, 시간이 지나면서는 아빠처럼 해보자며 남자아이 전용 소변기를 사용했다. 대변을 볼 때는 성인 변기 위에 유아용 변기 커버를 얹어 사용했다. 그렇게 어느 정도 적응을 하자 아이도 자연스럽게 화장실 사용이 가능했다. 처음이 어렵지, 이후로는 쉽게 풀려 엄마인 나도 정말 뿌듯했다.

마미파워의 선택

1 콤비 스텝업 변기
변기 스타일의 유아용 변기. 성인 변기에 익숙해지도록 단계를 밟기에 좋다. 아이가 배변 훈련에 익숙해지면 제품을 분리해 보조 변기와 발 받침대로 나누어 쓸 수 있다. 특히 발 받침대는 아이 신장에 맞춰 2단계까지 올려 사용을 할 수 있어 배변 훈련 초기에도 아이의 다리가 받침대에 닿아 안정된 자세를 유지시켜준다.
마미파워의 한마디 단계에 맞춰 사용할 수 있어 편리하다.
INFO WWW.COMBISHOP.KR 8만 8천원대.

피셔 플라이스 런투 플러쉬 포티
성인용과 모양이나 기능이 비슷해 어른 변기에 대한 거부감을 줄여주고, 배변 훈련도 즐겁게 할 수 있다. 아이가 용변을 보면 센서가 반응해 멜로디가 흘러나온다. 레버를 직접 내리며 올바른 변기 사용 에티켓까지 배울 수 있는 게 장점.
마미파워의 한마디 재미있는 소리와 불빛이 나와 아이가 장난감으로 여길 수도 있다.
INFO 오픈 마켓(11번가, G마켓, 옥션, 인터파크) 3만원대.

2 콤비 베이비 레벨 스텝 변기
생후 6개월부터 쓸 수 있는 유아 변기. 아이의 성장에 맞춰 3단계로 나눠 사용할 수 있다. 발 받침대를 지속적으로 사용해 아이의 발이 안정적으로 지지되게 한다. 발 받침대는 4면에 미끄럼 방지 처리가 되어 있어 세면대용 디딤대나 목욕 의자로도 사용할 수 있다.
마미파워의 한마디 손잡이가 있어 안정감을 주지만 대변을 볼 때 하의를 다 벗어야 한다.
INFO WWW.COMBISHOP.KR 6만 8천원대.

3 범보 변기 트레이너
보조 도구 없이도 성인 변기 위에 손쉽게 장착할 수 있다. 아이의 엉덩이와 허리를 잡아주어 아이가 편안함을 느낄 수 있다. 말랑말랑한 셀프 스키닝 폴리우레탄 폼으로 만들어 가볍고 엉덩이가 푹신푹신하다. 폼의 내부에 어떠한 용액도 침투하지 못하도록 외피가 완전히 쌓여 있어 세균 걱정이 없고 조립도 필요 없다.
마미파워의 한마디 면이 부드럽고 매끄러워 세척하기가 쉽다.
INFO WWW.IBUMBO.COM 4만원대.

4 아이존 뽀로로 남아 소변기
남자아이 소변기. 아이 전용 크기에 친근한 뽀로로 캐릭터를 더해 아이 스스로 배변하는 습관을 재미있게 길러준다. 강력한 3중 흡착판이 부착돼 잘 떨어지지 않으며, 욕실 이외 장소에서도 사용 가능하다.
마미파워의 한마디 소변이 튀는 경우가 있으니 조심해서 사용해야 한다.
INFO WWW.TOYDREAM.KR 8천원대.

5 아이쉬 휴대용 소변기
아이가 소변기에 거부감을 보이거나 외출 시 혹은 막히는 차 안에서 갑자기 소변이 마렵다 할 때 유용하게 쓸 수 있는 변기로 남녀 공용 제품. 아코디언 형식이라 접었다 폈다가 가능해 휴대하기 좋다.
마미파워의 한마디 변기를 거부하는 아이들의 경우 캐릭터를 이용해 놀이처럼 배변 연습도 할 수 있다.
INFO 오픈 마켓(11번가, G마켓, 옥션, 인터파크) 8천원대.

아기비 아기 비데
아이를 눕혀서 씻길 수 있는 아이 전용 비데. 아이를 세면대로 옮길 필요 없어 약해진 산모의 손목과 관절을 보호해준다. 물티슈 없이도 아이 엉덩이를 닦아줄 수 있어 물티슈 비용도 절약할 수 있다. 친환경 무자극 패드를 사용하고 미끄럼 방지가 되어 있으며 세척 병은 물이 튀지 않도록 설계되어 안전하다. 초보 엄마들도 쉽게 사용할 수 있다.
마미파워의 한마디 아이 엉덩이를 쭉 밀어 넣어 사용해야 한다.
INFO 오픈 마켓(11번가, G마켓, 옥션, 인터파크) 3만 5천원대.

03. CHAPTER

유아 손 세정 제품 · 디딤대
002
손 씻기 습관을 길러주는 용품

어른 아이 할 것 없이 건강한 생활의 기본 수칙인 손 씻기. 굉장히 쉽고 사소해 보이는 이 일도 아이를 씻기는 엄마가 되면 만만치 않은 일이 된다. 아이들을 위한 수도꼭지 연결 탭과 디딤대는 엄마의 고생을 덜어주고, 아이 스스로 손을 씻기도 쉬워 좋은 습관을 길러주는 데 도움이 된다.

기본 중의 기본, 손 씻기도 쉽지 않다

아이들의 건강을 위해 가장 강조하는 손 씻기. 특히 아이들에게 유행하는 전염병이 돌 때 어린이집이나 유치원에서 보내주는 가정통신문에는 항상 손 씻기를 강조하는 문구가 있다. 아이들에게 손 씻는 습관을 길러주는 것은 그만큼 중요한 일이다. 하지만 얼핏 쉬운 것처럼 보이는 이 일도 아이를 키우는 엄마가 되면 힘들고 번거롭다. 하루에도 수십 번씩 한 손으로는 아이를 번쩍 안고, 다른 한 손으로는 거품을 묻혀 아이의 손을 씻겨줘야 하기 때문이다. 일단 엄마가 먼저 손을 씻은 후 손을 씻지 않겠다고 도망 다니는 아이를 슈퍼우먼처럼 번쩍 안아 잽싸게 씻겨야 한다. 엄마들의 팔이 괜히 두꺼워지는 것이 아니다. 아이가 어릴 때는 무게라도 가볍지만, 아이가 자랄수록 들어올리는 일 자체가 버거워진다.

수도꼭지 연결 탭이 있으면
아이 스스로 손 씻기가 가능하다

큰아이는 성인 세면대에 손이 어느 정도 닿아 스스로 손을 닦고 헹구는 게 가능하지만 아직 세 살인 둘째에게는 무리다. 오빠를 보고 자기도 혼자 손을 닦겠다며 세면대에 매달려 손을 비비지만, 물이 손에 닿을 리가 없다. 둘째 아이는 직접 손을 헹구겠다며 자신을 세면대로 데려다 달라고 하지만, 엄마는 오히려 이 상황이 훨씬 힘들다. 스스로 하겠다는 아이에게 무조건 안 된다고 할 수도 없다. 매번 반복되는 일에 지칠 무렵, 이웃을 통해 아이들을 위한 수도꼭지 연결 탭이 있다는 것을 알았다. 불과 얼마 전까지도 큰아이 혼자 서서 손을 씻으면 수도꼭지 물에 손이 잘 닿지 않아 잘 헹구는지 미심쩍었던 생각이 났다. 이제라도 알게 된 것을 다행으로 여기며 당장 구입했다. 유아용 수도꼭지 탭은 일반 수도꼭지에 장착이 가능한데, 일부 특수한 모양의 수도꼭지에는 장착이 어렵거나 회전 기능이 되지 않을 수도 있다. 구입 전에 반드시 내 집의 수도꼭지와 호환이 가능한지 확인해야 한다.

디딤대만 있으면 손 씻기가 쉬워진다

디딤대라는 기특한 제품 덕에 큰아이는 혼자서 손 씻고 헹구는 것이 자유로워졌고, 둘째는 엄마 손이 여전히 필요하지만 그래도 디딤대를 딛고 올라가 스스로 손을 헹구게 하고 있다. 디딤대는 둘째 아이가 세면대에 올라서는 발 받침 역할도 하지만, 이전에는 큰아이가 성인 변기에 앉아서 대변을 볼 때 발 받침 역할도 했다. 한 정보 프로그램에서 아이들이 용변을 볼 때 발이 바닥에 닿게 해줘야 힘이 더 잘 들어가 대변을 보기 좋다는 이야기를 듣고 나서부터 디딤대를 사용했는데, 세면 디딤대로도 제 역할을 잘하고 있다.

마미파워의 선택

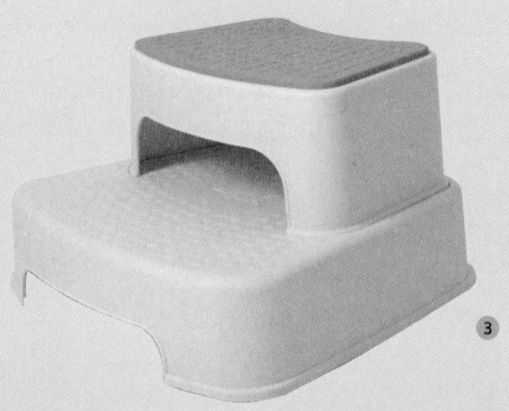
③

1 에디슨 스스로 수도꼭지
아이 혼자서 씻을 수 있도록 수도꼭지를 연장해주고, 상하 회전이 가능해 성인도 불편 없이 사용 가능하다. 실리콘 연결부가 함께 들어 있어 설치가 편리하다. 동글동글한 유선형 디자인이라 안전하다. 동물 캐릭터 모양이라 아이들이 좋아하고 물이 튀는 것을 줄여준다.
마미파워의 한마디 간혹 설치되지 않는 수도꼭지도 있으니 꼭 확인하고 구매할 것.
INFO INPKOREA.COM 5천원대.

오가닉팩토리 아쿠아덕
BRA, PVC, 프탈레이트가 검출되지 않은 안전한 제품. 세척이 쉽고 휴대하기도 쉬워 여행지에서도 사용할 수 있다. 설치가 간편하고 호환성이 뛰어나 대부분의 수도꼭지에 사용 가능하다.
마미파워의 한마디 설치가 간편한 대신 아이가 잡아당기면 쉽게 빠진다.
INFO ORGANICFACTORY.CO.KR 1만 2천원대.

버드시아 물레방아 유아용 수도꼭지
물이 흐르면 360도 회전하는 네 잎 클로버 물레방아가 달려 있어 아이들의 흥미를 끄는 수도꼭지. 탈부착이 가능해 세척이 쉽고 대부분의 수도꼭지에 장착 가능하다.
마미파워의 한마디 간혹 설치가 되지 않는 수도꼭지가 있으니 확인하고 구매할 것.
INFO WWW.CHAMJOA.CO.KR 1만원대.

2 크웨더 아쿠아리프
나뭇잎 모양 수도꼭지 연결 탭. 링에 수도꼭지를 끼우기만 하면 돼 설치가 간편하다. 외부로 노출되는 부분이 많아 세척이 편하고 물때가 잘 끼지 않는다.
마미파워의 한마디 설치가 간편한 대신 아이가 잡아당기면 쉽게 빠진다.
INFO 오픈 마켓(11번가, G마켓, 옥션, 인터파크) 9천원대.

3 범보 디딤대
상단과 하단이 분리돼 아이의 성장에 맞춰 사용 가능하다. 탄성 소재로 엠보싱 처리가 되어 있어 아이가 안전하게 사용할 수 있다. 하단 디딤대의 각 모서리를 고무로 처리해 미끄러짐을 방지한다.
마미파워의 한마디 엠보싱 면 사이사이에 물때가 끼기도 하니 깨끗이 세척한다.
INFO WWW.RAINBOWKEEN.COM 3만원대(2단 기준).

4 CJ LION 아이 깨끗해
거품으로 된 제품이라 손을 비벼 거품을 내기 어려운 어린아이들도 사용하기 좋다. 항균 성분이 함유된 거품이 구석구석 퍼져 대장균, 황색포도상구균, O-157균 등 유해 세균을 제거한다.
마미파워의 한마디 아이가 혼자 눌러 짜기에는 힘이 들 수 있다.
INFO 오픈 마켓(11번가, G마켓, 옥션, 인터파크) 7천원대(490mL).

5 데톨 포밍 핸드 워시
거품이 풍부해 아이들도 쉽게 사용할 수 있다. 순한 보습 성분이 들어 있고, 탁월한 항균 작용으로 99%의 세균을 제거한다.
마미파워의 한마디 아이가 혼자 눌러 짜기에는 힘이 들 수 있다.
INFO 오픈 마켓(11번가, G마켓, 옥션, 인터파크) 7천원대(490mL).

03. CHAPTER

샴푸 캡·샴푸 컵
003
머리 감기를 놀이로 승화시키는 물건

목욕하는 것은 좋아해도 머리 감는 것은 싫어하는 아이들이 있다. 엄마에게 안기거나 욕조에 눕혀서라도 감길 수 있으면 다행이지만 그마저도 싫다는 아이를 세워놓고 머리를 감겨야 하는데 그게 영 쉽지 않다. 이럴 때 필요한 것이 샴푸 캡! 챙 달린 모자처럼 생긴 샴푸 캡을 씌워놓으면 머리 감기기가 쉬워진다.

머리 감는 것도 싫고, 샴푸 캡은 더 싫어하는 아이

아이가 어릴 때는 아이를 안고서 머리를 감기고 목욕을 시키는 일이 크게 어렵지 않다. 하지만 아이가 돌이 지나 혼자 걷고 뛰기 시작하면서부터는 목욕 시키기가 큰일이 된다. 우리 큰아이는 목욕도 싫어했지만 머리 감는 것은 더 싫어했다. 머리를 감기려고 아기 때처럼 안고 있으면 울면서 발버둥을 쳤다. 그러다 보니 마음이 급해져 눈 쪽으로 샴푸 거품이 튀거나 미처 헹구지 못한 거품이 남는 등 실수가 잦았다. 그러면 아이는 더 자지러지게 울어대고, 한 팔로 아이 머리 무게를 받치는 일이 너무 힘들고 불안했다. 거품이나 물이 얼굴로 떨어지기도 했으니 얼마나 싫었을까? 미리 사다 놓은 샴푸 캡이 있었지만 샴푸 캡 쓰는 것 자체를 아이가 완강히 거부해서 제대로 씌워보지도 못했다.

샴푸 캡으로 아이와 놀이를 해보자

샴푸 캡을 목욕 장난감으로 승화시켜 아이가 목욕을 즐거운 일로 받아들이게 하는 데 성공했다. 아이가 장난감을 갖고 노는 동안 빠르게 몸을 씻기고, 몸을 닦은 후에는 조금 더 놀게 하면서 아이의 기분을 최대한 맞춰주었다. 하지만 그러한 노력에도 불구하고 머리를 감기려고 안거나 욕조에 눕히려고 하면 발버둥을 치며 강하게 거부했다. 머리를 못 감기고 그냥 나온 적도 비일비재. 더는 이런 상황을 반복할 수 없다는 생각에 다시 샴푸 캡을 사용하기로 했다. 고민 끝에 샴푸 캡을 벽에 걸어놓고 아이와 물총으로 맞추는 놀이를 했다. 그 다음에는 다른 인형이나 장난감으로 목표물을 바꿔주었다. 아이가 물총놀이에 빠져 있을 때 엄마 차례라며 자연스럽게 아이 머리 위에 샴푸 캡을 씌웠다. 그런 다음 샤워기로 아이 머리에 물을 뿌리는 놀이 식으로 머리를 감기기 시작했다. 아이는 물총놀이에 빠져서인지 크게 거부하지 않았고, 그 사이 놀이하는 시늉을 하며 재빨리 머리를 감겼다. 그렇게 머리 감기를 시도한 뒤로는 아이가 머리 감는 것을 크게 거부하지 않았다.

샴푸 캡을 이용할 때는 고개를 뒤로 젖혀야 한다

둘째는 큰아이와 달리 목욕을 좋아하고, 오빠가 머리 감는 것을 봐서 그런지 머리 감기에 대한 거부감이 전혀 없었다. 돌 전에는 안아서 머리를 감겼고, 지금은 머리를 감자고 하면 자연스럽게 머리를 뒤로 젖히고 자신의 욕조에 눕는 완벽한 자세를 유지해 내 사랑을 한 몸에 받고 있다. 물론 눈으로 물이나 거품이 들어가지 않도록 조심하는 것은 필수. 내가 사용한 샴푸 캡은 얼굴로 내려오는 물을 완전히 차단하진 못했지만, 샴푸 캡을 쓰고 고개를 뒤로 젖히면 얼굴로 물이 흐르거나 귀로 물이 들어가는 것을 방지할 수 있었다. 누가 만들었는지는 모르지만 기특한 아이디어 용품임은 분명하다.

마미파워의 선택

1 마니또 과일 샴푸 캡

스펀지나 비닐이 아닌 방수 및 발수 코팅된 원단이라 튼튼하고 잘 찢어지지 않는다. 신축성이 좋은 방수 코팅 밴드를 적용해 아이의 머리 크기에 관계없이 사용할 수 있다. 바깥 테두리를 스테인리스 철심으로 만들어 샤워기로 물을 뿌려도 형태가 유지되고 물을 툭툭 털어 사용할 수 있다.

마미파워의 한마디 때나 곰팡이가 낄 수 있어 주기적으로 교체해야 한다.

INFO 오픈 마켓(11번가, G마켓, 옥션, 인터파크) 6천원대.

2 릴리져 샴푸 캡

손잡이가 달린 샴푸 캡으로 씌우고 벗기기가 편하다. 안쪽의 부드러운 림선이 귀 쪽으로 흐르는 물을 막아 귀에 물이 들어가지 않는다. 뒷부분이 오픈되어 머리 숱이 많거나 머리가 긴 여아들도 머리를 감기기가 수월하다.

마미파워의 한마디 어린아이부터 어른까지 모든 연령이 사용 가능하다.

INFO 오픈 마켓(11번가, G마켓, 옥션, 인터파크) 2만원대.

3 케어 샴푸 캡·컵

인체공학적인 디자인이라 머리 조임 없이 편안하고 에어밴드로 밀착되어 물이 흘러내리지 않는 게 특징. 환경호르몬이 나오지 않는 무독성 친환경 소재인 것도 장점이다. 연령에 맞춰 위아래로 착용 가능하고, 아이의 머리 크기와 모양에 상관없이 잘 맞는다. 9개월부터 초등학생까지 사용 가능해 연령대 폭이 넓다.

마미파워의 한마디 실리콘이라 발수 코팅된 제품에 비해 무거운 편이다.

INFO 오픈 마켓(11번가, G마켓, 옥션, 인터파크) 2만원대.

03. CHAPTER

목욕놀이 용품
◀ 004 ▶
수백 번이라도 해줄 수 있는 목욕 물감놀이

거실에서 딱 한 번 해보고 멘붕을 겪은 물감놀이. 육체적, 정신적 스트레스로 두 번 다시 할 엄두가 나지 않았는데 목욕탕에서도 물감놀이가 가능하다는 것을 알았다. 목욕놀이용 거품 물감이 따로 있었던 것. 해주고 싶어도 후폭풍이 무서워 고민만 했던 물감놀이를 이제는 자유롭게 한다. 물감놀이가 끝나고 샤워기를 쥐어주면 아이들은 물을 뿌리며 청소까지 놀이처럼 즐긴다.

물감놀이, 섣불리 시작하면 힘들다

처음 집에서 아이와 물감놀이를 시도했던 날, 바닥에 비닐을 깔고 대형 전지를 준비했음에도 아이의 물감놀이는 상상 이상이었다. 시작은 손바닥에 물감을 묻혀 손바닥 도장 찍기로 비교적 무난했으나, 발 도장을 찍고 나서부터 아예 전지와 비닐 위에서 물감 스케이트를 타고 다녔다. 그러다 자신이 좋아하는 장난감도 찍어보겠다며 순식간에 비닐과 전지를 벗어나 거실로 달려가는 것이 아닌가. 금세 거실 바닥은 아이의 물감 발자국으로 가득했다. 순식간에 일어난 일이라 미처 손쓸 틈도 없었다. 마음을 다잡으며 겨우 물감놀이를 끝내고 아이를 목욕탕에서 놀게 한 후 청소를 시작했다. 여기저기 튀고 묻은 물감들을 보니 한숨만 나왔다. 이곳저곳 힘들게 닦고 나니 이번에는 아이가 벗어놓은 물감 자국이 가득한 옷이 나를 반겼다.

물감놀이는 목욕탕에서만 하자

친구를 붙잡고 그날 일을 하소연했다. 그러자 친구는 자기는 물감놀이를 목욕탕에서만 한다고 말했다. 목욕탕에서 물감놀이를 한다? 새로운 발상이었다. 목욕놀이용 거품 물감이 따로 있다는 것도 이때 알았다. 거품 물감을 구입한 후 방문 미술 수업을 제외한 집에서 하는 모든 물감놀이는 목욕탕에서만 했다. 손바닥 도장은 욕실 벽면 타일에 찍게 하고, 발바닥 도장은 욕실 바닥과 욕조에 찍게 했다. 욕실의 하얀 벽을 종이 삼아 손에 물감을 찍어 그림을 그리게 했다. 아이는 나무나 토끼 등 그릴 수 있는 모든 동식물을 물감으로 표현했다. 팔이나 다리에 눈, 코, 입을 그려보며 새로운 동물을 만들기도 했다. 그리고 빨간색과 파란색을 섞어 보라색을 만들기도 하고, 노란색과 파란색을 섞어 초록색을 만들어보면서 색이 섞이며 변하는 과정을 즐겁게 이해했다. 아이의 창의력과 색채에 대한 이해를 쭉쭉 키워주는 데 이만한 것이 없었다.

목욕을 더 즐겁게 만들어주는 목욕 물감

엄두를 내지 못했던 놀이를 다시 할 수 있게 된 것은 목욕 물감 덕분이다. 방에서 하는 물감놀이보다 제약이 없어서인지 아이도 훨씬 좋아하고 엄마인 나도 마음이 편했다. 놀이가 끝나면 샤워기로 물을 뿌리고 닦으면 쉽게 청소가 되니 그렇게 좋을 수가 없었다. 아이도 물감놀이를 실컷 하고 목욕까지 마치고 나오면 기분이 더 좋아졌다. 이런 물감놀이라면 백 번 천 번인들 못해주랴 생각했다. 물감놀이는 단지 미술놀이가 아니라 목욕을 위한 즐거운 서비스가 되어 아이가 목욕을 즐기는 데 큰 도움이 되었다. 물감놀이를 하다 보면 타일 사이에 물감이 묻는 경우가 있는데, 이럴 때는 분무기에 락스를 희석해서 뿌린 다음 물로 헹구면 잘 지워진다.

마미파워의 선택

1 스노우키즈 스프레이 물감

바르고 칠하기만 하던 기존 물감과 달리 몽글몽글한 거품이 나와 시각적으로 더 많은 상상력과 창의력을 자극한다. 거품이 부드럽고 손과 몸에 묻어도 아주 잘 씻긴다. 장판이나 유리창, 소파나 타일 등에 묻은 물감 얼룩도 물티슈 등으로 쉽게 제거할 수 있다.

마미파워의 한마디 놀이 중 가급적 얼굴이나 몸에는 바르지 말고, 손을 제외한 다른 곳에 묻었을 때는 바로 물로 씻어야 한다.

INFO WWW.SNOWKIDS.CO.KR 1만 5천원대 (120mL 3색 기준).

2 크레욜라 핑거 페인터 튜브 4종

손으로 그림을 그리는 물감으로 크림처럼 부드러운 재질이다. 물을 섞지 않고 손에 묻혀 색을 칠할 수 있어 아이들이 좋아하는 제품. 인체 친화적인 재료를 사용해 아이가 혹시 제품을 삼켜도 무해하다. 사용 후 쉽게 지워진다.

마미파워의 한마디 거품 타입보다 많은 양을 사용하게 된다.

INFO 오픈 마켓(11번가, G마켓, 옥션, 인터파크) 1만 3천원대(118mL 4색 기준).

3 매도우키즈 물놀이 스티커

타일이나 욕조에 붙였다 떼었다 할 수 있는 스티커. 스티커를 입체적으로 조립하거나 물에 띄워 놀 수 있어 아이들이 목욕 시간을 더 재미있어 한다. 엄격한 EU 장난감 안전지침을 완벽하게 준수한 무해 소재로 물 안이나 밖에서 안전하게 즐길 수 있다. 반영구적으로 사용 가능한 것이 장점이다.

마미파워의 한마디 보관함에 넣어 욕실 한쪽에 걸어두고 사용하면 편하다.

INFO 오픈 마켓(11번가, G마켓, 옥션, 인터파크) 1만 5천원대.

03. CHAPTER

버블 배스·입욕제
005
엄마가 더 좋아하는 완전 소중한 목욕용품

집에서 버블 배스는 두 가지 목적으로 사용한다. 하나는 아이들의 즐거운 목욕 시간을 위해, 다른 하나는 엄마가 아이들과 목욕할 때 시간을 벌기 위해. 거품이 뽀글뽀글 올라오는 버블 배스를 아이보다 엄마가 더 좋아하는 이유다.

1

2

목욕 한번 마음 편하게 할 수 없었다

겨울 태생인 큰아이는 자라면서 움직임이 많아졌는데, 그 시기가 하필 여름이었다. 그해 여름은 유난히 더워 아이도 엄마도 너무 힘들었다. 아이에게 혹시 땀띠나 기저귀 발진이 생길까 봐 자주 씻겼는데, 정작 땀으로 범벅이 된 나는 제대로 샤워조차 할 시간이 없었다. 아이가 낮잠을 자는 동안 후다닥 밀린 집안일을 하고 샤워라도 할라치면 어느새 아이가 깰 시간이었다. 그때부터는 LTE급으로 샤워를 마무리했으나, 그마저도 아이가 깨서 울기 시작하면 거품을 문지르다 말고 바로 나오는 경우도 많았다. 그렇게 아이가 돌이 될 때까지는 LTE급 속도에 맞춰 씻어야 했고, 가끔 아이를 돌봐주는 누군가가 있을 때만 피로를 푸는 목욕다운 목욕이 가능했다. 오죽하면 그때 소원이 목욕 한번 편하게 하는 것이었다.

편안한 샤워를 하고 싶다면 버블 배스를 이용하자

돌 이후 아이가 걷고 앉는 것이 자유로워지면서 나의 LTE급 목욕 문화에도 변화의 바람이 불었다. 아이와 함께 샤워나 목욕을 하기 시작한 것이다. 아이를 욕조에 앉히고 장난감이나 아이의 호기심을 끌 만한 것을 주어 놀게 하면 그 사이 샤워를 할 수 있었다. 아이가 있으니 오랜 시간 씻을 수는 없었지만 그래도 이전보다 마음 편한 샤워가 가능했다. 처음에는 장난감을 주면 잘 놀았는데, 금세 싫증을 내더니 얼마 지나지 않아 자신을 안으라고 울며 보채기도 했다. 그때 등장한 비장의 무기가 바로 버블 배스! 아이는 하얀 거품이 올라오면 너무 좋아했고, 거품을 손으로 치거나 만지면서 즐겁게 목욕놀이에 빠졌다.(이때 맛을 보려고 하니 주의해야 한다.) 그 사이 나는 빠르게 목욕을 마쳤고, 나머지 거품을 이용해 아이의 목욕도 마쳤다. 아이가 목욕 후 잠까지 스르르 들어주니 이보다 좋을 수가 없었다.

버블 배스 사용이 어렵다면 입욕제를 활용하자

아이들이 세 살, 다섯 살이 된 지금은 이전보다 목욕 시간이 훨씬 많이 확보되었다. 지금은 오롯이 아이들의 즐거운 목욕을 위한 목적으로만 버블 배스를 쓰고 있다. 아이 둘이 욕조에서 거품을 내며 놀고 소꿉놀이도 하는데, 거품이 때로는 밥이 되거나 국이 되기도 한다. 하지만 아토피가 있는 아이를 둔 이웃은 거품이 풍성하게 올라오는 제품들은 합성 계면활성제가 주성분이라 사용하지 못한다고 했다. 천연 성분 제품들은 거품이 풍성하거나 미세하지 않고, 시간이 지나면 금세 사그라져 아이들이 별로 재미없어한다는 것. 그래서 버블 배스 대신 입욕제를 사용해 목욕물의 향이나 컬러가 바뀌는 것으로 호기심을 끈다고 했다. 버블 배스를 사용하기 어렵다면 입욕제도 좋은 아이템이다.

마미파워의 선택

1 미스터 버블

무향 무색의 민감한 피부용 버블 배스. 어린이와 성인 모두 사용할 수 있는 부드럽고 자극이 적은 제품이다. 오트밀 성분이 함유되어 목욕할 때 일어나는 수분 손실을 최소화한다. 보디클렌저로도 사용할 수 있는 게 장점. 씻길 때 미끈거리는 느낌이 없어 좋다.

`마미파워의 한마디` 식물성 계면활성제를 사용해 자극이 없다.
`INFO` 오픈 마켓(11번가, G마켓, 옥션, 인터파크) 1만원대.

캘리포니아 베이비 버블 배스

영양이 풍부한 허벌 성분이 포함되어 아이들의 피부 개선에 도움을 준다. 식물에서 추출한 버블 원료를 사용하고 은은한 향이 나 잠자기 전에 사용하면 숙면에도 도움을 준다.

`마미파워의 한마디` 라벤더, 노 프레이그런스, 유칼립투스 3가지 타입이 있다.
`INFO` 오픈 마켓(11번가, G마켓, 옥션, 인터파크) 2만원대(384mL).

2 유노하나 입욕제

300년 전부터 사랑받아 온 유노하나. 일본의 벳푸 지역에서 분출되는 온천 분기가스와 청점토를 반응시켜 만든 제품이다. 약용 효과가 뛰어나 피부 질환 보조요법제로 일본 후생성과 한국 식약청으로부터 의약외품 허가까지 받아 믿을 수 있다. 거칠어지거나 튼 피부, 땀띠나 습진 등의 질환에 도움이 되고 보습 효과도 좋다. 찬물에 잘 녹고 욕조에 물이끼가 끼지 않는 게 장점. 따로 헹궈내지 않아도 피부가 보들보들해진다.

`마미파워의 한마디` 물에 넣으면 노란색을 띤다.
`INFO` 오픈 마켓(11번가, G마켓, 옥션, 인터파크) 3만원대(1000g).

03. CHAPTER

로션·오일

◀ 006 ▶

아이 피부를 촉촉하게 유지시키는 물건

사실 목욕을 시키는 것보다 그 다음이 더 중요하다. 목욕을 하면 피부의 수분이 손실되기 때문에 건조함을 느낄 수 있다. 어른 아이 할 것 없이 목욕 후에는 몸에 로션을 발라야 한다. 다만 유아 로션은 연약한 아이 피부에 바르는 만큼 성분을 잘 살펴봐야 한다.

아이의 생애 첫 로션 선택

아이의 첫 로션은 유명하다고 입소문이 난 제품을 구입했다. 물론 모든 성분이 표시되어 믿을 수 있는 점이 결정적인 이유였다. 큰아이가 신생아 때 볼에 붉은 반점 같은 것이 올라와 아토피를 의심했던 터라 보습을 유지시켜주는 로션이 매우 중요했다. 첫 로션은 아이에게 별다른 이상 반응이 없고 촉촉함을 유지시켜주어 오랫동안 그 제품을 사용했다. 그러다 돌이 지나고부터는 아토피 증상이 없어 선물로 받은 다양한 로션을 성분만 확인하고 괜찮다 싶으면 사용했다.

아토피가 있는 아이는 보습이 중요하다

아무 제품이나 사용하던 내게 로션에 대한 새로운 기준을 제시한 것은 아토피가 있는 나의 둘째 조카다. 우리 큰아이보다 1년 늦게 태어난 조카는 태어난 지 얼마 되지 않아 아토피 증상이 나타나기 시작했다. 밤에는 긁느라 잠을 제대로 못 자 짜증을 냈다. 긁힌 피부는 상처가 되어 딱지가 생기고, 또다시 긁는 악순환이 반복되었다. 처음에는 그 원인을 알아내려고 대학병원에 다니며 알레르기 검사도 하고, 약도 먹이고, 스테로이드 연고 처방도 받았다. 하지만 약을 쓰면 그때뿐, 약을 끊으면 다시 간지러워 긁기 시작했다. 그럼 또다시 약을 먹이고 연고를 바르는 과정이 반복되었는데, 스테로이드제는 약이 독해 동생이 너무 힘들어했다. 의사는 보습에도 신경을 많이 쓰라고 당부했고, 동생은 로션을 바꿔가며 보습을 위해 노력했다.

모든 아이에게 모든 로션이 맞는 것은 아니다

동생이 사용해본 로션들 중에는 우리 아이가 쓰는 로션도 있었다. 제품에 따라 조카의 가려움증이 더 심해지기도 하는 것을 보니 아무거나 막 사용해서는 안 되겠구나 하는 생각이 들었다. 우리 아이들은 아토피가 없지만 그 이후부터 전 성분을 한 번 더 꼼꼼하게 확인하고 로션을 선택하고 있다. 기저귀도 그렇지만 로션도 모든 아이에게 다 맞는 것은 아니다.

마미파워의 선택

1 버츠비 베이비 비 너리싱 로션 오리지널
시어 버터에서 얻은 지방으로 만든 고보습 제품. 피부 자극 및 피부 스트레스를 완화시키고 수분과 영양을 공급해 피부가 건조하고 거칠어지는 것을 막아준다.
마미파워의 한마디 묽은 편이라 살짝 눌러도 확 나와 양 조절에 신경 써야 한다.
INFO M.BURTSBEESKOREA.CO.KR 2만원대(170g).

2 아토팜 로션
촉촉하게 보습이 유지된다. 부드러운 텍스처로 얼굴, 몸 어디에나 쉽게 펴발리며 끈적임 없이 흡수되는게 장점.
마미파워의 한마디 민감한 아이부터 성인까지 안심하고 사용할 수 있다.
INFO WWW.NEOPHARMSHOP.CO.KR 2만원대(120mL).

퓨토 시크릿 로션
피부 자극 완화 성분과 치마버섯에서 추출한 보습 성분이 아이 피부를 건강하고 촉촉하게 해준다. 물 대신 자연 유래 성분이 들어 있고, 에어리스 용기가 공기와의 접촉을 최소화해 개봉 여부와 상관없이 신선하고 장기간 사용 가능하다. 끈적임 없이 촉촉하고 잘 발린다.
마미파워의 한마디 천연 향이라 향이 부담스럽지 않다.
INFO WWW.AGANET.CO.KR 3만 5천원대(150mL).

3 로고나 프리미엄 베이비 카렌둘라 크림
쉽게 자극받는 연약한 아이 피부를 위해 카렌듈라, 캐모마일, 올리브 등의 고농축 식물 성분으로 만든 제품. 피부에 부담 없이 빠르게 흡수되고 촉촉함이 오래 유지된다.
마미파워의 한마디 흡수가 빠르고 촉촉함이 오래 유지된다.
INFO WWW.LOGONA.CO.KR 5만원대(250mL).

4 아토베리어 로션
심하게 건조하고 갈라진 피부에 빠르게 스며들어 촉촉함을 전해주는 고보습 크림. 세계 최초로 유사층 판소체인 더마온을 함유해 피부 보호막을 건강하게 만든다. 예민한 아토피 케어 라인으로 효과가 좋다.
마미파워의 한마디 예민한 아토피에 효과가 좋다.
INFO HAIRSOLUTION.CO.KR 3만 5천원대(250mL).

로고나 베이비 오일
화학성분이 첨가되지 않아 아이 피부에 편안하게 사용할 수 있다. 오일에 포함된 식물성 원료가 피부에 윤기를 더하고 촉촉함을 유지시켜준다. 오일 제품이라 목욕 후 몸에 바르고 마사지해주면 좋다. 신생아부터 민감한 피부의 성인까지 모두 사용할 수 있다.
마미파워의 한마디 사용 후 뚜껑을 잘 닫아야 한다. 물이 들어가면 제품이 변질될 수 있다.
INFO WWW.LOGONA.CO.KR 2만 5천원대(250g).

5 에바비바 오일
유기농 아몬드 오일과 잇꽃 오일 성분이 천연 보호막을 형성해 피부를 촉촉하게 해준다. 천연 유기농 오일의 최적 보존을 위해 갈색 유리병에 담겨 있으며, 오일 향을 흡수하는 플라스틱 중간 캡을 사용하지 않은 것이 특징. 천연 유기농 제품으로 서늘한 곳에 보관해야 한다.
마미파워의 한마디 끈적임이 없고 산뜻하게 발린다.
INFO WWW.PETITELINSTORE.COM 3만원대(125mL).

03. CHAPTER

목욕 장갑 · 거품 타월

◀ 007 ▶

아이의 목욕을 도와주는 제품

아이가 어릴 때는 맨손으로 씻기지만, 어느 정도 자라면 손으로만 씻기기에는 한계가 있다. 몸 구석구석을 깨끗하게 씻는 진짜 목욕을 위해 아이용 타월이 필요하다. 아이용 목욕 장갑이나 거품 타월을 준비해 엄마나 아빠와 함께 목욕할 때 등을 밀어달라거나 팔을 닦아달라고 하면 아이가 성취감을 느끼고 좋아한다. 동시에 목욕을 즐겁고 재미있는 일로 받아들인다. 엄마나 아빠가 씻기는 일방적인 목욕이 아닌 함께하는 즐거운 목욕 시간을 만들어보는 것도 좋은 방법이다.

아이를 씻기는 것도 엄마의 성향이다

아이가 신생아일 때는 손으로 살살 문지르거나 그마저도 조심스러워 그냥 물로만 씻기지만, 아이가 자라면 아이를 씻기는 데도 엄마의 성향이나 성격이 반영된다. 내 이웃은 아이 피부가 민감해 다섯 살인 지금도 보디 워시를 바르고 손으로만 문질러 목욕을 시킨다고 했다. 되도록 아이 피부에 닿는 자극을 줄이려고 한다는 것. 하지만 나는 손으로만 씻기는 것은 성에 차지 않았다. 큰아이가 지금보다 훨씬 어렸을 때 욕조에서 물놀이를 하라고 두었다가 어느 정도 시간이 지나 아이를 씻기러 들어갔다. 그런데 여느 날처럼 아이 손목을 잡고 문지르자 조금이지만 때가 밀려 깜짝 놀랐다. 물속에서 노는 동안 때가 불었던 것이다. 매일 목욕을 시키는데도 때가 나오다니, 보디 워시로만 닦는 것 말고 다른 방법이 필요했다. 이후 마트에서 예쁘고 귀여운 벙어리 장갑 모양 아이용 거품 타월을 구입했다.

목욕 장갑과 타월은 일정 시간이 지나면 교체하자

장갑을 사용하니 아이의 온몸을 씻길 때까지 거품이 남아 좋았고 깨끗이 씻긴 듯한 느낌이 들어 만족스러웠다. 처음에는 타월이 조금 뻣뻣하게 느껴져 아이 피부에 자극을 줄까 걱정스러웠지만 막상 비누를 묻혀 사용해보니 부드러워졌다. 목욕 타월은 오랜 기간 쓰면 타월이 미끈거리는 단점이 나타났다. 극세사 종류라 거품을 오래 머금고 있는 것은 좋았지만, 타월 세척 시 거품을 다 제거하려면 여러 번 반복해서 헹구어야 했다. 이 정도면 되겠지 싶어 두세 번 헹구고 말았더니 거품이 조금씩 남아 쌓였던 것 같다. 그래서 아이 타월은 보풀이 일어나지 않더라도 일정 기간이 지나면 교체했고, 지금은 거품도 잘 나고 세척도 쉬운 거품 타월을 구입해 큰아이용으로 따로 쓰고 있다. 목욕 장갑 혹은 거품 타월은 아이 것도 준비해서 엄마나 아빠와 함께 목욕을 할 때 등을 밀어달라거나 팔을 닦아달라고 하면 아이가 성취감을 느끼고 좋아했다. 동시에 목욕도 거부감 없이 즐겁고 재미있게 받아들였다. 엄마나 아빠가 씻기는 일방적인 목욕이 아닌 함께하는 즐거운 목욕시간을 만들어보는 것도 좋은 방법이다.

마미파워의 선택

1 더블하트 유아용 목욕 스펀지
거품이 잘 나는 탈막 스펀지를 사용해 한 손으로 간단히 비누 거품을 만들 수 있다. 부드러운 저자극 소재라 아이 피부에 닿아도 안심이다.
마미파워의 한마디 커버 탈부착이 가능해 세탁이 쉽고 위생적이다.
INFO WWW.HAPPYBABYMALL.CO.KR
1만 8천원대.

2 앙쥬 아기 목욕 스펀지
친환경 순식물성 천연 펄프 소재인 셀룰로오스 스펀지. 촉감이 부드럽고 흡수력이 좋아 물을 오래 머금으며, 적은 양의 보디 클렌저를 사용해도 거품이 많이 발생해 경제적이다.
마미파워의 한마디 엄마 손으로 스펀지를 잡고 이용하기 때문에 엄마의 손톱에 아이가 긁히지 않도록 조심해야 한다.
INFO 오픈 마켓(11번가, G마켓, 옥션, 인터파크) 2천원대.

3 더블하트 유아용 목욕 장갑
탈막 스펀지 형태의 목욕 장갑. 거품이 잘 나고 저자극 소재라 민감한 아이 피부에 닿아도 안전하게 씻길 수 있다. 다만 너무 세게 문지르지 말아야 한다.
마미파워의 한마디 손가락 부분이 여유 있게 디자인되어 섬세하게 닦을 수 있고, 고리가 있어 사용 후 건조하기 쉽다.
INFO WWW.HAPPYBABYMALL.CO.KR
9천원대.

4 큐비앤맘 레빗 목욕 손타월
거품이 잘 나고 보들보들해 아기 피부에 닿아도 안심이다. 엄지손가락 넣는 부분이 양쪽에 있어 양손으로 모두 사용 가능하다.
마미파워의 한마디 사이즈가 커서 아이를 금방 씻길 수 있다.
INFO WWW.CUBYNMOM.COM 6천원대.

03. CHAPTER

미끄럼 방지 용품

008

아이가 미끄러지지 않도록 도와주는 제품

아이 혼자 화장실에서 용변을 보고 목욕을 즐기면 주의해야 할 점이 있다. 미끄럼 방지다.
어른도 종종 미끄러워 넘어지는 화장실이 아이에게 안전할 리 없다.
욕실 미끄럼 방지 제품들로 만약의 사고에 대비하는 것이 최선의 예방책이다.

1

미끄러운 욕실에서 벌어지는 아찔한 사고

엄마라면 누구나 아이가 화장실에서 미끄러져 아찔했던 경험 한두 번은 했을 것이다. 나 역시 십 년 감수할 만한 몇 번의 아찔한 사고를 경험했다. 한번은 아이가 거품놀이를 한다며 욕실로 뛰어가다가 뒤로 벌렁 넘어지는 사고가 났다. 아이가 크게 잘못되는 것은 아닌가 싶어 가슴을 쓸어내려야 했다. 욕실에 미끄럼 방지 타일을 깔았는데도 사고는 한순간에 일어났다. 미끄럼 방지 타일도 물기가 있으면 속수무책이었다. 또 한 번은 아이가 욕조에 물을 받아놓고 장난감을 가지고 놀다 뒤로 미끄러져 물을 먹은 적이 있다. 깊은 물은 아니었지만 뒤로 넘어진 아이는 당황해서 쉽게 일어서지 못했고, 내가 낚아채듯 잡아서 일으켜 세웠다. 아이는 깜짝 놀라 눈물 콧물 범벅이 되어 크게 울음을 터뜨렸다. 내가 욕조 앞에서 둘째를 씻기고 있어 그나마 다행이었다. 이후 욕조 바닥에 미끄럼 방지 매트를 부착해 만일의 사고에 대비했다. 미끄럼 방지 스티커의 경우 설치는 비교적 간단하나 물이 스며들면 들뜨기도 하고 떨어지는 경우도 있으므로 주기적으로 교체하는 등의 꾸준한 관리가 필요하다.

미끄럼 방지 용품이 있더라도 항상 주의하자

하지만 욕실 바닥은 한동안 해답을 찾지 못했다. 그런데 어느 날 친구 집에 갔더니 욕실 바닥에 고무로 된 줄무늬 돗자리 비슷한 것이 깔려 있었다. 미끄럼 방지 매트라고 했다. 다만 미끄럼 방지는 되는데 물때가 끼어 닦기 힘든 것이 단점이라고 했다. 특히 아이들 대변을 물로 닦으면 그 배설물이 가끔 매트에 끼일 때가 있어 욕실 청소를 자주 하고 매트도 같이 닦아야 한다는 것. 물때가 낀다는 말에 선뜻 살 마음이 생기지 않았다. 그래서 한동안 고민하다 욕실 바닥에 뿌려 미끄럼을 방지하는 제품을 구입했다. 가격도 저렴하고 효과도 좋아서 한동안 만족스러웠다. 하지만 그 효과가 영구적인 것은 아니라서 제품을 쓰면서도 아이들이 욕실에 들어가면 뛰지 말고 조심해야 한다는 안전교육을 철저하게 시키고 있다.

마미파워의 선택

1 베이비 미끄덩(분사형 미끄럼 방지제)
스프레이 방식의 미끄럼 방지 제품. 물에만 효과가 있는 기존 제품들과 달리 비눗물에도 마찰계수가 줄지 않도록 특수 성분을 조합해서 만들었다. 한 번 시공하면 효과가 오래 지속되는 게 특징. 욕실, 현관, 복도, 베란다, 타일 등 다양하게 활용할 수 있다.

마미파워의 한마디 정확한 사용법을 보고 셀프 시공을 하는 제품이다.
INFO 오픈 마켓(11번가, G마켓, 옥션, 인터파크) 2만원대.

이케아 미끄럼 방지 매트
욕조만 한 크기의 미끄럼 방지 매트. 욕조나 욕실 바닥에 잘 붙고 아이들이 잘 미끄러지지 않아 욕조 안에서 안전하게 움직일 수 있다. 구멍이 있어 목욕 후 벽에 걸어서 건조시킬 수 있다.

마미파워의 한마디 미끄럼 방지 매트에 물때가 끼지 않게 관리를 잘해야 한다.
INFO 오픈 마켓(11번가, G마켓, 옥션, 인터파크) 1만 3천원대.

03. CHAPTER

아이 타월·목욕 가운
◂ 009 ▸
아이의 몸을 닦고 보온하는 물건

임신 중 육아용품을 준비하면서 아이용 큰 타월 구입을 놓고 고민했다. 아이를 씻긴 다음 큰 타월에 예쁘게 싸서 나오고 싶었기 때문이다. 그런데 나보다 먼저 육아를 경험한 동생이 속싸개나 큰 수건을 활용하면 된다며 필요 없다고 만류했다. 하지만 결국 로망을 꺾지 못하고 육아용품 매장에서 개구쟁이 원숭이가 그려진 큰 타월을 하나 준비했다.

아이가 태어나기도 전에 환불하다

임신 중 육아용품을 준비하면서 아이용 큰 타월을 사야 할까 고민했다. 사실 사고 싶었던 마음이 더 컸다. 아이를 씻기고 큰 타월에 예쁘게 말아서 나오는 로망이 있었으니. 나보다 먼저 육아를 경험한 동생은 굳이 필요 없다며 속싸개를 큰 수건으로 활용하면 된다고 했다. 하지만 결국 로망을 꺾지 못하고 육아용품 매장에 가서 개구쟁이 원숭이가 그려져 있는 큰 타월을 하나 준비했다. '아이가 크면 수영장에 갈 때 쓰면 되지 뭐.' 태어나지도 않은 아이의 미래까지 생각하며. 집에 와서 세탁기에 빨아 햇볕에 잘 말린 후 정리하려고 한 번 탁 털었는데, 이게 웬일! 엄청난 먼지가 나오는 것이 아닌가! 정말 깜짝 놀랐다. 몇 번을 털어도 계속 나오는 먼지들. 아무래도 원단 자체가 문제인 듯싶었다. 아이용 제품인데 어떻게 이런 걸 파는지. 그 길로 바로 매장으로 가서 항의했다. 어라? 근데 내가 생각했던 반응이 아니었다. 나와 같은 고객이 한두 명이 아니었는지 너무 쉽게 환불을 해줬고 나는 여전히 풀리지 않는 분을 삭이며 집으로 돌아왔다. 모두가 필요 없다는 것을 산 게 문제였던 걸까. 그렇게 아이 타월 없이 출산을 했다.

아이 타월의 대체품으로는 속싸개나 천 기저귀 원단이 좋다

큰아이는 겨울 태생이라 두께가 있는 속싸개를 구입했는데, 마침 주변에서 물려받은 하얀 속싸개가 있어 그것으로 아이 타월을 대신했다. 사용하던 것이라 더 부드럽고 크기도 넉넉해 아이를 씻긴 뒤 감싸 안기에 충분했다. 속싸개는 면 재질이라 아이 몸에 있는 물기를 빨리 흡수해 목욕 타월로 제격이었다. 큰아이는 두 돌까지 속싸개를 목욕 타월로 사용했는데, 둘째가 태어나 두 돌이 되어가는 지금까지도 큰아이가 썼던 속싸개를 목욕 타월로 잘 쓰고 있다. 자연주의 육아를 고수하는 친정 엄마가 남대문에서 기저귀 원단을 사다 주시겠다며 아이 목욕 타월로 사용하라고 권유하셨지만, 물려받은 속싸개가 꽤 많아 괜찮다며 거절했다. 주변에 우리 엄마의 방식대로 기저귀 원단을 끊어 아이 전용 타월로 사용한다는 사람도 제법 있었다. 원단이 얇아 물기 흡수도 잘되고 빨리 말라서 좋다고 했다.

아이 타월을 구입할 때는 질을 따지자

둘째의 첫돌 무렵 수영장이 있는 펜션에 간 적이 있는데, 이때 싶어 아이 목욕 타월을 준비했다. 큰아이 때 샀던 것과 비슷하게 원숭이 캐릭터가 있는 타월이었다. 물놀이를 마치고 나오는 아이들의 체온이 떨어지지 않도록 감싸주겠다는 명분으로 샀지만, 큰아이 때 미처 풀지 못한 한을 다시 풀려는 요량도 있었다. 하지만 딸아이를 감싼 타월에서 빨간색 물이 빠지고 말았다. 그저 눈으로 보기에 예쁘고 마음에 드는 물건만 골랐지 정작 타월의 질은 제대로 따져보지 않았던 것이다.(나의 경우는 유사품을 잘못 샀다.) 아이 타월을 사고서 나처럼 후회하는 일이 없도록 제품을 사기 전에 질 좋은 원단을 사용했는지 꼭 확인해 볼 것을 권한다.

마미파워의 선택

1 네츄라오가닉 오가닉 코튼 목욕 타월(유아용)

국내에서 생산하는 100% 오가닉 코튼 제품으로 소량만 판매한다. 화학 성분이 들어가지 않은 유기농 면화로 원단을 만들어 제작했다. 일반 타월보다 도톰해 흡수력이 우수하고 피부에 닿는 느낌이 좋다.

마미파워의 한마디 새 제품은 세탁한 다음에 사용한다.
INFO NATURAORGANIC.CO.KR 1만 9천원대.

2 네츄라오가닉 유아 목욕 가운

흡수력이 뛰어나고 부드러운 천연 밤부로 만들었다. 후드가 달려 있어 목욕 후 머리부터 한 번에 감쌀 수 있어 좋다. 세탁 후에도 부드러움이 유지되는 편.

마미파워의 한마디 여름철에 많이 가는 수영장 가운으로도 좋다.
INFO NATURAORGANIC.CO.KR 3만원대.

3 비치붐 타월

가격 대비 만족도가 높은 제품. 고급 면사인 테리 원단 본연의 고리 조직으로 도톰하게 만들었다. 수분 흡수력이 좋고 커팅 입자가 날리지 않아 털 빠짐이 덜하다. 아이들이 좋아하는 예쁜 디자인이 다양하다.

마미파워의 한마디 유사품이 많으므로 구입 할 때 주의해야 한다.
INFO STOREFARM.NAVER.COM/TEDDYBEAR 1만원대.

4 빅토리아앤프렌즈 도톰한 타월 (비치 가운·목욕 가운)

두께도 촉감이 부드러운 고급 타월. 활짝 펼치면 블랭킷으로 사용할 수 있을 만큼 크기가 넉넉하다. 여밈 부분에 간편하게 잠글 수 있는 스냅 단추 2개가 달려 있으며 안쪽에 이름을 적을 수 있는 네임 라벨이 붙어 있다.

마미파워의 한마디 3세 이상 사용 가능하다.
INFO WWW.VICTORIAFRIENDS.CO.KR 4만 3천원대.

03. CHAPTER

유아용 면봉

010

쓰임새에 따라 모양도, 특징도 다양한 물건

유아용 면봉이 다 거기서 거기일 거라는 생각은 오산이다. 일반 면봉과 크게 다를까 싶지만, 유아용 면봉은 용도에 따라 종류가 나뉘어 있다. 무턱대고 구매하면 실패하기 쉬운 면봉, 제대로 알고 나면 2배로 더 유용하게 쓸 수 있다. 면봉은 아이가 자고 있을 때 사용하는 것이 좋다. 언젠가 큰아이의 귀를 면봉으로 닦아내는 모습을 본 둘째가 면봉을 들고 오빠의 귀를 닦아준다며 따라 해서 깜짝 놀란 적이 있다. 뭐든 따라 하려는 아이들이니 아이 앞에선 흔한 행동도 조심해야 한다.

면봉을 몰라도 너무 몰랐던 그때

신생아의 코나 귀를 파는 고도의 집중력이 필요한 작업은 전부 면봉이 해낸다. 면봉은 사소한 물건이 아니라 섬세한 작업을 하는 도구라고 해도 과언이 아니다. 처음에는 대형 마트에 가장 많이 진열된 면봉을 구입했다. 출산 후 집으로 돌아와 아이 배꼽 소독을 할 때 처음 면봉을 사용했는데, 팁이라 불리는 면봉의 방망이 부분이 너무 작아 면봉 두세 개를 한 번에 잡고 소독약을 묻혀 사용했다. 팁이 너무 작아 소독약이 충분히 묻지 않았기 때문이다. 소독된 솜 뭉치를 따로 팔고 면봉도 팁이 큰 제품이 있다는 것을 초보 육아 맘이 미리 알고 있을 리 만무했다.

면봉은 용도별로 선택해서 사용하자

면봉은 아이 코딱지를 빼는 고도의 집중력이 필요한 작업에도 꼭 필요했다. 그런데 처음 구입한 면봉은 신생아용이라 팁 사이즈가 너무 작아 아이 코 속에서 코딱지를 끌어오지 못했다. 그리고 대가 너무 약해 힘이 잘 들어가지 않고 자꾸 휘었다. 그제야 내가 면봉을 잘못 샀다는 걸 깨달았다. 그래서 팁이 좀 더 큰 유아용 면봉을 찾아보기 시작했고, 이때 유아용 오일 면봉과 접착 면봉이 따로 있다는 것을 알았다. 오일 면봉은 아이의 귀지를 팔 때 좋고, 접착 면봉은 접착력이 있는 팁 부분이 마른 코딱지를 빼내는 데 효과적이었다. 아이에게 아토피 증상이 있는 이웃은 자기 전 아이의 손톱 밑을 면봉에 소독약을 묻혀서 닦아낸다고 했다. 아이가 자면서 손톱으로 피부를 긁어 세균이 감염되는 것을 조금이라도 막기 위해서라는 것. 이렇게 미리 알아두면 용도에 맞는 면봉을 쓸 수 있다.

유아용 면봉은 청소할 때도 유용하다

유아용 면봉을 아이에게만 쓰라는 법은 없다. 면봉은 아이의 귀나 코 청소 외에 장난감에 묻은 먼지를 닦을 때도 굉장히 유용하다. 컴퓨터 장난감의 키보드를 닦거나 피아노 건반 사이사이를 청소할 때 면봉만 한 게 없다. 또한 물로 닦을 수 없는 제품들은 물티슈와 면봉을 이용하면 깨끗하게 잘 닦인다. 특히 오일 면봉은 인형의 눈이나 액세서리를 닦으면 반짝반짝 광이 난다. 종류도 다양한 유아용 면봉, 알고 나면 더 유용하게 쓸 수 있다.

마미파워의 선택

1 비엔비 유아 면봉 원통형

천연 항균 물질인 키토산이 함유된 100% 순면 신생아 면봉. 무형광증백제 제품이라 안전하고, 부드럽게 휘는 종이 스틱이라 아이 피부를 보호해준다.

마미파워의 한마디 원터치 용기로 사용 및 보관이 편리하다.
INFO 오픈 마켓(11번가, G마켓, 옥션, 인터파크) 5천원대(210개입).

2 마이비 유아 면봉

면 100%의 아기 전용 면봉. 부드러운 종이 스틱으로 항균 처리가 되어 있어 안심하고 사용할 수 있다.

마미파워의 한마디 아기의 배꼽 및 손톱·발톱을 청소해줄 때 유용하다.
INFO 오픈 마켓(11번가, G마켓, 옥션, 인터파크) 5천원대(210개입).

3 더블하트 오일 면봉·점착면봉

피부에 순한 식물성 스쿠알렌 오일이 묻어 있어 귀, 코, 배꼽 등의 케어가 쉽다. 또 배변이 힘든 아이들의 항문을 자극해줄 때도 편리하다. 면봉을 잡아도 손에 오일이 묻지 않고, 젖어도 잘 부러지지 않는다.

마미파워의 한마디 가격대가 높은 편이지만 다양한 용도로 쓰인다.
INFO WWW.HAPPYBABYMALL.CO.KR 1만 5천원대(50개입).

라잇에이드 면봉

피부과학 테스트를 통과한 100% 오가닉 제품. 생분해성 종이 스틱 제품이라 안전하다.

마미파워의 한마디 팁이 커서 소독할 때 쓰기 좋다.
INFO 오픈 마켓(11번가, G마켓, 옥션, 인터파크) 5천원대(56개).

03. CHAPTER

아이 욕조
011
신생아용 목욕용품

산후조리를 마치고 친정 엄마의 도움 없이 아이 목욕에 도전하던 날, 준비해두었던 아이 욕조를 사용해보기로 했다. 그러나 막상 시도해보니, 아이를 안정적으로 잡고 욕조에 눕혀서 사용하는 것이 내겐 너무 어려웠다. 이후 욕조는 아이가 좀 더 커서 사용했는데, 이때 혹시라도 욕실이 추워 아이가 감기에 걸릴까 봐 남편을 먼저 목욕하게 해서 욕실을 미리 훈훈하게 만들어놓곤 했다.

친정 엄마의 아이 씻기는 노하우

아이가 태어나기 전, 아이 목욕 시키는 건 자신 있다던 친정 엄마도 막상 아이 목욕을 앞두고는 긴장을 하셨다. 아이 욕조를 미리 준비해두었지만, 엄마는 산후조리를 해주는 동안은 자신만의 방식에 맡기라며 크기가 다른 대야를 2개 가져오셨다. 그러고는 큰 대야에는 적당한 온도의 물, 작은 대야에는 그보다 좀 더 따뜻한 물을 담았다. 작은 대야의 물은 헹굼용이라 아이를 씻기는 동안 식으니 더 따뜻해야 한다는 것. 큰 대야의 물로 얼굴을 씻기고 머리를 감긴 다음 몸을 닦았고, 작은 대야의 물로 옮겨 헹구고 마무리하셨다. 그렇게 산후조리 동안은 친정 엄마가 아이의 목욕을 전담해 준비한 욕조는 사용하지 못했다.

신생아를 씻길 때는 대야 2개를 준비하자

산후조리를 마치고 혼자 아이 목욕에 도전하던 날, 준비해두었던 아이 욕조를 사용해보기로 했다. 그런데 구입한 욕조가 커서 욕실에서 물을 받아 방으로 옮길 수가 없었다. 그래도 등받이가 있어 편할 것 같아 수고를 감내하고 물을 몇 번 날라 욕조를 채웠다. 친정 엄마의 방식대로 대야에 헹굼 물도 받아놓았다. 이제 예상대로 아이를 욕조에 비스듬히 눕히기만 하면 끝이었다. 하지만 초보 맘에게는 아이를 욕조에 비스듬히 눕히는 것조차 힘들었다. 아이를 좀 더 안정적으로 잡고 눕혔어야 하는데, 처음 하는 일이라 결국 눕히는 걸 포기하고 불안하게 잡은 채 엉거주춤 앉아서 씻겼는데 그마저도 무척 어려웠다. 한 손으로는 아이를 지탱하고 다른 손으로는 아이를 씻기는 게 보통 일이 아니었다. 혹시나 아이를 물에 빠뜨리진 않을까, 물이 아이 얼굴로 튀진 않을까, 하는 걱정들로 어떻게 씻겼는지도 모르게 진땀을 뺐다. 뒷정리를 할 때도 욕조를 한 번에 들 수 없어 시작할 때처럼 몇 번씩 물을 떠다 버려야 했다. 그 이후 친정 엄마의 방식으로 2개의 대야로 목욕을 시켰고, 욕조는 아이가 혼자 안정적으로 앉아 욕실에서 목욕이 가능할 때 사용했다.

아이 욕조 이렇게 세척하자

아이 욕조는 화학 성분이 들어 있는 합성세제로 닦지 않는 것이 좋다. 아이를 씻기고 남은 거품 물을 이용해 욕조를 닦으면 안전하고 깨끗하다. 또 아이 욕조는 플라스틱 소재라 반드시 부드러운 스펀지를 이용해서 닦아야 한다. 강한 재질로 닦으면 스크래치가 발생해 그 틈으로 세균이 번식할 수 있다.

마미파워의 선택

1 레이퀸 유아 욕조

바퀴가 달려 있는 것은 물론 양쪽 끝부분에 손을 넣을 수 있어 이동할 때 편하다. 손이 닿는 부분을 곡면으로 처리해 손이 아프지 않다. 최적의 목욕물 온도를 손쉽게 알 수 있는 방수 온도계가 있고, 실리콘 물마개를 적용해 밀폐성이 좋은 것이 특징이다. 다리 패킹을 실리콘으로 만들어 미끄러운 욕실 바닥에서도 안전하게 사용할 수 있다. 벽걸이가 있어 욕실 벽에 걸어둘 수 있다.

마미파워의 한마디 등받이 부분이 덜컹거려 움직일 수 있으므로 주의해야 한다.
INFO WWW.READYHOME.CO.KR 6만원대.

2 오플라 욕조(유아 반식 욕조 겸 미니 풀장)

오플라 내부에 물놀이 표시 라벨이 부착되어 있어 아이들이 안전하게 놀 수 있다. 돌기 형태의 바닥 모양과 양옆, 앞뒤 손잡이를 이용해 미끄럼을 방지할 수 있다. 아이가 앉았을 때 엉덩이를 편안하게 받쳐주도록 설계되어 아이가 앉아 있다가 앞으로 넘어지지 않는다. 아랫부분을 열면 배수되는 시스템이라 물 빠짐이 쉽다.

마미파워의 한마디 원통 모양이라 유아라면 샴푸 캡 없이 머리 감기기가 쉽지 않다.
INFO 오픈 마켓(11번가, G마켓, 옥션, 인터파크) 10만원대.

베베캐슬 유로스타 트리플 아이 욕조

젖병이나 아이 식기를 만드는 소재로 만들어 환경호르몬 등의 유해 물질로부터 안전하다. 탈부착이 가능한 바퀴가 달려 이동이 편하고 온도 센서가 있어 물의 온도를 확인하기 편하다. 지인의 경우 3단계 엉덩이 받침대를 이용해 생후 50일부터 사용했고, 아이가 다섯 살인 지금은 엉덩이 받침대를 빼고 쓰는 중이다.

마미파워의 한마디 걸어서 보관할 수 있지만 부피가 큰 편이다.
INFO 오픈 마켓(11번가, G마켓, 옥션, 인터파크) 3만원대.

쁘띠앙 아이 욕조

달걀을 떨어뜨려도 깨지지 않을 정도로 안전성이 좋은 제품. 욕조에 팔이나 겨드랑이가 닿아도 배기지 않는다. 탄성이 있고 부드러운 재질이라 아이들이 목욕 시 편안함을 느낄 수 있다. 재질의 보온성이 뛰어나 자주 따뜻한 물을 보충할 필요가 없고, 목욕 후에도 온기가 남아 있는 것이 특징이다.

마미파워의 한마디 가격대가 높고 무거운 편이지만 뛰어난 보온성은 장점이다.
INFO WORLDIND5656.CAFE24.COM 19만원대.

03. CHAPTER

칫솔·치약
012
신생아의 치아 관리를 도와주는 물건

신생아도 모유나 분유 수유를 하고 나면 입안에 잔여물이 남는다. 이때 제대로 관리하지 않으면 나중에 이가 자랐을 때 충치를 일으킬 수 있으므로 수유 후 치아 관리를 해주어야 한다.
또 유아용 칫솔은 모가 부드러운 제품을 선택하는 것이 기본이다. 아이의 성향에 따라 미세모 칫솔은 잇몸이 아프다고 하는 경우도 있으니 일반 모를 좋아하는지 미세모를 좋아하는지 확인해야 한다. 칫솔은 물론 치약도 캐릭터가 있는 제품을 선택하면 양치질 습관을 길러주기에 더없이 좋다.

이가 나기 전에는 거즈 수건으로 잇몸을 닦는다

신생아 때는 거즈 수건을 이용해 아이의 잇몸을 닦아주었다. 이가 없어서 괜찮을 것 같았지만 혹시나 하는 마음에 잇몸 위아래와 혀를 살살 닦아주었다. 분유 수유를 하는 엄마들은 아이 혀에 백태가 낀다고 했는데, 우리 아이는 모유를 먹어서 그런지 백태가 심하진 않았다. 그러다 6개월 무렵 아이의 아랫니 하나가 올라왔을 때부터 손가락 칫솔을 구입해 치약 없이 사용했다. 생후 6개월부터 쓸 수 있는 치약이 있었지만 아무리 무해하다 해도 아이가 삼킬 수 있어 사용하지 않았다. 그냥 손가락 칫솔에 물을 묻혀 여러 번 이와 잇몸을 닦아주었다.

칫솔은 최소 2~3주에 한 번씩 교체한다

아이가 돌이 지나면서부터는 성인용과 비슷한 모양의 유아용 칫솔을 사용했다. 처음에는 하나만 구입했는데 아이가 하도 달라고 보채 하나 더 사서 내가 닦아주는 용도와 아이 스스로 양치질을 따라 하는 용도로 사용했다. 그런데 처음 산 칫솔은 길이가 짧아 어금니 안까지 닦이기가 불편해서 칫솔 모 크기는 비슷하고 손잡이가 조금 더 긴 것으로 다시 구입했다. 일반적으로 아이가 만으로 다섯 살이 되기 전에는 혼자 양치질을 하기가 어렵다고 한다. 지금 딱 다섯 살인 우리 아이가 혼자 양치질을 한다 해도 결국 내가 마무리하는 경우가 태반인 것을 보면 그 말이 정답인 것 같다. 아이가 어릴 때는 부모가 양치질을 도와야 하기 때문에 부모가 잡고 사용하기 편한 칫솔을 고르는 것이 요령이다. 또 나는 최소 2~3주에 한 번씩 아이 칫솔을 교체했다. 칫솔 모가 닳기도 하지만 세균 걱정 때문이었다. 양치질을 시키다 보면 때때로 칫솔을 앙 하고 물어 칫솔에 자국이 남는데, 그 사이로 세균이나 오염물질이 끼일 수도 있을 것 같았다. 물론 이것은 순전히 개인적인 생각이니 참고만 하자. 그리고 아이가 평소 쓰던 칫솔에서 다른 칫솔로 바꿀 때 거부감을 가질 수도 있다. 칫솔은 권장 연령이 있기 때문에 나이에 맞는 칫솔을 사용하되, 아이가 좋아하는 캐릭터 칫솔을 준비해주면 도움이 된다.

유아용 치약은 향이 진하지 않은 것이 좋다

아이가 아직 뱉는 방법을 잘 모를 때는 양치질을 하면서 치약을 많이 삼키는데, 불소 성분이 포함된 치약은 체내에 쌓여 좋지 않다고 한다. 그래서 처음에는 불소가 들어가지 않은 딸기향 유아 치약을 구입했다. 아이가 돌 때쯤 이가 6개가 나 이 때부터 유아용 치약을 사용했는데, 처음에는 손가락 칫솔에 치약을 짜서 닦았고 헹구는 것도 손가락 칫솔로 여러 번 닦는 식이었다. 향이 너무 진해 향 성분이 치아에 남아 좋지 않은 영향을 주는 것은 아닐까 하는 의심도 들었지만, 그렇다고 대체할 만한 치약이 있는 것도 아니었다. 이후 어린이 한의원에서 나온 치약을 사용했는데, 다른 유아용 치약들보다 향이 진하지 않아 지금도 사용하고 있다.

마미파워의 선택

1 비엔비 베이비 오랄 크린 1단계
자일리톨 성분과 구강 세정 성분이 모유나 분유 등으로 생기는 입 속 찌꺼기를 깨끗하게 닦아준다. 거품이 적어 구역질이 나지 않고, 달콤한 과일 향이라 아이들이 거부감 없이 사용할 수 있다. 1단계는 신생아부터 사용 가능하다. 안전한 성분의 액상 타입으로 잘 뱉지 못하는 영유아가 안전하게 사용할 수 있다.
마미파워의 한마디 안전한 성분이지만 양치 중 아이가 삼키지 않도록 주의한다.
INFO 오픈 마켓(11번가, G마켓, 옥션, 인터파크) 2천원대.

2 벨레다 유아 치약
합성 계면활성제와 불소를 쓰지 않아 아이들에게 안전하다. 유아들이 싫어하는 페퍼민트와 멘톨 향 대신 천연 향을 함유했다. 구강과 잇몸, 입천장 점막의 진정 효과가 뛰어난 카렌듈라 성분과 천연 실리카 성분이 잇몸과 치아를 건강하게 보호해준다. 싸한 느낌이 나 사용 후 개운하다.
마미파워의 한마디 일반 유아 치약에 들어 있는 딸기 맛이나 바나나 맛과는 달라 아이들이 거부할 수도 있다. 튜브 용기 소재 특성상 중간 부분이 손상되면 치약이 새기도 한다.
INFO 오픈 마켓(11번가, G마켓, 옥션, 인터파크) 6천원대.

3 함소아 이튼튼 치약
홍삼 성분과 프리미엄 한방 포뮬러가 함유된 제품으로 불소가 들어 있지 않아 아이가 삼켜도 안전하다.
마미파워의 한마디 합성 계면활성제, 합성 방부제 등의 유해 물질이 들어가지 않았다.
INFO WWW.HAMSOAMALL.CO.KR 1만원대.

4 더블하트 유치 브러시 1단계
생후 6~8개월부터 사용하는 유치 브러시. 처음으로 입안에 칫솔을 넣는 연습을 도와준다. 부드럽고 섬세한 고무 칫솔 면이 아이 치아의 법랑질이나 잇몸에 상처를 내지 않고 이물질을 제거한다.
마미파워의 한마디 안전 플레이트가 목을 찌르지 않게 도와준다.
INFO WWW.HAPPYBABYMALL.CO.KR 6천원대.

5 비앤비 유아 칫솔
양치질을 처음 시작하는 유아용 제품. 2~4세까지 사용하는 칫솔로 칫솔 머리가 아이의 작은 입에 맞게 작고 둥글며, 칫솔 모가 칫솔 교체 시기를 알려준다. 또한 칫솔 모 가운데가 움푹 들어가고 부드러워 잇몸 자극 없이 치아를 꼼꼼히 닦을 수 있다.
마미파워의 한마디 오프라인 매장에서 쉽게 구매할 수 있다.
INFO 오픈 마켓(11번가, G마켓, 옥션, 인터파크) 1천원대.

6 조르단 어린이 칫솔 스텝 1·2
무독성 제품. 씹을 수 있게 잇몸을 자극해 잇몸 발달을 도와준다. 핸들이 둥글고 칫솔 목이 짧아 아이가 삼키거나 목구멍을 찌르는 것을 방지한다. 치약 사용량이 칫솔 모 색상으로 표시되어 있다.
마미파워의 한마디 색이 선명하고 장난감 같은 모양이라 아이들이 좋아한다.
INFO 오픈 마켓(11번가, G마켓, 옥션, 인터파크) 3천원대.

페리오 유아 칫솔
피넛형 헤드가 아이의 작은 입에 잘 맞고 쿠션이 있어 아이의 잇몸을 보호해준다. 엄지 고무로 손가락 위치를 표시해줘 아이 혼자서 양치질하기 편하다. 라바, 어벤저스, 헬로 키티 등 아이들이 좋아하는 캐릭터가 그려져 있어 재미있게 양치질을 할 수 있다.
마미파워의 한마디 캐릭터 때문에 아이들이 좋아한다.
INFO 오픈 마켓(11번가, G마켓, 옥션, 인터파크) 3천원대.

7 마이비 실리콘 칫솔
엄마 손가락에 끼워서 사용하는 제품. 젖꼭지 원료인 안전한 LSR 실리콘을 사용해 위생적이다. 부드럽고 탄력이 있어 아이 잇몸에 자극을 주지 않고, 잇몸 마사지 효과도 있어 치아가 고르게 발달하도록 도와준다. 케이스가 있어 청결하게 보관할 수 있다.
마미파워의 한마디 아이가 엄마 손가락을 물면 통증이 그대로 전달된다.
INFO 오픈 마켓(11번가, G마켓, 옥션, 인터파크) 3천원대.

02. CHAPTER

목욕 장난감

◂ 013 ▸

목욕을 놀이로 승화시켜주는 물건

우리 아이들은 목욕을 참 좋아해 목욕을 한다고 하면 딸은 어느새 혼자 옷을 벗고 있을 정도다.
딸아이는 목욕 시간을 오빠와 노는 시간으로 여겨 자연스럽게 목욕을 좋아하지만,
큰아이는 처음부터 목욕을 좋아하지는 않았다. 온갖 방법을 동원해도 하기 싫다고
울며 떼를 쓰는 아이를 달라지게 만든 것은 역시 장난감이었다.

어느 날 갑자기 목욕이 싫어진 아이

큰아이가 돌이 될 무렵이었다. 어느 날 목욕을 하다가 샤워기가 사방으로 움직이면서 아이 얼굴에 물이 많이 튀었는데, 이때부터 아이가 목욕을 너무 싫어해 목욕 시간은 전쟁 그 자체였다. 더 정확하게 말하면 옷을 벗는 것을 싫어했다. 목욕을 하자고 하면 따라 들어오기는 하는데 옷을 벗지 않겠다고 떼를 부렸다. 조용히 타일러도 보고 화난 목소리로 야단도 쳐보았지만 아이는 끝까지 옷을 벗지 않겠다고 버텼다. 하는 수 없이 강제로 옷을 벗기고, 싫다고 우는 아이를 빛의 속도로 씻기곤 했는데 그때마다 아이는 분이 풀리지 않는지 이후로도 한참을 훌쩍거렸다. 목욕을 해야 혈액순환이 잘되고 아이들 성장에도 도움이 된다는데, 매번 목욕 시간이 전쟁이니 그 시간이 되면 내 머리도 지끈거렸다. 목욕에 대한 좋지 않은 기억을 바꿔야만 했다.

아이 목욕에 흥미를 불어넣은 버블 머신

처음에는 사방으로 물이 튀어 아이를 겁먹게 한 샤워기를 혼내는 척도 해보고, 샤워기를 들고 움직이면서 "미안해, 미안해." 하며 아이에게 사과하는 척도 해보았다. 하지만 아이에게는 전혀 통하지 않았다. 난 아들이 호기심을 보일 만한 목욕 장난감이 무엇이 있을까 고민했다. 그전에는 떠다니는 오리 가족이나 문어 등 목욕놀이 장난감을 사용했는데 목욕을 싫어하게 된 후로는 별 도움이 되지 않았다. 그래서 선택한 것이 버블 머신이다. 아이와 야외 나들이를 가면 버블놀이를 종종 해주었는데 그것을 아이가 정말 좋아했다. 목욕을 해야 하니 직접 불거나 조작하는 것은 안 되겠다 싶어 자동으로 거품이 나오는 제품을 선택했다. 그러자 아이는 너무 좋아서 눈이 휘둥그레졌고 버블에 정신이 팔려 자신의 옷이 벗겨지는 줄도 몰랐다. 내친김에 아이와 함께 목욕을 하며 버블로 열심히 놀아주었다. 아이는 놀이를 하는 것인지 목욕을 하는 것인지 구분하지 못할 정도로 버블에 열중했다.

버블 머신 덕분에 아이가 달라졌다

목욕용 버블 액을 준비해 아이가 버블을 만지면서 놀고 나면 그 거품을 이용해 목욕을 시켰다. 버블놀이 덕분에 아이는 언제 싫어했냐는 듯 자연스럽게 목욕을 했고, 버블놀이를 하자는 말에는 스스로 옷을 벗고 들어가기도 했다. 사실 아이가 이 정도의 반응을 보일 거라곤 생각도 못했다. 그저 좋아하기만 바라며 기대 반 걱정 반으로 준비했는데 효자 노릇을 톡톡히 한 것이다. 이후 다양한 장난감으로 아이의 호기심을 지속시키기 위해 플라스틱 주방도구 몇 가지와 물총 등을 더 장만해 아이가 목욕을 재미있게 즐길 수 있도록 만들었다.

마미파워의 선택

1 스플래쉬대셔 물놀이 완구
물속에서 살아 있는 물고기처럼 움직이는 장난감. 외전 나사 방식의 이중 구조로 되어 있어 물속에서도 안전하다. 몸통 전체가 회전하면서 다이나믹하게 움직이기 때문에 아이들의 사랑을 듬뿍 받고 있다. 눈과 손의 협응력 발달에도 좋다.
마미파워의 한마디 아이들이 너무 좋아해 샤워 시간이 길어지게 하는 주범이다. 유사품이 많으니 주의해서 구입한다.
INFO WWW.KIUMHOUSE.COM 1만 6천원대.

2 뽀로로 샤워 컵
아이들이 좋아하는 뽀로로 캐릭터들이 있어 호감을 갖는 제품이다. 컵마다 물이 나오는 모습이 달라 다양한 물놀이가 가능하고, 캐릭터 클립의 탈부착이 가능해 물놀이에 쉽게 싫증을 느끼지 않게 해준다.
마미파워의 한마디 캐릭터가 분리되는 경우도 있고, 떨어뜨리면 금이 갈 수 있으니 주의한다.
INFO WWW.TOYDREAM.KR 1만 5천원대.

3 브이텍 노래하는 버블 문어
목욕을 싫어하는 아이들 목욕 시킬 때 좋은 버블 장난감. 비눗방울을 만드는 기능이 있고 버튼으로 이루어진 문어 다리를 누르면 여러 가지 동물 소리와 음악이 나와 아이들의 호기심을 자극한다. 흡착 기능이 있어 타일에 붙는 것도 장점이다. 버블이 아주 많이 나오지 않는 점이 목욕할 때는 더 좋다. 너무 많이 나오면 아이들이 버블을 잡으려고 애를 써 목욕 시키기 어렵다.
마미파워의 한마디 가격대가 높은 편이지만 아이들 목욕 시키기에는 좋다.
INFO 오픈 마켓(11번가, G마켓, 옥션, 인터파크) 5만원대.

유키두 수도꼭지
욕조나 벽에 부착하는 몸통과 컵을 쌓아둘 수 있는 컵 홀더, 샤워 컵, 프로펠러, 돌리기 컵, 물이 차면 까꿍 친구가 튀어나오는 컵으로 구성되어 있다. 물이 밑으로 빠질 수 있도록 작은 구멍이 뚫려 샤워 물줄기 놀이도 가능하다. 떨어지는 물줄기 힘으로 돌아가는 프로펠러 돌리기 컵도 아이가 좋아한다.
마미파워의 한마디 아이들이 컵에 수돗물을 받아서 마시는 경우도 있으니 주의한다.
INFO 오픈 마켓(11번가, G마켓, 옥션, 인터파크) 2만원대.

4 먼치킨 바다 물총놀이
거북이, 돌고래 등의 동물 장난감이 물에 둥둥 떠서 바다 같은 느낌을 준다. 동물을 누르면 작은 구멍 사이로 물을 빨아들인 후 다시 누르면 물고기 입에서 물이 나와 아이들이 물총놀이를 할 수 있다. 아이 손에 맞는 크기라 잡고 놀기 편하다.
마미파워의 한마디 물 나오는 구멍에 물때가 낄 수 있으니 잘 관리해야 한다.
INFO WWW.SBABY.CO.KR 1만원대.

03. CHAPTER

클렌저

◂ 014 ▸

아이와 함께 쓸 수 있는 제품

내가 사용하는 폼 클렌징은 문지르면 거품이 잘 나고 뽀드득 씻기는 느낌이 드는 제품이었다. 그렇지 않으면 깨끗하게 세수한 기분이 들지 않았다. 이런 성향이 아이의 보디클렌저를 고를 때도 그대로 드러났다. 물론 성분이나 자극도 고려하지만 엄마의 성향에 따라 아이의 보디클렌저 타입이 결정되기도 한다. 아이에게 모유를 먹이는 동안은 나도 아이 클렌저와 로션을 함께 썼다. 모유를 먹이기도 했고, 엄마 몸에 많이 비비는 아이에게 성인 클렌저가 자극이 되진 않을까 하는 걱정 때문이었다. 엄마의 피부가 민감하거나 중건성이라면 보습 효과가 좋은 아이 클렌저와 로션을 함께 쓰는 것도 좋다.

너무 중요한 첫 클렌저 선택

큰아이가 태어난 지 며칠 되지 않아 아이 볼에 500원짜리 동전만 한 붉은 반점이 올라왔다. 걱정스러운 마음에 소아과에 갔더니 점은 아닌 것 같지만 단정할 수 없다며 시간을 두고 지켜보자고 했다. 주변에서는 그러다가 없어지니 걱정하지 말아라, 혹시 모르니 큰 병원에 가봐라, 아토피일 수도 있으니 보습에 신경 써라 등 다양한 조언을 해주었다. 하지만 주변의 의견이 너무 극과 극이라 마음이 더 불안해 좀 더 지켜보기로 했다. 당장 해줄 수 있는 것은 보습을 유지해주는 것뿐이었다. 그래서 첫 클렌저 선택이 매우 중요했다. 갓 태어났을 때는 클렌저 없이 물로만 목욕을 시켰고, 처음 클렌저를 사용할 때는 아이 다리만 씻겨보았다. 너무 건조하거나 이상 반응이 있으면 바로 사용을 중단할 생각이었다. 아이 볼에 생긴 붉은 반점이 아토피 증상일 수도 있다는 생각에 클렌저 하나 쓰는 것도 정말 조심스러웠다. 다행히 이상은 없었고, 목욕 후에도 아이 피부가 건조해지거나 하진 않았다.

아이 피부에 맞는 클렌저를 선택하자

하지만 얼마 지나지 않아 아이 클렌저를 다른 제품으로 바꿔야 했다. 제품이 아니라 그것을 사용하는 내가 문제였다. 액상 타입에 거품이 거의 없는 제품이라 클렌저를 사용했다는 개운함을 느끼지 못했던 것. 물론 연약한 아이 피부를 빡빡 씻길 생각은 아니었지만 개운함을 느끼지 못한 나는 필요 이상으로 클렌저를 많이 사용했고, 무색 클렌저가 아이 몸에 남을까 걱정돼 헹구는 데도 신경을 많이 썼다. 그러다 보니 자연스레 목욕 시간이 길어졌고, 이렇게 목욕 시간이 길어지면 아이 피부 보습에 좋지 않다고 했다. 이번에는 거품형 클렌저를 사용해보았다. 성분이나 자극도 물론 꼼꼼히 확인했다. 짜면 나오는 하얀 거품이 내 눈에 보이는 것만으로도 만족스러웠다. 무엇보다도 적은 양의 클렌저로 목욕을 할 수 있다는 것이 좋았다. 하얀 거품이 아이 몸에 묻어 있으니 헹굴 때도 편했다. 이런 노력 덕분인지는 모르겠지만 6개월 후부터 아이 얼굴에 있던 붉은 반점이 점점 사라졌고, 지금은 그 자리를 찾아볼 수 없을 정도로 깨끗해졌다. 오히려 피부 좋다는 이야기를 들을 정도인데, 붉은 반점의 원인은 여전히 오리무중이다.

마미파워의 선택

1 궁중비책 베이비 샴푸 배스

머리부터 발끝까지 한 번에 씻을 수 있는 한방 베이비 샴푸 겸용 배스. 조선왕실의 오지탕과 한방 성분이 아이 피부를 건강하게 보호해준다. 부드럽고 풍성한 거품과 식물 유래 계면활성제의 순한 세정 성분이 아이 피부를 부드럽게 씻어주고 고보습 성분이 목욕 후 촉촉한 피부를 유지시켜준다.

마미파워의 한마디 거품이 풍부해 충분히 헹구어주어야 한다.
INFO 오픈 마켓(11번가, G마켓, 옥션, 인터파크) 9천원대(210mL).

2 버츠비 베이비 비 샴푸 앤 워시-카밍

아이의 모발과 몸에 사용하는 올인원 워시. 라벤더와 바닐라 향이 은은하게 퍼져 아이를 편안하게 한다.

마미파워의 한마디 펌프형이 아니라 불편할 수 있다.
INFO WWW.BURTSBEESKOREA.CO.KR 3만원대(350mL).

3 얼스마마 샴푸 앤 보디 워시

천연 성분으로 만들어 순수하고 부드러운 샴푸 겸 보디 워시. 미국에서 유기농 성분 신기준인 NSF를 획득해 안심하고 쓸 수 있다. 누르면 바로 거품이 나오는 포밍 타입이라 사용하기 편하고, 깨끗하게 씻겨지면서도 촉촉함이 지속되는 게 특징이다.

마미파워의 한마디 겨울철 온도가 낮아지면 제품 속 천연 지방산이 고체화 되기도 하지만 제품의 이상은 아니다.
INFO WWW.EARTHMAMAKOREA.CO.KR 1만 7천원대(158mL).

03. CHAPTER

아이의 목욕용품을
깨끗하게 보관하는 물건

◄ BONUS ►

아이를 키우다 보면 아이 욕조를 비롯한 이런저런 물건들로 욕실이 꽉 찬다.
수납공간도 마땅치 않은데 아이가 자랄수록 목욕용품 수도 점차 늘어 골칫거리다.
그렇다고 대충 보관할 수도 없는 노릇. 이럴 때 공간도 덜 차지하고 물도 잘 빠지는 정리함을 이용하면
엄마의 고민을 덜 수 있다. 물놀이 장난감 중 건전지가 들어가는 제품이나 스펀지 재질 장난감은 깨끗하게 씻어
중간중간 잘 말려야 오래 사용할 수 있다. 물놀이 장난감이니 괜찮겠지 하고 제대로 관리하지 않으면
금방 고장이 나거나 물이 빠지지 않아서 세균에 노출된다는 것을 잊지 말아야 한다.

목욕용품 정리함

우리나라 화장실은 습식이라 물을 쫙 뿌려서 씻으니 비교적 편리하고 관리도 쉽지만 그만큼 곰팡이와 세균 등에 노출되기도 한다. 그러다 보니 욕실에 있는 아이 물건 관리에 더 신경이 쓰였다. 특히 아이 목욕 시간에 꼭 필요한 목욕놀이 장난감이 문제였다. 한두 개씩 늘어나던 게 어느새 한 짐이 되어 처음 몇 개의 장난감은 욕조 주변의 남은 공간에 올려놓기도 했다. 하지만 사각 욕조 둘레에 전시하듯 둘러놓은 장난감들은 번번이 혼자 떨어졌고, 그걸 줍는 일도, 욕실 청소를 할 때마다 들었다 났다 하는 일도 여간 번거로운 게 아니었다. 우후죽순처럼 늘어나던 장난감들이 어느덧 세숫대야에 한가득 채워졌다. 그러나 세숫대야에 넣어두니 물이 잘 빠지지 않아 이후에는 구멍이 뚫린 통에 보관했는데 욕실 바닥에서 걸리적거려 불편했다. 그러다 친구 집에서 우연히 벽에 거는 욕실용품 정리함을 봤다. 이거다 싶었다. 벽에 걸 수 있고 그물망 형태라 물도 잘 빠지면서 별도의 자리를 차지하지 않아 정말 마음에 들었다. 장난감만 따로 걸어놓으니 아이도 스스로 자신의 장난감을 정리한다고 거들었다. 예쁜 욕실 정리함으로 장난감도 잘 관리하고 아이에게 정리 습관도 길러주니 욕실에서의 시간이 더욱 즐거워진다.

마미파워의 선택

브리카 슈퍼스쿱
물 빠짐이 좋고 건조가 잘되는 메시 원단을 사용해 비누 거품이 묻은 장난감도 한두 번 헹구면 말끔하게 씻긴다. 입구가 넓어 크고 작은 장난감들을 손쉽게 모아 넣을 수 있고, 공기가 잘 통해 그대로 건조가 가능하다. 또 흡착력이 강력한 큐방을 사용해 잘 떨어지지 않는다.
`마미파워의 한마디` 울퉁불퉁한 타일에는 잘 붙지 않고, 뜨거운 물에 삶거나 열기를 가하면 안 된다.
`INFO` 오픈 마켓(11번가, G마켓, 옥션, 인터파크) 2만원대.

1 키드코 놀이형 욕실 정리 바구니
욕조 양쪽에 걸쳐서 사용하는 정리대. 욕실의 복잡한 장난감이나 용품을 정리하기 쉽다. 비누 거치대가 따로 있어 비누가 짓무르는 것도 방지해준다. 보관과 동시에 건조가 가능하며 욕조 수전 부위에 놓으면 욕조 안에서 아이들이 놀다 수전에 부딪치는 사고도 예방할 수 있다.
`마미파워의 한마디` 욕조가 없으면 사용할 수 없고, 바구니 틈 사이에 곰팡이가 낄 수 있으니 관리가 필요하다.
`INFO` 오픈 마켓(11번가, G마켓, 옥션, 인터파크) 2만 5천원대.

2 분 버그포트 무당벌레 욕실 수납함
욕실 벽에 단단히 붙어 목욕놀이 장난감뿐 아니라 아이 샴푸나 타월 등을 깨끗하게 수납할 수 있다. 귀여운 곤충 모양이라 아이들의 목욕 시간을 즐거운 놀이 시간으로 만들 수 있다. 목욕놀이 장난감을 물에 헹구어 말리기 편하고 욕실 인테리어 효과도 있다.
`마미파워의 한마디` 수시로 세척하지 않으면 안쪽에 곰팡이가 생기기도 한다.
`INFO` 오픈 마켓(11번가, G마켓, 옥션, 인터파크) 4만원대.

큰아이는 열이 한번 나면 40℃를 웃돌아 나를 겁먹게 만들었다. 아이는 체온계에서 나는 '삐' 소리에 짜증을 내며 측정을 거부했고, 귓속으로 퍼지는 체온계 소리에 자다가 깨서 울기도 했다. 비단 아플 때가 아니더라도 잠깐만 방심하면 사고가 일어났다. 이가 나오기 전 증상인 잇몸 가려움을 해소해주려고 공장에서 만든 치발기보다 낫겠지 싶어 오이를 쥐어줬는데, 아뿔싸! 아이가 생각보다 쉽게 오이를 '뚝' 끊어 입안에서 오물거렸다. 목에 걸렸다면 어떻게 되었을까? 정말 상상만 해도 끔찍했다. 그때의 경험으로 치발기의 필요성을 확실히 알게 되었고, 이후로도 아이의 건강이나 위생을 위한 제품들은 기능적인 면에 더 중점을 두고 구입하게 되었다.

...

유아용 영양제

입 티슈·해열 시트

콧물 흡입기

온습도계·탕온계

체온계

손톱깎이·손톱가위·핀셋

물티슈

치발기

모기·벌레 퇴치제

유아 피부 진정제·
선크림

BONUS 모든 성분 표시를
꼼꼼히 확인해야 하는 제품

04. CHAPTER

튼튼하고 건강한 아이를 위한 의약용품

04. CHAPTER

유아용 영양제

▶ 001 ▶

아이의 균형 잡힌 영양을 위한 보조식품

엄마들에게 아이들이 잘 먹는 것만큼 중요한 게 또 있을까? 내 아이가 같은 또래 아이들에 비해 키가 작거나 마른 것만큼 고민스러운 일도 없다. 그래서 많은 엄마가 아이의 부족한 영양 관리를 위해 영양제의 도움을 받는다. 유아 영양제는 아이가 먹기 좋도록 영양 기능에 단맛을 더해 아이가 사탕으로 여길 만큼 맛있다. 맛이 좋아 더 먹으려 해서 양 조절에 애를 먹기도 한다. 사탕보다는 낫겠거니 싶어 먹이지만, 아이가 많은 양을 먹는다면 업체에 제품 섭취량을 확인해보고 주는 것이 좋다.

아이 키에 대한 강박관념

큰아이를 임신하고 성별이 남자라는 것을 안 순간부터 아이 키 때문에 스트레스를 받았다. 아빠는 남자 평균 신장보다는 크지만 엄마는 여자 평균 신장보다 작아 아이가 나중에 엄마 때문에 키가 작다고 할까 봐 걱정이 이만저만 아니었다. 100% 유전이라면 어느 정도 포기라도 하겠지만, 아이 키는 후천적인 영양에 달려 있다는 이야기를 들을 때마다 키에 대한 강박이 더 심해졌다. 큰아이는 50cm 평균 신장으로 태어났는데, 모유는 일정 시간을 두고 먹여야 한다고 했지만 나는 아이가 원하면 시도 때도 없이 젖을 물렸다. 다른 사람들에게는 모유가 많아 젖이 뭉쳐서 아프다는 핑계를 댔지만 속으로는 많이 먹으면 쑥쑥 크겠지 하는 기대심리가 있었다.

밥 안 먹는 아이, 영양제로 보충해주자

이유식을 시작하고는 정말 혼신의 힘을 다해 아이의 음식을 만들었다. 초기에는 5대 영양소의 균형을 맞추기 위해 단백질과 우유, 치즈 등의 유제품은 꼭 챙겨 먹였다. 이런 노력 덕분인지 아들은 영·유아 때 99%의 발육을 보였고, 지금도 평균 80%가 넘는 큰 키를 자랑한다. 하지만 이유식 중기쯤 아이가 이유식을 거부하는 시기가 있었다. 아이가 밥을 거부하니 쫓아다니면서 먹여보기도 하고, 그러다가 안 되면 혼내기도 했지만 소용없었다. 그렇게 좋아하던 우유도 먹지 않아 불안한 마음에 어린이 영양제를 먹이기 시작했다. 처음에는 순한 것부터 먹일 요량으로 우유 성분이 함유된 영양제를 먹였고, 그 이후에는 비타민부터 홍삼까지 다양한 보조식품을 먹였다. 당장 눈에 보이는 효과는 나타나지 않았지만, 아이 성장에 도움이 될 거라며 엄마인 나를 위로하는 효과는 톡톡했다. 특히 아이가 밥을 잘 먹지 않을 때는 영양제라도 먹으면 괜찮겠지 싶은 마음이 들었다. 그렇게 습관을 들여서일까. 다섯살이 되니 어릴 때는 챙겨주어야 먹던 영양제를 이제는 알아서 하루 양을 꺼내 먹는다. 둘째도 오빠가 하는 대로 따라서 먹고 있어 영양제 먹는 것은 거부하지 않는다. 최근에는 프로바이오틱스가 아이들 장 건강에 도움이 된다 해서 챙겨 먹이고 있는 중이다. 자연주의 육아를 지향하는 친정 엄마는 뭐든 식품으로 먹여야 가장 좋다고 하시지만, 아이들에게 도움이 되는 제품이라고 믿으며 지금도 열심히 먹이고 있다.

마미파워의 선택

1 애니멀 퍼레이드 멀티비타민
과일, 채소, 곡물, 허브, 해초 등 식물 원재료를 이용해서 만든 어린이용 비타민. 성장기 어린이에게 필요한 각종 비타민 성분이 함유되어 있고 동물 모양에 과일 맛이라 아이들이 좋아한다.
마미파워의 한마디 사탕으로 착각해 하루 정량보다 더 먹으려는 아이도 있다.
INFO WWW.NPSHOP.CO.KR 7만원대(2병).

2 함소아 기린아 초유 츄잉정
초유 성분과 14가지 비타민과 미네랄, 50종의 채소와 과일을 발효시켜 만든 어린이 건강 간식. 특히 칼슘, 철분, 엽산은 1일 권장량의 30% 이상 함유되어 있다.
마미파워의 한마디 아이들이 캐러멜로 착각해 계속 먹으려고 하니 주의해야 한다.
INFO WWW.HAMSOAMALL.CO.KR 3만원대.

3 함소아 홍키통키 플러스
어린이 한의원 함소아에서 만든 홍삼 제품. 만 24개월부터 14세까지 연령별로 단계가 나뉘어 있다. 6년근 홍삼이 면역력 증진과 피로 개선에 도움을 주고, 설탕이나 합성 감미료 대신 블루베리 농축액과 프락토 올리고당을 사용했다. 작고 귀여운 파우치 모양이라 먹기 간편하다.
마미파워의 한마디 홍삼 제품에 대한 호불호가 있다.
INFO WWW.HAMSOAMALL.CO.KR 9만~13만원대.(단계별로 다름.)

4 함소아 바이오락토 플러스
어린이 한의원 함소아에서 만든 장 건강 제품. 특허 받은 60억 유산균이 장의 역할을 돕고 장 내 균총을 정상화시킨다.
마미파워의 한마디 가격대가 높은 편이라 할인할 때 구매하는 게 좋다.
INFO WWW.HAMSOAMALL.CO.KR 3만 5천원대(1개월).

04. CHAPTER

입 티슈·해열 시트

— 002 —

아이 건강에 도움을 주는 용품

두 아이를 낳아 키우면서도 새로운 육아용품을 만나면 항상 놀라곤 한다.
엄마의 마음으로 만든, 하나쯤 있으면 유용한 제품들을 소개한다.
아이의 건강을 생각한다면 꼼꼼히 읽어보자.

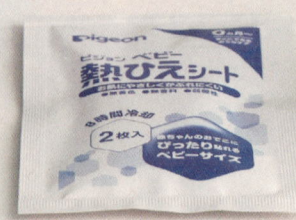

양치질을 하지 못할 때는 구강 청결 티슈를 이용하자

아이가 양치질을 할 수 없을 때 사용하는 구강 청결 티슈. 큰 아이 때는 친정 엄마가 산후조리를 해주셨는데, 엄마가 거즈 수건을 깨끗이 삶아 사용해서서 구강 청결 티슈를 따로 사지 않았다. 하지만 아이가 조금 더 자라 외출할 때나 이유식을 먹일 때는 삶은 거즈 수건 대신 구강 청결 티슈를 주로 사용했다. 특히 띠를 두르고 외출할 때는 아이가 칭얼거리면 과자를 쥐어주었는데, 과자를 먹다가 잠이 드는 경우가 종종 있어 입 안에 남은 음식물들을 빼내고 닦아내는 데 많이 사용했다. 아이 치아가 나기 전까지는 구강 청결 티슈를 자주 사용했고, 치아가 난 뒤에는 치아는 손가락 칫솔로 닦고 잇몸이나 혀는 구강 청결 티슈를 이용했다.

손과 입 티슈 사용은 선택이다

사실 나는 손과 입 티슈는 거의 사용하지 않았다. 입 주변이나 손은 그냥 물티슈로 닦아주었다. 하지만 아이 위생에 철저한 이웃 중에는 손과 입 티슈를 따로 사용하는 경우도 있었다. 나는 엉덩이를 닦아줄 정도의 물티슈라면 입이나 손을 닦아도 되는 것 아니냐고 피력했지만, 그들은 아이가 엉덩이는 빨지 못하지만 손가락은 직접 빨기도 하고 다른 것들을 입에 묻히고 다닐 수 있어 신경을 써야 한다고 반론을 제시했다. 그럼에도 나는 밖에서는 여전히 물티슈를 사용하고, 집에서는 물로 직접 씻겨주었다.

아이가 고열이 난다면 해열 시트를 사용하자

아이를 키우면서 제일 무서울 때가 아이가 아프고, 고열에 시달릴 때였다. 밤새도록 고열에 시달리는 아이를 벗겨놓고 물수건으로 닦고 또 닦아도 아이의 울음과 짜증은 멈추지 않았다. 열이 심할 때는 해열제를 먹였지만, 머리가 뜨거우면 뇌에 좋지 않은 영향을 줄까 싶어 더욱 신경이 쓰였다. 어른 같으면 이마에 차가운 물수건이라도 올려놓을 텐데 아이는 놀랄 수 있기 때문에 해열 시트를 이용했다. 처음 붙일 때는 차가운 느낌 때문인지 아이가 울었지만 익숙해지면 꽤 오랜 시간 효과를 볼 수 있었다. 그래서 지금도 아이들이 고열이 나면 해열제를 먹인 다음 이마에 해열 시트를 붙여놓는다. 하지만 둘째는 해열 시트를 싫어해 붙일 때마다 전쟁이다. 해열제는 반드시 어린이용을 먹여야 하며, 아이가 약을 잘 먹지 않으려고 한다면 요구르트나 주스에 섞어 먹여도 된다고 한다. 단, 꿀은 제외. 같은 성분의 해열제일 경우 4시간 간격으로 먹이면 되고, 해열제와 좌약을 함께 쓰면 안 된다고 하니 주의하자.

마미파워의 선택

1 함소아 하마 쿨시트
폐를 튼튼하게 하고 열을 내려주는 한방 성분이 함유된 제품. 항바이러스 작용을 해 호흡기 염증에 우수한 효능을 보이는 허브 에센셜 성분이 들어 있다. 유해 물질이 들어 있지 않아 안심하고 쓸 수 있으며, 냉각 효과가 8시간 이상 지속된다.
`마미파워의 한마디` 다른 제품에 비해 가격이 높은 편.
`INFO` WWW.HAMSOAMALL.CO.KR 9천원대.

2 더블하트 해열 시트
이마에 붙이기만 하면 돼 사용하기 편하다. 무착색, 무향료 제품으로 갓난아이도 사용 가능하며, 시원한 냉각 효과가 8시간 동안 지속된다. 접착력이 뛰어나 아이가 자면서 뒤척여도 떨어질 염려가 없다.
`마미파워의 한마디` 유아용이라 4~5세 아이들에게는 작을 수 있다.
`INFO` WWW.HAPPYBABYMALL.CO.KR 6천원대(6매 기준).

3 에디슨 뽀로로 냉온 찜질 주머니
물수건 대신 사용할 수 있는 냉온 찜질 주머니. 열뿐만 아니라 통증이나 부기 완화가 필요할 때 사용해도 좋다.
`마미파워의 한마디` 아이들의 경우 너무 차갑거나 뜨거울 수 있으므로 수건이나 천 위에 올려 사용한다.
`INFO` 오픈마켓(11번가, G마켓, 옥션, 인터파크) 5천원대.

4 비앤비 구강 청결 티슈
자일리톨, 감초 추출물, 프로폴리스 성분이 함유되어 유아의 입 안을 청결하게 해준다. 1회 사용에 적합한 크기라 위생적이고 휴대가 간편하다. 무형광, 무색소인 100% 순면 제품이라 인체에 무해하며, 촉감이 부드러워 잇몸이 상하지 않고 감마레이로 멸균 처리해 안전하다.
`마미파워의 한마디` 차가워서 아이가 거부할 수도 있으니 잘 달래 사용해야 한다.
`INFO` 오픈마켓(11번가, G마켓, 옥션, 인터파크) 3천원대(30매*1팩 기준).

5 마이비 구강 청결 티슈
부드러운 소재의 티슈로 치아 건강을 지켜주는 자일리톨과 천연 항균 물질인 프로폴리스 성분이 들어 있다. 특히 보존제, 안정화제, 색소, 알코올, 향료가 들어 있지 않아 안심하고 사용할 수 있다. 낱개로 포장되어 휴대가 간편하고 위생적이다. 감마레이로 멸균 처리해 안전하다.
`마미파워의 한마디` 차가워서 아이가 거부할 수도 있으니 잘 달래 사용해야 한다.
`INFO` 오픈마켓(11번가, G마켓, 옥션, 인터파크) 3천원대(30매*1팩 기준).

페넬로페 손과 입 티슈
아이의 손과 입을 닦는 티슈로 무방부제 제품이라 안심하고 쓸 수 있다.
`마미파워의 한마디` 엠보 타입이며, 1회용으로 사용하기 좋은 크기다.
`INFO` PENELOPEMALL.COM 3만원대(20매*20팩 기준).

04. CHAPTER

콧물 흡입기

── 003 ──
아이의 막힌 코를 시원하게 뚫어주는 도구

아이들은 호흡기 조직이 덜 발달해 코로는 숨만 쉬고, 입으로는 먹기만 한다. 그래서 코가 막히면 굉장히 힘들어하는데, 이럴 때 콧물 흡입기를 이용해 콧속의 분비물을 빼주면 도움이 된다. 하지만 흡입기를 보면 우는 아이도 있다. 기계가 아무리 편해도 아이를 살살 달래 가며 사용하기란 쉽지 않은 일. 재미있는 병원놀이를 하듯이 다가가는 것도 한 방법이다. 진득하거나 콧속 깊숙이 자리한 콧물은 흡입되지 않을 수도 있으므로 심하다면 병원에 가는 것이 가장 안전하다.

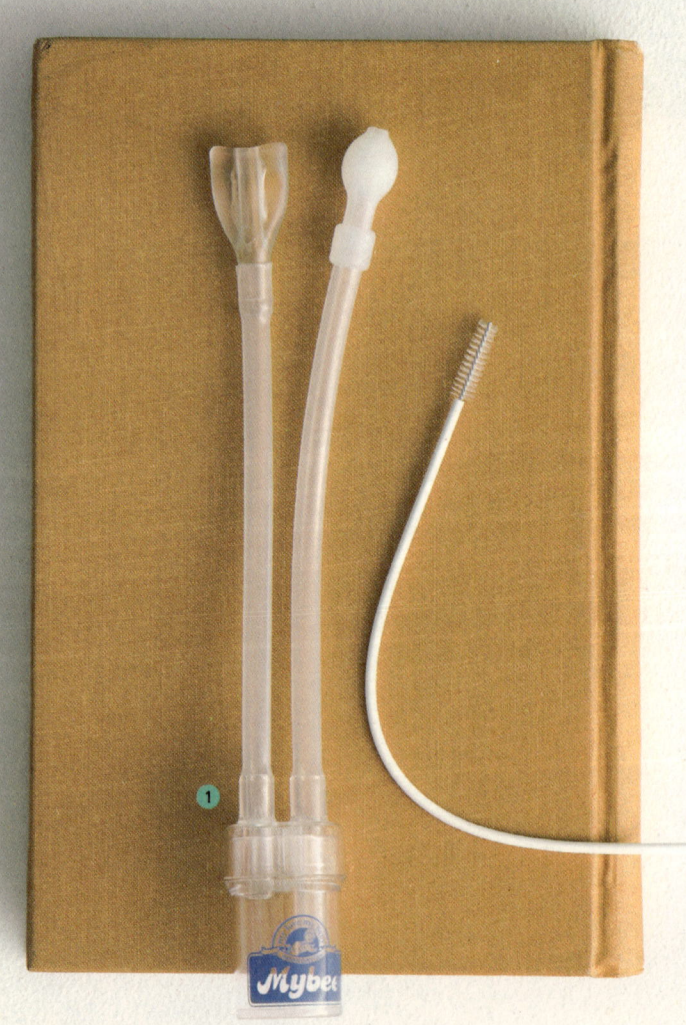

아이 코 막힘, 식염수와 흡입기로 대처하자

아이의 코가 막혀 숨 쉬는 것이 불편하다는 것을 처음 알았을 때, 뭘 어떻게 해야 할지 난감했다. 친정 엄마는 모유를 한 방울 짜서 아이 콧속에 넣고 면봉으로 살살 돌려서 빼내라고 하셨고, 이웃집 아이 엄마는 식염수를 아이 콧속에 한두 방울 넣고 콧물 흡입기로 빼내면 된다고 했다. 나는 식염수가 없어 모유를 두 방울 정도 아이 콧속에 넣고 콧물 흡입기로 쭉 빨아들였다. 처음에는 아이의 콧속 점막이 다칠까 봐 소심하게 시도해 실패했고, 두 번째는 좀 더 강하게 빨아들이자 코가 쭉 딸려 나왔다. 아이는 팔다리를 버둥대며 싫다고 저항했지만 콧속이 시원해지니 다시 평온을 되찾았다. 그때부터 아이 코가 막히면 코에 멸균 식염수를 한두 방울 넣고 1~2분 후에 콧물 흡입기로 빨아들여 콧물을 빼내곤 했다.

콧물 흡입기를 사용하면 아이의 숨소리가 편해진다

아이가 커서 노란 콧물이 나올 때도 콧물 흡입기는 요긴했다. 20개월이 갓 넘은 둘째는 코를 잘 풀지 못했는데, 이때 콧물 흡입기로 빨아내면 엄청난 양의 노란 콧물이 호스를 따라 나왔다. 그 양이 대단해서 이걸 달고 어떻게 지냈을까 싶을 정도였다. 하지만 아이가 콧물 흡입기 사용을 너무 싫어해 자지러지게 우는 통에 나와 남편 중 한 사람은 아이를 잡고 다른 한 사람은 빠르게 콧물을 빼내야 했다. 이렇게 빼주고 나면 아이의 숨소리가 확실히 편해지는 게 보였다. 그럼에도 아이는 뭐가 그리 서러운지 엄마가 밉다는 말만 반복했다. 아이에게 미리 설명을 해주고 실행해보려고도 했지만, 콧물 흡입기를 보는 순간부터 하지 않겠다고 난리를 피워 콧물 흡입기를 이해시키는 건 무리였다.

올바른 콧물 흡입기 사용법

콧물 흡입기를 사용하면 콧속 점막이 손상될 수 있다는 이야기도 들었지만, 아이를 키우다 보면 콧물 흡입기만 한 육아용품도 없다. 물론 콧물 흡입기는 코가 너무 막혀 아이가 힘들어하거나 콧물이 줄줄 흐를 정도로 양이 많을 때만 사용하는 것이 좋다. 아이들은 호흡기 조직이 완전히 발달하지 않아 마른 코딱지를 무리하게 빼내거나 콧물 흡입기를 너무 자주 사용하면 오히려 병을 더 키울 수도 있다. 콧물 흡입기를 올바르게 사용하되 증상이 개선되지 않는다면 전문의의 도움을 받는 것이 좋다.

마미파워의 선택

1 마이비 콧물 흡입기
아이 콧물을 쉽게 빨아들일 수 있다. 흡입구를 실리콘으로 만들어 아이 코에 무리가 가지 않는 점도 좋다. 그물 형태의 콧물 역류 방지 장치가 있어 위생적이며 힘껏 빨아도 콧물이 입에 들어가지 않는다.
[마미파워의 한마디] 아이들이 거부감을 갖는 편이다.
[INFO] 오픈마켓(11번가, G마켓, 옥션, 인터파크) 5천원대.

노스클린 전동식 콧물 흡입기
영·유아를 위한 전동식 콧물 흡입기. 전동식이라 코에서 분비되는 이물질을 간편하게 제거할 수 있고, 콧물 흡입 시 멜로디가 나와 아이가 안정되도록 도와준다. 흡인 저장 컵이 투명해 콧물의 상태를 바로 확인할 수 있다.
[마미파워의 한마디] 아이들이 거부감을 갖는 편이다.
[INFO] 오픈마켓(11번가, G마켓, 옥션, 인터파크) 4만원대.

코크린 2014년형 베이비 전동 흡입기
콧속에 생리식염수를 미립자 형식으로 분사해 깔끔하게 청소해준다. 강력한 분사 기능으로 콧속이 적정한 습도로 유지되게 해준다. 소음이 적은 편이다. 세척이 편리하고 케이스가 있어 보관하기도 좋다.
[마미파워의 한마디] 아이들이 거부감을 갖는 편이다.
[INFO] 오픈마켓(11번가, G마켓, 옥션, 인터파크) 5만원대.

리첼 수동 콧물 흡입기
엄마 입으로 빨아들이는 수동 콧물 흡입기. 콧물을 흡입해도 이중 필터에 걸려 빨대로 이물질이 넘어가지 않는다.
[마미파워의 한마디] 아이들이 거부감을 갖는 편이다.
[INFO] 오픈마켓(11번가, G마켓, 옥션, 인터파크) 6천원대.

04. CHAPTER

온습도계·탕온계

004

아이의 체온 조절을 위한 물건

날씨가 추운 겨울에 실내 온도를 높이면 아이에게는 치명적일 수 있다. 특히 갓 태어난 아이들에겐 더욱 나쁘다. 보일러 화면이 보여주는 온도는 실제 온도가 아닐 수도 있으므로 아이의 피부 건강을 위해 정확한 실내 온도와 습도를 체크해야 한다. 신생아는 피하지방이 거의 없어 체온 조절이 안 되기 때문에 엄마의 체온에 온도를 맞추면 아이의 태열을 올리기 십상이다. 반드시 온습도계를 이용해 적정 온도를 맞추어야 한다.

실내 온도를 너무 높이지 말자

겨울에 태어난 우리 큰아이는 태열이 아주 심했다. 얼굴이 빨개지고 좁쌀만 한 크기의 오돌토돌한 것들이 생기더니 나중에는 볼에 500원짜리 동전 크기만 한 붉은 반점까지 올라왔다. 병원을 찾아가자 만약 태열이면 보통 두 달 후쯤 사라지니 그때까지 지켜보자며, 집안 온도를 너무 높이지 말라고 했다. 육아책에서 권장한 실내 온도로 맞추니 조금 쌀쌀한 느낌이 들어 온도를 조금 더 높였을 뿐인데 아이의 얼굴은 좀처럼 나아지지 않았다. 다시 병원에 가니 아이를 시원하게 키우는 것이 좋다며 온도는 23~25℃, 습도는 50~60%로 유지하라고 했다. 온도는 보일러 조절 버튼으로 확인할 수 있지만 습도는 확인할 길이 없어 온습도계를 구입해 아이가 생활하는 공간에 놓았다. 그런데 알고 보니 보일러 화면이 알려주는 온도보다 실내 온도가 2℃나 더 높았다. 안 그래도 권장 온도보다 따뜻하게 살았는데 그보다 더 높았다니, 진작에 온습도계를 사지 않은 게 후회스러웠다. 그제야 보일러 온도를 낮추고 습도 유지를 위해 실내에 빨래도 널면서 온도와 습도를 조절했다. 그 덕분인지 다행히 아이의 얼굴은 점점 나아졌다.

아토피 아이들은 온습도계가 정말 중요하다

다행히 신생아 때 이후에는 아이에게 피부 문제가 없었다. 하지만 봄가을이나 장마철에는 아이의 건강을 위해 온도와 습도를 꼭 확인하고, 너무 건조하면 가습을 하고 눅눅하면 제습을 했다. 하지만 아토피 아이를 둔 동생네는 상황이 정반대였다. 아토피 아이는 온도와 습도에 매우 민감하게 반응하기 때문에 엄마가 시시각각 체크하며 대비해야 했다. 집 안 공기가 너무 건조하면 아이가 바로 피부를 긁어댔던 것. 당뇨 환자에게 혈당 조절 수치계가 꼭 필요하다면, 아토피 아이를 둔 엄마에겐 온습도계가 필수품인것 같다. 아이의 피부가 빨갛게 올라오고 잠도 못 잘 정도로 긁기 시작하면 그날의 공기는 어김없이 건조한데, 이 지표를 확인할 수 있는 것이 바로 온습도계였다. 동생은 더욱 정확하게 체크하기 위해 3개의 제품을 사서 거실, 방, 주방에 각각 달아놓았다. 그런데 어느 날 같은 위치에 2개의 온습도계를 놓았는데 표시되는 눈금이 서로 달라 혼란스러웠다며 불만을 토로했다. 아이들은 1℃ 차이도 크게 느끼는 만큼 오차 없는 온습도계를 구입하는 것도 중요하다.

디자인보다는 성능이 좋은 제품을 선택하자

동생은 눈금으로 표시되는 아날로그 제품과 LCD 화면에 숫자가 표시되는 디지털 제품 모두 써보았는데 구조가 크게 다르지 않다고 했다. 또 1만~2만원대의 저렴한 것부터 3만~5만원대의 다소 비싼 제품이 있는데 성능은 비슷하다고 했다. 다만 디지털 제품은 온도와 습도를 한눈에 파악하기 쉽고, 디지털 그림으로 현재의 온도와 습도 상태를 표시해주는 기능이 있어 흥미를 유발한단다. 메모리 기능이 있어 그날의 최고 및 최저 온습도를 나타내주는 것도 디지털 제품의 장점! 온습도계는 아이가 직접 사용하는 물건은 아니므로 엄마의 기준으로 선택하면 된다.

마미파워의 선택

더블하트 디지털 곰돌이 온습도계

디자인이 귀여운 제품으로 벽걸이와 스탠드 형태로 모두 사용할 수 있다. 온도가 쾌적 범위(18~26℃)일 때나 습도가 쾌적 범위(40~60%)일 때 하트 마크가 깜박거린다. 3가지 표정을 통해 실내 상태를 쉽게 알 수 있다.

마미파워의 한마디 벽걸이 설치 시 낙하 위험이 있으니 안전한 곳에 설치한다.

1 더블하트 아날로그 온습도계

귀여운 동물 디자인으로 온도와 습도를 모두 표시한다. 벽걸이와 스탠드 둘다 사용 가능하다.

마미파워의 한마디 벽걸이 설치시 낙하 위험이 있으니 안전한 곳에 설치한다.

INFO WWW.HAPPYBABYMALL.CO.KR
3만원대.

2 드레텍 디지털 온습도계

국민 온습도계. 고정밀 기술로 만들어 최고의 정확도를 보이는 제품. 표정으로 알 수 있는 쾌적도 5단계 표시가 재미있다. 멀리서도 확인 가능하도록 화면 글씨가 크고, 자동 메모리 기능이 최고·최저 온도와 습도를 자동으로 저장한다.

마미파워의 한마디 표시 온도 범위는 -10~50℃, 표시 습도 범위는 25~98%다.

INFO 오픈 마켓(11번가, G마켓, 옥션, 인터파크)
1만원대 후반.

3 스와들업 탕온계

LED를 이용한 온도 알림이 가능하다. 최소 온도를 자동으로 설정하면 물이 설정 온도 이하로 떨어지면 녹색 LED, 물이 너무 뜨거우면 빨강 LED가 나타난다. 완전 방수되는 제품으로 목욕시간을 카운트 다운, 카운트 업 할 수 있는 점도 좋다.

마미파워의 한마디 아이들이 물놀이 장난감으로 착각하기도 한다.

INFO WWW.LOVETODREAM.CO.KR
2만 5천원대.

04. CHAPTER

체온계

005
출산용품의 필수 아이템

출산용품을 준비할 때 빠뜨리지 말아야 하는 것이 체온계다.
언제 아이가 열이 나고 아플지 모르기 때문에 반드시 준비해야 하는 필수품이다.

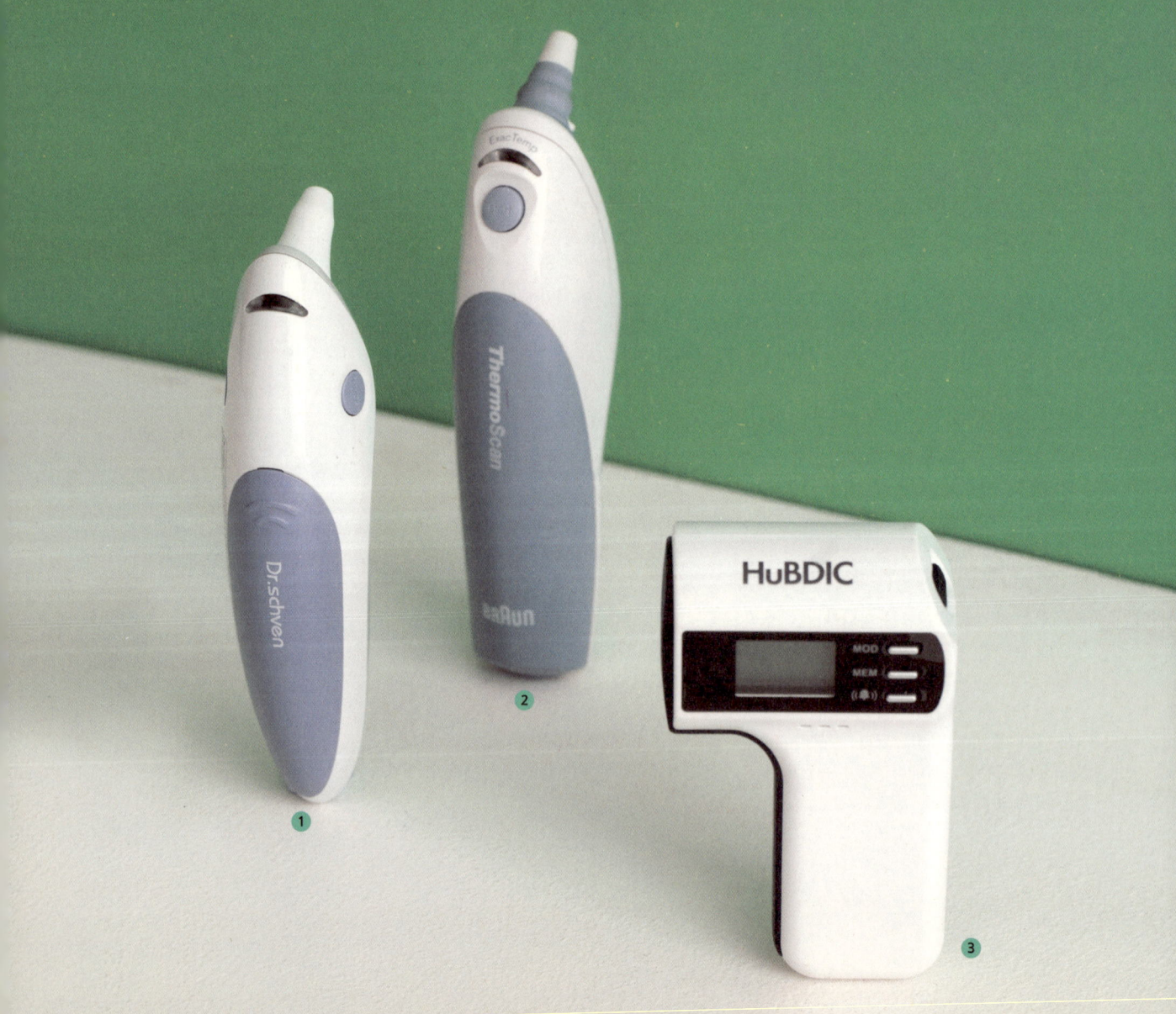

체온계는 상황에 맞게 구입하자

아이가 태어나서 처음 예방접종을 하러 갔을 때, 진료 전에 기본적으로 아이 체온을 확인하는 것을 보고 아이가 아플 수도 있다는 것을 깨달았다. 그래서 집으로 돌아오자마자 체온계를 폭풍 검색하기 시작했다. '뭐가 좋을까?', '뭐가 제일 오차가 없을까?' 아이가 아플 때 사용하는 제품이라 더욱 고심하게 되었다. 아이의 예방접종을 위해 보건소와 산부인과를 함께 다녔는데, 두 곳 모두 같은 브랜드의 체온계를 사용하고 있었다. 인터넷 검색으로는 어떤 제품이 좋은지 몰라 나는 보건소와 병원의 선택을 따랐다. 분명 뭔가 좋은 점이 있으니 두 곳에서 모두 쓰지 않을까 하는 막연한 믿음이었다. 그런데 결정하고 다시 검색해보니 같은 제품인데도 자동 메모리 기능 여부 등으로 가격 차이가 있었다. 일반 제품은 재는 시점의 체온만 알려주고, 자동 메모리 기능이 있는 제품은 이전에 체크한 체온들이 자동으로 저장되어 별도로 기록할 필요가 없었다. 아이를 위한 제품이란 생각에 가격 차이는 크게 신경 쓰지 않고 메모리 기능이 있는 제품으로 구입했다.

체온계는 빠르고 정확하게 측정되는 것이 좋다

체온계는 자동 메모리 기능보다 측정 시간과 소리, 온도 확인 기능이 중요하다. 내가 구입한 체온계는 귓속으로 체온계를 넣으면 '삐' 하는 소리가 났는데, 체온이 측정되기까지 몇 초가 걸렸다. 평소에는 짧게만 느껴지는 몇초지만 아이가 아플 때는 짜증을 내면서 측정을 거부하기도 하고, 귓속으로 퍼지는 '삐' 소리에 자다가 깨서 울기도 해 결코 짧은 시간이 아니었다. 고열이라면 해열제를 먹이거나 응급실에라도 가야 하는데, 아이가 측정을 거부하니 엄마인 내겐 너무 힘든 상황이었다. 문제는 간신히 측정을 했는데 체온계의 온도 확인이 쉽지 않다는 점이었다. 체온을 보려고 아이 등 뒤로 휴대전화 액정을 켜서 그 빛으로 체온계의 온도를 겨우 확인한 적이 있다. 잠든 아이 방 전등을 켤 수도 없고, 아픈 아이는 엄마가 옆에 있는지 없는지 그 인기척을 너무 잘 알기에 체온을 확인하기 위해 방을 나가는 것도 쉽지 않았다. 체온계의 메모리 기능이 중요한 것이 아니라는 걸 다시 깨달았다. 그 후 액정에 LED 라이트 기능이 있고, 좀 더 빠르게 순간 측정이 가능한 체온계를 다시 구입했다.

2개의 체온계를 준비하자

지금은 아이의 컨디션과 아픈 정도에 따라 기존 체온계와 새로 구매한 체온계를 번갈아가며 사용하고 있다. 2개를 사용하니 편하기도 하지만, 하나밖에 없는 체온계가 고장 나서 난감할 때가 많았다는 주변 엄마들의 이야기를 듣고 나니 안심되기도 했다. 또한 체온계의 건전지가 닳아 낭패를 본 엄마들도 있다. 한참을 쓰지 않다 갑자기 사용하려고 보니 건전지가 없었던 것. 고장이 아니어도 이런 경우를 대비해 체온계 건전지는 여분으로 준비해두는 것이 좋다. 아이들은 언제 아플지 모르기 때문에 아이와 여행을 갈 때도 체온계는 꼭 준비해야 한다는 것을 잊지 말아야 한다.

마미파워의 선택

1 닥터슈벤 귀 체온계
본체 길이가 길고 얇아 어린아이도 측정하기 좋고, 액정에 불이 들어와 밤에 측정할 때도 편하다.
마미파워의 한마디 수면 기능 설정이 가능하다.
INFO WWW.DRSCHVEN.COM 5만원대.

2 브라운 귀 체온계
병원에서 가장 많이 쓰는 일명 국민 체온계. 밤에는 액정이 보이지 않아 불을 켜야 하는 것 빼고는 좋은 제품이다.
마미파워의 한마디 이 제품은 액정에 불이 들어오지 않지만 브라운의 다른 체온계는 불이 들어오는 제품도 있다.
INFO THERMOSCAN.CO.KR 6만원대.

3 휴비딕 비접촉 체온계 써모파인더
비접촉식이라 피부 접촉이나 귓속 삽입 등의 불편을 덜어준다. 목욕물이나 젖병 온도 혹은 아이 음식 온도 측정도 가능하다. 2초의 짧은 시간에 측정되고, 야간 사용을 위한 액정 조명 기능이 있다.
마미파워의 한마디 많이 사용하는 접촉식이 아니라서 어색하다는 의견이 있다.
INFO WWW.LIFEON.CO.KR 5만원대.

테루모 귀 체온계
수면 모드 귀 체온계로 소리가 나지 않아 아이가 잘 때 사용하기 편하다. 크기가 작아 휴대가 간편하고 한 손에 쥐기 편한 디자인이다. 「자 모양 프로브로 귓속 깊이 똑바로 들어가 정확한 측정이 가능하다.
마미파워의 한마디 액정에 불이 들어오지 않아 밤에 체온을 잴 때는 불을 켜야 한다.
INFO WWW.11ST.CO.KR 4만원대.

04. CHAPTER

손톱깎이 · 손톱가위 · 핀셋

◆ 006 ◆

아이 피부에 생채기가 나지 않도록 관리해주는 제품

아이가 태어나기 전까지는 다른 사람의 손톱을 깎아준 경험이 없는 내가 갓 태어난
아이의 손톱을 깎으려니 고난도 이런 고난이 없었다. 그렇다고 누가 대신해줄 수도 없는 노릇.
아이의 손이 베일지도 모른다는 생각에 얼마나 신경을 썼는지 모른다.
아직도 처음 손톱을 깎아준 날의 기억이 생생하다.

122

처음 손톱을 깎아주던 날의 기억

신생아는 손톱깎이보다 손톱가위가 더 편하다는 이야기를 들었지만 사용하지 않았다. 아이의 작은 손톱을 가위로 자른다는 건 상상만으로도 너무 어려워 유아용 손톱깎이를 구입했다. 선배 맘들이 손톱은 목욕 이후 손톱이 부드러울 때, 되도록 아이가 잘 때 깎아주라고 조언했다. 그래서 아이를 씻기고 때를 기다렸다. 드디어 아이가 잠이 들었고 속싸개에서 조심스럽게 아이의 손을 빼냈다. 만지면 부서질 것 같은 여리고 작은 손에 아주 작은 손톱이 있었다. 아이가 뱃속에 있었을 때부터 가지고 있었을 손톱. 그 작은 손톱이 생각보다 길게 자라 있었다. 목욕하다 얼굴이라도 긁혔으면 생채기가 날 법도 했다. 손톱깎이를 들고 자라난 손톱을 조심조심 깎았다. 아이가 자면서 꼼지락거리긴 했지만 다행히 깨지는 않았다. 손톱 하나를 깎고 숨 한번 몰아쉬고 또 하나를 깎고 숨 한번 몰아쉬고, 긴장감으로 등에 땀이 날 정도였다. 드디어 열 손가락 끝. 다 자르고 나니 꼭 스포츠 경기에서 이긴 것마냥 그렇게 기쁠 수가 없었다.

아이에겐 안전하고 엄마에겐 편리한 제품을 선택하자

신생아는 자신의 손을 제어하지 못하기 때문에 엄마가 꼼꼼하게 자주 살피지 않으면 얼굴이나 목을 손톱으로 할퀴어 생채기가 나기 쉽다. 손톱가위나 손톱깎이가 없던 시절에는 엄마가 아이들 손톱을 이로 물어 깎아줬다고 한다. 매번 느끼는 일이지만 제대로 된 육아용품이 없던 시절에 아이들을 키운 엄마들, 정말 대단하다. 그렇다고 신생아의 작은 손톱을 성인 손톱깎이로 깎는 것은 매우 위험하다. 반드시 유아용 손톱깎이를 준비해야 한다.
유아용 손톱깎이는 안전하게 만들고 손톱을 잘라주는 엄마가 사용하기 편한 제품으로 고른다. 또 손톱은 아이의 이불 밖에서 깎는다. 미처 치우지 못한 손톱 조각이 아이 피부에 파고들 수도 있기 때문이다. 그리고 대부분의 엄마들이 신생아 때는 가위를 많이 사용하고 이후에 손톱깎이를 사용하니 세트 상품을 구입하는 게 더 경제적일 수 있다.

아이 손톱을 깎을 때는 항상 주의한다

큰아이가 생후 50일쯤 되었을 때, 이제 손톱 깎는 것쯤은 아무것도 아니라는 자신감에 차 안일한 마음으로 손톱을 깎다가 실수로 아이 손을 베고 말았다. 보통은 목욕을 시키고 나서 손톱이 조금 부드러웠을 때 깎았는데 그날은 아이가 낮잠을 자고 있을 때 시도했다. 매번 주던 힘으로 똑같이 잘랐는데 아뿔싸! 그만 살짝 빗나간 것이다. 다행히 심하게 상처가 나진 않았지만 자다가 깜짝 놀란 아이의 울음소리를 듣고 말았다. 초보 엄마라 걱정스러워 상처로 감염되진 않는지 소아과와 주변의 선배 맘들에게 묻는 등 한바탕 소란을 피웠다. 아이 손톱을 자를 땐 늘 주의하는 게 상책! 넘치는 자신감은 실수를 부르기 쉽다.

마미파워의 선택

1 피죤 손톱가위 & 손톱깎이 세트
가장 많이 사용하는 유아용 손톱가위 & 손톱깎이. 케이스가 있어 위생적으로 보관할 수 있다. 손톱깎이는 손톱이 파고드는 것을 막을 수 있도록 날이 평평하고 손톱 모서리를 자를 때 손가락에 상처를 내지 않도록 양끝이 둥그런 모양이다. 손톱을 깎을 때 튀지 않도록 마개도 달려 있다.
마미파워의 한마디 그립감이 좋다.
INFO SHOP.I-MOM.CO.KR 2만원대.

2 더블하트 유아용 핀셋
끝이 둥근 모양의 핀셋 전체가 플라스틱 재질이라 녹슬지 않아 위생적이며, 캡이 있어 보관하기도 편리하다. 코나 귀를 관리할 때 좋은 도구다.
마미파워의 한마디 모든 핀셋이 그렇지만 아이가 움직이면 다칠 수 있으니 사용할 때 주의해야 한다.
INFO WWW.DOUBLEHEART.CO.KR 4천원대.

3 엔젤비닷 안전위생용품 3종 세트
손톱깎이, 손톱가위, 핀셋이 세트로 구성된 제품. 손톱깎이는 손톱이 파고드는 것을 막기 위해 둥글고 평평한 날을 사용하고 손톱가위는 위험을 예방하기 위해 날이 둥글고 길이가 짧게 설계했다. 또 손잡이 부분은 안전한 합성 고무 소재라 미끄러지지 않는다. 핀셋은 플라스틱 소재라 녹슬지 않아 위생적이며, 아이 피부를 보호할 수 있도록 끝은 둥글게 처리했다.
마미파워의 한마디 캡이 따로 있어 위생적으로 보관할 수 있는 것도 장점이다.
INFO WWW.BABIZMALL.CO.KR 1만원대.

04. CHAPTER

물티슈

◀ 007 ▶

언제 어디서나 간편하게 사용하는 손수건 대용품

아이를 키울 때 제일 많이 사용하는 육아용품은 단연 물티슈다. 기저귀를 갈 때나 아이의 손, 입 등을 닦는 것은 기본이고 장난감의 먼지나 매트에 묻은 오염물질 등을 닦을 때도 쓰는 등 사용 범위가 방대하다. 그런데 믿고 쓸 수 있을 만큼 안전할까?

물티슈, 믿고 쓸 수 있게 만들어야 한다

우리네 엄마들은 물티슈를 별로 좋아하지 않는다. 내 친정 엄마도 물티슈 대신 손수건을 삶아서 사용하고, 엉덩이는 물로 닦아주라고 하셨다. 그러나 나는 아이들 제품인데 당연히 안전하겠지 믿으며 계속 물티슈를 사용했다. 그러던 어느 날, 소비자 고발 TV프로그램에서 물티슈에서 유해 성분이 검출되었다는 내용을 다루었다. 친정 엄마도 그 방송을 보시고 바로 내게 전화를 걸어 "그거 봐. 그게 뭐가 좋다고. 엄마가 경험자인데 엄마 말을 들었어야지." 하며 나무라셨다. 우리 둘째는 신생아 때 엉덩이를 물티슈로 닦아주었더니 엉덩이에 심한 발진이 일어난 적이 있다. 아이 피부가 연해서 그러려니 하고 넘겼는데, 돌이켜 생각해보면 유해 성분이 든 물티슈 때문이 아니었나 싶기도 하다. 아이가 쓰든 어른이 쓰든 물티슈는 무조건 안전한 성분으로 만들어야 하는 것 아닐까.

물티슈 선택 기준

아이 전용 물티슈는 안전하다고 믿었을 때, 물티슈 선택 기준은 매수와 가격이었다. 캡이 달려 있고 한 장씩 잘 뽑히는지도 따졌다. 대부분의 물티슈는 60~80매 사이였는데 기본 매수와 가격을 비교해 저렴하고 평이 좋은 제품 중 반드시 캡이 있는 것을 선택했다. 처음에는 캡이 없는 제품의 가격이 저렴해서 사용해봤는데, 아이 변을 처리할 때 사용이 불편했다. 반면 캡이 달린 제품은 여닫기가 편해 이후로는 계속 캡이 있는 물티슈를 사용했다. 물티슈가 한 장씩 잘 뽑히는지도 중요하다. 한번은 아이 기저귀를 갈아주려고 옷을 벗겨놓고 한 손으로 물티슈를 뽑았더니 우르르 무더기로 뽑히는 바람에 한 장씩 떼어내느라 고생했다. 물티슈는 한 장씩 쏙쏙 빠져야 필요한 양만 사용할 수 있다. 또 집에서는 70매 이상인 제품을 사용하고, 외출 시에는 20매 정도 들어 있는 작은 크기를 준비하는 게 좋다. 또한 두께가 너무 얇아 대변 처리 시 문제가 있는 게 아니라면 얇은 물티슈도 괜찮다. 두껍고 수분이 많으면 좋지만 아무래도 가격을 무시할 수 없기 때문이다. 얇은 물티슈도 수분이 적당하고 다용도로 사용할 수 있어 경제적이다.

아이의 손이 닿는 모든 곳에 쓰는 물티슈

나는 물티슈를 다양한 용도로 사용했다. 남편이 물티슈 마니아라는 별명을 붙였을 정도다. 소파나 선반 등의 가구부터 아이가 기어오르고 만질 수 있는 모든 것을 물티슈로 닦았다. 아이 매트도 물티슈로 닦았다. 그 넓은 매트를 물티슈로 닦으니 쓰는 양이 적지 않았지만, 아이가 매트에 과자를 떨어뜨려 주워먹기도 하고 굴러다니는 장난감 등을 물고 빨기도 해 걸레로 닦기가 왠지 찝찝했다. 아이가 다섯 살, 세 살인 지금도 여전히 물티슈를 많이 사용한다. 소비자 고발 TV 프로그램에 나온 이후 신경이 쓰이긴 하지만, 물티슈 회사들의 안전하다는 말을 믿기로 했다. 당장은 물티슈 외에 대안이 없기 때문이다. 다만 선택 기준이 달라졌다. 예전에는 매수와 가격을 기준으로 물티슈를 골랐지만 요즘은 성분과 제조일자를 제일 먼저 확인한다.

마미파워의 선택

1 페넬로페 물티슈
한동안 문제가 되었던 가습기 살균 성분을 비롯한 유해 물질이 들어 있지 않다. 도톰하고 부드러운 원단에 7단계 정수 과정을 거친 정제수를 사용했다. 아사이베리, 라즈베리, 샤카이키 오일 등을 첨가해 자극이 없고 보습력이 뛰어나다.
마미파워의 한마디 보습력이 뛰어나다.
INFO PENELOPEMALL.COM 2만 9천원대 (70매 10팩, 캡형 기준).

2 물 따로 물티슈
99.9% 항균 처리한 캡을 사용해 안심하고 쓸 수 있다. 무방부제 영·유아 물티슈로 특허를 받았다. 화학 성분이 전혀 들어가지 않아 병원 신생아실에서도 사용하는 제품.
마미파워의 한마디 말 그대로 물을 따로 써야 한다. 쓸 때마다 물을 부어야 한다는 게 장점이자 단점. 화학 첨가물이 일체 들어가지 않아 하절기는 5일 이내, 평절기는 7일 이내 사용하는 것이 좋다.
INFO WWW.MULTTARO.COM 2만 7천원대 (12팩 캡형 기준).

04. CHAPTER

치발기

008

아이의 스트레스를 해소시켜줄 아이템

아이가 자라면서 가장 귀여울 때는 바로 윗니나 아랫니가 올라오는 시기다. 그러나 흡사 다람쥐 같은 아이의 모습이 귀여워 어쩔 줄 모르는 엄마와 달리 아이는 이가 자라면서 나타나는 간지럽고 화끈거리는 통증 때문에 몹시 고통스러워한다. 이때 아이들이 침을 많이 흘리고, 고통을 줄이기 위해 뭐든 입에 넣으려는 습성을 보인다. 치아발육기, 일명 치발기는 유치가 나기 시작하면서 나타나는 잇몸 가려움증을 줄여주는 물건이다.

이가 나오기 시작하면 치발기를 준비하자

출산 전, 아이 있는 친구들을 만날 때마다 공갈 젖꼭지도 아닌 물건을 아이 입에 물려주면 아이가 오물오물 그걸 빨아댔는데, 그것이 바로 치발기였다. 아이는 일반적으로 생후 3개월 정도 되면 주변의 사물을 알아보고 호기심에 무엇이든 입으로 가져가는 행동을 하고, 생후 4~6개월이 되면 이가 나오려는 잇몸 가려움 때문에 고통스러워 스트레스를 받는다. 이때 아이는 자신의 손가락을 빨기도 하는데, 이런 버릇을 고치기 위해 치발기를 사용한다. 아이의 잇몸 가려움이나 통증을 해소시켜주지 못하면 아이가 자신의 손가락을 깨물거나 다른 위험한 물건을 깨물어 잇몸을 다칠 수 있으므로 되도록 치발기를 이용하는 것이 좋다.

소재부터 모양까지 꼼꼼하게 따져 고르자

보통 백일 전후로 치발기 사용을 권하지만, 나는 백일 전에는 치발기 사용을 자제했다. 면역력이 약한 아이가 치발기의 세균에 노출될 것 같았기 때문이다. 그래서 생후 5개월이 넘어서야 본격적으로 치발기를 사용했는데, 육아책에는 아이가 치발기를 부드럽게 받아들이도록 헝겊으로 된 제품을 권했다. 하지만 헝겊은 먼지가 쉽게 달라붙는 고유의 특성이 있어 관리하기가 너무 어려웠다. 또한 헝겊 치발기는 외출했을 때 바닥에 떨어뜨리기라도 하면 당장 빨아서 주기가 어려워 너무 곤란했다. 그래서 헝겊 치발기 대신 소재가 말랑말랑하고 삑삑 소리가 나는 기린 모양 치발기를 사용했다. 기린의 목 부분이 길어 손잡이가 따로 없어도 아이가 꽉 쥐고 잘 깨물었다. 멀리서 보면 치발기를 대하는 아이의 모습이 너무 진지해 애처롭기까지 했다. 마치 기린 한 마리를 잡아먹기라도 하는 모양새였다. 아이가 침을 흘리면서 기린을 깨물며 잇몸 가려움증과 사투하는 모습을 보니 아이도 스트레스나 욕구를 해소해야 할 필요가 있겠구나 싶었다.

친정 엄마와 치발기를 놓고 벌인 전쟁

자연주의 육아를 고수하는 친정 엄마는 공장에서 찍어내는 화학제품을 아이 입에 물리는 것을 꺼리셨다. 오이를 깎아 치발기 대신 주라는 엄마 말씀을 듣고 아직 이가 없어 괜찮겠지 싶은 마음에 아이에게 오이를 쥐어줬다. 그런데 어느 순간 아이가 오이를 뚝 끊어 입안에서 오물거리고 있는 것이 아닌가. 너무 놀라 당장 아이 손에서 오이를 뺏고 입안에 있던 오이를 빼냈다. 오이를 그냥 넘기기라도 했으면 어쨌을까 싶은 아찔한 마음에 그 뒤로는 그냥 치발기를 소독해서 주었다. 하지만 친정 엄마는 오이보다 더 딱딱한 당근을 크게 잘라 아이 손에 쥐어주어 전쟁 아닌 전쟁을 벌여야 했다.

마미파워의 선택

1 앙쥬 바나나 브러시
치발기를 싫어하는 아이들도 바나나 모양 치발기는 좋아한다. 양쪽에 손잡이가 있어 아이가 잡고 물기에도 좋다. 실리콘 냄새가 없으며, 부드럽고 말랑말랑해 잇몸 마사지에 좋고, 칫솔 형태라 양치질 습관을 들이기에도 좋다.
마미파워의 한마디 모든 실리콘 재질 치발기가 그렇듯 자주 세척해야 한다.
INFO WWW.ANGE.ME 2만 5천원대.(오픈마켓 가격 비교 권장.)

2 유피스 스텝업 치아발육기 1단계
생후 3개월 이상부터 사용하는 치발기. 치아가 나기 전이나 이유식 단계로 넘어가는 시기에 사용하면 아이의 구강 발달에 도움을 준다. 돌기의 형태와 두께가 각기 달라 아이의 잇몸과 입술에 자극을 주며 빨고 씹는 훈련을 도와준다. 미국 FDA 승인 무독성 소재를 사용했으며 케이스가 있어 보관 및 외출 시 위생적이고 편리하게 사용할 수 있다.
마미파워의 한마디 먼지가 잘 붙어 자주 세척해야 한다.
INFO SHOP.I-MOM.CO.KR 7천원대.

3 소피 더 지라프
엄마들이 열광하는 치발기. 누르면 삑삑 소리가 나고 기린 모양이라 아이가 잡을 수 있는 부위가 많은 게 장점이다. 100% 파라 고무나무에서 추출한 수액으로 생산한 천연 고무로 만들어 환경 친화적이고 아이들에게 안전하다. 소피의 몸에 그려진 도트 무늬가 아이들 시각 발달에도 도움을 준다.
마미파워의 한마디 소리 나는 구멍이 있어 세척 시 구멍을 막고 세척해야 한다.
INFO WWW.LBEBE.COM 3만원대.

4 더블하트 치발기
일반적으로 많이 쓰는 치발기로 세트로도 구입할 수 있다. 1~2개월 단계별로 구성돼 아이의 발달에 맞게 쓸 수 있다. 손잡이가 원형이라 아이가 잡기 좋고, 한 제품에 유연하고 부드러운 부분, 얇고 부드러운 부분, 단단한 부분이 나뉘어 있어 여러 가지 감각 자극을 줄 수 있는 게 장점이다.
마미파워의 한마디 실리콘 재질의 특성상 자주 세척해야 한다.
INFO WWW.LBEBE.COM 1만원대.

5 피플 투모로우 아기 신문지 치발기
한글로 쓰여 있어 알아보기 쉽고, 아이들이 바스락거리는 소리를 좋아한다. 겉이 천으로 되어 있어 베일 염려가 없다.
마미파워의 한마디 제품을 오랫동안 사용하려면 직사광선에 방치하지 말아야 한다.
INFO ACUACU.CO.KR 6천원대.

04. CHAPTER

모기·벌레 퇴치제
◄ 009 ►
야외로 나가기 전에 붙이거나 뿌리는 제품

집에서는 모기장을 치거나 모기향을 피워 벌레의 접근을 막지만, 야외로 나들이라도 가면 곤란한 경우가 많다. 요즘은 몸에 붙이거나 뿌려 모기를 퇴치하는 제품도 등장했으니 야외 활동을 하기 전에 미리 준비 해두자.

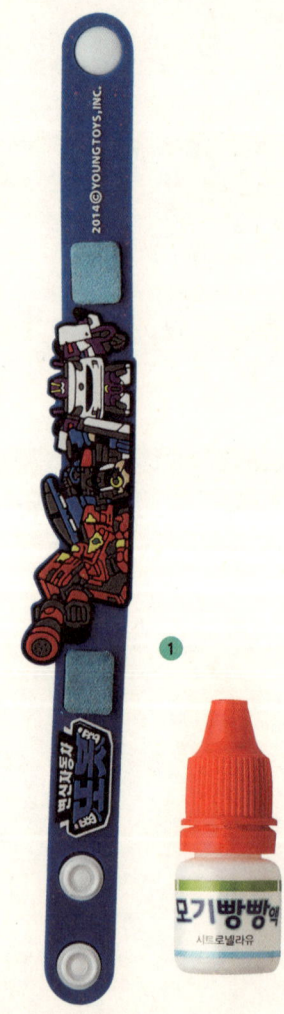

모기 퇴치제를 미리 준비하지 않았던 엄마의 후회

큰아이는 모기에 물리면 그 자리가 심하게 부었다. 모기에 물린 것 맞느냐는 질문도 여러 번 받고, 이것도 일종의 알레르기라며 조심해야 한다는 조언도 들을 정도였다. 아이는 모기에 물리면 사정없이 긁어댔고, 긁은 자리에 상처가 나는 악순환이 반복되었다. 집 안에서는 모기장도 치고 리퀴드형 모기 퇴치제도 사용해 괜찮았지만 야외로 나가는 경우가 문제였다. 특히 여름에는 물놀이도 자주 가고 산이나 들로 나들이도 많이 가 걱정이 컸다. 한번은 큰아이가 유치원에서 숲으로 야외 수업을 갔다가 보통 모기들보다 강하다는 숲 모기에 물려 엄청 부어서 돌아왔다. 미리 모기 패치나 모기 퇴치제를 챙겨주지 않은 나의 잘못이었다.

다양한 종류의 모기 퇴치제를 활용하자

그 후 나들이를 대비해 아이용 모기(벌레) 퇴치 제품을 알아보았는데, 뿌리는 것부터 붙이는 것, 팔찌처럼 손목에 차는 것 등 다양했다. 나는 주로 패치형과 손목 밴드형 제품을 사용했다. 몸에 직접 뿌리는 제품은 혹시라도 아이 호흡기로 들어갈까 싶어 피했다. 그리고 큰 회사 제품이 더 안전할 것 같아 처음에는 유명 육아용품 브랜드 제품을 선택했는데, 나중에는 약국에서 파는 제품을 구입했다. 손목 밴드 형태라 차기도 쉽고, 아이가 좋아하는 캐릭터라 거부감이 없어 손목에 채워주면 지구 영웅이라도 된 듯 폼을 재기도 했다. 하지만 둘째는 손목에 차는 것을 싫어해 보이지 않는 등 쪽이나 팔에 패치형을 붙였는데, 이마저도 발각되면 기필코 떼어버리려고 해 아이 모르게 패치를 붙이는 일이 거의 첩보 작전 수준이었다. 그러나 이런 노력에도 불구하고 가끔은 언제 물렸는지도 모르게 모기 자국들이 생겼다. 그나마도 이런 노력이 없었으면 얼마나 더 심했을까 생각하면서 스스로를 위로했다. 모기 퇴치제의 경우 임산부나 생후 6개월 미만인 유아, 알레르기 반응이 있는 사람은 사용을 피하고 약사나 의사와 상의해야 한다. 또 화장품이나 헤어 스프레이 등을 심하게 사용한 후 밴드를 비비면 효과가 현저히 감소하므로 유의해야 한다.

마미파워의 선택

1 캐릭터 모기 팔찌 패치
야외 활동 시 팔찌에 시트로넬라유(모기 빵빵 액)를 한두 방울 떨어뜨려 손목과 발목에 각각 착용하면 돼 간편하다. 패치형도 마찬가지. 패치에 시트로넬라유를 한두 방울 떨어뜨려 팔과 다리 부위의 옷에 2개씩 붙이면 된다. 4시간 동안 모기 기피 효과가 있다. 캐릭터가 그려져 아이들이 좋아한다.
마미파워의 한마디 패치형에 비해 액을 추가로 넣어야 하는 번거로움이 있다.
INFO 오픈 마켓(11번가, G마켓, 옥션, 인터파크) 3천원대.

와코도 베이비 전용 모기 패치
피부에 직접 붙이지 않는 패치. 스프레이 타입은 생후 6개월 이후부터 사용 가능하지만 패치형은 신생아도 사용 가능해 모자나 옷 등에 간단히 붙이기만 하면 된다. 유칼립투스, 시트로넬라 등 천연 식물 정유를 씰에 담아 향을 지속적으로 유지시킨다.
마미파워의 한마디 신선한 천연 허브 향이 6~7시간 지속된다.
INFO STOREFARM.NAVER.COM/HUGGIESSHOP 7천원대.

유아 피부 진정제·선크림

010

아이의 건강한 피부를 지키는 필수품

아이를 키우다 보면 생각지도 못한 상처가 나는 경우가 종종 있다. 아이 피부는 재생 능력이 좋아 연고가 필요 없다는 전문가들도 있지만 엄마들의 마음은 그렇지 못하다. 천연 성분으로 된 아이 연고 하나쯤 미리 준비해두면 상처나 트러블 등으로 연고를 발라야 할 일이 생겼을 때 마음이 편하다. 또한 어른보다 피부가 민감하고 자외선에 취약하므로 자외선 차단제는 필수. 선크림은 1년 내내 발라야 하지만, 야외 활동이 잦은 계절에는 특히 더 챙겨야 한다.

연약한 피부일수록 상처가 쉽게 생긴다

우리 큰아이는 아침에 보면 얼굴에 상처가 나 있기도 하고 손에 든 장난감을 떨어뜨려 얼굴에 멍이 드는 일도 잦았다. 걸음마를 할 때는 걷다 넘어져 무릎이나 손에 상처가 나고, 뛰는 것이 미숙할 때는 뛰려다 스텝이 꼬이며 자기 발에 걸려 넘어지기도 했다. 이럴 때 경미한 상처라도 생기면 천연 성분으로 된 아이 연고를 발라주었다. 화학 성분 대신 올리브 오일, 호호바씨 오일, 왕질경이잎 추출물 등을 사용해 상처 치유와 진정 효과가 있다고 해서 사용했다. 기저귀 발진이나 모기 물림 그리고 멍이 드는 경우에도 천연 성분 연고를 발라주었다. 사용해보니 확실히 진정 효과와 개선 효과가 있었다. 입 주변에 붉게 침 독이 올라왔을 때나 한여름에 모기가 아이 눈 주위를 물었을 때도 이 연고를 발라주었다. 입 주변에 연고를 바르면 자칫 아이가 먹을 수도 있고, 자주 바르면 혹시 건조증이 생기지 않을까 조심스러웠지만, 전 성분 표기가 되어 있고 건조증 유발이 없다는 말에 안심하고 사용했다. 대부분의 유아용 밤은 크기가 작아 들고 다니기도 좋다. 하지만 손으로 찍어 바르면 연고가 산패되기 쉬우므로 처음부터 면봉이나 스패출러를 사용하는 습관을 들이는 것이 바람직하다. 유통기한을 확인한 뒤 구매하고, 여름에는 냉장 보관하는 게 좋다.

선크림은 유해 성분이 없는 제품으로 구입하자

겨울에 태어난 우리 큰아이와의 외출이 비교적 자유로워진 시기는 여름이었다. 이전에는 아이가 어려 되도록 외출을 자제했다. 날이 덥긴 하지만 아이가 어느 정도 자라자 외출을 포기할 수 없었다. 외출 준비를 하며 먼저 선크림을 구입했다. 아이용으로 나온 제품은 생후 6개월 이후에는 사용해도 무방하다는 소아과 선생님의 말씀을 듣고 향이 순하고 유해 성분이 없는 제품을 선택했다. 그런데 아이에게 사용하기 전 먼저 테스트를 해보았는데 생각보다 끈적임이 심했다. 그래도 이왕 구입했으니 써야지 싶어 피부 중 제일 연약한 허벅지 안쪽에 발라보아 별 이상이 없는 것을 확인한 후 발라주었다. 하지만 얼굴은 조금 바르다가 포기하고 반팔 상의와 반바지를 입히면 드러나는 팔다리에만 주로 발랐다. 끈적임이 심해 잘 펴지지도 않았고, 아이가 얼굴에 무언가를 바르는 것을 너무 싫어했다. 아이의 계속되는 짜증에 얼굴은 모자를 씌우는 것으로 대신했다.

세안이 쉬운 선크림을 사용하자

외출했다 돌아오면 바로 아이를 씻겼다. 그런데 얼마 바르지 않았는데도 선크림을 바른 얼굴은 닦이기가 너무 어려웠다. 아이 전용 비누로 살살 문질러보았지만 잘 닦이지 않았고, 아이는 비누가 눈에 닿으니 칭얼거리기 시작했다. 결국 얼굴에 바른 선크림을 깨끗하게 제거하지 못한 채 샤워를 끝냈고, 아이가 잠든 후 거즈 수건에 물을 묻혀 겨우 닦았다. 그 후로 한동안 선크림은 아이 얼굴을 제외한 팔과 다리, 목을 중심으로 씻기기 편한 부분에만 발라주었다. 지금은 끈적임이 덜한 선크림을 사용하고 있는데, 유아 선크림 전용 리무버로 닦는 제품을 사용 중이다.

마미파워의 선택

1 버츠비 선 스크린 스틱
해바라기씨 오일이 주요 성분으로 예민한 아이 피부를 자외선으로부터 보호해준다. 스틱 제품이라 휴대 및 사용하기 편하고 보기보다 양도 많다. 조금 큰 아이들의 야외 활동용으로 좋다.
마미파워의 한마디 아주 부드럽게 발리지는 않는다.
INFO WWW.BURTSBEESKOREA.CO.KR
3만원대(SPF30).

2 에바비바 썬 스크린·리무버 세트
선 스크린은 유기농 성분을 사용해 가볍고 끈적임이 없어 산뜻하며, 보습 기능을 한다. 아이를 비롯한 가족 모두 사용할 수 있다.
마미파워의 한마디 선 스크린 전용 리무버의 경우 눈에 자극을 주지 않아 따갑지 않다.
INFO WWW.ERBABABY.CO.KR 5만원대 후반 (SPF20 PA++, 6개월부터 사용 가능).

3 버츠비 레스큐·오인트먼트
모든 성분이 표기되어 안심이 되는 제품. 풀잎 성분을 담아 피부를 진정시키는 효과가 있다. 상처가 났거나 모기에 물렸을 때 바르면 좋다.
마미파워의 한마디 외출 시 휴대하기 좋은 작은 크기다.
INFO WWW.BURTSBEESSHOP.CO.KR
1만 8천원대.

4 얼스마마 엔젤베이비 바텀밤
전 성분 표기 제품. 피부가 건조해서 생기는 가려움증을 완화시키고 피부 트러블을 진정시킨다. 신생아부터 사용 가능하며, 매일 사용해도 안전하다.
마미파워의 한마디 겨울에 하얀 알갱이가 생기는데 이것은 이물질이 아니라 시어 버터다. 낮은 온도에서 고체화되는 성질이 있지만 피부에 닿으면 부드럽게 녹는다.
INFO WWW.EARTHMAMAKOREA.CO.KR
1만 4천원대.

5 베이비 비 키써블 칙스 밤
입술 주변과 얼굴, 몸 등 건조하고 연약한 아이 피부를 부드럽고 촉촉하게 지켜주는 100% 내추럴 제품으로 수시로 발라주기 좋다.
마미파워의 한마디 코코아 버터, 비타민 E를 함유하고 있으며 스틱 타입이라 휴대가 간편하다.
INFO WWW.BURTSBEESKOREA.CO.KR
1만 6천원대.

04. CHAPTER

성분 표시를
꼼꼼히 확인해야 하는 제품

◀ BONUS ▶

최근 한 소비자 고발 TV 프로그램에서 세제의 유해 성분에 대해 다루었다.
그런데 이 프로그램에서 소개한 제품이 바로 내가 우리 아이를 위해 쓰고 있는 것이었다.
과연 아이에게 안전한 세제가 있긴 한 걸까?

아이 세제

큰아이가 태어나기 약 한 달 전, 대형 마트에서 아이용 세제를 따로 구입했다. 마트에서 제일 인기 있는 제품이 무엇인지 확인하고 가격을 비교한 후 괜찮은 제품을 선택했다. 섬유유연제는 피부를 자극해 간지러울 수 있다는 말을 들었기 때문에 나중에 사기로 했다. 나는 아이가 태어난 뒤부터 얼마 전까지 그 제품을 사용했다. 아이 세제이니 당연히 안전할 거라 믿었다. 일말의 의심조차 품지 않았다. 그런데 최근 한 소비자 고발 TV 프로그램에서 아이 세제의 문제점을 다루었고, 하필이면 내가 지금까지 사용한 제품에서 방부제가 검출되었다고 지적했다. 다행히 지금까지는 우리 아이가 아토피나 피부에 이상 증상을 보인 적이 없어 참았지만, 방송에 따르면 일부 제품에는 한동안 우리 사회를 시끄럽게 한 문제의 가습기 살균제 성분도 들어 있다고 했다. 답답하고 어이가 없었다. 방부제나 형광증백제, 합성 계면활성제 등은 아이의 면역력을 저하시켜 아토피나 천식에 과민반응을 일으켜 크게 영향을 끼친다고 했다. 아이 전용 세제라 이런 부분은 당연히 검증되었을 거라 믿었는데, 제대로 확인하지 않은 채 브랜드만 믿고 산 게 실수였다. 그 바람에 아이 세제를 고를 때는 반드시 성분을 꼼꼼히 확인해야 한다는 큰 교훈을 얻었다.

안전한 세제 구입 방법은 이렇다고 한다. 첫째, 전 성분이 표기되어 있는지 확인한다. 일부 성분만 표기했다면 방부제 사용 가능성이 높다. 둘째, 천연 계면활성제를 사용했는지, 비누 성분이 들어 있는지 확인한다. 무조건 거품이 적은 제품이 안전하다고 생각하는 경우가 있는데, 거품이 적으면 세정력이 약해 오염 물질이 제대로 제거되지 않아 오히려 독이 될 수 있다. 거품이 어느 정도 잘 나고 헹굼도 잘되는 것이 중요하다. 셋째, 보건복지부가 지정한 1종 세제인지 확인한다. 1종 세제는 먹거리 세정이 가능하고, 2·3종 세제는 먹거리 세정이 불가능하다. 넷째, 맨손으로 세정이 가능한 제품인지 확인한다. 세제나 세정제에 알코올 성분이 함유된 경우가 많은데, 알코올 성분이 들어간 세정제는 맨손 세정 시 피부가 건조해진다. 다섯째, 잔류 세제가 남는지 확인한다. 안전한 성분이라도 아이 입으로 들어가는 젓병이나 식기에 잔류 세제가 남아서는 안 된다. 여섯째, 정부가 인정한 친환경공법으로 만든 제품인지 확인한다.

마미파워의 선택

궁중비책 젖병 세정제
100% 먹을 수 있는 성분으로 만들어 아이에게 안전하다. 한방 성분의 천연 항균 효과가 있어 젖병을 삶지 않아도 안심할 수 있는 제품. 한방 세제지만 한약 냄새는 거의 나지 않고 들꽃 향과 비슷한 천연 향이 난다.

마미파워의 한마디 거품이 잘 나지 않는다.

INFO GOONGSECRET.0TO7.COM 8천원대(용기형 400mL).

1 마운틴 그린 젖병 세제
지인이 알려주기 전까지 브랜드 이름도 생소하고 가격도 조금 비싸게 느껴졌다. 하지만 막상 써보니 적은 양으로 많은 세척이 가능해 가격을 인정했다. 순수 천연 식물과 콩 추출물로 만든 안전한 세제라는 점이 무엇보다 좋다. 소량만 사용해도 거품이 잘 난다는 것도 큰 장점이다.

마미파워의 한마디 다양한 향이 있지만 개인적으로 무향을 추천한다.

INFO 오픈 마켓(11번가, G마켓, 옥션, 인터파크) 1만원대(펌프형 470mL).

2 에티튜드 젖병 세정제
인체에 유해한 성분은 일체 넣지 않고 캐나다에서 생산한 100% 식물성 천연 원료만 사용한다. 천연 계면활성제인 코코넛 추출물은 세척력도 강하지만 잔여물이 남지 않아 좋다.

마미파워의 한마디 거품은 잘 나는 편이지만 거품형 타입보다 양을 많이 쓰게 된다.

INFO WWW.NATURALATTITUDE.CO.KR 2만원대(700mL).

3 에티튜드 유아 세탁 세제
캐나다의 청정지역에서 친환경적으로 재배한 100% 식물성 원료만 사용했다. 인체에 해로운 발암성 물질이나 알레르기의 원인인 화학 물질을 사용하지 않아 안심이다. 무향 제품으로 향 알레르기 등 민감성 피부인 아이에게도 적합하다.

마미파워의 한마디 3배 농축 제품이라 기존 세제의 1/3만 사용하면 돼 경제적으로 쓸 수 있다.

INFO WWW.NATURALATTITUDE.CO.KR 2만 9원원대(1.05L).

4 마운틴그린 세탁 세제
천연 식물 추출물로 만든 연약한 아이 피부를 위한 베이비 전용 세제. 콩에서 추출한 오일을 사용해 아이들의 연약한 피부와 옷감 손상을 막아준다.

마미파워의 한마디 3배 농축 제품이라 기존 세제의 1/3만 사용하면 돼 경제적으로 쓸 수 있다.

INFO 오픈 마켓(11번가, G마켓, 옥션, 인터파크) 1만 7천원대(946mL).

5 에티튜드 유아 세탁용 천연 얼룩 제거제
빨기 힘든 각종 얼룩을 안전한 천연 식물 성분으로 쉽게 제거할 수 있는 얼룩 제거제. 천연 식물 성분이 섬유 손상을 최소화하고 섬유 고유의 색상을 유지해준다. 스프레이 방식이라 사용이 편리하며, 빨래의 수고로움을 덜고 세탁 시간을 줄일 수 있는 게 가장 큰 장점. 인체에 해로운 발암성 물질이 전혀 없고, 세정력이 뛰어나 음식이나 과일즙 등의 얼룩도 잘 제거된다.

마미파워의 한마디 천연 구연산 나트륨 성분이라 욕실 대리석에 흘릴 경우 변색될 수 있다.

INFO WWW.NATURALATTITUDE.CO.KR 1만 7천원대(800mL).

05. CHAPTER

편안한 잠자리와 정리정돈을 위한 아이 방 용품

출산 전부터 아이 방에 대한 로망이 있었다. 마침 지인에게서 깨끗하게 쓴 아이 침대를 물려받았는데, 결론부터 말하면 그 유아 원목 침대는 무용지물이었다. 새벽에도 2~3시간에 한 번씩 깨는 아이에게 수유를 하느라 잠을 설쳤고, 출산 후 손목이 많이 약해진 터라 침대에서 아이를 꺼내다 실수라도 할까 두려워 결국 아이와 함께 바닥 생활을 한 것이다. 하지만 분유 수유를 하는 지인은 유아 원목 침대를 대여해서 사용했는데, 부부 침대 옆에 아이 침대를 붙여놓고 새벽에는 남편과 번갈아 가며 일어나 수유를 할 수 있어 만족스럽다고 했다. 이렇듯 상황에 따라 다르므로 수면용품을 비롯한 아이 방을 꾸미는 데 필요한 물건들은 무턱대고 준비하기보다 엄마와 아이 모두 편하게 사용할 수 있는 기준으로 선택하는 것이 좋다. 아이가 갓 태어났을 때 쓰는 물건들은 사용 기간과 가격 등을 고려해 필요한 기능만 갖춘 제품을 선택하길 권한다.

...

신생아 이불 세트·방수 요
짱구 베개·베개
유아 원목 침대·범퍼 침대
헝겊·촉감 인형
기저귀
장난감 정리함
책상·의자
아이 소파
수면 등
바운서·스윙
배 가리개·수면 조끼
아이 모기장
침대 가드·집 안 안전용품
매트
베이비 룸
모빌
베이비 장·옷걸이

BONUS 책부터 교구, 장난감까지 놓을 수 있는 수납공간

05. CHAPTER

신생아 이불 세트·방수 요

001

갓 태어난 아이를 위한 따뜻한 용품

아이들 제품은 대체로 비싼 편이다. 특히 신생아 제품은 가격이 터무니없이 고가인 경우가 많다.
갓 태어난 아이를 위해 가장 좋고 안전한 것만 사용하려는 엄마들의 마음을 이용한 상술이라 할 수 있다.
하지만 굳이 신생아 시기에 사지 않아도 되는 것들이 있다. 짧은 기간만 사용하는
신생아용 제품들은 미리 사둘 필요가 없다.

혼수보다 비싼 신생아용 이불 세트

남편과 함께 백화점 아이 용품 매장을 들렀다가 신생아용 이불 세트 가격을 듣고 깜짝 놀랐던 기억이 있다. 혼수로 이불 세트 장만할 때 경험으로 이불 가격대가 다소 높다는 것은 알고 있었지만 혼수용 이불보다 훨씬 비쌌다. 옆에 있던 남편이 왜 이렇게 비싸냐고 물어봤더니 무화학, 무염색 처리한 유기농 제품이라 그렇다고 했다. 생각보다 너무 비싸 선뜻 구매할 수가 없었다. 인터넷을 검색해보니 온라인 쇼핑몰에서 백화점보다 훨씬 저렴하게 구입할 수 있었지만, 직접 눈으로 제품을 볼 수가 없어서 바로 구입하기가 꺼려졌다. 아이가 사용할 거라 생각하니 구매에 더 신중해졌다. 좀 더 저렴한 것은 없는지, 반드시 사야 하는지 계속 고민하던 차에 친정 엄마가 선물로 하늘색 아이 이불 세트를 주셨다. 앙증맞은 동물들이 그려져 있는 귀여운 이불이었다. 깨끗이 빨아 볕 좋은 곳에 잘 말려두고 출산 후 집에 돌아와서부터 사용하기 시작했다. 나는 아이 전용 세탁기를 썼지만 이웃 중 일반 세탁기를 함께 썼던 엄마는 아이 이불을 세탁하기 전 헹굼을 한번 돌려서 세탁기 청소를 먼저 하고 그 후에 이불 세탁을 하기도 했다. 헹굼으로 세탁기 속의 먼지를 제거하는 것도 면역이 약한 아이를 위해 좋은 방법이다.

이불이나 요를 대신할 제품은 없는 걸까

내 주위에는 신생아용 이불을 따로 구입하지 않고 겉싸개를 이불 대용으로 쓰는 경우도 많았다. 또 놀이 매트에 큰 타월이나 속싸개를 깔아 요 대신 활용하기도 했다. 사실 아이가 어릴 때는 큰 움직임이 없어 이 방법도 괜찮다. 처음에는 워낙 아이가 작아 신생아용 이불이 작다는 생각을 못 했는데, 아이가 돌이 지나고 나니 이불이 작게 느껴졌다. 아이가 데굴데굴 구르기도 하고 이불을 발로 차기도 해 이불이 좀 더 컸으면 하는 아쉬움이 남았다. 신생아 전용이라는 점은 좋지만 가격 대비 오래 사용하려면 처음부터 넉넉한 주니어용으로 구입해 접어서 사용하거나, 신생아 때는 속싸개·겉싸개를 활용하고 아이가 좀 더 큰 후에 이불을 구입하는 것도 방법이다.

봄가을용 이불이 사계절 사용하기 좋다

신생아용 이불과 요도 어른 제품처럼 계절별로 구비되어 있다. 하지만 여름이나 겨울 출생이라도 봄가을용 이불을 구입하는 것이 좋다. 신생아는 체온 조절이 어려워 여름에도 너무 차게 재우면 안 되고, 겨울에는 난방을 따뜻하게 하기 때문에 두꺼운 이불은 거의 사용하지 않는다. 겨울에 봄가을용 이불이 얇게 느껴진다면 안쪽에 속싸개를 덮어 이중으로 보온하면 된다. 우리 아이들도 겨울과 여름에 태어났지만 봄가을용 이불로 모두 키웠다. 한 가지 이불로 사계절 모두 이용하는 것이 아이 전용 이불을 최대한 많이 활용하는 방법이다. 다만 이불은 반드시 면 제품이어야 한다. 또 아이들 피부는 민감하므로 자극을 받지 않도록 되도록이면 유기농 제품을 선택한다. 어른 이불을 사용해도 되지만, 아이들은 면역력이 약하므로 되도록 깨끗한 환경을 유지해주는 것이 좋다. 신생아용 요는 아이가 자칫 질식할 수 있으므로 너무 푹신한 소재는 피해야 한다.

방수 요는 꼭 필요하다

결혼 전 임신한 친구와 함께 육아용품 쇼핑을 한 적이 있다. 이불 매장에서 이것저것 둘러보던 친구가 직원에게 방수 요에 대해 물었다. 나는 이름도 생소한 방수 요의 정체가 궁금했다. 직원이 꺼내온 제품은 그냥 깔고 자는 '요'였는데, 일반 요보다 조금 더 두꺼웠다. 방수 요만 있으면 이불빨래를 자주 안 해도 된다는 친구의 말이 떠올라 출산 준비 때 방수 요를 미리 사두었다. 그 물건을 왜 방수 요라고 하는지, 왜 필요한지는 아이를 키우면서 몸으로 직접 느꼈다. 아이 기저귀를 갈 때나 배변 훈련을 할 때 아이가 갑자기 소변을 보는 경우가 종종 있는데, 아이 요 위에 방수 요를 깔아두면 이불과 요가 젖는 것을 막을 수 있다. 아이의 엉덩이 발진이 심한 경우에는 기저귀를 벗겨놓기도 하는데, 이때도 실내 온도를 따뜻하게 맞추고 방수 요를 깔아두면 된다. 사실 신생아 때는 기저귀를 워낙 자주 갈고 소변량도 적어 오염되더라도 속싸개가 젖는 정도라 방수 요를 거의 사용하지 않았다. 오히려 20개월이 지나 배변 훈련을 하면서 유용하게 사용했다. 변기 사용 훈련을 하는 동안에는 아이에게 팬티만 입혀놓았는데, 놀이 매트 위에 방수 요를 깔아 만약의 사태에 대비했다. 아이가 좀 더 커서는 혹시라도 밤중에 소변을 볼까 싶어 아이 침대보 밑에 깔아두기도 했다. 방수 요는 너무 일찍 사두지 말고 필요할 때 조금 큰 걸로 구입해서 사용하는 게 좋다.

마미파워의 선택

1 아가방 몽이 이불세트
100% 면 제품이라 아이 피부에 안전하다. 이불, 요, 좁쌀베개로 구성이 되어있다. 귀엽고 아기자기한 디자인이 사랑스럽다.
마미파워의 한마디 가급적 천연세제나 중성세제로 세탁을 해야 한다.
INFO WWW.AGANET.CO.KR 10만원대.

2 엔젤비닷 그레이스티치 스프레드 매트
은은한 광택이 나고 부드러운 면 100% 주자 원단을 사용한 패드. 원형 패턴의 그레이 스티치 누빔으로 처리한 유니크한 디자인이 돋보인다. 8온스의 도톰한 솜을 누빔처리해 폭신하며 누빔으로 겉감과 내부 솜의 밀림 현상을 방지했다.
마미파워의 한마디 무형광 제품이라 예민한 아이 피부에도 안전하다.
INFO WWW.BABIZMALL.CO.KR 9만 5천원대.

풍기인견 잠이잠이(트리플 인견 이불 세트)
여름에 사용하면 좋은 이불. 인견 소재라 시원하고 자연 섬유라 안심할 수 있다. 100% 인견으로 국내에서 만들었다. 감촉이 부드러워 청량감을 느낄 수 있다. 정전기가 없고, 초등학교 저학년도 사용할 만큼 크기가 넉넉하다.
마미파워의 한마디 인견은 소재 특성상 마감이 약하고 물 세탁 시 줄어들 수 있다.
INFO ZAMIZAMI.COM 10만원대.

3 엔젤비닷 에어로슬립 코튼 방수 요
일체의 염색 없이 무형광 순면을 사용했다. 표면을 순면으로 구성해 비닐 방수 요의 번들거림과 불쾌한 감촉이 없어 쾌적한 수면을 돕는다.
마미파워의 한마디 단순 흡착 방식이 아니라 여러 층의 직물이 하나의 원단을 이루어 형태가 안정적이며, 각 층이 분리되어 통기성이 좋아 아이 피부를 보송보송하게 유지시켜준다.
INFO WWW.BABIZMALL.CO.KR 4만원대.

뮤라 에코 방수 요
패드와 방수 요의 기능을 접목한 새로운 양면 제품으로 한 번에 여러 겹을 직조하는 방식으로 만들어 잦은 세탁에도 형태 변형이 없는 점이 특징이다. 7겹 중 방수 원단이 가운데에 들어가 있어 방수 요 특유의 번들거림과 불쾌한 감촉이 없다. 패드와 방수 요를 별도로 구매할 필요가 없어 기능과 가격을 동시에 만족시키는 제품. 크기도 넉넉해 신생아부터 6세 정도까지 사용할 수 있다.
마미파워의 한마디 방수 요만 잠깐 사용하려는 사람들에겐 가격이 비싼 편이다.
INFO WWW.MULA.CO.KR 7만원대.

05. CHAPTER

짱구 베개·베개
◀ 002 ▶
신생아부터 유아까지 숙면을 도와줄 아이템

아이들은 잠을 잘 자야 건강하게 자란다.
잠자는 시간을 놓치거나 잠이 부족할 경우 성장이 더딜 수 있다는 연구 결과도 있다.
어른도 마찬가지지만 아이들에게 숙면을 돕는 베개는 무척 중요하다.

마미파워의 선택

1 밀로 앤 개비 아이 베개
유아용 디자인 베개. 3D 입체 그물 구조 원단이 아이의 머리와 목의 압력을 분산시키고 예쁜 머리 모양을 만드는 데 도움을 준다. 입체 원단 사이에 공기 층이 있어 여름에는 땀이 차지 않고 겨울에는 보온 효과가 있다. 복원력이 뛰어나 반영구적으로 사용할 수 있고, 속 커버와 겉 커버 모두 물세탁이 가능하다.
마미파워의 한마디 적정 사용 기간이 3개월 정도로 다른 제품보다 짧은 편이다.
INFO WWW.MILOANDGABBY.CO.KR 4만원대.

2 엔젤비닷 블랙·크라운 슬립 필로우 (짱구 베개)
부드러운 면 혼방 소재를 사용한 짱구 베개. 머리 받침 부분을 낮춰 아이가 편안하도록 입체적으로 디자인했다. 부드러운 받침 구조라 완벽하게 형성되지 않은 아이의 머리 형태를 안정적으로 감싸준다.
마미파워의 한마디 아이의 청각 발달에 도움을 주는 동그란 형태의 펠렛을 충전재로 사용했다.
INFO WWW.BABIZMALL.CO.KR 1만 8천원대.

지오 필로우
두상 교정용 헬멧을 만드는 회사에서 만든 영유아 베개. 아이의 머리를 과학적으로 분석해서 만들고, 땀과 열을 발산시키는 첨단 소재를 사용해 아이의 편안한 숙면을 도와준다. 성장기 아이의 목 부위를 편안하게 감싸도록 최적의 각도와 높이로 디자인한 것도 특징.
마미파워의 한마디 속 커버와 겉 커버 모두 물세탁이 가능하다.
INFO WWW.GIOPILLOW.COM 3만원대.

슬립스파 유아 굴곡 베개
100% 천연 라텍스 제품. 탄성과 복원력이 뛰어나고 뒤척여도 소리가 나지 않는 게 특징이다. 통기성이 좋아 잠잘 때 머리가 시원해 숙면을 취할 수 있다.
마미파워의 한마디 방수 커버와 겉 커버는 별도로 구매해야 한다.
INFO WWW.SLEEPSPA.CO.KR 2만원대.

3 밀로 앤 개비 베개·쿠션
마이크로 파이버 솜을 사용해 부드럽고 공기 함유량이 높아 푹신하게 받쳐준다. 원하는 용도의 솜을 선택하면 쿠션이나 베개로 모두 사용 가능하다. 지퍼를 열고 솜의 양으로 높낮이를 조절할 수 있다는 게 매력. 넉넉한 크기라 아이들이 이리저리 굴러도 편안하다.
마미파워의 한마디 24개월 이하 영·유아의 경우 수면 시 사용하지 말 것.
INFO WWW.MILOANDGABBY.CO.KR 5만원대.

굳이 없어도 불편하지 않은 신생아 베개

짱구 베개니 좁쌀 베개니 하는 신생아 베개를 선물 받았는데 둘 다 제대로 사용하지 못했다. 대신 속싸개를 잘 말아 낮은 베개로 만들어주었다. 아이가 젖을 토할 수도 있어 항상 옆으로 눕혀놓았는데, 짱구 베개나 좁쌀 베개는 아이에게 너무 높고 세탁하기도 번거로워 속싸개를 베개로 쓰는 게 훨씬 편했다. 특히 큰아이는 태열이 심했는데, 짱구 베개로 감싸이는 머리 쪽으로 열이 발생하며 태열이 심하게 올라와 더는 쓰지 않았다. 오히려 평평하게 옆으로 눕혀놓으니 태열도 덜 올라오고, 아이 토사물이 기도를 막을 위험도 적었다. 다만 아이의 머리 모양이 납작해지는 것을 막기 위해 아이 머리를 이쪽저쪽으로 돌려주려고 노력했다.

아이가 좀 더 크면 넉넉한 크기의 베개로 바꿔주자

아이가 모빌을 보고 놀 때 간혹 좁쌀 베개를 사용했는데 그것도 잠시, 아이가 뒤집고 구르면서부터 베개 사용이 점점 줄어들었다. 아이 베개는 크기가 아주 작아 아이가 데굴데굴 구르다 보면 등이나 어깨에 자주 걸렸기 때문이다. 그래서 두 돌이 지났을 때 큰 베개를 사주었는데, 자다 깨서도 자기 베개를 찾아 머리에 두고 자는 등 본격적으로 베개를 사용하기 시작했다. 그런데 베개를 사용하니 아이가 땀을 많이 흘렸고, 하루를 알차게 논 날은 침도 많이 흘렸다. 게다가 자다 보면 베개를 타고 자거나 한쪽으로 치우쳐 자기도 해 작은 베개 하나를 두고 제자리에서 얌전히 잔다는 것은 어려웠다. 그래서 큰 베개나 양옆으로 굴러도 떨어지지 않도록 조금 긴 베개를 사용했다. 친정 엄마가 자고로 머리는 차야 한다며 메밀 껍질을 넣은 베개를 직접 만들어주셨는데, 크고 긴 게 딱 내가 원하는 크기였다. 하지만 푹신함이 없어 아이가 그리 좋아하진 않았다. 솜씨 좋은 엄마라면 아이 베개를 직접 만들어주는 것도 의미가 있다. 우리 아이들은 좋아하지 않아 잘 사용하지 못했지만 좁쌀이나 메밀 베개는 통풍이 잘되고 아이들의 숙면을 도와준다고 한다. 메밀은 눈과 머리를 맑게 해줘 잠투정이 심한 아이들이 사용하면 좋다. 다만 곡물을 넣은 베개를 사용할 때는 한쪽으로 쏠리지 않게 베개 모양을 잘 잡아주자. 또 장기 압박으로 인한 돌연사 위험이 있으므로 신생아를 엎드려 재우면 안 된다는 기본 상식은 잊지 말자.

> 05. CHAPTER

유아 원목 침대 · 범퍼 침대

◀ 003 ▶

유아 원목 침대와 범퍼의 선택은 엄마의 몫

출산 전 육아용품박람회장에 가면 지나치지 못하고 둘러본 곳이 아이 침대 브랜드 매장이었다.
어쩌면 그렇게 예쁜 침대가 많은지, 아이를 그곳에 눕히면 아이도 편하고 나도 편할 것 같았다.
그런데 친구의 청천벽력 같은 소리가 이런 나의 환상을 깨뜨렸다.
"아이 낳으면 남편이랑 각방 쓰게 되어 있어. 침대 필요 없을걸?" 아니 도대체 왜?
그 이후 고민이 시작되었다. 아이 침대를 써야 할까 말아야 할까? 쓴다면 어떤 침대를 써야 할까?

로망이었던 유아 원목 침대를 물려받다

큰시누이 아이가 사용하던 유아 원목 침대를 물려받아 우리 부부 침대 곁에 두었다. 하지만 새벽에도 2~3시간에 한 번씩 깨는 아이와 그때마다 수유를 하느라 잠을 설치는 나, 그리고 제대로 자지 못해 출근할 때마다 힘들어하는 남편이 한 방에서 잠을 자기란 정말 어려웠다. 무엇보다 아이 수유를 한 뒤 반드시 모유를 유축해야만 잠을 잘 수 있었기 때문에 시간이 더 오래 걸렸다. 그래서 아이와 함께 공간이 제일 넓은 거실 생활을 하기 시작했고 남편은 침대에서 따로 잤다. 친구 말대로 각방을 쓰게 된 것이다. 사실 바로 옆에 누워 있는 아이를 안는 것도 힘든데 유아 원목 침대를 사용하니 일어나서 아이를 들어올리는 게 보통 일이 아니었다. 또 수면 부족으로 너무 피곤한 상태인 데다 출산 후 손목이 많이 약해져 혹시라도 침대에서 아이를 꺼내다 실수라도 할까 싶은 노파심에 결국 시누이가 준 유아 원목 침대는 사용하지 않았다. 모유 수유는 다른 사람이 대신해줄 수 있는 일이 아니었기 때문이다. 만약 분유 수유를 했다면 유아 원목 침대를 편하게 사용했을지도 모르겠다. 남편과 함께 자면서 서로 번갈아 가며 아이 수유를 할 수 있으니 말이다. 유아 원목 침대는 모유 수유를 하는 아이보다는 분유 수유를 하는 아이에게 더 맞는 것 같다.

푹신하고 넓은 범퍼 침대, 그래도 조심해서 이용하자

나와 같은 시기에 임신한 친구는 아이 침대를 직접 만들었다. 그때 범퍼 침대에 대해 처음 알았는데, 범퍼 침대는 4면에 가드가 있어 아이가 굴러다녀도 충격을 막아주는 아이 전용이었다. 친구는 특대형으로 만들어 침대 안에서 아이와 함께 자거나 범퍼의 가드를 등 쿠션으로 활용해 수유를 하는 등 유용하게 활용했다. 나는 아이의 돌 무렵 범퍼 침대를 선물로 받아 아이의 낮잠 공간과 놀이 공간으로 활용했다. 아이는 자신만의 공간인 범퍼 안에서 노는 걸 좋아했다. 하지만 범퍼의 특성상 아이가 물이나 우유 등을 먹다 흘리면 커버를 벗겨 세탁해야 하는 점이 번거로웠다. 또 아이가 걷기 시작하면서 범퍼 안에서 밖으로 나오려다 몇 번이나 쿵 하고 바닥에 떨어진 적이 있어 그 이후로는 아이를 범퍼 안에 두지 않았다.

집 안 환경이나 아이 발달 시기에 맞게 사용하자

이런저런 이유로 우리 아이가 두 돌이 지났을 때 갓 출산한 친구에게 범퍼 침대를 물려주었다. 그런데 지금 생각해보면 범퍼 침대는 오히려 지금 다섯 살, 세 살인 우리 아이들이 쓰기에 더 적당한 것 같다. 갓난아이 때와 달리 어느 정도 훈육이 된 아이들이라 범퍼 침대 본연의 잠자리 기능으로 사용할 수 있겠다는 생각이 들었다. 범퍼 침대는 엄마의 성향에 따라 호불호가 갈리므로 집 안 환경과 아이 발달 시기 등을 고려해 구매를 결정하는 것이 좋다. 유아 원목 침대를 잘 사용한 이웃들의 이야기를 들어보면 유아 원목 침대 한쪽을 열고 엄마 침대에 붙여서 사용했다고 한다. 아이의 공간을 독립적으로 확보해 질식이나 깔림을 방지할 수 있다는 것. 하지만 아이가 뒤집기를 시작하면 공간이 좁아 더 이상 사용하기 어렵다는 단점이 있으니 유아 원목 침대는 대여해서 쓰는 것도 좋다. 요즘은 설치 및 수거도 편하고 상태도 아주 양호해 대여해서 쓰는 사람들의 만족도가 높다.

마미파워의 선택

마미파워의 선택

1 골든 베이비
주문 후 제작하는 핸드메이드 방식으로 만들며, 지퍼로 연결돼 4면 매트리스 전체를 분리할 수 있어 활용도가 높은 게 큰 장점이다. 모빌대 설치도 가능하고 높낮이 변형이 자유로워서 원하는 높이에 맞출 수 있다. 헤드를 구름 솜으로 채워 푹신한 베개로 사용할 수 있고, 모유 수유를 할 때도 편하다.

마미파워의 한마디 100% 방수 원단이며, 오염 시 커버만 벗겨 세탁할 수 있다.
INFO GOLDENBABY.CO.KR 20만~30만원대.

쁘띠 베이비
오가닉 제품으로 엄마들의 선호도가 높다. 지퍼 연결 방식이며 범퍼 4면과 연결되는 별도의 바닥 커버가 있어 매트리스를 분리해도 범퍼 침대 그대로 사용 가능하다. 헤드에는 최고급 구름 솜이 빵빵하게 채워져 있다.

마미파워의 한마디 매트와 모빌대를 연결해 아이 체육관으로도 쓸 수 있지만 부피가 큰 편이다.
INFO WWW.PETITBABEE.CO.KR 30만원대.

2 파크론 붕붕카 범퍼하우스
아이가 어릴 때는 요를 깔아 범퍼 침대로 사용하고, 이후에는 아이 전용 놀이방으로 사용해도 좋은 제품. 귀엽고 친근한 디자인이 사랑스럽다. 바닥 부분의 2단 공간 매트는 분리도 가능하며, 가드도 6mm 두께라 튼튼하다. 생활 방수가 되고 간편하게 접고 펼 수 있어 보관도 쉽다.

마미파워의 한마디 이불과 요를 따로 준비해야 한다.
INFO WWW.PARKLONMALL.COM 15만 9천원대.

3 디자인스킨 오픈형 범퍼 매트
범퍼 침대로 쓰다가 아이가 크면 놀이 매트나 볼풀 등으로 오랜 기간 활용할 수 있다. 빗살무늬 패턴이 외부 충격을 분산해 아이를 안전하게 보호해준다. 층간 소음을 차단하고 복원력이 우수하며 쿠션감이 좋아 밟을 때 소리가 나지 않는다.

마미파워의 한마디 이불과 요를 따로 준비해야 한다.
INFO WWW.EDESIGNSKIN.COM 30만원대 후반.

05. CHAPTER

헝겊·촉감 인형
004
아이의 감정을 공유하는 물건

어린아이들은 자기가 끌어안고 다니는 인형에 많은 의미를 부여한다. 인형이 자기 분신이 되기도 하고 동생이 되기도 하는 것. 어른이 되어서도 어릴 때 갖고 놀던 인형에 애착을 갖는 경우도 있다. 애지중지하던 추억 속 물건이기 때문이다. 그래서 내 아이에게 인형을 선물하는 건 단순한 장난감이 아니라 친구를 맺어주는 중요한 일이다.

아이가 처음으로 애착을 보인 헝겊 인형

처음 우리 아이에게 선물한 인형은 털이 전혀 빠지지 않고 촉감이 부드러운 순면 조끼와 바지를 입고 있는 곰 인형이었다. 사실 우리 아이가 "저거, 저거." 하며 손가락으로 가리킨 인형은 따로 있었다. 하지만 여러 면에서 내가 선호하는 인형이 아니어서 내 뜻대로 곰 인형을 선택한 것이다. 그래서인지 아이는 곰 인형에 큰 애착을 보이지 않았고, 결국 우리 집 책꽂이 사이에 덩그러니 앉아 있는 인테리어 소품이 되고 말았다. 어린아이도 자신이 좋아하는 취향이 있다는 것을 이때 처음 알았다. 다른 장난감들은 내가 원하는 방향으로 유도할 수 있었는데, 이상하게도 인형을 고를 때만큼은 달랐다. 다른 장난감들과 달리 눈, 코, 입이 달려 있어서인지 인형에 아이의 감정이 실린다는 느낌이 들었다. 그러던 중 헝겊 인형이라 불리는 사람 모양 인형을 선물로 받았는데, 말랑말랑하고 부드러운 촉감이 좋아서인지 매일 끌어안고 다녔다. 아이가 잘 때 옆구리 사이에 눕혀놓으면 나중에 인형 위에 다리를 얹고 자는 모습이 사랑스럽기도 했다. 사람 모양의 헝겊 인형은 그렇게 아이의 감정을 공유하는 친구가 되었다.

오감을 만족시키는 촉감 인형

곰 인형 이후 아이에게 다른 모양의 인형을 선물했는데 아이의 호감도가 100%로 상승했다. 이왕 가지고 노는 인형이 오감을 만족시켜주면 더 좋을 것 같아 애벌레 인형을 선택했는데 딱 들어맞은 것이다. 머리 위로 솟은 더듬이부터 말똥말똥한 눈망울까지, 일단 생김새부터가 여타 인형들과 달랐다. 애벌레가 갖고 있는 다리 수만으로도 호기심 상승! 비주얼만으로 승부하던 인형들이 점점 업그레이드되어 촉감도 마디마디 달랐고 엉덩이를 꾹 누르면 멜로디까지 흘러나왔다. 큰아이는 돌 무렵에 너무늦게 사줬는데 오히려 둘째와 시기가 맞는 인형이었다. 손가락에 힘이 생기기 시작해 무엇이든 잡으려고 할 때쯤 가지고 노니 제격이었다. 이리저리 촉감을 느끼고 멜로디를 들으며 어찌나 잘 갖고 노는지, 아이 표정이 하도 다양해 이때 찍어둔 사진만 수십 장이 넘는다. 애벌레 인형은 우리 집에서 오랜 시간 사랑받고 있는 인형 중 하나다. 인형이라고 단순한 기준으로 구매하지 말고 아이의 월령에 맞춰 좋은 친구를 만들어주듯 신중하게 선택하면 아이의 감성이 더욱 풍부해진다.

헝겊 인형, 촉감 인형 세탁 방법

물을 받아 액상 세제를 푼다. 가루 세제는 혹시 찌꺼기가 남을 수 있으니 가급적 피하는 것이 좋다. 세제를 푼 물에 인형을 담가두었다가 손으로 조물조물 주무른 다음 여러 번 깨끗하게 헹군다. 모양이 틀어지거나 솜이 뭉칠 수 있으므로 비틀지 말고 가만히 눌러 물기를 뺀 다음 그늘에 말린다. 다 마르면 햇볕에 다시 한 번 바짝 말려 일광소독을 한다.

마미파워의 선택

1 케이즈키즈 헝겊 자극 애벌레 에릭칼 멜로디 감각놀이

기본 4색을 베이스로 시각, 촉각, 미각, 청각을 자극해 균형적인 감각 발달을 돕는 에듀케이션 인형이다. 애벌레 몸통에서 맑고 투명한 방울소리가 들려 아이의 호기심을 자극하는 게 특징. 이마를 누르면 삑삑 소리가 나고 얼굴을 비비면 볼에서 바스락 소리가 나는데, 이 바스락 소리가 뱃속에서 들었던 엄마가 배를 쓰다듬는 소리와 닮아 아이들이 안정감을 느낀다. 부드러운 촉감도 좋다.

마미파워의 한마디 소재 특성상 먼지가 잘 묻는다. 에릭칼 애벌레는 멜로디 나오는 부분 때문에 세탁이 어렵다.

INFO 오픈 마켓(11번가, G마켓, 옥션, 인터파크) 2만~4만원대.

2 블라블라 니트 인형

페루에서 생산한 질 좋은 자연 섬유를 사용해 선이 부드러우며 껴안아주고 싶도록 만든 제품. 고대 잉카제국으로부터 전수된 직조 기술을 바탕으로 만들어 견고함이 남다르다. 손으로 만들었을 때만 느낄 수 있는 따뜻함이 전해진다. 아이는 물론 어른도 좋아하는 핸드메이드 제품. 한국 생활환경시험연구원에서 KC마크를 받아 안전하다. 블라블라 인형을 아이의 첫 인형으로 준비하는 경우가 많고 DIY 제품으로 만드는 엄마들도 있다. 팔이 길어서 폭 안아주거나 어부바놀이를 할 때도 좋다.

마미파워의 한마디 니트 제품이라 아이가 물고 놀 경우 올이 풀리거나 소재 특성상 보풀이 일어날 수 있다.

INFO WWW.BLABLAAP.CO.KR 6만원대.

3 젤리켓

영국에서 건너온 인형. 친숙하고 사랑스러운 동물 캐릭터를 모티브로 만들어 아이들의 유대감과 감성을 키워준다. 특수 제작한 극세사 원단으로 털을 만들어 촉감이 매우 부드러워 아이들이 마음껏 껴안고 뒹굴며 놀아도 안심이 된다. 아이의 촉각 발달을 위해 발과 엉덩이 부분에 좁쌀 크기의 구슬을 충전해놓았다. 아이의 잠자리 친구로 활용하면 아이의 독립심을 키우는 데 도움이 된다.

마미파워의 한마디 시간이 지나거나 세탁을 하면 털이 뭉치기도 한다.

INFO WWW.PETITELINSTORE.COM 4만원대.

05. CHAPTER

기저귀 정리함

005

매일 사용하는 물건들을 정리하는 제품

신생아 때는 기저귀부터 물티슈, 거즈 수건, 내의, 장난감 등 하루에도 여러 번 손이 가는 물건이 많다. 이럴 때 필요한 것이 바로 정리함. 모든 물건을 한 곳에 정리한 다음 가까운 곳에 두면 다른 사람이 아이를 돌볼 때도 수월하다.

자주 쓰는 육아용품 찾기가 더 힘들다

육아용품을 준비하다 보면 생각보다 종류가 많아 놀라게 된다. 그중 신생아 때부터 필요한 기저귀, 우윳병, 거즈 수건, 물티슈, 손싸개, 배냇저고리 등은 수시로 사용하는 것들이라 가까운 곳에 정리하는 것이 중요하다. 막상 물건이 필요할 때 바로 찾지 못하거나 다 쓰고 없어 난감한 상황이 발생할 수 있기 때문이다. 신생아 때는 기저귀를 갈아준 지 얼마 되지 않아 대변을 보기도 해 갑자기 기저귀가 필요한 경우가 많다. 또 기저귀를 갈아주다 오줌 세례를 받는 경우도 있어 물티슈는 늘 옆에 준비해놓아야 한다. 아빠가 아이 기저귀를 갈아주라도 하면 기저귀나 물티슈의 위치를 일일이 알려줘야 하기 때문에 오히려 시키는 것이 더 힘들다. 그래서 꼭 필요한 것이 기저귀 정리함이다. 아이 옆에 작은 정리함을 두고 하루에 사용할 양의 기저귀와 물티슈, 거즈 수건 등을 담아두고 자주 쓰지 않는 것들은 베이비 장에 넣어두면 편리하다.

이동 가능한 기저귀 정리함이 편하다

출산 경험이 있는 동생은 자주 쓰는 아이 물건들을 이동 가능한 기저귀 정리함에 넣어두었다. 사실 기저귀 정리함에는 기저귀뿐만 아니라 아이와 관련된 모든 물건을 용도별로 구분해서 정리할 수 있다. 동생이 사용한 제품은 4개의 봉으로 플라스틱 바구니를 연결한 4단 바구니 제품이었다. 바구니 옆면에 봉만 끼우면 돼 조립도 간단했다. 아랫부분에 바퀴가 있어 이동이 가능하고, 바구니 옆에 아이 옷을 걸 수 있는 행거가 있어 배냇저고리나 내의 등을 걸어놓거나 거즈 수건을 빨아 널기에도 좋았다. 동생은 가장 많이 쓰는 기저귀와 물티슈, 거즈 수건은 1단, 아이 옷이나 수건, 보디 용품들은 2단에 보관했다. 그리고 몸을 반쯤 일으켜야 꺼낼 수 있는 3단과 4단에는 손이 덜 가는 제품들을 정리해놓고 아이의 월령에 맞춰 위치를 바꿔가며 사용했다.

마미파워의 선택

코코맘 기저귀 정리함
바구니의 깊이와 간격이 다양해 효율적인 수납이 가능하다. 설치 장소나 용도에 맞게 크기 조절이 가능하고 연결고리가 없어도 쉽게 밀리지 않는다. 기둥이 손쉽게 분리되어 공간 활용도가 높고 아이가 성장한 이후에도 사용 가능해 경제적이고 실용적인 편. 바구니 바닥에 물기가 빠지는 홈이 있어 욕실에서도 사용할 수 있고, 캡이 있어 물건을 위생적으로 보관할 수 있다.
마미파워의 한마디 무거운 물건을 넣으면 이동할 때 흔들림이 있을 수 있다.
INFO 오픈 마켓(11번가, G마켓, 옥션, 인터파크) 4만원대.

1 스마일 기저귀 정리함(뚜껑형)
멀티 홀더 제품으로 수납공간을 3배 이상 넓힐 수 있고 4면 어느 쪽에서나 여닫기가 가능한 것이 특징이다. 모든 단에서 캡과 멀티 홀더 장착이 가능해 원하는 용도에 맞게 사용 가능하고, 넓은 쪽에서 덮개를 여닫을 수 있어 물품을 꺼낼 때 편리하다. 어느 방향에서나 손잡이를 끼울 수 있고, 빈 구멍은 홀캡으로 깔끔하게 처리되어 있다.
마미파워의 한마디 바닥에 물 빠짐 구멍이 있어 욕실에서도 쓸 수 있다.
INFO LIVINGSMILE.CO.KR 3만원대.

제이제이콜 기저귀 정리함
심플하고 실용적인 디자인으로 집 안 어디에 두어도 잘 어울린다. 동일한 패턴의 방수 패드와 미끄럼 방지 고무 패드가 있어 사용하기 편하다. 손잡이가 있어 이동하기 편하고 종이 재질이지만 단단하고 실용성이 높다.
마미파워의 한마디 이동이 편리하고 단단하다.
INFO 오픈 마켓(11번가, G마켓, 옥션, 인터파크) 2만 5천원대.

05. CHAPTER

장난감 정리함

―― 006 ――

장난감을 크기나 용도별로 나누어 담을 수 있는 물건

아이에게 억지로 장난감을 사준 시절이 있었다. 아이가 장난감을 가지고 노는 모습이 보기만 해도 좋아 틈만 나면 사주었던 그때. 나는 대체 왜 그랬을까?

장난감 나라인 우리 집

아이를 키우다 보면 하나씩 늘어가는 장난감. 첫아이 돌 전에 아이를 데리고 처음 마트에 갔는데 그때 내가 사주고 싶어 안달이었다. 아직 어려서 장난감이 뭔지 잘 모르는 아들은 눈을 동그랗게 뜨고 그저 구경만 하고 있었는데 나는 아이가 장난감을 혼자 갖고 앉아 귀엽게 노는 모습을 상상하며 내 마음에 드는 장난감을 아이에게 사주었다. '빨리 커서 함께 장난감 사러 오면 좋겠다.'는 지금 생각하면 도저히 말도 안 되는 생각까지 하면서 말이다. 그렇게 시작된 장난감 구입은 큰아이가 다섯 살인 지금 우리 집을 장난감 나라로 만들기에 충분했다. 선물 받은 것부터 아이가 원해서 산 것까지 합하면 그 양이 정말 어마어마했다. 장난감이 많아지고 정리가 필요했지만 이 많은 양의 장난감을 어디에 어떻게 정리해야 할지 고민스러웠다. 이웃 중에는 큰 통 형태로 만든 깜찍한 동물 모양 장난감 정리함에 장난감을 다 담아두었다. 아이가 어릴 땐 장난감의 크기도 크고 아이 스스로도 정리 정돈을 제대로 할 수가 없어 한 번에 넣고 보관하는 함이 더 편하다는 것. 그 이야기를 듣고 장난감 정리함을 사려고 했지만 마침 교재를 구입하고 받은 예쁜 자동차 모양 박스가 있어 이것으로 한동안 장난감 정리함을 대신했다.

교구재와 장난감을 분리한다

그 사이 아이가 더 자라면서 점점 크기가 작은 장난감도 늘었고 부품으로 조립하는 장난감도 많아졌다. 미술도구나 재료 등 다양한 준비물도 늘어 갔다. 사정이 이렇다 보니 박스 하나에 몽땅 다 담아두면 오히려 찾을 때 시간이 더 오래 걸려 장난감과 교구, 학습 재료들을 구분해서 정리할 필요가 있었다. 아이에게도 정리하는 습관을 길러줘야 했다. 그래서 서랍용 수납장 하나를 구매했다. 서랍용 수납장은 아이의 장난감 종류에 따라 구분이 가능해 찾기가 쉽고 서랍이 통째로 빠져 서랍을 빼서 그 안에 있는 장난감을 가지고 놀다가 다시 잘 담아서 서랍을 끼우면 되었다. 하지만 서랍장 특성상 높이가 있거나 부피가 큰 장난감들은 많이 수납되지 않았다. 그래서 피스가 많은 자석 교구나 크기가 작은 장난감 블록 등 한 곳에 보관해야 사용이 가능한 장난감이나 교구들 위주로 보관했다. 아이가 자주 사용하는 장난감은 아이의 키를 기준으로 낮은 곳에 정리를 해 아이가 쉽게 열고 꺼낼 수 있게 한 후 스스로 정리하게 했다. 이렇게 구분해주고 나니 아이도 정리하는 습관이 생겨 좋았다. 키가 닿지 않아 활용이 제일 떨어지는 위 칸에는 아이가 만지지 않았으면 하는 어린이용 가위나 풀, 그리고 한번 꺼내면 남용하기 쉬운 스티커 등을 보관했다.

장난감 정리의 끝은 어디일까

책이 많아지기 전까진 책장에 장난감을 진열해두거나 수납 박스를 놓고 부피가 작아서 분실하기 쉬운 작은 장난감들을 넣어두기도 했다. 하지만 이런 노력에도 불구하고 장난감 정리는 완벽하게 해결되지 않았다. 공이며 부피가 큰 로봇 등 점점 몸집이 커지는 장난감들은 그 몸값도 비싸서 고이 모셔야 했는데, 결국 아이 방 베란다를 놀이방처럼 만들어 예전처럼 몽땅 한 곳에 담아서 보관하기도 하고 아이가 쓰던 베이비 장을 활용해 아이 로봇 전시장으로 활용하고 있다. 장난감의 완벽한 정리, 과연 그 끝이 있을까? 아이 키우면서 그 끝을 만나게 될지는 여전히 의문이다.

마미파워의 선택

1 한샘 샘키즈 수납장
베이지 컬러 몸통에 컬러풀한 수납 박스들을 끼워 방을 꾸미기에 좋다. 2가지 크기가 있으며, 칸칸이 나뉘어 있어 기저귀나 의류, 속옷, 약품 등을 분류해서 넣을 수 있다.
마미파워의 한마디 큰 장난감들을 넣기 힘들다.
INFO WWW.HANSSEM.COM 17만원대.

스텝2 큰 정리함
앞으로 잡아당겨 닫고 위로 밀어 넣는 독특한 뚜껑이 달린 정리함. 많은 양의 장난감을 수납할 수 있으면서 최소한의 공간만 차지해 효율적이다. 모서리가 둥글어 안전하고 큰 장난감 수납도 문제없다. 위쪽에 선반이 있어 아이들이 좋아하는 사진 액자나 장난감으로 장식할 수도 있다.
마미파워의 한마디 칸이 분리되지 않아 장난감을 막 넣게 된다.
INFO 오픈 마켓(11번가, G마켓, 옥션, 인터파크) 17만원대.

05. CHAPTER

책상·의자

——— 007 ———

아이가 책을 읽고 상상할 수 있는 공간

아이가 어릴 때는 곳곳에 책을 두고 틈나는 대로 손을 뻗어 책을 읽어주었다. 그러나 아이가 점점 자라자 책을 읽거나 학습지 등을 공부할 때 집중력이 필요했다. 이때 아이만의 책상과 의자를 마련해주면 스스로 하려는 자립심과 함께 학습 습관을 길러줄 수 있다.

아이가 학습하는 공간이 필요하다

아이를 키우다 보니 건강 다음으로 많이 신경 쓰는 것이 교육이다. 처음에는 학습지 사은품으로 받은 가벼운 자석 책상을 사용했다. 이동이 간편하고, 철판 소재라 오염물이 쉽게 닦여 편리했다. 하지만 이런 책상은 오래 앉아 있기 힘든 돌 전후의 어린아이가 사용하기에 좋은 것 같다. 아이에게 책상에 대한 인식을 심어주기 위해 학습용으로 쓸 수 있는 유아용 책상과 의자를 구입했다. 주니어 책상은 좀 이른 듯해 유아용으로 선택했다. 아이가 제 몸에 딱 맞는 옷을 입은 듯 의자나 책상의 높이 모두 아이에게 적합했다. 이곳저곳으로 옮기지 않고 한자리에 설치해 책상에 앉아 있는 시간만큼은 놀이나 학습에 집중할 수 있도록 유도했다. 몸에 맞는 의자를 구입하자 자세도 교정되고 학습 습관을 길러주는 데도 효과적이었다. 유아용이라서 아이의 방 인테리어 효과도 톡톡히 했다.

아이가 둘이라면 다인용 책상을 구입하자

유아용 책상은 2인용이나 4인용으로 구성된 것들도 있다. 아이가 하나일 때는 엄마가 옆에서 책을 읽어주거나 학습 지도를 해주어야 하기 때문에 2인용 책상이 좋고, 우리 집처럼 아이가 둘인 경우에는 서로 자리 쟁탈전을 벌이는 일이 많으므로 3인용이나 4인용을 선택한다. 그러면 책상도 넓고 서로 앉겠다고 싸우는 일도 줄어 평화가 유지된다. 아이들 책상을 구입할 때는 유성 펜이나 크레파스 등에 노출되기 쉬우므로 오염 제거가 잘되는지, 아이에게 무해한 친환경 소재인지 꼼꼼히 확인해야 한다. 또한 아이가 어릴 때는 책상 밑으로 들어가 자신만의 놀이 공간으로 자주 사용하기 때문에 책상 다리 부분의 마감 처리가 잘되었는지, 모서리 부분에 위험요소는 없는지, 아이의 무게를 감당할 만큼 안전하고 견고하게 만들어졌는지 등도 반드시 체크해야 한다.

마미파워의 선택

1 야마토야 부오노 아미체
두꺼운 순수 목재를 사용해 내구성이 강하고, 책상과 의자 모두 성장 단계에 맞춰 2단계로 높이 조절이 가능하다. 모서리 부분을 곡선으로 처리해 안전하며, 바닥 긁힘을 방지하기 위한 보호 쿠션이 부착되어 있다.
마미파워의 한마디 연필, 지우개 등 잃어버리기 쉬운 물건들을 보관하는 공간이 있고, 서랍이 있다.
INFO WWW.DIBAMBI.COM 16만원대.

스텝2 책상 의자 세트
성인이 사용해도 무방할 정도로 내구성이 좋은 제품. 여러 해 사용해도 변색과 마모가 적고 접히지 않는 일체형 의자라 이음새에 다칠 염려도 없다. 모서리도 둥글게 처리해 안전하다.
마미파워의 한마디 플라스틱 소재라 의자가 조금 미끄러울 수 있고 가벼워서 아이 힘으로 밀릴 수 있다.
INFO 오픈 마켓(11번가, G마켓, 옥션, 인터파크) 11만원대.

2 숲소리 책상
화학 페인트를 사용하지 않고 20가지 나무의 색과 결을 그대로 살려 만들었다. 화학 도장을 하지 않아 천연 나무 고유의 향균 효과(피톤치드)가 있어 아토피에 좋다. 수작업으로 만들어 보이지 않는 곳까지 깔끔하고 안전하게 처리되어 있다. 의자는 2단으로 높이 조절이 가능해 18개월부터 초등학교 입학 전까지 사용할 수 있다. 발 받침대는 분리가 가능해 책상이나 테이블로도 사용할 수 있다.
마미파워의 한마디 사전 예약해서 구매하지 않으면 가격대가 높은 편이다.
INFO WWW.AILEENMOM.COM 30만원대. (사전 예약 시 18만원).

3 피콜리노 리틀모던 테이블 앤 체어스
아이 2명이 함께 앉을 수 있는 테이블. 초등학교 저학년까지 사용 가능하고 홈스쿨 시 엄마나 선생님도 함께 앉을 수 있다. 테이블 상판을 뒤집으면 초크 테이블로 변신하는 게 특징. 아이들이 분필로 마음껏 그림도 그리고 지울 수 있다. 이중 박스 형태의 구조라 성인이 올라서도 될 만큼 튼튼하다.
마미파워의 한마디 조립하는 데 다소 시간이 걸린다.
INFO WWW.THEWALL.KR 25만원대.

05. CHAPTER

아이 소파

008
아이를 달라지게 만드는 마법의 공간

아이들은 호기심이 많아 한시도 가만히 앉아 있지 못한다.
그런데 아이 전용 소파라니, 사치라는 생각이 들고 필요성도 전혀 느끼지 못했다.
그러나 돌 선물로 아이 소파를 받아 사용해보니 정말 좋았다.
기대도 안 했는데 버리기 직전까지 완벽하게 사용했다.

아이의 자율성을 일깨워주다

아이에게 책을 읽어줄 때마다 아이를 소파에 앉혔다. 아이 소파에 앉히자 자세도 바르고, 굳이 테이블이 없어도 아이와 시선을 맞추기가 편했다. 무엇보다 소파에 앉아 책을 읽는 습관을 들이자 어느 날부터는 아이 스스로 소파에 앉아 그림책을 넘겨보기 시작했다. 또한 눈이 나빠진다며 아무리 뒤로 오라고 해도 말을 잘 듣지 않던 아이가 자기만의 소파가 생기자 딱 그 자리에 앉아서 TV를 시청했다. 엄마 아빠가 앉는 소파에는 절대 앉지 않던 아이였는데, 소파 덕에 자세도 교정하고 시력 건강도 지킬 수 있었던 셈이다. 뿐만 아니라 아이 소파는 로봇도 되고 공룡이 타고 다니는 탱크가 되기도 해 장난감 역할도 톡톡히 해냈다. 인테리어 효과도 있어 작은 소파 하나로 아이 방 분위기도 산뜻하게 달라졌다. 다양한 상황에서 예상치 못한 덤들을 얻으면서 아이 소파는 사치품이라는 내 생각도 달라졌다.

아이 소파 잘 고르는 방법

우리 집에는 패브릭 소파와 비교적 단단한 재질의 소파 2가지가 있다. 그런데 단단한 소파는 둘째가 가끔 달려가서 앉다가 부딪쳐 울고, 패브릭 소파는 두 아이가 장난을 치다가 소파와 함께 뒤로 넘어가 바닥에 부딪치기도 했다. 아이 소파를 고를 때는 아이가 뛰기도 하는 만큼 아이의 무게를 감당할 수 있는지, 쿠션과 내구성이 좋은지, 아이 피부에 적합한 친환경 소재인지 등을 잘 살펴보아야 한다. 또 크레파스나 물감, 음식물에 오염되는 일이 잦기 때문에 손쉽게 세탁할 수 있는지, 방수 효과가 있는지 등도 꼼꼼히 확인해야 한다. 소파를 사고 싶지 않다면 폴더 매트를 구입해서 사용하는 것도 방법이다. 그리고 폭신폭신한 빈백 소파도 있으니 아이나 엄마가 좋아하는 스타일, 필요한 이유 등을 고려해서 선택하면 된다.

마미파워의 선택

1 파크론 뽀로로 삑삑이 의자
아이들이 좋아하는 뽀통령 의자로 앉으면 재미있는 소리가 나 아이들이 좋아한다. 쿠션이 푹신하고 모서리 없이 둥글게 처리해 안전하다. 가볍고 가격도 착해 실용적이다. 다만 1~4세(25kg) 이하만 사용할 수 있다.
마미파워의 한마디 의자의 수평이 맞지 않을 경우 다리 사방에 힘을 가해 수평을 맞추어야 한다.
INFO WWW.PARKLON.CO.KR 1만 2천원대.(오픈 마켓 가격 비교 권장.)

2 피콜리노 리틀리더
가벼워서 아이 혼자서도 들고 이동할 수 있으며, 등받이가 높아 편하게 기댈 수 있다. 넓은 삼각형 모양의 뒤로 넘어지지 않는 안정된 구조로 읽던 책을 꽂을 수 있도록 옆에 주머니가 달린 게 포인트. 고밀도 폼으로 만들어 자세를 잡아주면서도 푹신하다. 작아 보여도 5세까지 무난하게 사용할 수 있다.
마미파워의 한마디 온라인 내수품과 피콜리노 정품의 차이가 있으니 확인하고 구입해야 한다.
INFO THEWALL.KR 8만 9천원대.

3 디자인스킨 케이크 소파
블록 하나와 2단 프레임 매트로 구성되어 있고 색상이 다양하다. 아직 움직임이 서툴러 쉽게 넘어지는 아이를 범퍼에 안전하게 앉혀둘 수 있다. 이때 소파의 스툴을 발 받침대로 쓰면 좋다. 때로는 푹신한 책상으로, 때로는 블록놀이 장난감으로 다양하게 활용할 수 있다.
마미파워의 한마디 등받이 부분이 낮은 편이다.
INFO WWW.EDESIGNSKIN.COM 14만원대.

치코 트위스트 암체어
아이 전용 안락의자로 쿠션과 등받이가 푹신하고 편안하다. 사이드 암레스트가 안정적인 자세를 잡도록 도와준다. 기본 의자부터 소파까지 3단계로 변형이 가능하고 커버가 분리되어 세탁하기도 쉽다.
마미파워의 한마디 소재의 특성상 쉽게 오염될 수 있지만 세탁이 가능하다.
INFO SHOP.CHICCO.CO.KR 8만 9천원대.(오픈 마켓 가격 비교 권장.)

피셔프라이스 쥬쥬러브 하트 2인용 소파
LG하우시스 원단을 사용한 100% 국내 생산 제품. 소파 밑부분이 바닥에서 띄워져 바닥의 먼지와 이물질이 붙지 않고 생활 방수가 가능하다. 널찍해서 균형감과 안정감이 있으며 누울 수도 있다. 형제·자매가 함께 이용할 수 있는 소파. 물론 1인용도 있다.
마미파워의 한마디 쿠션은 좋지만 프레임이 목재라 세게 부딪치면 충격이 있다.
INFO 오픈 마켓(11번가, G마켓, 옥션, 인터파크) 9만원대 후반.

4 피콜리노 리틀리더 슬리퍼
고밀도 폼 제품이라 푹신해서 아이들이 좋아한다. 2명이 함께 앉을 수 있다. 책을 넣을 수 있는 사이드 포켓이 있고 펼치면 낮잠용 침대로 변신하는 게 특징. 옆 부분이 널찍해 넘어지지 않고, 특수 마이크로 스웨이드 재질이라 물이 잘 스며들지 않고 오염을 쉽게 제거할 수 있다.
마미파워의 한마디 온라인 내수품과 피콜리노 정품의 차이가 있으니 확인하고 구입해야 한다.
INFO WWW.THEWALL.KR 13만원대 후반.

4

05. CHAPTER

수면등
009
좋은 잠자리 습관을 길러주는 도구

수면등은 엄마와 아이 모두에게 꼭 필요하다.
특히 아이가 엄마 품을 떠나 자신의 방에서 혼자 잘 때 수면등을 켜두면
숙면을 도와주고 혼자 자는 습관도 길러준다.

수면등이 없을 때 겪은 일

아이가 어릴 때는 불을 끄고 잘 수가 없다. 밤중에도 수유를 하고 기저귀를 갈아야 하기 때문이다. 그렇다고 아이가 자는데 형광등을 켤 수는 없는 노릇. 그래서 집에 있는 책상용 스탠드를 멀리 놓고 아이 쪽으로는 빛이 들지 않게 하면서 육축에 필요한 최소한의 빛만 사용했다. 그러다 아이가 20개월쯤 되어 이제 불을 끄고 자려 했더니 아이가 무섭다며 끄지 못하게 했다. 엄마 아빠랑 함께 자는데 뭐가 무서우냐며 아이의 숙면을 위해 불을 끄고 자는 습관을 길러주려 했지만 실패했다. 당시 사용하고 있던 스탠드는 크기도 하고 책을 볼 때 시력을 보호하는 기능이 있어 빛을 줄여도 수면을 방해하는 하얀 빛이었고, 아이가 자다가 굴러 건드리면 쓰러지기도 해 결국 수면등을 구입했다.

수면등은 벽에 붙이는 것이 좋다

요즘 나오는 수면등은 모양이 워낙 깜찍하고 예뻐서 아이가 수면등에 관심을 보이느라 잠을 자지 않는 부작용도 있다고 한다. 나는 콘센트에 꽂아서 사용하는 기본적인 스타일의 수면등을 구입했다. 반드시 일어나서 버튼을 눌러야 하는 단점이 있었지만 가격도 저렴하고 기능도 좋았다. 꽂아서 사용하니 아이가 굴러다니며 잠을 자도 등이 쓰러지거나 깔릴 일이 없어 만족스러웠다. 하지만 제품에 따라 발열하는 경우도 있으니 아이가 수면등을 만지지 않도록 주의해야 한다.

혼자 자는 습관을 길러줄 때 유용하다

수면등은 아이에게 혼자 자는 습관을 길러줄 때도 도움이 된다. 지인의 경우 아이들을 키울 때 불을 다 끄고 잠을 재웠는데, 아이가 초등학생이 되어 자신의 방에서 독립 생활을 시작할 때 수면등을 구입했다. 엄마 아빠 옆에서만 자다 혼자 자려니 무서웠는지 아이가 불을 켜달라고 했기 때문이다. 아이가 잠이 들면 불을 껐더니 새벽에 잠이 깨기라도 하면 무섭다며 안방으로 건너와 이후에는 아이가 잠이 들어도 수면등을 켜두어 새벽에도 혼자 자도록 유도했다.

마미파워의 선택

1 램프다 해님 수면등 소켓형

아이들이 좋아하는 귀여운 해 모양 수면등. 전구로 빛을 내는데 다이얼 스위치로 빛을 조절할 수 있다. 소켓은 불에 타지 않는 세라믹 소재이고 뒷면은 철로 만들어 안전하다. 소켓에 철로 만든 커버를 씌워 손가락을 넣지 못하게 만들었다.

마미파워의 한마디 다양한 디자인이 많아 선택하여 사용할 수 있다.

INFO WWW.LAMPDA.CO.KR 2만원대.

2 더우드랜드 수면등

부드러운 플라스틱 제품으로 LED 방식이라 쉽게 뜨거워지지 않아서 안전한다. 전기가 아닌 건전지를 사용해 원하는 장소로 이동하기도 편하다. 침실, 거실, 아이 방 등 모든 공간에 활용 가능하며, 캠핑장에서도 유용하게 쓰인다.

마미파워의 한마디 크기가 작고 동물 모양에 따라 채색이 깔끔하지 못한 제품이 있다.

INFO 오픈 마켓(11번가, G마켓, 옥션, 인터파크) 1만원대.

필립스 버디 수면등

귀여운 캐릭터 디자인의 수면등으로 아이들이 좋아한다. 사용법이 간단하고 하이파워 LED라 독서등으로도 쓸 수 있다. 부드럽게 빛나는 달님을 취침등으로 사용하며, 달님이 해님으로 바뀌면서 기상시간 알람 기능도 하는 것이 특징.

마미파워의 한마디 가격대가 높은 편. 안전한 라운딩 타입이며 램프를 교체하지 않아도 된다.

INFO 오픈 마켓(11번가, G마켓, 옥션, 인터파크) 6만원대.

05. CHAPTER

바운서·스윙
<small>010</small>
엄마를 편하게 해주는 아이템

신생아를 둔 엄마들 사이에서 아이를 눕히기만 하면 조용해진다는 마법의 물건이 있다. 바로 바운서다. 사용 기간이 짧은 편이고 싫어하는 아이들도 있지만, 대다수의 엄마들이 아이를 잠시 눕혀놓고 집안일을 하거나 잠투정하는 아이를 눕혀 재울 때 이만한 물건이 없다며 입을 모아 칭찬한다.

바운서, 어디에 쓰는 물건일까

임신 5개월 무렵 남편의 지인이 바운서를 선물했다. 한 번도 써본 적이 없는 물건이라 남편과 둘이서 한참 동안 사용법을 확인했다. 바운서를 처음 사용한 것은 아이가 생후 한 달이 좀 지났을 때다. 그런데 아이를 눕히니 아직 허리에 힘이 없을 때라 아이가 구부정한 상태가 되어 바운서의 푹 들어간 부분을 블랭킷으로 메우고 최대한 편한 자세로 조심스럽게 눕혔다. 처음에는 아이가 긴장한 듯 어리둥절한 표정을 짓더니 바운서를 살살 흔들어주자 눈을 동그랗게 뜨고 쳐다보았다. 다행히 아이는 울거나 보채지 않았고, 이후로는 바운서에 눕히면 이쪽저쪽을 살펴가며 편안한 자세로 즐겼다. 신생아는 머리가 많이 흔들리면 좋지 않다고 한다. 그러므로 바운서를 이용할 때는 아주 살살 흔들어주는 것이 좋다.

뒤집기를 하기 전 아이에게 유용하다

바운서는 아이가 계속 안아달라거나 안고 흔들어달라고 할 때 많이 이용한다. 나는 아이가 깨어 있는 짧은 시간을 바운서에서 혼자 보내게 하고 싶지 않아 자주 쓰진 않았다. 아이를 눕혀놓고 그림책을 보여주려면 함께 눕거나 허리를 굽혀야 해 이럴 때만 바운서에 아이를 앉혀놓고 눈높이를 맞춰 사용했다. 바운서를 조금씩 흔들며 책을 읽어주거나 노래를 불러주면 아이가 아주 좋아했다. 아이가 좀 더 컸을 때는 바운서 앞에 탈부착되는 장난감을 끼워주었는데 처음에는 관심을 갖더니 금세 시큰둥한 반응을 보였다. 그보다는 자신의 움직임에 반응하며 흔들리는 바운서를 더 즐겼다. 아이가 뒤집기를 하면서부터는 바운서에서 떨어질 수도 있어 사용하지 않았다.

바운서를 싫어하는 아이도 있다

큰아이는 뒤집기를 하기 전까지 바운서를 잘 사용했는데 둘째는 완전히 달랐다. 바운서에 눕히기만 하면 무섭다는 듯 기겁을 했다. 큰아이를 돌보기 위해 잠깐만 눕혀놓아도 자신을 꺼내줄 때까지 큰소리로 울어댔다. 결국 둘째는 바운서를 제대로 사용해보지도 못한 채 뒤집기 시점을 맞았다. 바운서는 사용 기간이 짧고 싫어하는 아이들도 있으므로 무조건 구입하지 말고 주변에서 물려받거나 대여해서 사용하는 것이 좋다.

마미파워의 선택

1 뉴나리프 바운서
부드러운 좌우 흔들림으로 아이의 머리 움직임을 최소화했으며 아이의 체중을 골고루 분산시켜 아이가 누웠을 때 편안하다. 100% 오가닉 코튼으로 만든 친환경 시트라 아이의 민감한 피부에도 좋고 시트를 따로 떼서 세탁할 수 있다.
마미파워의 한마디 무게가 무거워서 출산한 지 얼마 되지 않은 산모는 이동하기 힘들 수 있다.
INFO WWW.AONEBABY.CO.KR 28만원대.

피셔프라이스 인펀투 토들러락커 사파리, 바니
신생아부터 체중 18kg 아이까지 사용 가능한 실용적인 국민 바운서. 신생아 때는 간이 침대나 요람, 아이가 성장하면 흔들의자로도 사용할 수 있다. 2단계로 각도가 조절되고 3점식 안전벨트가 아이를 안전하게 보호해준다. 멜로디 토이 바는 탈부착 가능하며 시트는 따로 세탁할 수 있다.
마미파워의 한마디 등받이 조절 각도가 크지 않다.
INFO 오픈 마켓(11번가, G마켓, 옥션, 인터파크) 4만원대.

피셔프라이스 크래들 스윙
신생아부터 체중이 11kg인 아이까지 사용 가능하다. 양옆, 앞뒤로 모두 움직일 수 있고 6가지 단계로 속도를 조절할 수 있다. 2가지 리듬 스윙 동작이 있으며 잔잔하게 흐르는 노래가 아이를 평온하게 한다. 모빌을 볼 수 있도록 바구니 조절이 가능하고 모빌 중앙에 거울과 장난감이 있어 아이들이 좋아한다.
마미파워의 한마디 자리를 많이 차지하는 편이다.
INFO 오픈 마켓(11번가, G마켓, 옥션, 인터파크) 25만원대.

브라이트 스타트 바운서
아이가 엄마 뱃속에서처럼 편안함을 느낄 수 있는 진동 기능이 있다. 토이 바는 탈부착 가능하며 2종의 장난감이 포함되어 있다.
마미파워의 한마디 스윙 프레임 조립 시 수평을 잘 맞춰야 한다.
INFO 오픈 마켓(11번가, G마켓, 옥션, 인터파크) 4만원대.

05. CHAPTER

배 가리개 · 수면 조끼

— 011 —

아이의 배앓이를 방지하는 옷

아이가 배밀이를 할 때나 이불을 덮지 않으려고 할 때 유용한
배 가리개와 수면 조끼. 없는 것 찾기가 더 어렵다는 육아용품 시장에서
엄마들의 마음을 꿰뚫고 등장한 기특한 물건이다.

이불을 차내고 자는 아이

아이가 아주 어릴 때는 움직임이 거의 없어 이불을 덮어주면 그대로 잘 잤다. 하지만 움직임이 활발해지면서 상황이 달라졌다. 아이 윗옷을 최대한 바지 속에 넣어 배를 가리고 재워도 나중에 보면 이불을 차낸 것은 물론 배를 드러내고 자기 일쑤였다. 날씨가 추울 땐 감기에 걸리거나 배앓이를 할 수도 있고, 여름에는 에어컨을 켜고 생활할 때가 많아 자칫 냉방병이라도 걸릴까 봐 걱정이 이만저만 아니었다. 결국 남편과 내가 자다가 몇 번씩 깨어 이불을 다시 덮어주어야만 했다.

배 가리개, 수면 조끼로 배앓이 걱정 끝

잠자리가 걱정스러워 배 가리개와 수면 조끼를 구입했다. 여름에는 배만 가리고 통풍이 잘 되는 배 가리개를 입혀 배앓이를 방지했다. 하지만 둘째는 배 가리개를 싫어해 그냥 재웠다가 아이가 잠들고 나면 입혀야 했다. 겨울용 수면 조끼는 아이 무릎 밑까지 내려오는 것으로 입혀 이불을 차고 잘 것에 대비했다. 특히 겨울철에 환기를 할 때는 환기 후 집 안 공기가 다시 훈훈해질 때까지 수면 조끼를 입혀놓기도 하고, 너무 추운 날은 실내에서도 내복 위에 수면 조끼를 입혀두었다. 배 가리개와 수면 조끼를 사용하니 아이가 배를 내놓거나 이불을 차고 자더라도 훨씬 마음이 놓였다. 아이가 커서는 봄가을 저녁에 나들이 갈 때 수면 조끼를 입히기도 했다.

마미파워의 선택

1 한스펌킨 사계절 슬리핑 조끼

이불 덮는 걸 싫어하거나 자면서 이불을 차내는 아이들을 위한 슬리핑 조끼. 천연 면을 이용한 친환경 공법으로 만들어 가볍고 부드럽다. 목 라인과 소매 라인은 움직임이 편하고, 앞에 지퍼가 달려 입히고 벗기기도 쉽다. 지퍼가 하단부터 열려 기저귀 교체가 편하고 발목을 밴드 처리해 흘러내리거나 말려 올라가지 않는다.

마미파워의 한마디 표백하지 않은 천연 원단이라 목화씨가 보일 수 있다.

INFO WWW.HANSPUMPKIN.COM 3만 8천원대.

2 한스펌킨 배 가리개 수면 바지

100% 오가닉 면으로 만들어 가볍고 부드럽다. 아토피나 민감한 아이 피부도 OK. 배 부분은 부드럽고 신축성이 있으며, 아이의 배앓이를 방지해준다. 기저귀를 차고 많이 움직여도 답답하지 않은 디자인이다.

마미파워의 한마디 사이즈를 확인하고 구매해야 한다.

INFO WWW.HANSPUMPKIN.COM 2만 8천원대 (사이즈 : S·M·L 3가지).

배꼽키즈 오가닉 멜빵형

오가닉 코튼을 사용해 포근하고 부드럽다. 피부가 민감한 아이도 자극 없이 쓸 수 있다. 흡수 유연제 가공 처리가 되어 있어 땀 흡수율이 높다. 오가닉 제품임에도 가격이 착하다.

마미파워의 한마디 100% 면 원단 특성상 수축이 생길 수 있다.

INFO WWW.BAEKOP.CO.KR 1만 9천원대.

아리와아기 수면 배 가리개

가볍고 내구성이 뛰어난 고기능성 나일론 극세사 소재로 아이 가슴부터 배 아래까지 감쌀 수 있다. 배밀이 시기에 사용하면 아이 배의 살이 바닥에 닿는 걸 막아준다. 건조가 뛰어나고 세균, 곰팡이, 진드기에 대한 방지 기능이 있다.

마미파워의 한마디 아이의 체형과 발달 속도에 따라 개인차가 있으니 사이즈를 잘 선택해야 한다.

INFO WWW.ARIAGI.COM 1만원대 후반.

05. CHAPTER

아이 모기장

◀ 012 ▶

가장 안전한 모기 퇴치용품

여름은 모기의 계절! 요즘 모기들은 아무리 높은 층에 살아도 엘리베이터나 배수구를
타고 올라온다. 그렇다고 한두 마리의 모기 때문에 아이 방에 살균 성분이 강력한
모기 퇴치제를 사용하기도 어려운 일. 이럴 때는 모기장이 제격이다.
유해 성분 없이 가장 안전하게 아이를 모기로부터 보호할 수 있다.

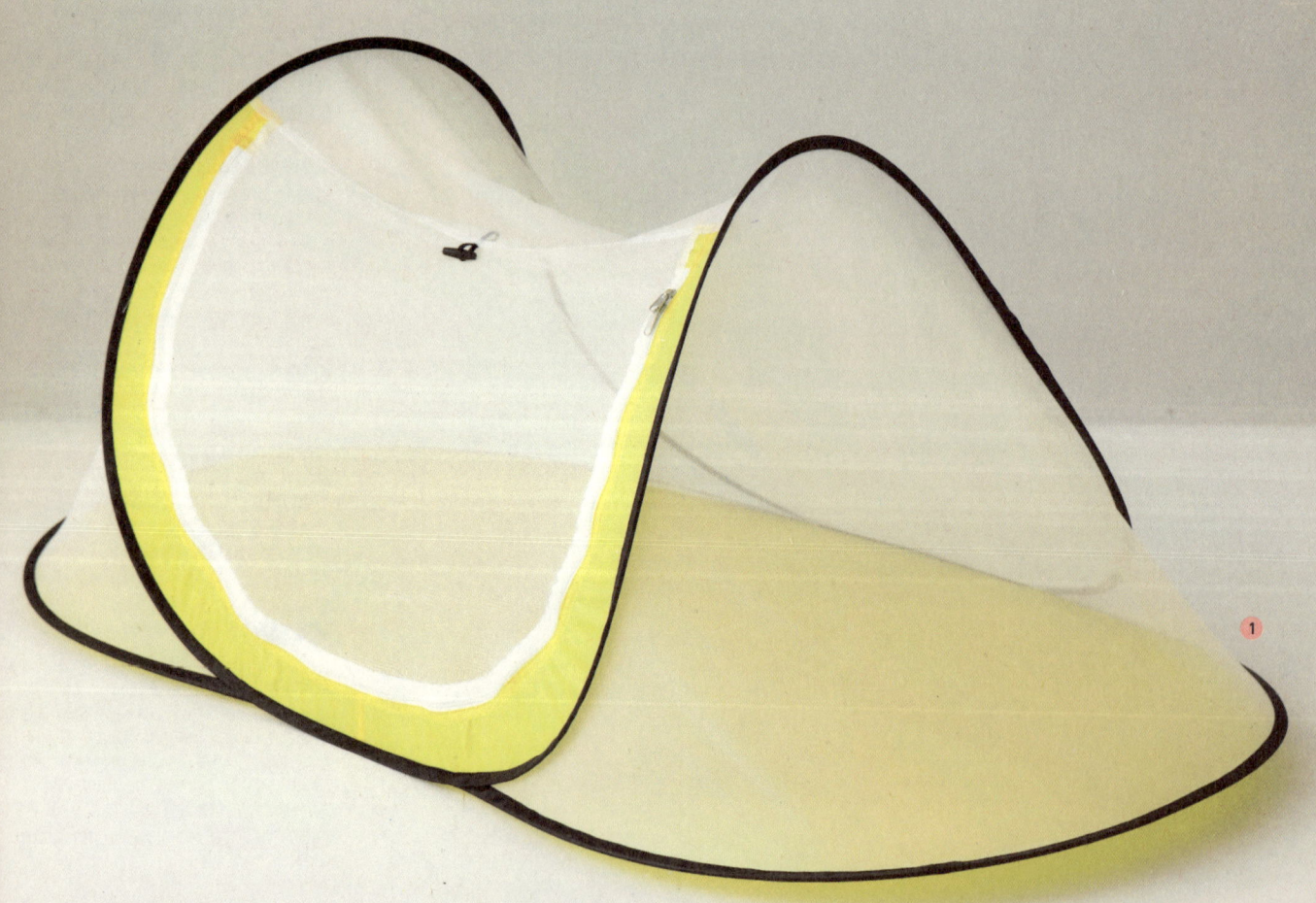

모기장 안으로도 들어오는 모기들

초여름에 태어난 딸이 혹시라도 모기에 물릴까 봐 일찍부터 모기장을 치고 살았다. 모유 수유를 하느라 아이와 함께 자는 매트 위에 대형 모기장을 쳤는데, 모기장 밖으로 나가려고 지퍼를 여는 순간 모기가 들어오거나 지퍼를 여닫는 소리가 너무 커 아이가 깜짝 놀라기도 했다. 한번은 새벽에 모기장 안에서 모유를 먹이고 있는데 귓가에서 모기 소리가 났다. 설마 아이가 물린 것은 아니겠지 하며 아이 몸을 살펴보니 속상하게도 이미 아이의 팔목이 퉁퉁 부어 있었다. 자다 일어난 남편이 결국 모기장에 붙은 모기를 잡았지만 아이 몸에 남은 빨간 자국이 분노지수를 높였다.

모기장 텐트는 사용과 휴대가 간편하다

우리 집은 지퍼가 없고 구부렸다 펴기가 쉬운 모기장 텐트를 사용했는데, 어느 장소에서나 쓸 수 있고 사용 방법도 무척 쉬웠다. 공원 등 야외에 나가거나 장거리 여행을 할 때도 부피가 크지 않고 가벼워 가지고 다니기 편했다. 다만 시댁에 갈 때는 조금 난감했다. 형제가 많아 일단 모이면 대가족인데 내 편의만을 위해 대형 모기장을 칠 수도, 그 안에서 잘 수도 없었다. 그래서 어린 딸을 모기로부터 지키기 위해 아이 전용 모기장을 구입해 사용하고, 집에서는 아이가 낮잠을 잘 때 설치했다. 그러나 아이가 자라면서 움직임이 많아지면 사용하기가 곤란해 전체 사용 기간이 짧다는 단점이 있다.

모기장 텐트를 이중으로 치자

요즘 모기는 진화된 인간의 피를 빨아 먹어서인지 덩달아 지능적인 것 같다. 숨어 있는 모기들이 발견된 장소를 보면 그 영악함에 혀를 내두르게 된다. 그래서 모기로부터 아이를 완벽하게 보호하기 위해 아이 모기장 위에 가족용 모기장을 하나 더 치기로 했다. 이중으로 막으니 확실히 효과가 있었다. 모기장은 아이 혼자 들어갈 만한 크기, 엄마랑 둘이 들어갈 만한 크기, 캐노피식 제품 등 종류가 다양해 집에 맞는 것을 선택하면 된다. 캐노피식은 아이를 눕혀놓고 덮기만 하면 돼 아이 혼자 쓰는 용도로는 제일 적당하다. 그러나 모기장을 쳤다고 안심하진 말자. 잠자리에 들기 전 모기 점검은 필수다.

마미파워의 선택

1 BAD I 2IN1 야외 모기장 팝업 텐트

밀도가 높은 100% 메시 원단을 사용해 작은 벌레도 통과하지 못하게 만든 모기장 텐트. 이중 지퍼를 사용해 안과 밖에서 모두 여닫을 수 있고 접으면 부피가 작아 이동과 보관이 편리하다.

마미파워의 한마디 밝은 노랑 색감이 예쁘지만 색상의 특성상 교환 및 반품이 어렵다.

INFO WWW.BADI.CO.KR 3만원대.

뉴테크 원터치 캐노피 아이 모기장

국내 제품으로 끈과 나사가 없는 원터치 형태다. 잠을 많이 자는 신생아 시기나 4세 미만 아이들의 낮잠용으로 사용하기 좋다. 자는 아이 위에 덮어주기만 하면 돼 문을 열고 들어가는 번거로움이 없다. 촘촘하고 튼튼한 이중 망 구조이고, 하단에 레이스를 달아 벌레나 모기 등이 밑으로 들어오는 것을 막아준다.

마미파워의 한마디 밀폐 포장되어 있어 개봉 시 냄새가 날 수 있다. 하루나 이틀 정도 베란다에 펼쳐놓았다가 사용 권장.

INFO 오픈 마켓(11번가, G마켓, 옥션, 인터파크) 2만원대 중반.

원터치 모기장(1~10인용)

바닥이 없는 모기장.(바닥이 있으면 오히려 미끄러울 수 있다.) 비틀어서 동그랗게 말 수 있어 야외에서 활용하기 좋다. 지퍼가 형광색이라 어두워도 지퍼를 찾기가 쉽고, 출입문 고정 밴드가 있고 지퍼를 안팎에서 여닫을 수 있다. 촘촘한 망과 신소재 와이어를 사용해 접고 펴기도 편하다.

마미파워의 한마디 가방에서 꺼내는 순간 확 펴지니 놀라지 말 것. 혹시라도 아이들 혼자서 펴지 못하게 해야 한다.

INFO 오픈 마켓(11번가, G마켓, 옥션, 인터파크) 1만 7천원대(10인용).

> 05. CHAPTER

침대 가드·집 안 안전용품
013
집 안의 위험으로부터 아이 보호하는 법

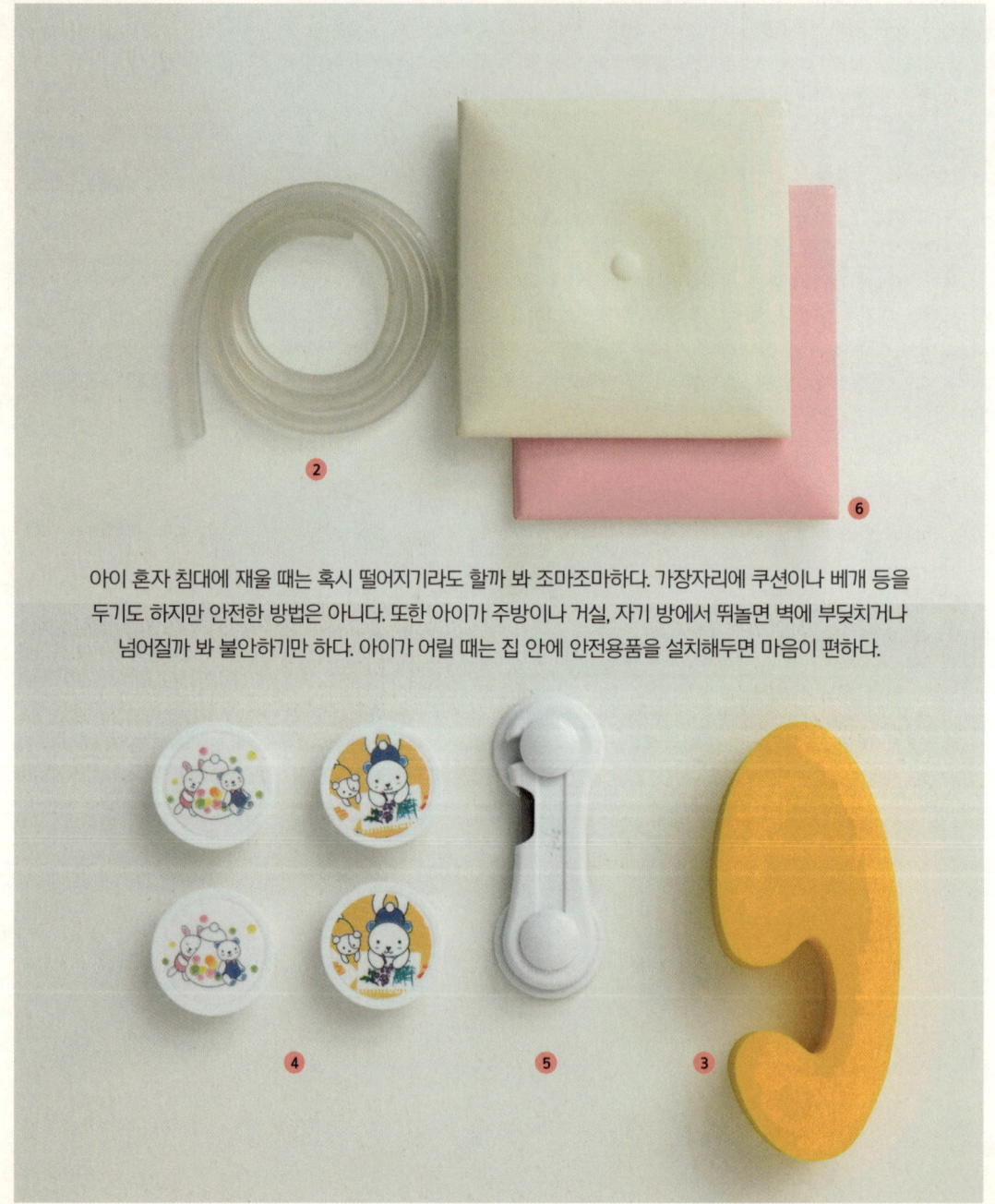

아이 혼자 침대에 재울 때는 혹시 떨어지기라도 할까 봐 조마조마하다. 가장자리에 쿠션이나 베개 등을 두기도 하지만 안전한 방법은 아니다. 또한 아이가 주방이나 거실, 자기 방에서 뛰놀면 벽에 부딪치거나 넘어질까 봐 불안하기만 하다. 아이가 어릴 때는 집 안에 안전용품을 설치해두면 마음이 편하다.

아이가 뒤집기를 시작하면 꼭 준비할 물건

출산 후 나는 침대를 포기하고 살았다. 침대가 잠도 잘 오고 훨씬 편했지만 수유와 유축을 반복하다 보니 아이와 함께 바닥에서 지내는 것이 나았기 때문이다. 그런데 아이와 함께 침대 생활을 한 엄마들은 반드시 침대 가드를 사용했다고 한다. 아이가 어릴 때는 움직임이 거의 없어 엄마의 잠버릇만 심하지 않으면 위험하지 않지만, 아이가 뒤집기를 시작해 이리저리 굴러다니며 잠을 자면 반드시 침대 가드가 필요하다고 했다. 지인 중 하나는 침대를 벽에 붙이고 아이를 안쪽에 두어 엄마가 침대 가장자리를 막고 잤는데 어느 날 아침에 일어나보니 아이가 엄마의 무릎과 발 중간까지 굴러 자고 있었다고 한다. 위험천만했던 상황에 가슴을 쓸어내렸다는 것. 그러므로 엄마가 가장자리를 막고 자더라도 침대 발치 부분에는 반드시 가드를 설치해야 한다.

침대 가드는 제 용도로 사용하는 것이 가장 안전하다

내가 운영하는 '엄마는 마법사' 카페에는 침대에서 아이가 떨어졌다거나, 아이가 괜찮아 보이지만 병원에 가봐야 하는지 등 침대 사고에 관한 문의 글이 종종 올라온다. 이것만 봐도 침대에서 아이가 떨어지는 사고가 빈번하게 일어난다는 것을 알 수 있다. 최선의 침대 사고 예방 방법은 사고가 일어나기 전에 침대 가드를 준비해두는 것이다. 하지만 뭐든 잡고 일어서는 시기의 아이들이나 물건을 타고 넘으려는 아이들에게는 흔들림이 생겨 오히려 더 큰 사고로 이어질 수 있으므로 주의해야 한다. 가드만 믿고 아이를 침대에서 놀게 하는 것은 금물. 아이가 잠을 자는 동안 떨어지지 않게 하는 역할로만 쓰는 것이 바람직하다.

아이가 자랄수록 늘어나는 모서리 보호대

집 안 곳곳에 놓인 가구와 소품들은 이제 막 기어 다니며 이곳저곳을 탐색하는 아이에게 위협적인 존재다. 아이는 시야가 좁고 거리 계산을 못하기 때문에 벽 모서리에 머리를 찧거나 장에 부딪치기도 한다. 무엇이든 붙잡고 일어서는 시기에는 더욱 위험하다. 이때 필요한 것이 바로 모서리 보호대. 아이가 기어 다니는 단계, 붙잡고 일어서는 단계, 붙잡고 걷는 단계, 스스로 걷는 단계를 거칠 때마다 모서리 보호대 수가 점점 늘어나고 그 형태도 다양해진다. 비교적 크기가 큰 식탁이나 책상, 콘솔 등도 예외는 아니다. 그래서 난 여러 가지 모서리 보호대를 사용했다. 직각으로 떨어지는 거실 장이나 진열장, 콘솔 모서리에는 L자나 삼각형 PVC 제품을 붙였는데 투명해서 인테리어를 크게 저해하지 않고 보기에 깔끔했다. 하지만 규격화된 모양이라 모서리 두께와 맞추기가 힘들고 아이가 몇 번 잡아당겨 떼어내면 접착 면이 약해져 나중에는 쉽게 떨어지는 것이 아쉬웠다. 책상과 냉장고에는 아이가 부딪쳐도 아프지 않도록 손가락으로 누르면 들어가는 EDPM 발포 재질 제품을 사용했다. 제품 색상도 월넛부터 오크, 베이지, 화이트, 그린 등 여러 가지라 가구 색상에 맞추면 거부감이 덜했다. 2m로 길게 나와 원하는 만큼 잘라서 쓸 수 있고 곡면에도 자연스럽게 붙일 수 있었다.

집 안 곳곳에 숨어 있는 안전 사각지대

때로는 생각지도 못한 곳에서 아이가 위험할 수 있다. 우리 집은 거실 창문 앞에 소파가 있었는데 어느 날 아이가 소파 팔걸이 부분에 걸터앉았다가 떨어져 창틀에 그대로 곤두박질치는 아찔한 사고가 일어났다. 그 후 박스 테이프처럼 필요한 만큼만 풀어서 쓰는 모서리 보호대를 창틀에 붙여두었다. 두께가 얇고 꺾이는 부분이 없어 원하는 너비와 길이로 잘라서 붙일 수 있었다. 또한 아이가 신나게 뛰어다니며 놀다 보면 벽에 머리를 부딪치기도 하는데 이럴 땐 벽에 넓게 붙일 수 있는 모서리 보호대를 사용하는 것도 좋다. 집 안 곳곳이 아이의 안전을 위협하니 모든 경우를 고려해 그에 맞는 모서리 보호대를 선택한다.

마미파워의 선택

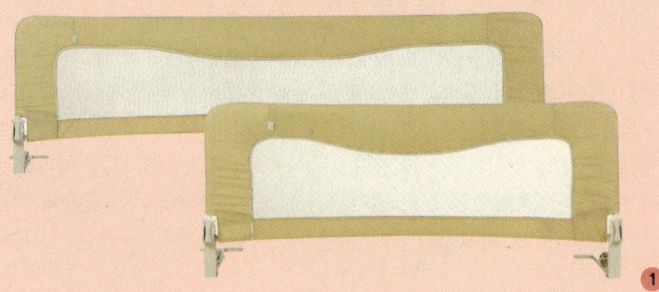

베이비홈 침대 안전 가이드
간단한 조작으로 조립과 분리가 가능하다. 잠금 장치를 통해 쉽게 접고 펼 수 있어 보관과 운반이 편한 것도 장점! 오염 시 커버를 벗겨 세탁할 수 있다. 특히 망사 구조의 패브릭이라 통풍이 잘되고 엄마가 아이를 관찰하기도 좋다.
마미파워의 한마디 매트리스 매립형의 경우 침대와 매트리스 사이 공간이 15cm 이상인 경우에만 설치가 가능하다.
INFO WWW.DIBAMBI.COM 12만원대.

1 한샘 아임 침대 가드
폴더형 제품으로 사용하지 않을 때는 손잡이를 위로 당겨 가드를 접거나 펼 수 있다. 또 가드에 스트랩이 달려 있어 매트리스 끝에 연결하면 평상형 침대에서도 밀리지 않는 것이 특징. 폭신한 재질이라 자면서 뒤척이다 부딪쳐 발생하는 충격이 완화되고, 메시 원단이라 시야가 확보되고 통풍도 잘된다. 커버를 분리해서 세탁할 수 있다.
마미파워의 한마디 가드를 올린 상태에서 몸을 기대거나 충격을 가하지 않아야 한다. 또 사용 시 아이 혼자 두면 안 된다.
INFO WWW.HANSSEM.COM 5만 9천원대(180cm 기준).

모쿠 모서리 보호대
길이가 넉넉해 끊김 없는 작업을 하기 편하고, 원하는 만큼 잘라서 사용할 수도 있다. 3M의 최고급 양면테이프를 사용해 접착력이 강력하고 이물감이 없으며, 부드러운 발포 고무를 압축한 것이라 쿠션이 좋고 충격 흡수가 뛰어나다. 색상이 다양해 집 안 인테리어도 고려할 수 있다.
마미파워의 한마디 아이가 뜯어먹지 않도록 조심한다. 화기에 약한 성질이라 주의가 필요하다. 자주 떼었다 붙였다 하면 접착력이 떨어지는데, 이때는 테이프를 교체해야 한다.
INFO STOREFARM.NAVER.COM/GAPO 7천원대(2m 기준).

2 야가드 투명 모서리 보호대
아이의 안전과 집 안 인테리어 모두 지킬 수 있는 제품. 두께가 얇고 가벼우며 내구성이 우수한 PVC 소재로. 곡선 모서리 처리가 가능하고 필요한 만큼 잘라서 사용할 수 있다.
마미파워의 한마디 아이가 뜯어낼 수 있으니 주의한다. 자주 떼었다 붙이면 접착력이 떨어져 테이프를 교체해야 한다.
INFO WWW.LIVINGPARADISE.NET 9천원대(2m 기준).

3 C형 도어 쿠션
다양한 디자인의 문 관련 안전용품이 있지만 경험상 예쁜 모양은 아이가 장난감으로 여겨 달라고 할 때가 있다. 그래서 가장 기본적이고 저렴한 제품이 기능적으로 가장 좋다. 쿠션이 있는 재질이라 충격 흡수가 좋은 편. 바람 때문에 문이 쾅 닫히는 것을 방지해주고 문에 걸기만 하면 되기 때문에 손쉽게 탈착이 가능하다.
마미파워의 한마디 스펀지 재질로 때가 잘 타는 편. 아이들이 쉽게 잡아 뺄 수 있으므로 아이들 손이 닿지 않는 곳에 두어야 한다.
INFO WWW.LIVINGPARADISE.NET 1천원대 후반.

4 캐릭터 안전 콘센트 커버
콘센트로 인한 감전사고를 방지해주는 안전 덮개. 아이가 젓가락이나 철사 등을 콘센트 구멍에 넣거나 쓰지 않는 자리에 먼지가 쌓여 큰 사고로 이어질 수 있는 안전사고를 미연에 방지할 수 있다. 접지, 무접지 모두 적합하다.
마미파워의 한마디 모양이 귀여워 아이가 관심을 가질 수 있으니 주의한다.
INFO WWW.LIVINGPARADISE.NET 3천원대.

5 안전 잠금이 멀티형
서랍장, 장식장, 옷장 등 아이들이 호기심으로 문을 열 수 있는 곳들을 잠가두는 안전 잠금 장치. 디자인이 깔끔해 인테리어 효과도 있으며 냉장고나 싱크대 등에도 사용 가능하다.
마미파워의 한마디 아이가 조금 크면 여는 방법을 알아내 그 이전에만 사용 가능하다.
INFO WWW.LIVINGPARADISE.NET 2천원대.

6 쿠션 벽 매트
아이들이 벽에 머리를 부딪쳐도 안전하게 보호할 수 있는 폭신한 벽 매트. PVC 생활방수 원단이라 오염이 적고 청소나 관리가 간단해 깨끗하게 사용할 수 있다. 색상이 화사하고 다양해 인테리어 효과도 있다.
마미파워의 한마디 벽 전체에 붙이면 비용이 부담스러울 수 있다.
INFO WWW.LIVINGPARADISE.NET 5천원대(개당).

05. CHAPTER

매트

◀ 014 ▶

아이가 다칠 걱정을 줄여주는 물건

아이가 뒤집기를 시작하면 바닥과 한바탕 전쟁을 벌인다. 온몸을 버둥대다 뒤집기에 성공하지만 그 성취감도 잠시, 바닥에 쿵 하고 머리를 부딪친다. 그러다 다시 한 번 뒤집기 시도. 역시나 성공과 동시에 그대로 쿵! 결국에는 울음을 터뜨리고 마는데, 이때부터는 움직임이 많아지는 아이를 보호하기 위해 매트를 준비해야 한다.

이래저래 매트는 필요하다

아이 허리에 힘이 생기면서 스스로 앉는 시기에는 가만히 앉아서 잘 놀다가도 한순간의 방심으로 뒤로 넘어지는 경우가 종종 있다. 그때 폭신한 매트가 깔려 있으면 큰 위안이 된다. 또 걷는 시기가 오면 아이는 걸음마를 연습하면서 수많은 시행착오를 겪는데, 툭하면 엉덩방아를 찧거나 무릎을 바닥에 부딪치며 넘어진다. 이럴 때도 매트가 있으면 OK. 매트가 충격을 흡수해 아이가 다치는 것을 막을 수 있다. 소파에서 바닥으로 수없이 뜀박질을 할 때도, 아빠와 씨름을 하거나 닭싸움으로 겨루기를 할 때도 매트는 완소 아이템이다. 요즘처럼 층간 소음으로 이웃 간 갈등이 많을 때 개구쟁이 아이를 두었다면 이웃을 배려하는 차원에서라도 매트를 깔아두는 센스가 필요하다.

공간에 따라 장난감이 되기도 한다

처음에는 아이가 가장 많이 생활하는 거실에만 매트를 깔아두었다가 안방, 아이 방 등으로 점점 범위를 넓혔다. 거실에는 아이가 뒹굴며 놀기 좋도록 폭신폭신한 매트를 깔아두었는데, 특히 난방을 하지 않는 여름철에 바닥의 찬 기운을 막을 수 있어 좋았다. 아이 방 베란다에는 퍼즐 매트를 깔았는데, 매트 한 장으로 커버하기 어려운 부분들을 퍼즐로 채울 수 있어 좁은 공간에 유용했다. 단, 이 경우 퍼즐 사이사이에 끼는 먼지나 때는 일정 부분 포기해야 한다. 매트는 때때로 아이들의 즐거운 장난감이 되기도 한다. 퍼즐 매트는 숫자나 알파벳 등으로 디자인되어 있는데 이것을 이용해 문제 맞히기 게임을 하기도 했다. 간단한 숫자나 알파벳을 가르쳐주고 불러주어 숫자 위에 서게 하는 식이었다. 아이가 잘하면 박수도 많이 쳐주고 틀리면 정답 위에 같이 서보기도 했다. 그 덕분일까? 우리 아들은 지금도 그때 배운 알파벳과 숫자는 전부 다 기억하고 있다.

폴더 매트의 경우 접어서 터널을 만들어주면 아이가 아주 좋아했다. 매트를 세워서 아이만의 공간을 만들어주는 것도 즐거운 놀이 중 하나. 지금도 주말 아침에 청소를 하려고 매트를 세워놓으면 두 아이가 쪼르르 달려가서 그 안에 숨기도 하고 둘이 터널놀이를 하느라 청소를 해야 하는 나와 작은 실랑이를 벌인다.

매트 구입 전 꼼꼼히 체크해야 할 사항

아이의 안전을 위해 매트를 구입하는 만큼 매트를 선택할 때는 여러 가지를 따져봐야 한다. 매트 충전재나 접착 방식이 무독성인지, 매트 원단이 아이 피부에 직접 닿아도 괜찮은지, 습기 방출이 잘되고 세균 번식 우려가 없는지 등을 꼼꼼히 확인해야 한다. 매트를 사용하다 보면 아이가 매트 위에 음식물이나 과자 부스러기들을 잘 흘리므로 틈새 청소가 쉬운지, 통풍이 잘되는지도 체크한다. 아이에게 안전한지가 가장 중요하지만, 매트도 벽지나 장판만큼 집 안의 전체 분위기에 영향을 주므로 인테리어로도 손색없는 디자인을 고르면 더 좋다. 간이 소파나 범퍼 침대로 사용할 수 있는 제품도 있고, 가구만큼이나 오래 사용하고 활용 가치가 높은 만큼 신중하게 골라야 한다.

마미파워의 선택

알집 매트
중금속과 유해 물질로 부터 안전하고 열접착 방식으로 화학 냄새가 나지 않는다.
마미파워의 한마디 층간 소음 완화 제품으로 쿠션과 복원력이 탁월하다.
INFO 오픈 마켓(11번가, G마켓, 옥션, 인터파크) 10만원대 후반.

1 프로비 에코
가벼운 소재라 청소와 운반이 쉽고 가격이 비교적 저렴하다. 특수 코팅과 엠보싱 처리를 해 매트 위에서 밀리지 않는 게 특징. 냉기와 습기 차단 기능이 탁월해 배밀이를 하는 아이들에게 도움이 된다. 말아서 보관할 수 있는 것도 큰 매력!
마미파워의 한마디 소재의 특성상 밟으면 소리가 난다.
INFO PROBYSHOP.CO.KR 5만원대.

2 LG하우시스 리틀포니 프리미엄 아소방
신생아 때부터 사용할 수 있는 양면 매트. 배밀이나 뒤집기, 걸음마를 할 때 사용하기 좋다. 말랑말랑하면서 복원력이 뛰어나다. 물걸레 하나로 간단하게 청소할 수 있으며 돌돌 말려 보관도 쉽다. 특별히 제작한 경량 층간 소음 완화 기능성 매트로 말 모양 패턴이라 디자인도 예쁘다.
마미파워의 한마디 가격대가 높은 편이다.
INFO WWW.PARKLONMALL.COM 35만원대.

3 파크론 순수 공간 폴더
무발포제, 무화학 염료, 무접착제 제품이다. 접었다 폈다 할 수 있어 다양한 공간놀이가 가능하다. 생활 방수가 되고 오염이 쉽게 닦인다.
마미파워의 한마디 층간 소음 완화 제품으로 쿠션과 복원력이 탁월하다.
INFO WWW.PARKLON.CO.KR 25만원대(4단 기준).

피스메이커 퍼즐 매트
피스를 이용해 원하는 크기로 조절할 수 있어 베란다 등 자투리 공간을 활용하기 좋다. 매트에 디자인된 알파벳이나 숫자 등이 교육적인 역할도 한다. 바닥에 미끄럼 방지 처리가 되어 있고 소음도 방지한다.
마미파워의 한마디 피스가 하나하나 분리돼 아이가 빼서 분실할 수도 있다.
INFO WWW.PMAKERSHOP.CO.KR 3만 4천원대(60장 세트 기준).

4 크림하우스 스토우 팔레트 매트
북유럽 감성의 디자인에 100% 수작업으로 만든 국내 생산 제품이다. 10중 구조 폼을 사용해 층간 소음을 방지하고 충격 흡수를 도와준다. 생활 방수가 되고 오염을 쉽게 세척할 수 있어 편하다.
마미파워의 한마디 같은 회사의 다른 제품과 결합해 장기간 사용할 수 있다는 것도 큰 장점.
INFO WWW.CREAMHAUS.COM 21만원대.

5 디자인스킨 하우스 툴 매트
컬러가 다양하고 디자인이 예뻐 엄마들의 사랑을 한 몸에 받는 제품. 밟을 때 소리가 나지 않고 폭신하며 부드럽다. 복원력도 뛰어나 층간 소음 방지에 도움이 된다. 가장 좋은 점은 다양한 놀이 기능이 된다는 것 아이들이 제일 좋아하는 까꿍놀이부터 매트를 세워 상점놀이까지도 할 수 있다. 또 스툴을 평행봉으로 이용하면 균형감각놀이도 가능하다.
마미파워의 한마디 자신만의 공간을 좋아하는 아이들에게 더없이 좋은 제품이다.
INFO WWW.EDESIGNSKIN.COM 20만원대 후반.

05. CHAPTER

베이비 룸
◀ 015 ▶
아이를 안전하게 지켜줄 울타리

아이가 기어 다니기 시작하면 엄마들은 두세 배 더 바빠진다. 엄마가 잠시라도 아이를
시야에서 놓치면 어느새 현관이나 주방으로 진출하기 때문. 아이들을 매번 잡으러 다니는 것도
힘들지만 위험에 노출되어 다치기도 하는 것이 더 문제다. 이럴 때 필요한 것이 베이비 룸!
엄마에겐 잠시 자유를 주고 아이는 안전하게 지켜주는 기특한 육아용품이다.

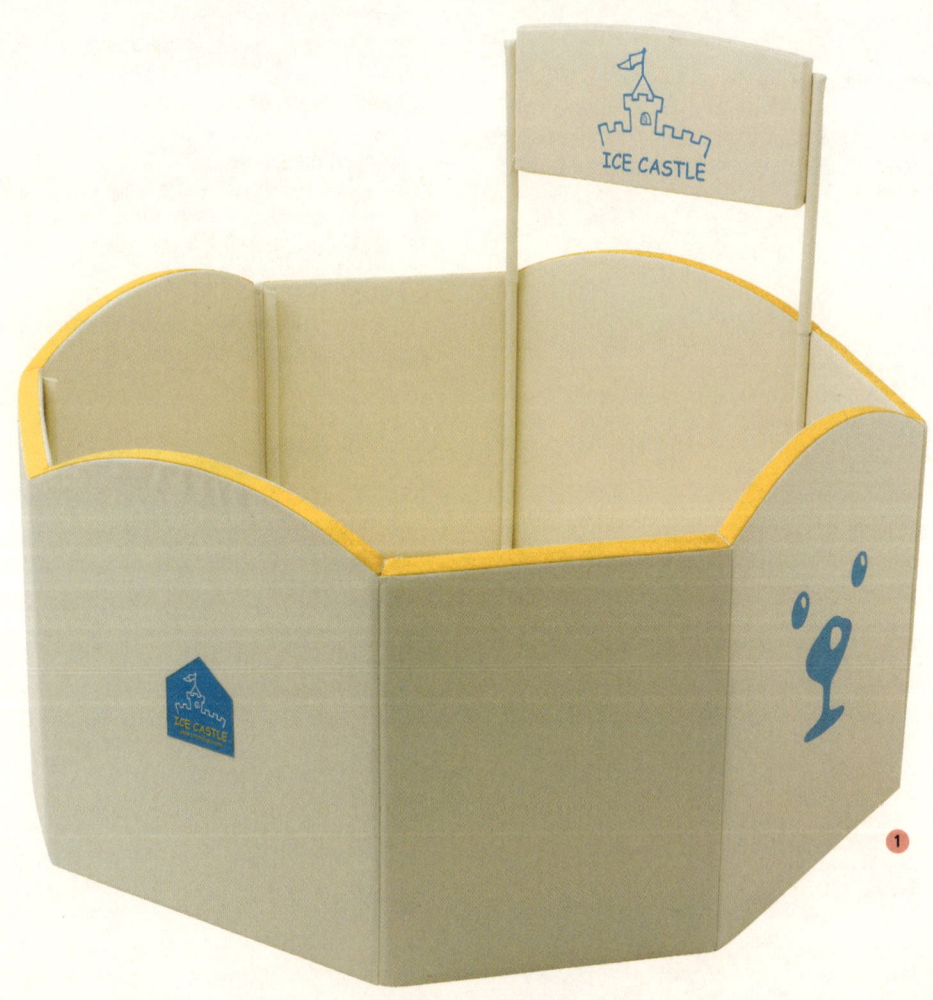

아이가 기어 다니기 시작하면 사고가 발생한다

첫아이가 기어 다닐 때다. 치발기를 물고 잘 놀고 있기에 잠깐 화장실에 다녀왔는데 아이가 어느새 화장실 앞에 와 있었다. 아이가 있을 거라고는 생각도 못하고 그대로 나오다가 하마터면 아이를 밟을 뻔했다. 어느 날은 동생과 잠시 이야기를 나누는 사이 언제 갔는지도 모르게 현관에서 운동화 끈을 오물오물 씹고 있기도 했고, 화분에 있는 돌을 다 바닥으로 집어 던지고 흙을 파고 있기도 했다. 사정이 이렇다 보니 집안일을 할 때는 아이를 점퍼루나 소서에 태워 돌아다니지 못하게 했지만 이내 꺼내달라고 울며 보챘다. 마음대로 돌아다니며 움직이고 싶은데 몸을 가두는 게 못마땅했던 것. 이런 어려움을 해결할 수 있는 장치가 울타리처럼 생긴 베이비 룸이다.

베이비 룸, 즐거운 놀이 공간이 될 수 있다

처음에는 베이비 룸을 매트 주변에 울타리처럼 쳐서 아이가 매트 밖으로 나오지 못하게 하는 용도로 썼다. 베이비 룸이 없으면 아이가 매트가 없는 곳까지 기어가고, 또 사물을 잡고 일어서거나 앉을 때는 자세가 불안정해 여기저기에 쿵쿵 부딪치며 넘어졌기 때문이다. 베이비 룸으로 울타리를 크게 쳐서 넓은 공간을 확보해주자 아이가 자기만의 영역으로 받아들여 좋아했다. 베이비 룸 안에 장난감을 넣어주면 여기저기 돌아다니며 놀기도 했다. 그 안에서 엄마를 찾으면 베이비 룸 사이로 까꿍놀이를 해주면서 아이가 그 공간을 즐겁게 여기도록 해주는 것도 방법이다. 아이가 안전하게 혼자 노는 공간이 확보되니 잠깐씩 집안일을 하기도 수월하고, 무엇보다 주방으로 오지 않으니 마음이 편했다.

다양한 용도로 오래 쓰자

아이가 좀 컸을 때는 볼풀 공을 넣어 놀이방처럼 만들어주고 옆에 실내용 미끄럼틀을 연결해주었다. 그리고 아이가 베이비 룸을 타고 넘어올 정도로 자라 더 이상 제 기능을 할 수 없었을 때는 아이가 TV 주변으로 바짝 붙지 못하도록 바리케이드로 쓰거나 거실에 있는 화분을 건드리지 못하게 막는 용도로 사용했다. 첫아이 때 쓰던 것은 이웃에게 물려주고 둘째 때는 다른 것을 사용했는데, 둘째보다 큰아이가 더 좋아했다. 오빠가 놀아준다며 동생을 돌볼 때는 베이비 룸을 아이가 원하는 모양으로 만들어 남매만의 놀이 공간으로 활용했다.

마미파워의 선택

1 크림하우스 캐슬 가드

국내 생산 제품. 북유럽 감성의 디자인이 집 안 인테리어를 돋보이게 하는 것도 장점! 10중 구조라 상층에서 전달된 충격을 3D 방향으로 분산시켜 아이들이 부딪쳐도 다치지 않게 보호해준다. 가드로 사용하다가 같은 제품의 매트를 구입하면 아이 소파, 침대, 볼풀 등으로 오래 사용할 수 있다. 세트로 구매하는 게 장기적으로 봤을 때 유리하다.

`마미파워의 한마디` 잠금 장치가 따로 없어 열리는 쪽을 벽으로 붙여서 사용해야 한다.
`INFO` WWW.CREAMHAUS.COM 20만원대.

햇님토이 베이비 룸

잠금 장치가 이중이라 아이가 쉽게 열지 못한다. 바닥에 스크래치 방지용 고무가 부착되어 있고 추가 판을 연결해 공간을 넓힐 수 있다. 햇님토이의 미끄럼틀이나 키즈하우스 등의 제품과 연결해서 쓸 수 있어 장기간 사용 가능하다. 전화 다이얼 기능, 반짝거리는 불빛, 멜로디, 곰돌이 스티커 꾸미기 등 어린아이들이 좋아할 만한 놀이 요소가 포함되어 있다.

`마미파워의 한마디` 놀이판의 색상은 랜덤 발송이다. 곰돌이 스티커는 한번 붙이면 잘 떨어지지 않으니 신중하게 부착 해야 한다.
`INFO` WWW.HAENIM.CO.KR 8만원대.

05. CHAPTER

모빌
016
아이의 시각 발달에 도움을 주는 제품

모빌은 아이의 시각 발달 단계에 맞춰 흑백 모빌과 컬러 모빌로 나뉘어 있는데
둘 다 사용 기간이 그리 길지 않다. 그래서 다른 용도로 활용할 수 있는 제품을 구매하는
것이 포인트! 이때 필요한 기능이 무엇인지 미리 생각해두지 않으면 정말 필요 없는
기능이 포함된 제품이 엄마를 유혹할 수 있다.

모빌에 달린 오르골 기능이 꼭 필요한 것은 아니다

남편과 함께 육아용품을 구경하다 블랙·화이트 소 모양 흑백 모빌을 발견했다. 큰아이가 태어난 해가 소띠였는데 그래서인지 모빌도 소 모양이 많았다. 태엽을 돌리면 오르골에서 예쁜 멜로디가 흘러나왔는데, 아이가 멜로디를 좋아한다는 점원의 말에 선뜻 구입했다. 오르골이 추가되어 다른 모빌보다 가격은 좀 비쌌지만 아이가 누워서 멜로디를 들으며 잠이 드는 모습을 생각하니 행복했다. 하지만 막상 모빌을 써보니 오르골 기능은 필요하지 않았다. 아이가 잠자는 시간에는 수면에 좋은 클래식 음악을 들려주고, 아이가 깨어 놀고 있을 때는 놀면서 듣기 좋은 클래식 음악을 들려주니 굳이 오르골의 연주를 들려줄 필요가 없었다. 또한 오르골은 태엽이 다 돌아가면 다시 태엽을 감아야 해 여간 귀찮은 게 아니었다. 오히려 집에 놀러 온 조카가 신이 나서 태엽을 감으며 오르골의 연주를 듣는 장난감으로 사용했다.

기능이 다양한 모빌이 좋다

흑백 모빌은 생각보다 수명이 훨씬 짧았다. 백일 전까지는 아이가 거의 잠만 자 잠깐씩 깨어 있는 동안에만 모빌을 보고 놀았다. 백일 이후에는 오히려 엄마의 움직임이나 소리에 더 민감하게 반응해 깨어 있는 시간에는 아이의 손을 만져주거나 이야기를 해주며 함께 놀았다. 그래서 모빌은 내가 잠시 자리를 비울 때나 아이가 나도 모르게 잠에서 깨었을 때 잠깐 보는 용도로 사용되었다. 이때도 모빌의 움직임이 없으면 아이는 보지 않고 칭얼거렸다. 다른 일을 하면서도 모빌이 움직이는지 확인하고 계속 건드려줘야 했다. 그 다음에 컬러 모빌을 살 때는 흑백 모빌의 경험을 살려 활용성을 먼저 고려했다. 모빌 기능만 있으면 오래 사용하지 못할 거란 생각에 모빌 외 다른 용도로 폭넓게 사용 가능한 제품을 찾아봤다. 촉감 인형, 유모차 장난감 등으로 변신하는 모빌들도 있고 흔들어주지 않아도 자동으로 돌아가는 모빌, 리모컨 기능이 달린 모빌도 있었다. 첫 모빌 때 더 알아보지 않고 무작정 구매한 것이 후회스러울 정도였다. 가격은 다소 높았지만 컬러 모빌은 둘째까지 고려해 구매했다.

마미파워의 선택

1 타이니러브 모빌

특허까지 받았을 만큼 디자인이 독특하다. 조명 빛이 차분해 아이를 편안하게 만들어준다. 최대 40분간 중복되지 않는 음악이 연주되는 것도 특징. 6가지 음악 카테고리에 18가지 음악이 들어 있어 가지고 다닐 수 있는 뮤직박스나 마찬가지. 오감 발달 놀이기구로도 좋다. 기능이 많고 장난감으로도 활용할 수 있어 아주 어릴 때부터 좀 더 컸을 때까지 오래 쓸 수 있다.
마미파워의 한마디 리모컨 기능이 있어 음악이 끊겼을 때 다시 들려주기 편하다.
INFO WWW.MBABY.CO.KR 10만원대.

2 해피랜드 쥬크 흑백 겸용 모빌

귀여운 캐릭터에 파스텔 톤 컬러라 사랑스러운 모빌. 각각의 인형이 삑삑이와 딸랑이로 되어 있고 가운데 인형에는 멜로디 기능이 있어 아이의 시청각 발달에 도움을 준다. 흑백 겸용 모빌인 것도 장점! 모빌 인형이 매듭으로 연결되어 있어 매듭을 풀면 각각의 딸랑이, 삑삑이로 사용할 수 있다.
마미파워의 한마디 아이가 크면 장난감으로도 활용 가능하다.
INFO WWW.HAPPYLAND.CO.KR 5만원대.

난쟁이 똥자루 모빌 DIY

아이가 태어나길 기다리면서 태교를 할 때 많이 만드는 제품. 본, 충전용 솜, 모빌대, 꽃 마운트, 도트 원단 지붕까지 모빌을 만들 수 있는 풀세트로 구성되어 있다. 국내산 면 100% 모빌대 위에 지붕을 만들어 아이의 눈부심을 막아준다. 바느질 초보 엄마를 위해 지붕을 직접 재단, 오바로크 처리까지 해서 나온다. 태교용으로 쉬엄쉬엄 만들면 어렵지 않다.
마미파워의 한마디 오르골이 없고 부자재는 따로 구입해야 한다.
INFO WWW.NANDDONG.COM/SHOP 1만원대.

05. CHAPTER

베이비 장·옷걸이
017
아이 때부터 초등학교 저학년까지 쓸 수 있는 물건

이것저것 늘어난 육아용품을 정리하고 싶다면 베이비 장을 추천한다. 키가 작고 아기자기한 디자인의 옷장은 아이가 갓 태어났을 때부터 초등학교 저학년 때까지 오래 쓸 수 있어 경제적이다. 베이비 장을 집에 들여놓는 순간부터 아이가 있는 집이라는 것을 실감하게 된다.

①

육아용품 정리를 위해 선택한 베이비 장

출산 준비를 하다 보니 내 생각보다 준비물이 훨씬 많아 정리가 필요했다. 기저귀 정리함을 살까 고민하다 오래 두고 쓸 요량으로 베이비 장을 2개 구입했다. 예쁘고 깜찍한 원목 장이었다. 플라스틱 기저귀 정리함보다 크게 비싸지 않아 가격 면에서도 망설임 없이 구매했는데, 물건을 받고 보니 디자인이나 크기 등은 좋은데 냄새가 너무 심했다. 접착제 냄새에 머리가 아플 정도였다. 이미 배송비까지 지불한 상태라 반송을 하면 배보다 배꼽이 더 클 거 같아 그냥 쓰기로 했다. 출산까지는 2개월 정도 남아 그때까지 베란다에 두고 냄새를 뺐다. 다행히 출산 후 아이와 함께 돌아왔을 땐 더 이상 냄새가 나지 않았다. 베이비 장을 방에 들여놓으니 비로소 아이가 있는 집 같은 느낌이 들었다.

키가 높은 것을 구매해야 오래 쓸 수 있다

내가 구입한 것은 120cm 정도로 높이가 비교적 낮은 편이라 베이비 장 위 남은 공간에 선반을 설치했다. 선물로 받은 아이 인형들과 신발 등을 예쁘게 늘어놓으니 제법 아이 방다운 분위기가 났다. 하지만 베이비 장은 서랍과 옷걸이를 거는 공간만 있고 물건을 구분할 칸막이는 없어 저렴한 칸막이 바구니를 사서 아이 물건들을 구분해서 정리했다. 면봉이나 손톱깎이, 아이 소독약이나 로션 등을 따로 분리했고, 서랍 두 칸에는 기저귀를 가득 담고, 나머지 두 칸에는 거즈 수건, 물티슈, 의류 등을 보관했다. 그러나 아이가 어릴 때는 옷이 많지 않아 베이비장으로도 충분했지만 아이가 자라면서 옷도 많아지고 겨울옷은 소재도 두꺼워 수납이 되지 않았다. 더욱이 둘째까지 태어나 결국 키가 큰 옷장으로 바꿨다. 처음에 산 베이비 장은 지금 아이 방 베란다에 두고 제일 상단에는 선글라스나 머리핀 등 아이들의 액세서리를 보관하고, 아이들의 손이 닿는 하단부의 서랍은 아이의 장난감 정리함과 아이만의 보물창고로 사용하고 있다.

마미파워의 선택

1 한샘 모모로 옷장 세트
높이가 높고 서랍 크기도 넉넉해 부피가 큰 옷이나 물건도 수납하기 좋다. 60cm 너비의 실용적인 크기라 좁은 공간에도 쏙 들어가며, E0 등급의 친환경 자재만 사용했다.
마미파워의 한마디 오픈된 수납장을 잘 정리하지 않으면 지저분해 보일 수 있다.
INFO WWW.HANSSEM.COM 40만원대.

숲소리 옷장
도색을 하지 않은 자연 그대로의 나무로 만들었다. 내추럴 오일을 사용하고 모서리를 라운드로 처리해 안전성을 높였다. 레트로풍 디자인이라 인테리어 효과도 좋고, 수납공간은 물론 옷장 안쪽도 넉넉해 많은 물건을 수납할 수 있다. 아이가 자라도 충분히 사용할 수 있다.
마미파워의 한마디 예약 구매해야 가격이 저렴하다.
INFO WWW.SOOPSORI.CO.KR 125만원대(예약 판매 시 70만원).

아이홈 와이드 토끼 핑크 세트
손잡이가 깜찍한 리본 모양이라 아이들이 좋아하는 옷장 세트. 하단을 토끼 발 모양으로 마무리해 튼튼하고 안정감이 있다. 댐퍼 경첩을 달아 문이 천천히 닫혀 안전하고 문을 여닫는 소리도 크지 않다. 옷봉이 포함되어 있고 선반이 탈부착되어 활용도가 높다.
마미파워의 한마디 아이가 크면 수납공간이 부족할 수 있다.
INFO IHOMESTORE.CO.KR 17만원대.

우드피아 책장·옷장 EVIAN 시리즈
깨끗한 화이트 컬러에 화려한 디테일을 더해 여자아이 방 꾸미기에 좋은 옷장. 모서리 부분이 라운딩 처리되어 안전하고 하단 서랍에 속옷과 티셔츠 등을 넉넉히 수납할 수 있다. 국내 제작 상품이고 같은 시리즈의 책장도 있어 방을 꾸미기 좋다.
마미파워의 한마디 유아부터 초등학생까지 오랜 기간 쓸 수 있다.
INFO WWW.WOODPIAMALL.COM 책장 28만 5천원대, 옷장 70만원대.

아이홈 유아 옷걸이
손수건, 벨트, 스카프 걸이가 있어 활용도가 높고 논슬립으로 옷이 흘러내리는 것을 방지해준다.
마미파워의 한마디 목 늘림 현상으로 옷이 망가지는 것을 막아준다.
INFO IHOMESTORE.CO.KR 6천원대(10개 묶음).

PVC 어린이용 옷걸이
실트 옷감에 탁월한 옷걸이. 스테인리스 스틸을 사용해 내구성이 강해 쉽게 휘거나 부러지지 않는다.
마미파워의 한마디 니트 소재의 옷이 흘러내리는 것도 막아준다.
INFO WWW.HANSSEM.COM 1만원대(30개 묶음).

05. CHAPTER

책부터 교구, 장난감까지 놓을 수 있는 수납공간

◆ BONUS ◆

책장을 구입하려는 엄마들에게 꼭 해주고 싶은 말이 있다.
아이는 생각보다 빨리 크고, 아이의 성장 속도와 책과 교구가 늘어나는 속도는 비례한다는 것이다.
그러므로 집이 아주 넓어 공간이 충분한 게 아니라면 높은 책장을 사서 활용하는 것이 좋다.

책장

큰아이가 돌 무렵에 첫 집을 장만했다. 처음으로 장만한 집이니 오래 살자 싶어 인테리어도 새로 하고 아이 방도 예쁘게 꾸며 이사를 했다. 아이 방에는 하늘색 풍선이 날리는 벽지로 도배를 하고 그에 어울릴 만한 새 책장을 들였다. 당시 나는 오직 하늘색 아이 방에 꽂혀 있어 인테리어를 위해 키가 낮고 디자인이 예쁜 책장에만 관심을 두었다. 더욱이 아이가 쓸 제품이라 아무 가구나 들일 수는 없어 국내 유명 인테리어 브랜드에서 가로 3칸, 세로 3칸의 9칸짜리 흰색 원목 책장을 2개 골랐다. 직접 와서 설치까지 해주는데 가격도 착하고 튼튼해 지금까지 만족하며 잘 사용하고 있다. 하지만 이때 산 책장들은 키가 작아 아이가 둘이 되고 두 아이가 점점 자라면서 책의 양도 같이 늘어나자 그때 키가 큰 책장을 살걸 하고 후회했다. 키가 큰 흰색 책장에 하늘색 책장용 바스켓을 넣어 포인트를 주었다면 하늘색 방과 조화도 이루고 수납도 많이 할 수 있었을 텐데 하는 아쉬움이 남았다. 흰색 책장이라 때가 많이 탈까 걱정했는데 우려와 달리 지금도 깨끗하다. 오히려 흰색 책장에 아이들의 컬러풀한 장난감과 소품들이 놓이자 포인트가 되기도 했다.

내가 산 책장은 다양한 바스켓을 별도로 구매할 수 있어 아이가 어릴 때는 컬러 바스켓을 넣어 장난감을 보관하기도 했다. 아이 방을 꾸미는 인테리어 사진들을 보면 낮은 책장들을 놓고 그 위에 인형이며 장난감을 예쁘게 올려놓았는데, 실제로 생활해보니 아이가 두 돌이 되기 전, 그나마 책이 적을 때나 가능했다. 하루가 다르게 늘어나는 책들과 장난감들을 깔끔하게 정리하려면 아이 방엔 수납함이 많을수록 좋다. 높이가 있는 책장을 구입해 아이가 어릴 때는 책장 하단에 책을 꽂아 아이 손이 닿게 해주고, 키가 닿지 않는 위 칸은 다른 수납함으로 쓰다 책이 점점 많아지면 전면을 다 책장으로 활용하는 것이 가장 좋은 방법이다. 다만 아이가 어릴 때는 자기가 원하는 것을 꺼내려고 의자를 놓고 올라가 잡히는 대로 잡아당기기도 하므로 아이 손이 닿지 않는 곳에는 무거운 것을 올리지 않는 게 좋다.

마미파워의 선택

블루밍홈
블루밍홈에는 다양한 책장이 있다. 3단, 5단 기본 책장을 비롯해 오픈형, 도어형, 철제, 스타일 공간 박스 등 디자인과 크기, 기능이 다른 책장들이 있어 선택의 폭이 넓다.
마미파워의 한마디 종류가 다양해 필요한 제품을 직접 비교하고 선택하는 것이 좋다.
INFO WWW.BLOOMINGHOME.NET 2만~10만원대.

1 샘키즈 책장
14kg의 무게를 지탱할 수 있을 만큼 견고하고 선반이 휘거나 벌어지지 않는 것이 특징. 안쪽에 심재를 채우고 겉을 둘러싸는 방식으로 만들어 여러 차례 책을 넣고 빼도 선반이 마모되지 않는다. E1 등급의 친환경 목재를 사용해 안전성을 높였으며 십자 선반, 인서트 서랍, 공간 활용 바스켓, 수납함 등을 옵션으로 구매해 다양하게 활용할 수 있다.
마미파워의 한마디 책장은 비교적 저렴한데 옵션품의 가격이 높은 편이다.
INFO WWW.HANSSEM.COM 7만원대.

2 샘책장 5단 1200
칸이 많아 책, 장난감 등을 수납하기 좋다. 십자 선반, 인서트 서랍, 공간 활용 바스켓 등을 따로 구매해서 쓸 수 있어 활용도가 높다.
마미파워의 한마디 책장은 비교적 저렴한데 옵션품의 가격이 높은 편이다.
INFO WWW.NATURALATTITUDE.CO.KR 2만원대.

06. CHAPTER

물놀이와 캠핑을 즐기기 위한 나들이용품

큰아이를 낳은 뒤 남편과 셋이서 첫 공원 나들이를 했을 때다. 별 생각 없이 늘 쓰던 돗자리를 들고 가 깔았는데 바람 때문에 돗자리가 자꾸 펄럭여 사방을 신발로 눌러두고 앉아 있었다. 그때 우리와 비슷한 월령의 아이를 둔 가족이 우리 옆에 슈퍼 울트라급 돗자리를 폈다. 순간 우리 돗자리가 너무도 초라해 보였다. 바닥이 딱딱하고 고르지 못해 블랭킷을 깔고 자는 아이에게 너무 미안했다. 물놀이를 하러 갔을 때도 비슷한 경험을 했다. 아이의 첫 물놀이를 위해 귀엽고 앙증맞은 곤충 모양 수영복을 사줬는데, 막상 물놀이를 하는 아이를 보니 아직 체온 조절 능력이 부족한 시기의 어린아이에게 어깨 끈만 달린 수영복은 시기상조였다. 아이는 그저 좋다고 놀고 있었지만 입술이 점점 파래졌고, 주변의 긴 팔 수영복을 입은 또래 아이들을 보니 내 선택에 후회가 밀려왔다. 외출이나 나들이는 매일같이 하는 일이 아니기 때문에 제품 선택에 실수하면 더 아쉽고 속상하다. 후회 없는 야외용품 선택을 위한 선배 맘의 경험을 미리 전수한다.

...

튜브·구명 조끼

수영복·물안경·
방수 기저귀

돗자리·캠핑 매트

여행용 캐리어

BONUS 캠핑장에서 보내는
아이들과의 특별한 하루

06. CHAPTER

튜브·구명 조끼

◀ 001 ▶

여름철 안전한 물놀이를 위한 필수품

여름철에 절대 빠뜨릴 수 없는 물놀이.
아이도 어른도 모두 즐거워하는 여름철의 대표적인 놀이지만 그만큼 사고 위험도 많다.
안전하고 즐거운 물놀이를 위해 반드시 안전장비를 준비해야 한다.

물을 무서워하는 아이, 튜브를 싫어하는 아이라면 놀이로 접근하자

아이가 처음 물놀이를 시작했을 땐 그야말로 몸 따로 마음 따로였다. 집에서 엄마랑 욕조에서 놀던 패기는 어디 가고 일정 규모 이상의 풀장에만 들어가면 무서워했다. 특히 둘째는 내 손을 꼭 붙들고 무릎이 겨우 잠기는 곳에 들어가 그 자리에 그대로 굳어 있기 일쑤였다. 아이를 안고 조금 더 깊은 곳으로 가려고 하면 공포감이 들었는지 자지러지게 울었다. 아이용 튜브를 끼워주려고 해도 발이 닿지 않는 높이에서는 튜브도 거부했다. 그런데 그때 딸아이의 눈에 구명 조끼를 입고 튜브를 타며 아빠와 물총놀이를 하는 오빠가 보였다. 왁자지껄하게 아빠와 물싸움을 하며 노는 오빠가 재미있어 보였는지 한참을 쳐다보기에 아이를 안고 다가가 튜브에 매달려보게 했다. 큰아이 튜브는 활동이 자유로운 도넛 모양이고 몸이 작은 둘째 것은 안정감이 있는 보행기 튜브였다. 처음에는 발이 바닥에 닿지 않는 공포감으로 불안해하던 둘째도 타고 있는 튜브를 끌어안고 둥둥 떠다니며 놀아주니 안정을 찾으며 슬슬 재미를 느끼기 시작했다. 직접 체험하고 나서야 튜브가 자신의 몸이 물에 빠지지 않게 해준다는 것을 깨달았는지 나중에는 오히려 튜브를 잡지 말라며 혼자만의 물놀이를 만끽하고 싶어 했다.

종류별 튜브, 장단점을 파악하고 이용하자

수영을 아무리 잘해도 요즘은 어디를 가나 사람이 많아 치이다 보니 자유롭게 수영을 하기가 쉽지 않다. 그래서 오히려 튜브에 몸을 맡기고 이리저리 둥둥 떠다니는 재미가 더 쏠쏠할 때가 있다. 튜브는 어른과 아이가 안전하게 놀 수 있는 좋은 아이템이다. 요즘은 각종 캐릭터나 동물 모양 튜브부터 자동차 핸들 장식 튜브까지 아이들의 흥미를 끄는 제품이 많아 물을 무서워하는 아이들도 물놀이에 관심을 갖게 해준다. 그런데 튜브도 각각 장단점이 있다. 손잡이가 달린 튜브는 끌고 이동하기가 편하고, 보행기 튜브는 햇빛 차단용 덮개가 있는 것이 자외선 노출도 줄이고 주변에서 물이 튀는 것도 최소화할 수 있다. 다만 보행기 튜브는 팬티처럼 두 발을 끼워야 하기 때문에 물놀이 중 튜브를 스스로 벗기가 쉽지 않다. 만약 튜브가 뒤집힐 경우 아이 스스로 빠져나오지 못하고 머리가 물속에 잠길 수 있으므로 반드시 보호자가 손을 뻗어 즉각 구조할 수 있는 위치에서 지켜보아야 한다.

구명 조끼는 필수 아이템이다

아이들의 안전을 위해 준비해야 할 또 하나가 구명 조끼다. 아이들이 조금 자라면 튜브 없이 물놀이를 하고 싶어 하는데, 그런 아이의 의지와 달리 수영이 쉽지는 않다. 아이가 마음과 다르게 물에 뜨지 않는 현실을 느낄 때쯤 구명 조끼를 입혀주었다. 아이도 구명 조끼를 입으면 몸이 둥둥 떠 자유롭게 물놀이를 할 수 있어 좋아했다. 구명 조끼는 제 키보다 훨씬 얕은 물에서 놀더라도 위험을 대비해 꼭 챙겨야 하는 필수품이다. 튜브를 끼고 노는 아이라도 장난을 치다가 튜브를 놓치거나 뒤집히는 일도 종종 일어나기 때문에 아이의 불안을 최소화하고 안전을 지키기 위해 구명 조끼는 꼭 준비해야 한다.

우리 아이에게 맞는 물놀이용품을 찾아주자

요즘은 몸통을 전부 감싸는 일반 구명 조끼 외에 양쪽 어깨에 공기 벨트를 메고 가슴 안쪽에 공기 매트를 차는 방식이라 몸을 더 자유롭게 움직일 수 있는 구명 조끼도 있다. 아이들이 물을 두려워하지 않고 즐길 수 있게 하려면 무엇보다 엄마가 아이의 성향을 잘 파악해 내 아이에게 맞는 물놀이용품을 준비해주는 것이 중요하다. 아이에게 억지로 물놀이를 강요하며 튜브를 끼우거나 물속에 들여놓는 것은 절대 금물. 어른에게는 재미로 보이는 것이 아이에게는 큰 트라우마가 될 수 있다. 아이가 물속에서 자신감과 즐거움을 찾을 수 있도록 안전한 보호 장비를 준비하고, 이런 장비들을 아이에게 차근차근 적응시키는 단계가 필요하다. 온 가족이 함께 타고 즐길 수 있는 튜브도 있으니 아이가 혼자 튜브 타는 것을 두려워한다면 가족과 함께 서서히 즐길 수 있게 해주는 것도 좋은 방법이다.

마미파워의 선택

1 닥터링 목 튜브
갓 태어난 영아부터 사용 가능하고, 인체 공학적인 설계로 유아의 목과 턱을 받쳐주어 아이 목에 무리를 주지 않는다. 착용했을 때 불편하지 않도록 뒷부분을 더 높고 넓게 만들었다. 이중 마개 구조라 쉽게 바람이 빠지지 않는다. 아이가 지루해하지 않고 즐겁게 놀 수 있도록 튜브 안에서 멜로디도 나온다.
마미파워의 한마디 욕조에서 사용할 때는 물을 많이 채워야 수영이 가능하다.
INFO WWW.DR-RING.COM 1만 8천원대.

스윔웨이즈 보행기 튜브
9~24개월까지 사용하는 보행기형 튜브. 자외선 차단 캐노피가 있는 이중 튜브로 시원하고 안전하게 물놀이를 즐길 수 있다. 아이가 앉는 부분은 나일론과 망사로 만들어 매우 부드럽고 피부 쓸림이나 다칠 염려가 없다. 또 캐노피 양옆이 그물망으로 되어 있어 시야를 가리지 않고 바람도 잘 들어온다. 캐노피를 손쉽게 젖히고 올릴 수 있다.
마미파워의 한마디 바람을 너무 많이 넣지 말고, 반드시 보호자가 함께 있어야 한다.
INFO 오픈 마켓(11번가, G마켓, 옥션, 인터파크) 3만원대.

2 아발론 스파카
6~72개월까지 사용하는 보행기형 튜브. 무독성 PVC 원단을 사용해 장시간 피부에 닿아도 안전하며, 간편하게 차양막을 탈부착할 수 있다. 물놀이 중 아이와 일정한 거리를 유지할 수 있는 안전 로프가 있는 것이 특징. 이중 안전 공기 주입구를 적용해 물놀이 중 발생할 수 있는 공기 빠짐을 방지해준다.
마미파워의 한마디 아이 혼자 두지 말고 반드시 보호자가 함께 있어야 한다.
INFO 오픈 마켓(11번가, G마켓, 옥션, 인터파크) 2만 8천원대.

3 콜맨 퍼들 점퍼
가슴과 팔에 연결하는 점퍼 스타일로 얼굴에 물이 닿지 않아 아이들이 좀 더 쉽게 물과 친해질 수 있다. 버클의 길이 조절이 가능해 체중 14~23kg 아이까지 무난하게 쓸 수 있으며, 부피가 작아 입고 놀아도 불편하지 않다.
마미파워의 한마디 튜브가 반입되지 않는 곳에서도 이 제품은 사용할 수 있다.
INFO WWW.COLEMAN.CO.KR 2만 9천원대.

4 스윔웨이즈 상어 구명 조끼
다이버들이 사용하는 소재로 만든 구명 조끼. 착용감이 좋고 부력 기술이 우수해 아이들이 물속에서 놀 때 안전성이 뛰어나다. 등 쪽 지느러미가 굽혀지는 방수 재질이라 등받이 의자에 앉거나 누워도 불편하지 않다.
마미파워의 한마디 수영 연습 시 지느러미를 잡고 아이를 물에 띄우면 스스로 수영하는 듯한 학습 효과도 준다.
INFO 오픈 마켓(11번가, G마켓, 옥션, 인터파크) 6만 7천원대.

06. CHAPTER

수영복·물안경·방수 기저귀
002
물놀이의 여러 가지 상황을 대비하는 제품

성인 수영복을 고르는 기준은 디자인이다. 하지만 아이 수영복은 다르다.
디자인도 중요하지만 아이 수영복은 유행을 따르기보다 기능적인 요소를 살펴보고
물놀이에서 일어날 수 있는 여러 가지 상황을 고려해 고르는 것이 바람직하다.

아이 수영복은 기능성 제품으로 준비한다

큰아이에게 처음 사준 수영복은 귀엽고 앙증맞은 곤충 모양이었다. 예쁘고 귀여운 디자인에 가격도 착해서 주저 없이 구입했다. 첫 물놀이 장소는 실내 수영장이 아닌 계곡이었다. 아이가 놀랄 것에 대비해 준비운동도 시키고 물도 심장 멀리서부터 천천히 적셔주며 물놀이를 시작했다. 물이 아무리 낮아도 흐르는 물에 혹시라도 아이가 넘어질까 걱정돼 남편과 교대로 아이를 지켰는데, 계곡물은 한여름에도 발이 시릴 정도로 차가웠다. 아이는 재미있다고 좋아했지만 입술이 점점 파랗게 변해 갔다. 그제야 소매가 있는 수영복을 입은 다른 아이들의 모습이 눈에 들어왔다. 나의 시행착오였다.

일체형 수영복보다 상하 분리형 수영복이 좋다

그 다음 아이와 함께 워터파크에 갔을 때는 전신 수영복을 입혔다. 그런데 잘 놀던 아이가 갑자기 수영장 밖으로 나와 들어가지 않겠다고 했다. 눈은 놀고 싶어 물을 보고 있으면서 들어가지 않겠다고 해 이유를 물어보니 화장실이 가고 싶다고 했다. 놀고 싶은 마음에 이러지도 저러지도 못했던 것이다. 아이를 데리고 곧장 화장실로 달려갔다. 그런데 위아래가 붙어 있는 전신 수영복이라 전체를 벗겨서 볼일을 보게 한 후 다시 입히는 번거로움이 따랐다. 별것 아니지만 화장실에서 홀딱 벗고 볼 일을 보는 아이가 안돼 보이기도 했다. 그래서 아이가 좀 더 자라 다시 수영복을 살 때는 상하의 분리형으로 구입했다. 아직 배변 훈련이 안 된 아이들은 어차피 엄마가 대소변에 신경을 써야 하니 일체형도 나쁘지 않지만, 스스로 볼일을 볼 수 있는 아이들의 경우 화장실 가는 게 불편하지 않도록 상하의가 분리된 수영복이 좋다.

아이 수영복은 눈에 잘 띄는 색으로 선택한다

지인이 해수욕장에 갔다가 아이를 잃어버린 적이 있는데, 수영복 색이 너무 흔해 아이를 찾는 데 애를 먹었다고 했다. 남자아이들이나 어른들마저 수영복 색이 다 비슷해 아무리 둘러봐도 아이가 눈에 들어오지 않았다는 것. 수영복은 혹시 모를 사고를 대비해 눈에 잘 띄는 색으로 구입하는 게 좋다. 긴 팔 티셔츠처럼 입을 수 있는 래시가드도 있으니 참고하자. 또한 물놀이 후에는 수용복을 비롯한 수영용품들을 깨끗하게 관리해야 한다. 특히 해수욕장에서 물놀이를 했다면 소금 성분 때문에 수영복이나 용품들이 삭을 수 있으므로 바로 민물로 세척하는 것도 중요하다.

마미파워의 선택

베이비 반즈 핑크민트 투피스 플랩 캡 패키지 스윔 수트 투피스형이라 상하의를 별도로 활용할 수 있다. 라이크라 원단을 사용해 부드럽고 복원력이 뛰어나며 바지 허리에 고무 밴드와 조임 끈이 있어 허리 둘레에 맞도록 조절할 수 있다. 네크라인이 올라와 있어 목 부위가 타지 않게 해준다.
플랩 캡 뒷부분에 구멍을 내고 탄성이 보완된 밴드를 장착해 착용감이 좋다. 편칭 원단이라 통기성이 좋아 시원하고 쾌적하다.
`마미파워의 한마디` 플랩을 크게 디자인해 얼굴은 물론 목까지 자외선으로부터 보호해준다.
`INFO` WWW.BABYBANZKOREA.COM 9만 원대(수영복+플랩 캡).

1 빅토리아앤프렌즈 래시가드 상하 세트
기능성 원단을 사용해 감촉이 부드럽고 탄력성과 내구성이 뛰어나다. 비침이 없으며 자외선 차단 기능이 있어 아이 피부를 지켜준다. 목 부분이 반 폴라 형태로 올라와 자외선을 막아주며 세탁을 해도 나염이 벗겨지거나 물이 빠지지 않는다.
`마미파워의 한마디` 3세 이상일 경우에만 착용 가능하다.
`INFO` WWW.VICTORIAFRIENDS.CO.KR 5만 6천원대.

2 아레나 아동 물안경
안면 부위에 부드럽게 밀착되어 느낌이 좋다. 패킹이 탈부착되며 끈을 조절할 수 있다. 여분의 코걸이는 교체형으로 각자 사이즈에 맞게 사용하면 된다.
`마미파워의 한마디` 김 서림 방지 기능이 있지만 시간이 지나면 소멸돼 추가로 김 서림 방지제를 사용해야 한다.
`INFO` 오픈 마켓(11번가, G마켓, 옥션, 인터파크) 1만 7천원대.

3 하기스 수영장 기저귀 리틀 스위머
물속에서 부풀어오르지 않아 편안한 수영장용 기저귀. 이중 처리한 샘 방지 밴드가 아이의 움직임은 방해하지 않으면서 꼭 밀착되어 분비물이 새어나올 걱정이 없다. 양쪽 옆 부분이 쉽게 열리고 닫혀 간편하게 채우고 벗길 수 있으며, 여러 번 떼었다 붙여도 처음처럼 채울 수 있다.
`마미파워의 한마디` 수영장용 기저귀의 특수 소재는 물속에 들어가면 부풀어오르는 성질이 있어 아이의 신체 사이즈보다 크면 벗겨질 우려가 있으므로 딱 맞게 사용하는 것이 좋다.
`INFO` 오픈 마켓(11번가, G마켓, 옥션, 인터파크) 6천원대.

06. CHAPTER

돗자리·캠핑 매트
003
야외에서 엉덩이 배길 걱정이 없는 용품

출산 전 가끔 야외에서 돗자리를 깔고 앉아 도시락을 먹으며 나들이를 즐겼다.
그때까지 내가 알고 있는 돗자리는 여러 번 접으면 공책만 해지는 은박 돗자리가 다였다.
하지만 출산 후 큰아이와 함께 야외로 놀러 갔다가 돗자리의 종류가 다양하다는 것을 그제서야 알게 되었다.

공원의 딱딱한 흙 바닥을 그대로 느끼다

큰아이가 태어난 뒤 처음으로 남편과 함께 나들이를 했다. 우리 가족의 첫 외출이라 남편도 나도 설레는 마음으로 공원에 도착했다. 그 사이 잠이 든 아이는 내가 안고 남편은 도시락과 돗자리를 들고 그늘 좋은 자리를 찾아 나섰다. 일찍 나섰는데도 가족 단위로 나들이를 나온 사람이 많아 그늘이 좋은 큰 나무 밑을 찾기가 어려웠다. 우리는 겨우 자리를 잡고 돗자리를 깔았다. 하지만 잔디가 있어도 크고 작은 돌들 때문에 바닥이 울퉁불퉁해 아이를 눕히기가 어려워 아이를 덮어주려고 가져간 블랭킷을 바닥에 깔고 그 위에 아이를 눕혔다. 그런데 시간이 좀 지나자 바람이 불어 아이를 덮어주려고 블랭킷을 빼자 바닥이 너무 딱딱하고 고르지 못해 결국 아이를 다시 안았다.

슈퍼 울트라급 돗자리를 만나다

잠시 후 우리와 비슷한 월령의 아이를 둔 가족이 우리처럼 그늘진 잔디밭을 찾아 헤매다 우리 옆쪽에 자리를 잡았다. 그런데 그들이 가지고 온 돗자리를 보는 순간 지금껏 평화롭게 나누던 대화의 주제는 온데간데없이 사라지고 남편과 나는 그 돗자리만 쳐다보았다. 그들이 가지고 온 것은 평범한 돗자리가 아닌 캠핑 매트. 우리가 깔고 있던 돗자리에 비하면 슈퍼 울트라급이었다. 2cm는 족히 되어 보이는 두께에 쿠션감도 좋을 것 같은 매트 위에서 우리 아이와 비슷한 또래의 아이가 이유식을 받아먹었다. 두께에 비례한 무게 덕에 바람에도 날리지 않아 우리처럼 신발로 사방을 막아둘 필요도 없었다. 갑자기 신발로 막아둔 우리 돗자리가 너무도 초라하게 느껴졌다. 그 이후 나는 아이와 함께 야외로 나들이를 갈 때는 물론 실내 수영장에 갈 때도 캠핑 매트를 사용했다. 두께가 있어서 물이 튄 바닥의 습기도 막아주고 방수도 돼 정말 좋았다. 남에게 피해 주지 않는 선에서 매트는 이왕이면 넉넉한 사이즈로 구비해 두면 좋다. 놀다가 잠이 든 아이를 눕히기도 좋고, 도시락부터 기저귀 가방까지 들고 간 짐을 모두 올려놓을 수 있어 실용적이다.

마미파워의 선택

1 파크론 그라운드 폴딩 매트
내구성과 강도가 뛰어난 소재라 습기에 강하고 푹신한 것이 특징. 사이즈가 넉넉하고 쉽게 펼쳐지며 차곡차곡 접혀 보관이 편하다.
마미파워의 한마디 소재가 가벼워 이동이 편리하다.
INFO WWW.PARKLONMALL.COM
6만 5천원대.

2 파크론 25배 고밀도 캠핑 매트
일반 매트보다 2배가량 원료를 더 사용해 밀도가 높고 푹신하며 내구성이 뛰어나다. 복원력도 좋아 거친 환경에서도 편안하게 사용할 수 있다. 습기를 막고 온기를 보호해줘 사계절 사용 가능하며 마감이 깔끔해서 오래 사용할 수 있다.
마미파워의 한마디 접으면 부피가 작아지고 전용 가방이 있어 이동과 보관이 편하다.
INFO WWW.PARKLONMALL.COM
2만 5천원대.

3 파크론 자충식 에어 매트
두께가 있고 휴대가 간편해 야외에서 낮잠용으로 사용하기 좋은 쿠션 매트리스. 스스로 공기를 매트 내부로 흡입해 자동으로 충전한다. 방수 기능이 있어 습기도 막아준다.
마미파워의 한마디 접을 때 돌돌 압축해서 잘 말아야 케이스에 쏙 들어간다.
INFO WWW.PARKLONMALL.COM
3만 6천원대.

4 파크론 썬데이 태백산맥 초대용 다용도 매트
성인 남자 기준 10명이 누울 수 있는 초대형 사이즈로 가족 모두가 넉넉하게 사용할 수 있다. 일반 돗자리보다 두꺼워 푹신하며 냉기와 습기를 막아준다.
마미파워의 한마디 무게도 가벼워 간편하게 가지고 다닐 수 있다.
INFO WWW.PARKLONMALL.COM 3만원대.

06. CHAPTER

여행용 캐리어
◄ 004 ►
아이 스스로 여행을 준비하게 만드는 물건

아이가 좀 자라자 여행을 할 때 자신이 좋아하는 옷과 장난감을 직접 고르기 시작했다.
아이 캐리어가 곧 엄마의 짐이 되기에 엄마들을 매번 고민하게 만들지만,
자기 물건에 대한 애착과 소유욕이 강해지는 시기인 만큼 캐리어를 통해
자신의 물건을 소중하게 생각하도록 하는 것도 좋은 방법이다.

아이의 보물 가방이 된 캐리어, 2가지 용도로 활용하자

아이가 어릴 때는 여행을 가더라도 아이 옷을 비롯한 모든 짐이 엄마의 선택이었지만 아이가 크니 상황이 달라졌다. 아이 스스로 자기 마음에 드는 옷을 고르거나 가지고 가야 할 짐들을 챙기기도 했다. 큰아이는 어린이용 캐리어를 선물 받자 귀여운 모양이 마음에 들었는지 집에서도 한참을 끌고 다니다가 그 안에 자신이 아끼는 물건을 담아두었다. 캐리어가 생긴 후 여행을 갈 때 아이의 옷이며 장난감은 아이 캐리어에 따로 챙겨주었는데 무슨 보물 가방이라도 되는 듯이 좋아했다. 자기 캐리어가 생긴 후로는 내 소지품을 함부로 열어보지도 않았다. 또 여름에 물놀이 여행을 갈 때는 아이 캐리어에 아이 옷과 장난감을 넣고, 오는 길에는 물에 젖은 아이 수영복과 옷들을 따로 담아오는 용도로 활용하기에도 좋았다.

캐릭터 캐리어는 아이들의 패션 아이템이다

조카가 다니던 유치원에서 졸업을 기념해 아이들과 엄마들이 함께 1박으로 여행을 다녀왔는데, 대부분의 아이들이 예쁜 캐릭터가 있는 캐리어를 끌고 왔다고 한다. 조카는 친구들이 끌고 온 캐리어를 보고 왜 나는 캐리어에 짐을 싸주지 않았느냐며 속상해했단다. 요즘은 어린아이들도 여행 패션을 중요시한다며 동생이 씁쓸하게 이야기한 적이 있다. 아이가 어느 정도 자라면 자립심도 생기고 자신의 물건에 대해 욕심을 보이는 시기가 온다. 이 시기의 아이들을 위해 아이만의 여행용 캐리어를 준비해주면 어떨까?

마미파워의 선택

트렁키
물건을 담을 수 있는 가방이지만 바퀴가 달려있어 아이들이 타고 놀 수 있다. 승용 장난감으로도 사용 가능하다.
마미파워의 한마디 기내 반입 가능.
INFO 오픈 마켓(11번가, G마켓, 옥션, 인터파크) 6만원대.

스킵합 캐리어
사이드 포켓이 있어 굳이 여닫을 필요가 없다. 수납공간이 넉넉해 책, 장난감 등 아이가 자주 사용하는 물건부터 크기가 큰 용품도 문제없다. 손잡이로 높이를 조절할 수 있다.
마미파워의 한마디 천 소재라 때가 잘 탈 수 있다.
INFO 오픈 마켓(11번가, G마켓, 옥션, 인터파크) 4만원대.

1 자노드 타이거 트랄리
호랑이 캐릭터 디자인의 캐리어형 가방. 화려한 색감과 독특한 디자인이 아이들의 이목을 잡아 끈다. 손잡이가 캐리어형이라 무거워도 편하게 끌고 다닐 수 있다. 수납공간이 넉넉하고 앞면에도 넉넉한 포켓이 있어 많은 짐을 넣을 수 있다.
마미파워의 한마디 천 소재라 때가 잘 탈 수 있다.
INFO WWW.SELECTA.KR 4만 8천원대.

06. CHAPTER

캠핑장에서 보내는
아이들과의 특별한 하루

◆ BONUS ◆

집 나가면 고생이라는 말이 있다. 그런데도 가끔은 사서 고생을 하고 싶을 때가 있다. 캠핑이 그렇다.
요즘은 근교에도 캠핑장이 많아 어렵지 않게 아이들과 함께 색다른 경험을 할 수 있다.

캠핑용품

캠핑용 테이블에 준비한 음식을 펼쳐놓고 의자에 앉아 강바람을 쐬며 기분 전환도 하고 일상에서 벗어난 특별함도 맛보았다. 테이블을 사용하니 텐트 안으로 음식을 갖고 들어가지 않아도 돼 청결하고 치우기도 훨씬 수월했다. 이왕 캠핑을 즐기려고 나선 만큼 돗자리를 깔고 앉아 음식을 먹는 것보다 분위기도 살릴 수 있었다. 한낮엔 물놀이를 하고 저녁에 본격적인 캠핑을 시작했다. 한여름의 무더위를 날릴 강바람을 맞으며 텐트 안에 가족들과 누워 있으니 피서를 온 기분이 들었다. 이렇게 야외에서 밥을 지어 먹어본 경험이 없었던 아이들에게는 더욱 특별한 경험이 됐다. 깜깜한 밤이 되자 텐트마다 걸려 있는 랜턴의 불빛이 하나 둘 꺼지기 시작했는데, 아이들을 데리고 공중화장실까지 갈 때는 미리 챙겨둔 손전등이 제 역할을 했다.
환경이 낯설어서인지 아이들이 집에서처럼 쉽게 잠들지 않았다. 엄마 아빠조차 아이들과 웃고 떠드느라 시간 가는 줄 몰랐다. 준비한 텐트가 성인 4인 기준이라 아이들과 함께 눕기에는 넉넉했다. 바닥에 텐트용 매트를 깔았는데 푹신푹신해서 배기지 않아 자는 데도 불편하지 않았다. 하루 일과가 고단했던지 한번 잠이 든 아이들은 중간에 깨지 않고 다음 날 아침까지 숙면을 취했다. 캠핑하는 계절이 여름이라도 새벽에는 일교차가 아주 커 따뜻한 담요를 준비해갔더니 아주 요긴했다.
캠핑이 유행처럼 번진 덕에 요즘은 텐트 안에서 빔 프로젝트를 이용해 영화를 볼 수 있는 제품까지 나올 정도로 캠핑용품이 진화하고 있다. 텐트 등 기본적인 장비 외에도 갖가지 소품들을 잘 챙겨서 활용한다면 더 멋진 캠핑을 즐길 수 있다. 다만 무조건 유행을 따르기보다는 처음에는 꼭 필요한 용품만 구비했다가 늘려가면 만족도도 높고 불필요한 소비도 줄일 수 있다.

마미파워의 선택

키드코 휴대용 아이 의자 (아이앤와이 인터내셔널)
3초면 접고 펼칠 수 있는 휴대용 아이 의자. 보관 백도 있어 어느 곳이든 휴대가 가능하다. 아기 성장 단계에 따라 4단계로 높낮이가 조절되고 잠금 버튼이 있어 어느 위치에서나 고정되는 게 특징. 바닥에 매트가 있어 아기 발이 흙이나 잔디 등에 닿지 않고 컵과 스낵 홀더가 있어 음료수나 간식 등을 넣을 수 있다. 장난감 홀더도 있어 아이가 좋아하는 장난감이나 치발기 등을 고리에 걸 수 있다.
마미파워의 한마디 4개월 이상부터 돌 이후까지 사용 가능.
INFO 오픈 마켓(11번가, G마켓, 옥션, 인터파크) 7만원대.

로고스 스티치 암레스트 체어
내하중 80kg으로 성인도 앉을 수 있다. 드링크 홀더 및 수납 주머니와 메시 포켓이 부착되어 컵부터 작은 소품까지 넣을 수 있다.
마미파워의 한마디 의자가 접혀 부피를 줄여 보관할 수 있다.
INFO WWW.LOGOSCORP.CO.KR 4만원대.

셀크백 키드
옷처럼 입는 키즈 침낭. 몸에 밀착되는 구조라 잠잘 때도 뛰어다닐 때도 움직이기 편하다. 손목 덮개에 벨크로가 부착되고, 지퍼와 목 주위에 보온재가 충전된 배플이 있어 냉기를 차단하고 보온 효과가 높다. 적정 온도를 위한 환기 메시가 있는 것이 특징이다.
마미파워의 한마디 바닥은 내구성 높은 나일론 재질로 미끄럼 방지 패드가 있다.
INFO WWW.SELKBAG.CO.KR 14만원대.

노스페이스 하이벤트 햇
방수, 방풍, 투습성이 뛰어난 어린이용 야외 활동 모자. 내구성이 우수한 소재를 사용해 눈비가 오는 궂은 날씨에도 쾌적하게 착용할 수 있다. 흐린 날도 시인성이 좋은 원색 톤을 사용했으며 성인용 모델과 동일한 디자인을 채택해 패밀리 룩 연출도 가능하다. 플리스 소재 귀 덮개를 내장해 보온성이 높고, 안쪽에는 쿨맥스 원단의 라이닝을 적용해 착용감이 쾌적하다.
마미파워의 한마디 온라인 마켓에서 구매 시 사이즈를 잘 확인해야 한다.
INFO WWW.THENORTHFACEKOREA.CO.KR 4만 8천원대.

아이더 스티비2
아동 전용 배낭으로 등산 및 소풍 가방으로 쓸 수 있다. 밤에도 빛을 발하는 3M을 적용해 안전한 보행이 가능하다.
마미파워의 한마디 온라인 마켓에서 구매할 때는 착용해볼 수 없기 때문에 사이즈 확인을 잘해야 한다.
INFO WWW.EIDER.CO.KR 4만 8천원대.

케이퍼랜드 파워스코프
야외 활동 시 식물이나 광물 등 주변 사물을 30배까지 확대해서 관찰할 수 있는 휴대용 현미경. 사물의 세밀한 모양과 상태를 관찰할 수 있다. 크기가 작고 가벼워 휴대하기 좋고 권총 모양 디자인이라 아이가 편하게 잡고 사용할 수 있다.
마미파워의 한마디 관찰을 좋아하는 아이들에게 유용하다.
INFO WWW.KAPERLAND.CO.KR 1만원대.

로고스 KIDS 헤드라이트
어린이용 헤드라이트. 벨트가 어린이 머리에 딱 맞도록 만들었다. 용도에 맞게 헤드의 각도와 초점을 조절할 수 있다. 가볍고 생활 방수가 가능하다.
마미파워의 한마디 야간 활동 시 두 손이 자유로워 좋다.
INFO WWW.LOGOSCORP.CO.KR 1만 8천원대.

블랙야크 키즈 쿨 토시
키즈 전용 쿨 토시. 야외 활동 시 자외선으로부터 아이들의 피부를 보호해준다. 인체에서 발생하는 땀을 냉기로 전환하는 냉감 효과를 지닌 특수 소재를 사용해 항상 시원하다.
마미파워의 한마디 항균 기능을 가진 소재로 흡습 속건성 성질이라 쾌적한 상태를 유지해준다.
INFO WWW.BLACKYAKMALL.COM 1만 2천원대.

어드벤처 그물 채집통
캠핑이나 야외 활동을 할 때 아이들이 곤충을 채집할 수 있다. 아이들이 들고 다니기에 적당한 크기이고, 열고 닫기가 편하다.
마미파워의 한마디 메뚜기나 잠자리를 채집하며 자연에서 즐거운 시간을 보낼 수 있다.
INFO WWW.QNI.CO.KR 1만 7천원대.

아이와 함께 외출할 때 반드시 챙겨야 하거나 엄마의 부담을 덜어주어 더없이 반가운 육아용품들이 있다. 카시트와 유모차가 대표적인 예다. 먼저 카시트는 아이의 안전을 지켜주는 고마운 제품이므로 아이와 함께 차를 타고 이동할 때는 반드시 유아용 카시트를 장착해야 한다. 한편 유모차는 엄마의 짐을 덜어주는 외출용품이다. 그런데 어느 날 두 아이를 데리고 산책을 나갔을 때 서로가 유모차에 타겠다고 실랑이를 벌이다 급기야 울음을 터뜨리며 나의 혼을 빼놓았다. 좀 편해 보려고 끌고 나간 유모차 때문에 오히려 더 힘이 들었던 셈이다. 그러다 어느 날 유모차 라이더라는 육아용품을 발견했다. 유모차에 연결해서 아이를 하나 더 태울 수 있는 물건이었다. 그때의 기쁨이란. 이처럼 육아용품은 무궁무진해 조금만 관심을 기울이면 아이들과 함께 안전하고 편안한 외출을 할 수 있다.

· · ·
카시트
유모차
카시트·유모차 액세서리
유모차 액세서리
힙시트
아기 띠·아기 띠 워머
웨건
라이더·자전거 트레일러
보냉 가방·지퍼백
블랭킷
기저귀 가방·파우치
무릎 보호대·아동용 헬멧
미아 방지 제품
운동화·샌들
유아 가방
우산·장화
우의·바람막이
BONUS 아이를 업어 키우거나 안아 키울 때 필요한 제품

07. CHAPTER

아이와 엄마가 함께할 때 필요한 외출용품

07. CHAPTER

카시트

< 001 >
자동차 외출의 필수품

카시트는 신생아부터 만 6세 미만 유아까지 의무적으로 착용하도록 규정되어 있다.
카시트에 앉는 습관을 미리 길러주지 못하면 아이가 카시트를 완강히 거부하는 곤란한 상황이
벌어지기도 하는 만큼 신생아 때부터 적응시키는 것이 중요하다.

우리 아이 첫 카시트 구입기

아이 물건을 고를 때는 무엇 하나 허투루 할 수 없다. 카시트처럼 안전과 직결된 제품을 구입할 때는 더욱 신중해진다. 이는 모든 엄마의 모습이다. 나 역시 큰아이를 낳고 처음 카시트를 구입할 때 고민을 거듭했다. 차로 4시간이 넘게 걸리는 시댁과 그보다는 가깝지만 어쨌든 차를 타고 이동해야 하는 친정 모두 자주 가는 편인데, 아이에겐 힘든 여정일 게 분명했기 때문이다. 인터넷을 통해 검색을 하고 주변에 묻기도 하면서 몇 가지로 추린 다음 그중 가격 대비 성능과 안전성이 좋은 제품으로 최종 결정했다. 그런데 아이의 안전을 위한 제품이라 가격보다는 성능을 먼저 따졌지만, 국내 제품과 수입 제품의 가격 차이가 무려 20만원이나 나 씁쓸함을 감출 수 없다. 다행히 한 소비자 고발 TV 프로그램에서 카시트의 성능을 비교했는데 우리가 선택한 제품이 당당히 1등을 해 나와 남편을 웃게 만들었다.

신생아도 카시트에 앉는 습관을 길러줘야 한다

큰아이가 생후 50일쯤 되었을 때 시댁을 방문했다. 드디어 카시트에 아이를 태울 수 있는 역사적인 날이었다. 그런데 막상 태워놓고 보니 안정된 느낌이 들지 않았다. 목이 제대로 고정되지 않는 듯했다. 몇 번을 시도하다 결국 아이를 내 품에 안았다. 안고 가는 것이 훨씬 더 위험한 일이라는 걸 알고 있었지만 카시트에 아이를 앉히는 게 더 불안했다. 그로부터 한참 후 다시 카시트에 도전했다. 1시간 거리에 사는 친구 집에 갈 때였다. 아직 아이가 어려서 이동하기 어렵다는 내 말에 친구는 카시트 태우는 버릇도 들여야 한다며 놀러 오라고 권했다. 아이에게 카시트에 앉는 습관을 길러줘야 한다는 건 맞는 말이라 일단 시도해보기로 했다. 그러나 웬걸. 처음에는 괜찮은가 싶더니 5분 정도 지나자 아이가 울기 시작했다. 아이는 달랠수록 더 크게 울어 젖혔다. 마땅히 차를 세울 곳이 없어 무작정 달려 친구 집에 주차를 했다. 주차 후 아이를 안았을 때는 이미 아이의 얼굴이 눈물과 콧물로 범벅이 되어 있었다. 잠시지만 놀러 오라고 부추긴 친구가 원망스럽기까지 했다. 그렇게 한바탕 소동을 치르고 친구 집에서 시간을 보내다 집으로 돌아갈 때가 되자 다시 눈앞이 깜깜했다. 아이가 올 때처럼 울까 봐 겁부터 났다. 남편에게 SOS를 해봤지만 사정이 여의치 않아 결국 돌아가는 것도 온전히 내 몫이었다. 아이 과자를 챙겨 손에 쥐어주고 아이가 좋아하는 동요를 크게 틀어놓으며 만반의 준비를 했다. 다행히 아이는 차를 탄 지 10여 분 만에 잠이 들어 나를 안도하게 했다.

아이의 안전을 위해 카시트는 필수

큰아이를 통해 호된 카시트 신고식을 치른 터라 둘째를 처음 카시트에 태우던 날, 나와 남편은 서로 운전을 하겠다며 예상되는 대치 상황을 피하려고 했다. 떼를 쓰며 울어댈 게 불 보듯 뻔했기 때문이다. 하지만 오빠가 카시트 타는 모습을 봐서인지 둘째는 생각보다 쉽게 카시트에 적응했다. 지금은 두 아이 모두 차에서는 카시트를 타야 하는 것으로 여기고 있다. 지금 생각해보면 큰아이가 카시트에 적응이 늦은 건 아이가 우는 것이 마음 아파 그냥 안고 타거나, 운전하면서 아이를 돌보겠다고 보조석에 아이 카시트를 설치하는 등 어리석은 행동을 많이 한 내 탓이었다. 다행히 사고는 없었지만, 만약 사고가 났다면 아이의 안전을 지킬 수 없었을 무책임한 행동이었다. 아이가 울면 안타깝지만 아이의 안전과 직결되는 카시트는 선택이 아닌 필수이므로 절대 타협하지 않아야 한다. 카시트는 영·유아, 유아, 아동 단계 순으로 모두 구입하면 좋지만 가격이 만만치 않다 보니 보통 영·유아, 유아동 2단계를 사용하는 편이다. 하여 이 책에서도 제품을 2단계로 안내한다.

마미파워의 선택

1 다이치듀웰 카시트
앞 보기, 뒤 보기 모두 가능한 양방향 카시트. ISOFIX 지원 가능 차량과 일반 차량 모두 벨트 사용이 가능해 차를 바꿔도 지속적으로 사용할 수 있다. 벨트 형식이 아니라 원터치 고정형 시스템으로 밀착률을 높여 흔들림이 거의 없다. 탈부착이 쉽고 신생아부터 5세까지 가능해 사용 기간이 긴 편이다.
마미파워의 한마디 본체가 높아 큰 아이들은 차 천장에 머리가 닿는 경우도 있다. 승용차보다는 SUV 차량에 사용하기 좋다.
INFO WWW.BABYSEAT.NET 30만원대.

2 맥시코시 토비
신생아 카시트 부문의 최고 안전등급인을 인증을 받았다. 입체 와이어 벨트라 장착과 개방이 쉽고 벨트의 처짐 및 꼬임 현상이 없다. 컬러 시스템을 적용해 안전벨트가 잘 채워지면 녹색으로 표시해주는 것도 특징. 프레임이 이음새가 없는 일체형이라 충격으로 인한 균열 및 파손 위험이 없다. 머리와 어깨 벨트의 높이를 6단계로 세밀하게 조절할 수 있다.
마미파워의 한마디 본체가 높아서 큰 아이들은 차 천장에 머리가 닿을 수 있다.
INFO WWW.SBABY.CO.KR 40만원대.(오픈 마켓 가격비교 권장.)

브라이텍스 메리디안 프레스티지
후방 장착이 가능한 카시트. 충격 흡수에 최적화된 고탄성 경량 프레임을 사용하고 리바운드 스토퍼로 사고 시 2차 충돌을 예방해준다. 등받이 각도를 5단계로 조절할 수 있고, 통풍이 잘되고 쾌적한 체온을 유지해주는 것이 특징. 시트 커버는 물 세탁이 가능하다.
마미파워의 한마디 3세 미만 아이들이 사용하기에 적당하다.
INFO SAFIAN.CO.KR 60만원대.

레카로 스타트플러스 아이
경주용 자동차에 사용하는 레카로 시트를 적용해 안전하다. 헤드와 등판 부분에 울트라 메시 원단을 사용해 땀이 많은 아이들에게 쾌적한 환경을 만들어준다. 측면 충돌 시 흔들림을 최소화해 부상의 위험을 줄여주는 것도 장점. 이중 클램프 장치가 차량의 급격한 코너링에도 아이가 흔들리지 않게 해준다. 성장에 따라 4단계로 등받이의 각도를 조절할 수 있다.
마미파워의 한마디 머리 부분이 넓어 목 쿠션을 사용해야 목을 고정하기 편하다.
INFO RECARMALL.CO.KR 70만원대.(오픈 마켓 가격비교 권장.)

3 다이치 스포티 주니어 카시트
한국 어린이 체형을 바탕으로 설계한 국내 제품. 헤드 부분을 강화해 머리를 안전하게 보호하고 충격을 흡수해준다. 부스터에 삽입하는 충전재를 사용해 쿠션이 편안하고, 부스터로 사용할 수 있어 사용 기간이 긴 편. 차량 사고 시 100% 무상 교환해준다.
마미파워의 한마디 수면 시 목을 고정할 목 베개를 사용하는 것이 좋다.
INFO WWW.BABYSEAT.NET 17만원대.

그라코 랠리 스포츠
이중 EPS 폼을 사용해 충격을 완화해주고 푹신한 안정감이 있다. 2단계로 팔걸이의 높낮이 조절이 가능해 아이 성장에 맞춰 사용할 수 있다. 부스터로 사용할 수 있도록 설계되어 있고, 작은 장난감이나 음료수를 넣을 수 있는 내장형 컵 홀더도 있어 편하다.
마미파워의 한마디 수면 시 목을 고정할 목 베개를 사용하는 것이 좋다.
INFO WWW.GRACOMALL.CO.KR 11만원대.

브라이텍스 파크웨이SG
헤드 부분에 사이드 가드가 있어 충돌 시 충격을 분산시키고 머리와 목을 보호한다. 머리 받침대 부분을 아이에 맞게 조절할 수 있다. EPS 특수 폼을 사용해 안전하고 견고하다.
마미파워의 한마디 2개의 탈부착 가능한 컵 홀더가 있다.
INFO WWW.BRITAX.CO.KR 22만원대.

07. CHAPTER

유모차
◀ 002 ▶
외출할 때 꼭 필요한 이동수단

유모차는 아이와 함께 외출할 때 꼭 필요한 이동수단이다.
유모차가 있으면 힘들게 아이를 안지 않아도 되고 간단한 아이 물건들도 수납할 수 있어
엄마와 아이 모두 편하고 즐거운 나들이를 할 수 있다.

아이의 첫 이동수단, 유모차

유모차는 아이가 목을 가누지 못하는 시기부터 사용하기 때문에 엄마들이 가장 많이 사용하는 아기 띠보다 사용 연령 폭이 넓다. 아기 띠는 장시간 사용하면 엄마의 어깨와 허리에 부담을 주지만 유모차는 엄마가 큰 부담 없이 사용할 수 있다. 겨울에 태어난 우리 큰아이는 추운 날씨 탓에 바깥 외출을 피하다가 백일이 지난 후부터 유모차를 태우기 시작했다. 4~5개월쯤 되었지만 아직 허리에 완전히 힘이 생기지 않아 유모차에 앉히기보다는 눕혀 외출을 했는데, 집 안에서만 생활하다 만난 바깥세상의 공기가 신선했는지 유모차를 살살 밀어주면 아이가 스르르 잠이 들곤 했다. 내가 사용한 유모차는 각도 조절이 손쉽고 일자로도 펴져 아이를 완전히 눕힐 수 있었기 때문에 아이가 잠들었을 때 편안해 보였다. 또 유모차의 햇빛가리개의 각도 폭이 넓어 아이가 잠들었을 때는 햇빛이 방해하지 않도록 전체를 푹 뒤집어씌울 수 있어 좋았다.

승차감과 안전성을 고려해서 선택하자

아이의 월령이 높아지면서 유모차의 활용도도 점점 커졌다. 특히 장을 볼 때 유용했는데, 장을 본 짐을 유모차에 실을 수 있어 굉장히 편했다. 엄마와 아이 모두 편하게 해주는 유모차를 아이의 성장 단계에 맞춰 사용하면 더욱 좋다. 가령 아이가 좀 자랐을 때는 아이의 승차감과 엄마의 편의를 고려한 절충형 유모차가 좋은데, 이곳저곳을 다니려면 유모차 덩치가 너무 크지 않은 것을 선택해야 한다. 또 아이가 스스로를 제어하는 능력에 비해 활동에 대한 의지가 강해 돌발사고가 많이 일어날 수 있는 시기에는 안전성을 가장 먼저 고려해야 한다.

가까운 거리를 외출할 땐 유모차를 갖고 나가자

아이가 스스로 걷기 시작하면 바깥세상에 대한 동경이 커져 엄마 손을 이끌고 나가자고 하는 때가 많아진다. 걸음마에 대한 의지도 불타는 시기라 때론 유모차를 거부하기도 하는데, 그래도 만일을 대비해 유모차는 꼭 갖고 나가는 것이 좋다. 화장실 갈 때 다르고 나올 때 다른 마음과 같다고나 할까? 갈 때는 한 걸음 한 걸음 재미나게 놀면서 산책을 즐기지만 돌아오는 길은 안아달라고 하는 게 다반사라 그때를 꼭 대비해야 했다. 어떨 때는 유모차도 거부하고 무조건 안아달라고 해서 곤란해지는 경우도 있으니 마음의 준비를 단단히 할 것. 그리고 이때부터는 엄마도 서서히 아이와의 외출에 자신감이 붙으면서 지인들과 커피 한잔 할 수 있는 여유도 생기는데 아이의 자가 없는 카페에서 유모차는 아이 의자 기능도 하고 외출하면 자연스럽게 찾아오는 잠투정에도 아이를 달래며 눕힐 수 있어 좋다. 특히 더운 여름에는 아기 띠로 아이를 안고 몸을 부비지 않아도 돼 아이도, 엄마도 쾌적하다.

아이 발달 시기를 고려해 태운다

외출이 잦아지면서 하루에도 몇 번씩 유모차를 접고 펴게 되므로 유모차는 엄마가 쉽게 다룰 수 있는 제품으로 선택하는 것이 좋다. 휴대가 쉽고 가벼운 제품이면 가지고 다니기에도 부담이 적다. 이렇듯 편리한 유모차를 이용해 산책하는 일은 아이에게 바깥세상을 접할 수 있는 소중한 경험이 되고, 엄마에게는 기분 전환이나 가벼운 운동의 기회가 된다.
단, 아이마다 발달 시기가 조금씩 다르기 때문에 무리하게 태우지는 말자. 엄마와의 분리불안으로 아기 띠만을 고집하는 시기가 있는가 하면, 계속 거부하던 유모차를 어느 날부터 갑자기 좋아하게 되는 시기도 있기 때문. 따라서 때에 맞게 자연스럽게 유모차에 태우는 센스가 필요하다.

유모차의 종류 파악하기

디럭스 유모차 보통 영·유아 시기에 흔들림을 최소화하고 편안함을 주기 위해 사용한다. 엄마 마주 보기 기능(양대면), 충분한 등받이 조절(175도 이상), 큰 바퀴, 충격 흡수 장치 등 아이의 편의성을 높인 기능이 많은 제품이다. 대신 이런 기능으로 인해 무거우며, 접으면 부피가 커 휴대와 보관이 어렵다.

절충형 유모차 디럭스 유모차의 장점(충분한 등받이 조절, 큰 바퀴, 충격 흡수 장치 등)에 휴대성과 편의성을 더한 제품으로 휴대용 유모차보다는 다소 무거우나 디럭스 유모차보다는 가볍고, 접었을 때의 부피를 최소화해 휴대와 보관이 수월하다. 아주 어릴 때는 곤란하지만 4~5세까지 사용 가능해 오랜 기간 활용할 수 있다.

휴대용 유모차 말 그대로 언제 어디서나 휴대가 편한 유모차. 디럭스나 절충형 유모차에 비해 충격 흡수 기능은 떨어지지만, 부피가 작아 가볍고 쉽게 접고 펼 수 있어 나들이나 간단한 장보기에 사용하면 좋다. 공원 나들이처럼 장시간 걸어야 할 때는 연령이 높은 5, 6세의 아이들도 다리가 많이 아프다고 하는데, 이럴 때 휴대용 유모차가 있으면 유용하다. 아이가 어릴 때는 아기 띠를 이용해 디럭스 유모차는 건너뛰고 바로 절충형 유모차와 휴대용 유모차를 이용하는 사람도 많다.

마미파워의 선택

1 스토케 익스플로리
체중 15kg 아이까지 사용 가능한 유모차. 유모차 시트의 위치가 높아서 아이와 엄마, 아빠의 거리가 더 가깝다. 엄마와 마주 보기 포지션과 세상 구경하기 포지션 모두 가능하다. 넓은 유모차 시트와 부드러운 패드형 시트를 제공해 아이가 편안하게 움직일 수 있으며, 추가로 제공되는 쿠션으로 시트의 깊이를 조절할 수 있어 체구가 작은 아이도 편안하게 앉을 수 있다. 발 받침대 조절 기능이 있어 아이의 발이 공중에 뜨는 것을 방지하고 이동 시에도 다양한 자세를 취할 수 있어 아이가 편안하다. 잠금 가능한 회전 바퀴가 달려 좁은 공간에서도 쉽게 조종할 수 있으며 손잡이의 각도 조절도 가능하다.

마미파워의 한마디 스토케의 카시트 '스토케 이지고 X1 바이 비세이프'와 호환해서 사용할 수 있다.
INFO WWW.STOKKE.COM 159만원대.

2 잉글레시나 트릴로지
신생아부터 체중 20kg 아이까지 사용 가능한 유모차. 엄마와 마주 보기가 가능하고 시트의 등받이가 180도까지 조절돼 아이가 편하게 잘 수 있다. 5점식 안전벨트로 안전성을 높였으며 발 받침대를 접고 펼 수 있다. 또 개폐식 메시 후드를 적용해 햇빛을 가리고 바람은 잘 통한다. 바퀴에 볼 베어링 시스템을 장착해 핸들링이 부드럽고 충격 흡수를 완화해 아이의 머리 흔들림을 방지해주는 것도 특징. 바퀴 접지 면에 트레드 패턴을 넣어 수막 현상 및 미끄러움을 방지해준다.

마미파워의 한마디 손잡이 부분으로 인한 미세한 흔들림은 충격이 손목으로 바로 전달되는 것을 막기 위함이다.
INFO WWW.CREDEREMALL.CO.KR 90만원대.

3 퀴니 버즈
슬라이딩 버튼 조작만으로 유모차를 접고 펴고 고정까지 할 수 있다. 시트를 분리하지 않고도 폴딩이 가능한 것이 특징. 정면 3단계, 마주 보기 2단계로 전환이 가능하며 시트 각도를 부드럽게 조절할 수 있어 아이에게 안정감을 준다. 아이의 바른 성장을 위해 고밀도 저탄성 메모리폼 쿠션 시트를 사용했고, 3단계 충격 완화 시스템을 적용해 흔들림증후군을 예방한다. 캐노피 양옆과 위쪽에 투명 창이 있어 아이의 상태를 확인할 수 있는 것도 특징.

마미파워의 한마디 프레임에 포함된 어댑터를 사용하면 맥시코시 카시트를 간편하게 장착할 수 있다.
INFO WWW.SBABY.CO.KR 70만원대.

4 퀴니 제프 엑스트라2.0
시트와 프레임을 분리하지 않고 한 번에 접어 차에 실을 수 있다. 간편한 동작으로 양대면 전환이 가능하고 정면 주행 시 3단계, 대면 시 2단계 각도 조절이 가능하다. 트라이앵글의 하부 구조와 360도 회전하는 더블 프론트 휠을 적용해 핸들링이 안정적이다. 일체형 프레임 시트가 아이의 몸을 안정감 있게 감싸주며, 4단계 콤팩트 폴딩 시스템이라 쉽게 접고 펼 수 있다.

마미파워의 한마디 어댑터를 사용하면 맥시코시 신생아 카시트와 호환이 가능하다.
INFO WWW.SBABY.CO.KR 50만원대.

5 잉글레시나 트립
신생아부터 사용 가능. 170도까지 등받이의 각도가 조절되어 아이를 편하게 눕힐 수 있다. 안전 가드의 탈부착이 가능하고 5점식 안전벨트로 안전성을 높였다. 후드와 보조 차양의 각도 조절이 가능하고 다리 받침대를 접고 펼 수 있다. 손쉽게 접고 펼 수 있는 것도 특징.

마미파워의 한마디 아이를 볼 수 있는 투명 창이 있고, 풋 스탭퍼가 달려 높은 턱도 가볍게 넘을 수 있다.
INFO WWW.CREDEREMALL.CO.KR 30만원대.

페도라 S3
안정적인 트라이앵글 구조로 주행이 편하고 안정감을 준다. 타이어의 내마모성이 뛰어나고, 4개의 휠 모두 독립형 서스펜스를 적용해 주행 중 발생할 수 있는 흔들림으로부터 아이를 보호한다. 원터치 버튼으로 등받이를 170도까지 4단계로 조절할 수 있고 5점식 안전벨트가 있어 안전하다. 두 번 조작으로 폴딩이 가능하며, 접었을 때 시트가 바닥에 닿지 않아 위생적이다. 풋 브레이크로 앞 바퀴를 고정해 바닷가나 바닥이 미끄러운 곳에서도 안정적으로 사용할 수 있는 것도 특징.

마미파워의 한마디 자외선 차단이 가능한 선 셰이드에 아이 관찰 창이 따로 있고 튼튼하고 넉넉한 장바구니가 부착되어 있다.
INFO WWW.FEDORA.CO.KR 30만원대.

페그페레고 SI
신생아부터 사용 가능하다. 총 3단계로 최대 170도까지 등받이의 각도가 조절돼 아이가 잠들었을 때 편히 눕힐 수 있다. 안전 가드의 길이 조절과 탈부착이 가능해 아이의 성장에 맞춰 사용할 수 있다. 다리 받침대에도 높이 조절 기능이 있다. 5점식 안전벨트로 안전성을 높였으며, 아이 관찰 창이 있어 언제든 아이 상태를 확인할 수 있다.

마미파워의 한마디 인펀트 카시트와 결합하면 양대면 유모차로도 쓸 수 있다.
INFO WWW.PEGPEREGO.CO.KR 30만원대.

마미파워의 선택

6 콤비F2
3.6kg의 초경량 제품으로 가볍고 간편한 휴대성을 자랑한다. 아이를 안은 상태에서도 시트와 프레임을 분리하지 않고 한 손으로 손쉽게 접고 펼 수 있으며, 셀프 스탠딩이 가능해 좁은 공간에서도 깔끔하게 보관할 수 있다. 등받이가 170도까지 조절되고, 5점식 벨트가 있어 안전하다. 발 받침대를 메모리폼으로 만들어 무릎을 굽히거나 완전히 펼 때도 아이의 관절에 부담을 주지 않는 것이 특징. 통기성이 좋은 메시 소재를 사용해 쾌적하고 쿠션감이 좋아 승차감이 뛰어나다. 충격이 분산되는 내진공법을 적용해 아이에게 전달되는 충격이 적다.

마미파워의 한마디 시트가 깊지 않다.
INFO WWW.COMBISHOP.KR 48만원대.

아발론 휴대용 유모차
3.9kg의 초경량 휴대용 유모차. 저렴한 가격 대비 기능이 만족스럽다. 등받이 각도가 2단계로 조절되며 탈부착 가능한 안전 가드와 5점식 안전벨트가 있어 아이를 안전하게 보호한다. 손가락이 끼이는 것을 방지해주고, 바퀴의 구조가 충격을 완화시켜주어 안전하다. 녹 부식을 방지하기 위해 프레임을 파우더 코팅 처리했고, 햇빛가리개를 3단계로 조절할 수 있다.

마미파워의 한마디 기내에도 반입할 수 있어 편하다.
INFO 오픈 마켓(11번가, G마켓, 옥션, 인터파크) 7만원대.

도노비투비 유모차(쌍둥이 사용 가능)
자유롭게 1인용에서 2인용으로 시트를 전환할 수 있는 유모차. 핸들 높이를 3단계로 조절할 수 있고, 등받이 각도도 조절 가능하다. 햇빛가리개가 6단계로 조절되고, 안심창으로 아이를 확인할 수 있다. 바퀴의 내구성이 강해 핸들링이 부드럽고 충격을 최소화한다. 폴딩 방식이라 쉽게 유모차를 접고 펼 수 있으며, 장바구니가 넓어 넉넉한 수납도 가능하다. 시트 탈부착이 가능하며 카시트와 호환할 수 있다.

마미파워의 한마디 쌍둥이 유모차라 무게가 많이 나간다.
INFO WWW.PAPANCO.COM 63만원대.

베이비조거 CITY SELECT(쌍둥이 사용 가능)
용도에 맞게 구성해서 사용할 수 있는 다기능 유모차. 일반 유모차처럼 프레임과 시트 1개가 기본 구성이고, 아이가 늘어나면 어댑터 브래킷과 세컨드 시트를 별도로 구매해 2인승 유모차로 확장할 수 있다. 프레임이 견고해 40kg이 넘는 무게도 견뎌내며, 8인치 타이어를 적용해 충격에 강하고 흔들림 없이 주행할 수 있다.

마미파워의 한마디 시트는 낮은 포지션과 높은 포지션 중 선택해서 사용할 수 있고, 2개의 시트 모두 마주 보기가 가능하다.
INFO WWW.BABYJOGGER.KR 90만원대.

07. CHAPTER

카시트·유모차 액세서리

003
아이와의 이동을 도와주는 소품

차를 타고 이동할 때 사용하면 아이를 즐겁고 안전하게 보호할 수 있는
차량용 소품들이 있다. 바로 유모차와 호환되는 액세서리들이다.
알아두면 유용한 아이템 몇 가지를 추천한다.

카시트와 유모차 겸용 햇빛가리개

큰아이를 카시트에 태울 때는 되도록 아이가 낮잠 자는 시간에 맞춰 움직였다. 아이가 잠들기 직전에 카시트에 앉히면 곧 잠이 들어 한결 수월했다. 그런데 그렇게 카시트에 적응한 아이와 별탈 없이 지내던 어느 날 큰 전쟁을 치렀다. 그날도 아이는 카시트 안에서 잠이 들었는데 아이가 잠에서 깨어날 때쯤 차 안으로 햇볕이 강하게 들어왔다. 그러자 아이는 잠이 덜 갠 상태에서 눈이 부시다며 울어댔다. 카시트에 햇빛가리개가 있긴 했지만 그저 카시트를 덮는 정도라 강하게 내리쬐는 햇빛까지는 막지 못했다. 잠시 차를 세우고 가지고 있던 옷의 팔을 양쪽으로 묶어 커튼처럼 막아주었는데 이번엔 답답하다고 울어댔다. 결국 카시트를 운전석 옆으로 옮겨 한 손으로는 운전을 하고, 다른 한 손으로는 부채를 들고 아이 얼굴을 가리며 곡예 운전을 했다. 그 후 유리창 내부에 커튼 형태의 차양막을 설치해 햇빛을 완벽히 차단했다. 요즘은 차량 창문용 햇빛가리개뿐만 아니라 카시트와 유모차에 모두 장착 가능한 햇빛가리개도 있으니 구입할 때 참고하면 좋다.

트레이 하나면 차 안에서도 아이가 즐겁게 논다

트레이 위에 아이가 좋아하는 펜이나 책, 간식거리를 올려두면 엄마를 찾는 일 없이 조용하다. 트레이가 없었을 때는 아이가 쥐고 있던 장난감을 떨어뜨리고 떼를 쓰는 바람에 난감하기도 했는데, 트레이를 마련한 뒤 이런 걱정이 줄어들었다. 하지만 구르는 장난감을 트레이 위에 올려두는 것은 금물. 아이가 잠이 든 사이 장난감 하나가 바닥에 떨어져 운전석 브레이크 바로 밑까지 굴러 오는 바람에 왼발로 장난감을 치우느라 고생을 했다. 그 후로는 절대 공 같은 장난감은 주지 않고 있다. 대부분의 트레이는 유모차에도 겸용으로 쓸 수 있어 활용도가 높다.

차가 흔들려도 컵 홀더만 있으면 아이는 즐겁다

다섯 살인 아들은 아직 어린 둘째와 달리 별다른 장난감이 없어도 엄마와 이야기를 하며 카시트를 잘 이용한다. 대신 물을 찾으면 직접 꺼내먹을 수 있도록 컵 홀더를 사용하고 있다. 움직이는 차 안에서도 물병이나 음료수병을 안전하게 보관해주는 지킴이가 바로 컵 홀더이기 때문이다. 요즘은 유모차와 호환되는 제품이 많아 하나만 있어도 다양하게 활용할 수 있다. 이외에도 갖추면 유용한 물건이 많은데, 요즘 나오는 유모차나 카시트는 액세서리가 함께 구성된 경우도 많으므로 액세서리 여부를 확인하고 필요한 것만 갖추면 된다.

마미파워의 선택

1 토드비 차량용 햇빛가리개
커튼형이라 사용하지 않을 때도 떼어낼 필요 없이 함께 달려 있는 포켓에 담으면 된다. 흡착판과 보조 끈이 있어 잘 떨어지지 않고, 로프를 조절하면 전 차량에 설치할 수 있다.
마미파워의 한마디 손 세탁이 가능하다.
INFO WWW.TODBIMALL.COM 2만원대.

2 소소즈 소프트 트레이
유아용부터 주니어용 카시트까지 모두 사용할 수 있는 트레이. 앞쪽이 유선형이라 아이들 몸에 잘 밀착되며 고탄력 소재를 사용해 푹신하다. 제품 양쪽에 2개의 버클이 있어 탈부착이 쉽다. 앞면은 방수 코팅 원단을 사용해 오염물질이 묻어도 쉽게 닦이고, 뒷면은 에어 메시 원단을 사용해 아이의 무릎에 닿아도 땀이 나지 않는다.
마미파워의 한마디 카시트뿐만 아니라 아이들이 앉는 다양한 곳에서 사용할 수 있어 활용도가 높다.
INFO WWW.SOSOZ.NET 2만 5천원대.

3 엘리펀트이어스 목 보호 쿠션(카시트·유모차 모두 사용 가능)
유모차나 카시트를 탔을 때 아이의 목이 흔들리는 것을 막아준다. 디자인이 예쁘고 고급스럽다.
마미파워의 한마디 손 세탁 권장.
INFO WWW.PETITELINSTORE.COM 3만 8천원대.

4 브리카 스낵 팟
스낵 컵과 컵 홀더를 함께 설치할 수 있다. 1~6cm 두께 프레임까지 장착 가능하며, 작은 컵을 위한 고정 날개도 있다. 스낵 컵을 따로 쓸 수 있는데, 컵 뚜껑이 내용물이 바닥에 한 번에 쏟아지는 것을 방지해준다. 트레이와 드링크 스낵 홀더가 분리돼 세척하기 편하다. 카시트에도 사용할 수 있다.
마미파워의 한마디 식당에서 베이비 체어에 고정해주면 아주 유용하다.
INFO WWW.BRICA.CO.KR 1만 4천원대.

5 라밀로우 핸드 머프
디자인 예쁜 패브릭 패턴 유모차 워머. 추운 계절에 유모차를 밀 때 사용하면 손이 시리지 않아 좋다. 안감이 부드럽고 폭신폭신해 착용감이 좋고 보온 효과도 우수하다.
마미파워의 한마디 버튼 하나로 장착과 분리가 가능하고 전용 더스트 백이 있어 깨끗하게 보관할 수 있다.
INFO WWW.LAMILLOU.CO.KR 6만원대.

07. CHAPTER

힙시트

◀ 004 ▶

아이를 가볍게 안아줄 수 있는 똑똑한 육아용품

아이가 백일이 되면 서서히 수면 패턴을 찾아 밤에 많이 자고 낮에는 깨어서
노는 시간이 길어진다. 또 처음에는 대부분 누워서 생활하고 눈에 들어오는 것만
탐색하던 아이가 다른 것을 보려고 버둥거리기 시작한다. 이때 아이를 어떻게
안아주느냐에 따라 엄마의 산후조리 결과가 달라지는데, 힙시트야말로
이 시기의 엄마들에게 정말 도움이 될 만한 물건이다.

아무리 몸이 아파도 포기할 수 없는 아이 안기

큰아이를 낳았을 때는 모든 것이 그저 신기했다. 눈빛도, 옹알이도, 작은 발 놀림도 내 마음을 사로잡았다. 그런데 좋고 싫다는 표현이 강해져 매일 안아주고 어르다 보니 습관적으로 안겨서만 자려는 부작용이 생겼다. 주변에서 엄마가 편해지려면 아이를 뉘어서 재우는 버릇을 들여야 한다고 했지만 품 안에서 아이를 재우는 그 순간이 가장 행복했다. 어깨와 팔이 빠질 듯 아파왔지만 아이가 엄마의 체온을 온몸으로 느끼며 새근새근 잠드는 모습이 사랑스러워 포기할 수가 없었다. 아이를 계속 안으면서 생긴 어깨와 허리, 손목 통증으로 몸부림치던 그때 고통으로부터 나를 구해준 용품이 바로 힙시트다. 우연히 아이용품을 검색하다 알게 된 힙시트는 허리에 벨트를 매고 아이가 앉을 만한 정도의 엉덩이 받침을 이용하는 단순한 구조지만 활용도는 기대 이상이었다. 처음에는 이름도 어색했던 그 물건이 이렇게 큰 도움이 될 줄은 미처 몰랐다.

활용 만점 힙시트, 엄마의 활동 영역이 넓어진다

아이를 재우려면 꽤 오랜 시간 안고 있어야 하기 때문에 엄마의 몸에 무리가 따르는데, 힙시트를 착용하면 아이의 몸을 받쳐주어 엄마의 힘이 분산된다. 일반적으로 힙시트는 아이의 허리에 힘이 생기기 시작하는 생후 4개월 정도부터 사용할 수 있는데, 엄마와 마주 보는 자세와 앞을 보는 자세로 수시로 바꿀 수 있어 아이와 놀아줄 때도 유용하다. 우리 아이는 힙시트에 앉혀놓고 까꿍놀이를 해주면 그렇게 좋아할 수가 없었다. 또 아이를 가볍게 안을 수 있어 이동이 수월한 것은 물론 온몸을 움직이며 아이와 놀아주기에도 안성맞춤이었다. 거울놀이를 하거나 집 안 곳곳을 돌아다니며 구경을 시켜주고 말을 걸어주면 아이가 무척 즐거워했다. 아이를 두 팔로 안고 있을 때는 전화 받기도 힘들었는데 힙시트를 사용하니 수월했다. 하지만 가장 안전한 자세는 엄마가 양손으로 아이의 배와 가슴 부분을 끌어안고 있는 것이다.

단거리 외출할 때 아기 띠 대용으로도 좋다

집 가까운 곳으로 외출을 할 때도 힙시트는 무척 편리했다. 아기 띠는 아이를 안아서 앉히고 목 뒤쪽의 벨트를 채워야 하기 때문에 번거로운데, 힙시트는 허리에 벨트를 매고 아이만 들어 앉히면 끝나 두꺼운 옷을 입었을 때도 편했다. 아기 띠를 답답해하는 아이나 안고 내리기를 반복하려는 아이라면 힙시트는 더욱 유용하다. 다만 아기 띠보다 안정감은 떨어지기 때문에 장시간 아이를 안고 있어야 할 때는 힙시트에 어깨 벨트를 착용할 수 있는 제품을 사용하는 것이 좋다. 또한 힙시트는 엉덩이 받침 부분의 사이드가 살짝 올라온 것을 구입해야 아이 엉덩이가 뒤로 빠지는 것을 막아준다. 요즘은 힙시트와 아기 띠를 결합한 제품도 있으니 아이의 특성과 엄마의 외출 경로를 고려해서 선택하면 된다. 아기 띠와 힙시트 모두 구입하기엔 부담스러운 엄마들은 힙시트와 랩퍼 띠를 결합한 제품을 많이 사용한다.

마미파워의 선택

오리궁둥이 힙시트
눕혀 사용하기, 전방 보기, 서로 마주 보기 모두 가능하다. 가벼운 압축 스티로폼으로 몰딩 처리해 아이가 편안함을 느낀다.
마미파워의 한마디 사각 압축 스펀지로 허리가 베기는 현상을 완화했다.
INFO WWW.MOMSMART.CO.KR 6만원대.

1 토드비 힙시트
내장형 압축 폼이라 가볍고 오래 써도 불편하지 않다. 마주 보기, 전방 보기, 측면 보기 모두 가능하다. 넓은 벨크로가 허리의 부담을 줄여준다.
마미파워의 한마디 바깥쪽에 포켓이 있어 간단한 소품을 수납할 수 있다.
INFO WWW.TODBIMALL.COM 5만원대.

2 포그내 힙시트
허리 부분에 고탄성 스펀지를 사용해 장시간 사용해도 탄력이 좋다. 엉덩이 시트 부분을 고무합성 소재로 만들어 아이가 미끄러지지 않는다.
마미파워의 한마디 바깥쪽에 수납 망이 있어 지갑, 휴대전화, 물티슈 등 간단한 소지품도 보관할 수 있다.
INFO WWW.POGNAE.COM 6만~10만원대.

07. CHAPTER

아기 띠·아기 띠 워머
005
아이를 안아줄 때 쓰는 육아 필수품

큰아이를 출산하고 두세 달쯤 지나자 집에만 있는 게 너무 답답했다.
어쩌면 이때부터 산후우울증이 시작되었는지도 모른다. 누군가를 만나 이야기를
하며 기분 전환을 하고 싶은데 아이를 데리고 나갈 엄두가 나지 않았다.
그때는 집으로 찾아오는 사람이 그렇게 반가울 수가 없었다.

처음 아기 띠를 매고 외출하던 날

큰아이가 아직 어릴 때 직업 군인이었던 남편이 보름이 넘는 긴 훈련에 들어간 적이 있다. 난 아이와 둘만 집에 남는 것이 무서워 친정에 가기로 마음먹은 뒤 아이를 안고 첫 외출을 감행했다. 아이가 너무 어려 카시트에 태우고 운전을 하는 것은 무리였고, 유모차를 끌고 오르락내리락하며 대중교통을 이용할 자신도 없었다. 대신 아기 띠를 하면 아이와 한 몸이 되어 편할 것 같아 처음으로 아기 띠를 해보았다. 끈 조절은 잘되었는지, 혹여 너무 느슨한 건 아닌지 걱정되어 아기 띠를 몇 번이나 고쳐 매자 아이가 귀찮다는 듯 계속 칭얼거렸다. 게다가 아직 목을 제대로 가누지 못하는 아이의 목을 한 손으로 잡고, 다른 한 손으로는 엉덩이를 받치느라 아기 띠를 하고도 어정쩡한 자세로 걸어야 했다. 지금은 눈 감고도 척척 매는 아기 띠가 그때는 왜 그렇게 어려웠는지 모르겠다.

아이 무게와 허리 통증은 비례한다

아기 띠를 하면 아이가 빠지거나 떨어질 일이 없어 가방을 비롯한 외출용품을 들기가 수월했다. 하지만 아이 몸무게가 늘고 이유식, 물, 간식 등 준비물도 늘자 아기 띠를 하면 허리와 어깨가 너무 아팠다. 아기 띠를 뒤로 매면 훨씬 편하다는 주변의 말을 듣고 아기 띠를 뒤로 매보니 확실히 허리가 덜 아프고 훨씬 편했다. 하지만 난 이내 뒤로 매는 것을 포기했다. 앞모습이 너무 끔찍해서다. 출산으로 늘어진 뱃살들이 적나라하게 드러나 도저히 그렇게 하고 다닐 자신이 없었다. 조언을 해준 지인은 아이를 낳고도 55사이즈를 유지하는 몸매라 가능했지만 임신 후 체중이 30kg나 늘고 출산 후 기껏 10kg 남짓 빠진 내게는 어려운 일이었다. 남편에게도 보여주고 싶지 않은 모습이라 아기 띠를 뒤로 매는 것은 혼자 집에 있을 때만 시도했다.

아기 띠는 오픈 마켓에서 구입하더라도 그 전에 오프라인 매장에 가서 직접 착용해보고 선택하는 것이 좋다. 제품마다 사이즈가 조금씩 다르고 엄마가 허리나 어깨에 통증이 있다면 거기에 맞는 아기 띠가 따로 있기 때문이다. 한 번에 여러 매장을 돌아다니기 어렵다면 여러 브랜드를 한곳에서 만날 수 있는 육아용품박람회장을 방문해보는 것도 좋은 방법이다.

아기 띠 워머로 발을 따뜻하게 해주자

어느 날 아이를 안고 집 앞 재래시장을 한 바퀴 돌고 있는데 뒤따라오시던 할머니 한 분이 "애기 엄마, 아기 발이 다 나왔어. 아기 발 시렵겠다."라며 아이가 덮고 있던 점퍼를 끌어내리셨다. 그러고 보니 장을 보느라 정신이 팔린 사이 양말도 신긴 아이 발이 찬바람에 노출되어 있었다. 아까는 아이가 잠투정하느라 낑낑댄 줄 알았는데, 발이 시려서 그랬을 수도 있겠다는 생각이 들자 마음이 짠했다. 더욱이 점퍼로 덮긴 했지만 내 움직임에 따라 점퍼가 한쪽으로 쏠리기도 하고 흐트러지는 통에 아이 발을 온전히 가리기에는 역부족이었다. 그 길로 육아용품점에 들러 아기 띠 워머를 구입했다. 끈에 양쪽 팔을 끼우면 무릎까지 내려오는 기모 제품으로 아이 발이 전혀 노출되지 않을 만큼 기장이 길어 마음에 들었다. 소재 특성상 보온 효과도 좋아 날이 추울 때는 워머 위에 겉옷을 이중으로 덮으면 완벽했다.

다른 스타일의 두 번째 워머

그렇게 워머를 사용하던 중 길에서 우연히 아이를 안고 있는 한 엄마를 보았다. 치렁하게 늘어진 내 워머와 달리 그녀는 깔끔하게 정돈된 워머를 두르고 있었다. 난 집으로 돌아오자마자 폭풍 검색을 한 후 다른 스타일의 워머 하나를 더 구매했다. 급하게 구매한 처음과 달리 꼼꼼하게 비교한 덕분에 두 번째 워머는 좀 더 만족스러웠다. 아기 띠보다 기장이 약간 길고 밑부분이 주머니 형태라 아기 띠에 앉아 있는 아이를 주머니에 쏙 넣으면 되었다. 바람막이로도 효과 만점이고, 모자가 달려 있어 아이가 잠들었을 때 씌우기도 좋았다. 패딩 소재라 생활 방수가 되어 순간적인 오염 제거도 가능하고 눈, 비에도 비교적 안전했다. 두 제품을 써보니 각각 장단점이 있었다. 처음에 사용한 원피스 형태의 긴 워머는 아이를 많이 업어주시던 친정 엄마가 자주 사용하셨다. 아이를 포대기로 업은 뒤 위에 덮어줄 때도 좋고, 아이 담요로 쓰기에도 좋다고 하셨다. 두 번째 산 아기 띠 결합형 워머는 키가 작은 나에게 기장이 적합하고 깔끔해 보이는 장점이 있었다. 워머는 아기 띠뿐 아니라 절충형 힙시트나 유모차, 카시트 워머로 다양하게 활용할 수 있는 만큼 하나쯤 장만해두면 유용하다.

마미파워의 선택

1 베이비뵨 베이비 캐리어 오리지널
신생아부터 15개월까지 사용 가능한 아기 띠. 아이의 머리, 목, 척추 및 엉덩이를 지지할 수 있도록 설계되었다. 몇 차례의 간단한 조작으로 안정적으로 착용할 수 있고, 스마트 안전 클릭이 잘 착용했는지 알려준다. 등받이 부분을 접을 수 있게 설계되어 잠이 든 아이를 깨우지 않고 들어올릴 수 있다.
마미파워의 한마디 뒤로 업기 기능이 되지 않는다.
INFO 오픈 마켓(11번가, G마켓, 옥션, 인터파크) 10만원대.

2 에르고 베이비
패딩 처리한 어깨 끈이 넓고 탄력이 좋아 장시간 착용해도 피곤하지 않다. 아기 띠를 안정적으로 고정하는 가슴 끈과 단단한 허리 버클이 있고, 어깨 끈 길이도 조절할 수 있다. 아이의 다리가 자연스러운 M자형이 되도록 설계되어 있고, 수면 모자가 있어 아이가 잠자는 동안 머리를 받쳐주거나 햇빛으로부터 보호할 수 있다.
마미파워의 한마디 앞, 옆, 뒤로 모두 맬 수 있으며, 패드를 더하면 신생아 때부터 사용할 수 있다.
INFO WWW.DIBAMBI.COM 10만원대.

3 포그내 아기 띠
등받이 부분의 지퍼를 열면 통풍이 돼 사계절 내내 쓸 수 있다. 어깨와 허리 벨트 안쪽에 메시 원단을 사용해 통기성과 투습성이 좋아 여름에도 문제없다. 어깨 벨트의 쿠션이 좋고 복원력이 뛰어나 오랜 시간 사용해도 변형이나 틀어짐이 없고, 어깨 통증을 최소화하고 피로감을 덜어준다. 아이의 하체에 가해지는 압력을 최대한 분산시켜 안정적인 C자형 자세를 만들어준다.
마미파워의 한마디 머리 받침의 넓은 보드가 아이의 머리와 목을 받쳐줘 잠든 아이의 머리가 뒤로 젖혀지지 않는다.
INFO WWW.POGNAE.COM 5만원대.

4 토드비 아기 띠
오가닉 코튼을 사용해 민감한 아이 피부에도 안심. 안쪽은 전면 메시 소재라 착용감이 상쾌하고, 고탄성 내장재를 사용해 어깨와 허리 통증을 줄여준다. 버클로 인한 가슴이나 등 배김 현상을 방지하기 위한 받침 쿠션과 아이 다리와 겨드랑이가 쓸리는 것을 방지하는 보호대가 있어 자극이 없는 것이 특징이다.
마미파워의 한마디 아이 목이 꺾이지 않도록 헤드 서포트와 슬리핑 후드가 있으며, 전면에 있는 2개의 지퍼를 내리면 사계절 내내 시원하게 사용할 수 있다.
INFO WWW.TODBIMALL.COM 20만원대.

맨듀카 아기 띠
별도의 패드 없이 신생아부터 사용할 수 있고 앞, 옆, 뒤로 업기 모두 가능하다. 가볍고 두둑한 유선형 허리 패드와 쿠션 기능이 뛰어난 어깨 패드가 있어 장시간 사용해도 편안하다. U포지션, C포지션, M포지션을 통해 아이의 골반과 척추 발달을 저해하는 요소를 없애고, 호흡 방해로 인한 산소 부족 현상을 최소화하는 구조로 만들었다. 3중 안전 장치를 적용해 아이가 떨어지는 사고를 예방해준다.
마미파워의 한마디 복부 조절 끈, 등받이 확장 지퍼를 이용해 아이의 성장에 맞게 조절할 수 있고, 모양이 튼튼하게 잡혀 있어 오래 사용해도 늘어짐이 덜하다.
INFO WWW.PREBEBESHOP.CO.KR 12만원대.

6 포그내 리버스 워머
모자를 떼었다 붙였다 할 수 있어 엄마와 아이가 같은 방향을 보거나 엄마와 아이가 마주 볼 때, 뒤로 업 때 모두 사용할 수 있다. 아기 띠뿐 아니라 힙시트에도 사용 가능하고, 90도 각도의 지퍼식 발 트임이라 아이 다리를 편안하게 해준다. 겉은 자수 누빔 원단을 사용해 고급스럽고 안감은 따뜻한 극세사 폴라폴리스 원단을 사용해 연약한 피부에도 안심하고 사용할 수 있다.
마미파워의 한마디 방풍, 방수 기능이 있으며 유모차에도 사용 가능하다.
INFO WWW.POGNAE.COM 5만원대.

아이편해 쿨링 멀티플 워머
아기 띠는 물론 유모차 보낭이나 카시트 보낭, 일반 싸개나 덮개 기능으로 모두 사용 가능하다. 앞으로 안기, 뒤로 업기 모두 가능하며 수면 모자가 부착되어 보온 효과가 좋다. 외피와 내피가 분리돼 봄가을에는 외피만 덮어 황사나 먼지 등으로부터 보호할 수 있고, 날씨가 쌀쌀할 때는 두둑한 내피만 사용해도 보온이 유지된다.
마미파워의 한마디 추운 겨울철에는 외피와 내피를 함께 착용해 보온 효과를 높인다.
INFO WWW.I-PHYEONHAE.CO.KR 7만원대.

07. CHAPTER

웨건
◀ 006 ▶
두 명의 아이를 함께 태워 이동하는 제품

두 아이를 웨건에 태우고 나가면 주변의 시선을 한 몸에 받는다. 마차처럼 생긴 물건을 보며 어른들은 세상 참 좋아졌다 하고, 젊은 사람들은 신기한 이동수단을 타고 있는 아이들에게 연신 귀엽다는 말을 한다. 아이 둘을 한 곳에 태우고 다닐 수 있어 엄마인 나는 그저 좋을 뿐이다.

마미파워의 선택

1 리틀타익스 코지 울트라 웨건
아이들 전용 웨건. 18개월부터 6세까지 사용 가능하다. 두 아이가 앉을 수 있다. 내장 컵 홀더가 있어 편리하고, 2개의 안전벨트가 있어 안전하다.
마미파워의 한마디 보관 시 자리를 많이 차지한다.
INFO WWW.LITTLETIKES.KR 20만원대.

스텝2 사파리 웨건
빗장이 있는 문을 열어 양쪽 좌석에 탈 수 있는 구조. 두 아이가 앉을 수 있다.
마미파워의 한마디 보관 시 자리를 많이 차지한다.
INFO 오픈 마켓(11번가, G마켓, 옥션, 인터파크) 30만원대.

아이 둘을 함께 태우는 물건

웨건이 없을 때, 작은아이는 유모차에 태우고 큰아이는 걷게 해서 집 근처 시장에 간 적이 있다. 그런데 돌아오는 길에 문제가 생겼다. 큰아이가 다리가 아프다고 칭얼거리며 안아달라는데 그럴 수가 없었다. 겨우 달래 간신히 집으로 돌아오긴 했지만, 나에겐 고행길이었다. 작은아이와 장을 본 물건들을 실은 유모차를 한 손으로 밀며 다른 한 손으로 큰아이 손을 잡고 걸으려니 너무도 힘이 들었다. 그 뒤로는 아이들과 시장에 갈 때 웨건을 이용했다. 두 아이는 한 공간에 타고 있어 즐거워하고, 나는 힘이 덜 들어 만족스러웠다. 이렇게 두 아이의 이동수단으로 선택한 나와 달리 아이가 하나인데도 웨건을 구입해 아이와 짐을 함께 싣고 다니는 사람들도 있다.

엄마들이 웨건을 많이 찾는 이유

유모차나 자전거는 아이가 가지고 있던 물건을 떨어뜨리면 엄마가 주워야 하기 때문에 아이가 뭐라도 떨어뜨릴까 신경을 쓰며 걸어야 한다. 하지만 웨건은 그럴 필요가 전혀 없었다. 간식이며 장난감을 떨어뜨려도 웨건 안에 있고, 핸들링도 비교적 쉬워 아이 둘과 짐을 싣고도 힘들이지 않고 이동할 수 있었다. 날씨에 따라 그늘막으로 햇볕도 가릴 수 있다.

너무 어린 아이는 사용하지 말자

웨건에 아이들을 태우고 시장에 가면 구입한 물건을 싣고 올 수 있어 편하고, 공원이나 야외 캠핑에서는 아이들과 함께 이동하기에 아주 좋다. 하지만 자칫하면 아이에게 안전사고가 일어날 수 있다. 특히 내리막길에서는 무게가 앞으로 쏠려 엄마의 핸들링이 정말 중요하다. 웨건을 사용할 땐 반드시 안전 띠를 착용하고 아이를 항시 체크해야 한다.

07. CHAPTER

유모차 라이더·
자전거 트레일러

< 007 >

두 아이를 한 번에 이동시킬 수 있는 아이템

엄마들은 누구나 유모차 때문에 애를 먹은 기억이 있을 것이다. 그래도 아이가 하나일 때는 어떻게든 엄마가 컨트롤할 수 있으니 다행이지만, 아이가 둘이 되면서부터는 전쟁이 시작된다.

엄마 혼자 아이 둘 데리고 이동하기

둘째를 낳고 몇 개월 지났을 때 우리 집으로 오겠다는 친구의 연락을 받았다. 그런데 친구는 집 근처에 다 와서는 계속 집을 찾지 못하고 헤맸다. 작은아이는 유모차에 태우고 큰아이는 나와 함께 걸어서 친구 마중을 나갔다. 동네에 같은 브랜드의 빵집이 둘이나 있어 서로 만나지 못한 채 허둥대고 있을 무렵, 큰아이가 다리가 아프다며 슬슬 보채기 시작했다. 엄마 친구 오면 맛있는 것 먹자고 달래도 자기도 유모차에 앉겠다고 난리를 피웠다. 다행히 친구가 금방 우리가 있는 곳으로 찾아와 친구는 유모차를 밀고 나는 큰아이를 안으면서 문제가 해결됐지만, 그날 나는 두 아이를 한 번에 데리고 다니지 말아야겠다고 다짐했다.

라이더는 아이 둘의 나이 터울이 없는 경우 이용하면 좋다

그로부터 며칠 후 공원으로 나들이를 갔다가 헉 소리가 날 만한 제품을 발견했다. 한 아이는 유모차를 타고, 다른 아이는 유모차 뒤에 달린 보조 의자 위에 앉은 상태에서 엄마가 유모차를 밀고 있었다. 저건 대체 무슨 물건이야! 집으로 돌아온 나는 바로 폭풍 검색에 돌입했다. 그땐 이름도 몰랐던 유모차 라이더였다. 하지만 큰아이가 얌전하게 가만히 앉아 있지 않을 나이라는 것을 깨닫고 고민만 하다 결국 구입하진 않았다. 좀 더 크면 구입해야지 싶었는데 이후 웨건을 이용하면서 생각을 접었다.

유모차 라이더는 첫째와 둘째의 터울이 없는 경우 이용하면 좋다. 그리고 라이더는 유모차 핸들 부분에 설치하는 경우가 많아 유모차 핸들링이 불편하다는 의견도 있고, 비교적 무게가 있는 디럭스 유모차에 설치하는 것이 더 안정적이라는 평이 있으니 참고하자. 또 다른 이동수단으로 '자전거 트레일러'라는 것이 있다. 자전거 뒤에 트레일러를 설치해 아이와 아빠가 함께 자전거를 탈 수 있는 도구다. 자전거를 즐기는 아빠들이라면 아이와 즐거운 시간을 만들어보는 것도 좋을 듯하다.

마미파워의 선택

1 엘레니어 키즈 슬레드
대부분의 유모차에 장착 가능하다. 안장의 이너 시트에 에어 메시를 사용해 쾌적하고 푹신하며, 최적의 기술로 제작해 흔들림이 심하지 않다. 안장에 3점식 안전벨트가 있어 안전성이 높고 손잡이에 쿠셔닝 처리를 해 아이 손에서 미끄러지지 않는다. 라이더를 장착한 상태에서 스트랩으로 유모차를 접을 수 있다.
마미파워의 한마디 20kg 이하 어린이의 사용을 권장한다.
INFO 오픈 마켓(11번가, G마켓, 옥션, 인터파크) 18만원대.

아발론 주니어 라이더
상하 좌우로 조절되는 커넥터를 사용해 대부분의 유모차에 장착 가능하다. 일체형이라 별도의 조립 공구가 필요 없으며 라이더를 장착한 상태에서 유모차를 접을 수 있다. 안장의 높낮이 조절이 가능하고, 손잡이가 자동차 모양이라 아이들이 흥미를 보인다.
마미파워의 한마디 우레탄 바퀴를 달아 충격 흡수가 뛰어나고, 미끄럼 방지 패드와 안전벨트가 있어 안전성이 높다.
INFO 오픈 마켓(11번가, G마켓, 옥션, 인터파크) 20만원대.

2 인스텝 퀵앤이지 트레일러
자전거에 연결하는 트레일러. 용접 방식이 아닌 단조 방식이라 안전성이 뛰어나며, 자전거가 넘어져도 안심할 수 있는 구조. 5점식 안전벨트가 있어 안전성이 높고 전면에 레인 커버가 있어 갑작스런 비에도 대비할 수 있다. 승차감이 뛰어나며, 좌석 뒷부분에 넉넉한 수납공간이 있어 간이 유모차로도 이용할 수 있다.
마미파워의 한마디 스포츠(자전거)를 즐기는 아빠, 엄마에게 권장한다.
INFO INSTEPKOREA.COM 39만원대.

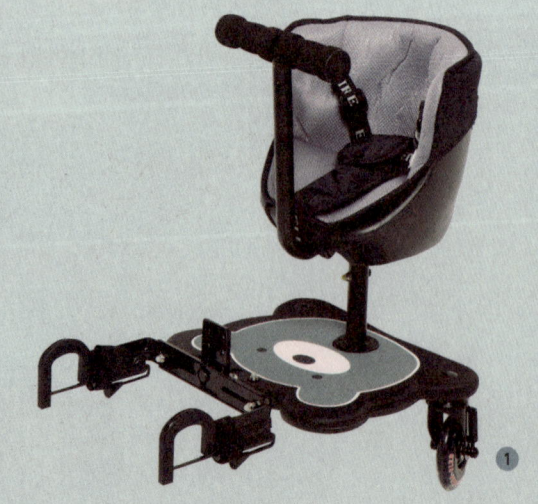
①

07. CHAPTER

보냉 가방·지퍼백

008

외출 시 아이 간식거리를 신선하게 지켜주는 물건

보통 아이가 자라면 외출할 때 챙겨야 할 물품이 줄어든다. 하지만 먹거리는 아이의 나이와 상관없이
반드시 준비해야 한다. 보냉 가방은 아이의 먹거리를 신선하게 보관하고
다른 소지품들도 넣을 수 있어 수납 가방으로 제격이다.

마미파워의 선택

1 빅토리아앤프렌즈 보냉 피크닉 백
안감과 겉감이 모두 방수코팅이 되어있다. 아이는 소풍가방 엄마는 이유식 가방으로 사용 가능하다.
마미파워의 한마디 안쪽에는 지퍼로 된 망사 포켓이 있어 물티슈나 캔디 등의 작은 내용물을 담기 편하다.
INFO WWW.VICTORIAFRIENDS.CO.KR 5만원대.

2 킨더스펠 보냉 가방
디자인도 예쁘고 수납공간도 넉넉해 필요한 물건을 한 번에 넣기 편하다. 안쪽에 메시 포켓과 고정 밴드가 있어 수저나 작은 소품을 따로 넣을 수 있고 젖병 등을 고정할 수도 있다.
마미파워의 한마디 어깨 끈이 탈부착되고 겉감과 안감, 지퍼 모두 생활 방수가 된다.
INFO WWW.KINDERSPEL.CO.KR 7만원대.

아그레스 보냉 가방
원단부터 생산까지 100% 국내에서 이루어지는 제품으로 백팩을 즐기는 엄마들이 선호한다. 면 100% 원단에 식물성 오일로 코팅해 방수 및 내구성을 높였다. 가방 내부에 6개의 포켓과 1개의 지퍼 주머니가 있어 물건이 섞이지 않으며, 2개의 고무 밴드가 있어 보온병이나 젖병 등을 고정할 수 있다.
마미파워의 한마디 후면 유모차 고리를 별도로 구매해서 쓸 수 있다.
INFO WWW.AGCLES.CO.KR 6만원대 후반.

3 마더케이 항균 지퍼백
전문 업체의 항균 소재를 첨가해 항세균 효력과 항균 지속력이 우수하다. 사이즈가 다양하고 지퍼백에 밑면을 넣어 부피가 큰 젖병이나 이유식기, 물병 등을 안전하게 보관할 수 있다. 같은 크기의 다른 지퍼백보다 더 많은 짐을 효율적으로 담을 수 있다.
마미파워의 한마디 원단이 두툼해 변형이나 찢김이 적어 여러 번 재사용할 수 있다.
INFO WWW.MOTHERK.CO.KR 1만 8천원대 (6종 세트 기준).

짐은 줄어도 간식은 줄지 않는다

아이가 어릴 때는 외출할 때 챙겨야 할 물건이 많아 일명 기저귀 가방이 항상 빽빽했다. 기저귀부터 물티슈, 이유식, 물병, 젖병, 수건, 딸랑이, 로션, 여벌 옷, 모자 등 만일의 사태를 대비한 물품이 많아서다. 하지만 아이가 자라면서 이런 고충이 점점 사라지기 시작했다. 아이가 자랄수록 스스로 할 수 있는 일이 많아져 예전에는 필수품이었던 것들이 굳이 필요하지 않게 된 것. 10장 이상 챙기던 기저귀도 수량이 차츰 반으로 줄었고, 돌이 지나고부터는 만약을 위해 두어 장 준비하면 충분했다. 하지만 지금도 변함없이 꼭 챙기는 물건이 바로 음료수와 간식이다. 어린아이는 갈증을 참지 못하고 노는 중간중간 꼭 간식을 찾기 때문에 외출 컨디션을 최상으로 유지시키려면 간식이 꼭 필요했다. 때로는 다른 친구들이 먹는 간식거리에 자극을 받아 자기도 사달라고 떼를 쓰는데, 이런 아이를 껑껑 달래며 편의점으로 데려가면 음료수 외에 다른 것까지 덤으로 사주어야 한다.

간식거리부터 소지품까지 수납 가능한 보냉 가방

기저귀 가방 다음으로 선택한 것이 보냉 가방이다. 우유나 과일, 이유식 등의 변질을 막기 위한 최선의 방법이었다. 기저귀 가방을 들고 다닐 때는 보냉 기능이 있는 비닐 팩에 이유식이나 물병을 담아 가져갔는데 다른 준비물들이 확 줄어들어 보냉 가방 하나면 될 듯했다. 더욱이 보냉 가방은 피크닉용 바구니 형태나 우유를 배달시키면 주는 파우치밖에 몰랐는데, 보냉 기능이 좋으면서 외출할 때 들고 다녀도 좋을 만큼 디자인이 예쁜 가방들이 있었다. 또 음식물만 담을 수 있는 것이 아니라 다른 수납공간이 있어 기저귀나 물티슈 등도 함께 넣을 수 있고, 크로스 백이나 손가방 형태로도 쓸 수 있어 외출이 아주 편했다. 일반 가방보다 구조도 단순해 유모차 손잡이에 걸어두고 수시로 음료수를 꺼내 먹이기도 좋고, 유치원에 들어간 아이의 소풍 보조 가방으로도 제격이었다. 이렇듯 보냉 가방은 기능과 디자인을 모두 충족시켜 엄마의 센스를 돋보이게 해주는 제품이다. 하지만 일반 가방에 기능이 더해진 것일 뿐 냉장고 가방이 아니라는 점을 기억해야 한다.

07. CHAPTER

블랭킷

—— 009 ——
아이의 포근한 수면을 유지해주는 제품

돌 전 아이들은 보통 하루에 12시간 이상 잠을 잔다.
세 돌이 지나도 하루에 한두 차례 낮잠을 자기 때문에 잘 자는 것만큼 중요한 일도 없다.
이때 블랭킷을 덮어주면 아이가 좀 더 포근하게 잠들 수 있다.
아이의 달콤한 꿈을 위해 예쁜 블랭킷을 준비하자.

아이가 가장 예쁠 때

아이가 가장 예뻐 보일 때가 언제냐고 묻는다면, 아마도 대부분의 엄마가 아이가 자고 있을 때라고 답할 것이다. 갓 태어난 아이가 곤히 자는 모습은 하늘에서 내려온 천사처럼 사랑스럽다. 그 아기 천사가 자라 갖가지 말썽으로 엄마 마음을 하루에도 열두 번 넘게 들쑤셔놓을지언정, 곤히 잠든 아이의 얼굴을 보고 있으면 분노는 온데간데없고 그저 감사하고 사랑스러울 뿐이다. 그런 아이에게 예쁘고 행복한 꿈을 선물하고 싶어 선택한 블랭킷. 처음 블랭킷에 관심이 생긴 것은 동심을 자극하는 갖가지 귀엽고 사랑스런 무늬 때문이었다. 아기자기한 무늬를 보니 아이가 왠지 즐겁고 행복한 꿈을 꿀 것만 같은 상상을 하게 만들었다. 또 외출 시에 아이가 잠이 들면 덮어주는 용도로 블랭킷이 필요했다.

여름에는 시원하게, 겨울에는 따뜻하게 블랭킷을 활용하자

보기에 예쁘고 화려한 무늬도 중요하지만, 주로 외출 시 아이 낮잠 담요로 사용할 생각이라 소재에도 신경을 많이 써서 선택했다. 겨울용 블랭킷은 한쪽은 기모, 한쪽은 면으로 된 제품을 사용했는데 아이를 감싸는 기모 쪽은 늘 온기가 있어 바로 아이를 감싸도 차가운 기운이 전해지지 않았다. 여름에는 시원한 대나무 소재 블랭킷을 준비해 덮었을 때 시원한 촉감을 느낄 수 있게 했다. 에어컨 등의 냉방기기로부터 아이를 보호하기에도 적당했다. 보통 사방 120cm의 넉넉한 크기인데 부피감이 적어 휴대하기 편하고, 세탁에 대한 부담도 없었다. 차 안에서 잠이 든 아이에게 덮어주고, 때로는 바람막이나 수유 가리개로도 활용했다.

블랭킷을 고를 때는 아이 피부에 닿는 촉감이 부드러운지, 안전한 소재인지를 먼저 확인해야 한다. 또 아이들은 땀을 많이 흘리기 때문에 흡수력이나 통기성은 좋되 보온성은 잃지 않는 제품이 좋다. 간혹 섬유의 특성상 털이나 먼지가 날리는 제품들도 있으니 주의해야 한다.

마미파워의 선택

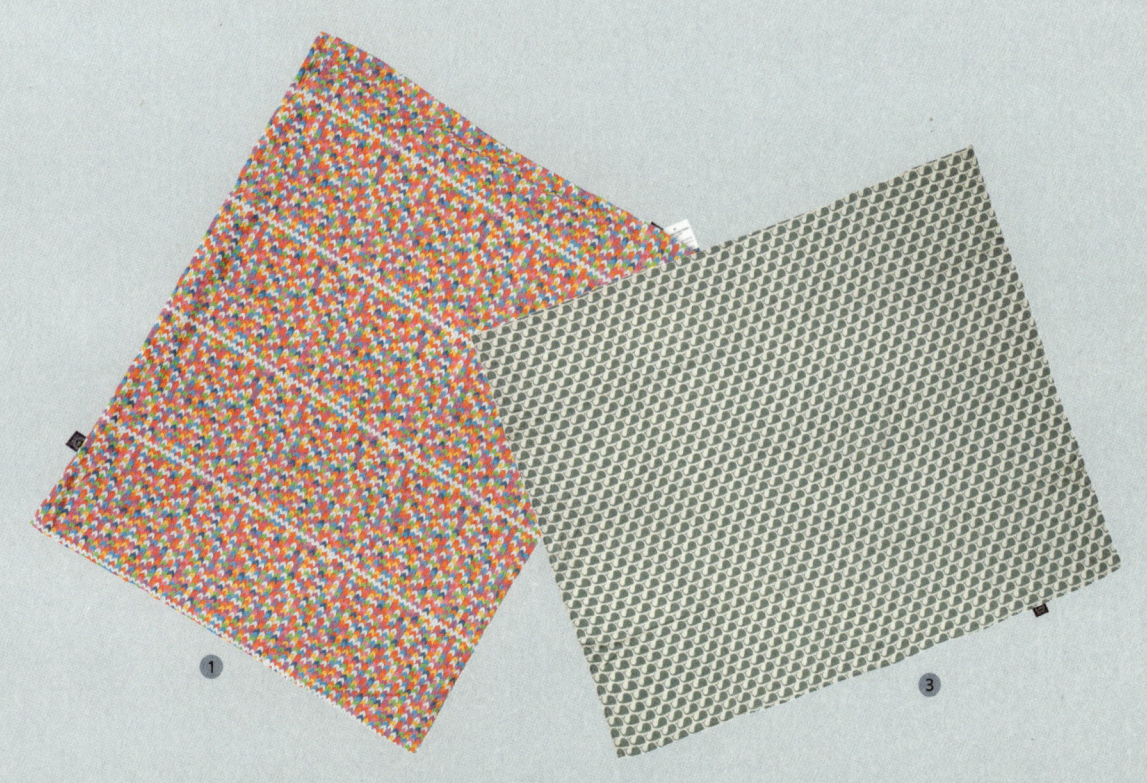

1 라밀로우 블랭킷
양면 블랭킷. 아이 이불 등으로 사용할 수 있고, 아이가 좀 더 크면 유모차 담요로도 쓸 수 있어 활용도가 좋다. 디자인이 예쁘고 엠보싱 처리가 되어 폭신하고 보온성이 뛰어난 것이 특징. 어린이 안전 인증과 섬유 안전 인증을 받아 믿고 사용할 수 있다.
마미파워의 한마디 삶거나 염소계 표백제 사용을 피해야 한다.
INFO WWW.LAMILLOU.CO.KR 7만원대 후반.

2 엘리펀트이어스 스트롤러 블랭킷
안감에 사용한 벨보아 원단이 공기층을 형성해 보온성과 촉감이 좋다. 아이 몸에 포근하게 밀착되어 흘러내리지 않도록 엠보싱 처리가 되어 있는 것이 특징. 유모차나 카시트를 태울 때는 물론 실내에서 낮잠을 잘 때도 유용하다.
마미파워의 한마디 삶거나 다림질을 하면 제품이 손상되거나 탈색될 수 있다.
INFO WWW.ELEPHANTEARS.CO.KR 6만 4천원대.

3 라밀로우 오가닉퓨어 밤부 블랭킷
무형광, 무자극, 무농약의 100% 식물성 섬유로 만들었다. 면보다 흡수성이 뛰어나고 항진 효과와 천연 향균 효과가 있다. 자외선 차단과 체온 조절이 가능하고 털이나 먼지 날림이 없다.
마미파워의 한마디 실크처럼 촉감이 부드럽고 세탁 후에도 뒤틀림이 없는 게 특징.
INFO WWW.LAMILLOU.CO.KR 7만 8천원대.

4 엘리펀트이어스 뱀부 블랭킷
디자인과 색감이 예쁘다. 100% 대나무 소재로 항균, 향취 기능이 있고 감촉이 부드럽고 통기성과 흡수성이 우수한 게 특징. 이중 머슬린 원단이 체온 조절을 도와준다.
마미파워의 한마디 사이즈가 크지 않아 속싸개로도 이용할 수 있다.
INFO WWW.ELEPHANTEARS.CO.KR 3만 8천원대.

07. CHAPTER

기저귀 가방·파우치
010
아이에 대한 사랑이 담긴 엄마만의 잇 백

결혼 전보다 결혼 후, 아니 더 정확히는 출산 후에 가방에 대한 관심이 많아졌다. 아이와 외출할 때마다 들고 다니는 기저귀 가방에 점점 신경이 쓰였기 때문이다. 기저귀 가방이 맞는지 의심스러울 정도로 디자인이 예쁘고 실용성까지 겸비한 제품들은 늘 엄마들을 설레게 한다.

기저귀는 항상 넉넉히 챙겨야 한다

하루에 엄마 손이 가장 많이 가는 아이 물건은 기저귀다. 아이의 생리현상을 편안하게 충족시켜주어야 하기에 기저귀는 아이와 외출 시 가장 먼저 챙겨야 하는 필수품이다. 한번은 가족끼리 1박 2일 일정으로 여행을 갔는데 돌아올 때쯤 챙겨 간 기저귀가 바닥이 났다. 이제 남은 일정은 집으로 돌아오는 것뿐이라 아이가 차에서 잘 참아주길 바라며 그냥 차를 탔는데, 아이가 그 사이를 참지 못하고 대변을 보았다. 순식간에 고약한 냄새가 차 안에 퍼졌고, 오염된 아이 바지를 처리하려니 난감하기만 했다. 더욱이 바지 통 사이로 떨어진 아이의 변이 차 매트에 묻으면서 아이도, 차도 지켜주지 못해 미안한 상황. 차 안에서 그 냄새를 빼기 위한 사투가 눈물겨웠다. 기저귀가 필요 없는 지금도 기저귀와 관련된 용품만 보면 그때의 기억이 떠올라 웃음이 나온다. 어디를 가더라도 기저귀는 무조건 넉넉히 챙겨야 한다는 것을 그때의 경험으로 절실히 깨달았다. 그 덕에 지금까지 사용한 기저귀 가방은 모두 사이즈가 넉넉했다.

기저귀 가방도 용도별로 사용하는 것이 좋다

처음에는 기저귀 가방이 뭐 특별할까 싶어 아무 가방이나 사용했다. 친정 엄마가 손수 떠주신 가방도, 각종 사은품으로 받은 에코 백이나 결혼 전에 들고 다니던 가방들도 다 기저귀 가방이 되었다. 그런데 막상 아이를 데리고 외출을 하면 내 짐보다 아이 짐이 많아 보조 가방이 메인 가방이 되었고, 그러다 보니 기저귀 가방에 점점 신경이 쓰였다. 사실 기저귀가 아이 용품의 핵심이라 기저귀 가방이라는 애칭을 얻은 것일 뿐 그 안에는 기저귀뿐 아니라 거즈 수건, 여벌 옷, 아이 턱받이, 물컵, 물티슈 등 외출 시 필요한 용품은 모두 들어간다. 나는 보스턴백, 크로스 백, 백팩 등 다양한 스타일의 가방을 다 사용해봤다. 그런데 장거리 외출이나 아이 짐이 많을 때는 백팩이 단연 최고였다. 짐의 무게감이 덜 느껴지고 양손이 자유로워 아이를 돌보기도 편했다. 크로스 백은 소지품을 꺼내기는 쉽지만 짐이 많을 경우 어깨가 아프다는 것이 단점이고, 보스턴 백은 결혼식이나 돌잔치 등 모임이 있는 장소에 어울렸다.

기저귀 가방을 고를 때 이런 점을 확인하자

기저귀 가방을 고를 때 사이즈 못지않게 중요한 점이 수납공간이 얼마나 편리하게 분리되어 있느냐이다. 기저귀 전용 가방은 일반 파우치와 달리 지퍼 주머니 외에 여러 형태의 수납 주머니가 있어 다양한 소품을 넣을 수 있다. 무엇이든 깔끔하게 정리되어 있으면 찾기도 쉬운 법. 전용 가방을 사용하면 외출 중 물건 하나를 찾기 위해 가방 전체를 뒤적이며 식은땀을 흘릴 일이 없다. 수납공간이 많아 물건이 뒤죽박죽 섞이지 않기 때문이다. 기저귀 가방은 패브릭 소재라도 각이 잡혀 있어 최대한 물건이 흐트러지지 않는 것이 좋다. 오염 방지를 위한 방수 기능까지 있다면 금상첨화. 또 아이와 외출할 때는 간식도 꼭 챙겨야 하므로 보냉 기능도 필요하다. 그러나 칸막이가 나뉘어 있고 수납공간이 넉넉해야 한다고 무턱대고 큰 사이즈를 구입하면 짐의 무게에 가방의 무게까지 더해져 엄마가 힘들다. 여행용이 아닌 외출용은 자신에게 맞는 적정 사이즈를 고려해야 한다.

마미파워의 선택

③

포브 브래그 라이트
포브 브래그의 단점인 무게를 줄여 기존 기저귀 가방보다 가볍다. 칸막이가 많고 넓어 용도별 수납이 가능한 것도 장점. 야외에서 기저귀 교체 시 아이를 눕힐 수 있는 방수 패드가 포함되어 있다. 생활 방수가 가능하고 유모차걸이가 있어 실생활에서 편하다.
마미파워의 한마디 백팩 기능이 없다.
INFO WWW.FORB.CO.KR 7만원대.

1 UNC 백팩
환경호르몬 걱정 없는 우레탄 방수 가공 백팩. 짐을 많이 넣어도 어깨의 부담을 덜어주는 고탄성 패드가 들어 있다. 뒤에서 지퍼를 열 수 있어 가방을 벗지 않아도 카드나 휴대전화 등을 꺼낼 수 있는 것도 장점. 보온·보냉 주머니로 사용할 수 있는 안쪽 주머니가 있고, 옆 주머니에 물병 및 우유병을 쓰러지지 않게 꽂을 수 있다.
마미파워의 한마디 2가지 스타일로 연출 가능하다.
INFO WWW.UNCBAG.COM 13만원대.

2 페투니아 피클바텀 백팩
디자인이 예쁘고 고급스런 자수가 놓여 기저귀 가방 같지 않다. 길이 조절이 편리하고 가방 내·외부에 포켓이 많아 용도별 수납이 가능하다. 생활 방수가 되고 탈부착되는 기저귀 체인징 패드가 있어 사용하기 편하다.
마미파워의 한마디 숄더백, 백팩, 크로스 백으로 변환할 수 있어 활용도가 높다.
INFO WWW.PETUNIAPICKLEBOTTOM.CO.KR 20만원대.

3 킨더스펠 기저귀 파우치
입구가 넓어 물건을 수납하기 좋고 벨크로 여밈이라 편하다. 벨크로 위쪽 길이에 여유를 주어 부피에 따라 여밈 조절이 가능하고, 사이즈가 넉넉해 중형 기저귀를 최대 6장까지 수납할 수 있다.
마미파워의 한마디 위생용품. 화장품 등을 수납하는 파우치로도 사용할 수 있다.
INFO WWW.KINDERSPEL.CO.KR 1만원대.

4 한스펌킨 애니멀 사파리포인원 백팩형 기저귀 가방
두 손이 자유로운 다기능 기저귀 가방. 유모차나 자동차 좌석, 유아 침대에 걸어서 사용할 수 있다. 초경량이라 가볍고 가방 속 수납 구조가 편리하다. 백팩, 토트백, 숄더백, 크로스 백, 유모차 가방 등 다양한 형태로 활용 가능하다.
마미파워의 한마디 파우치까지 세트 상품이라 유용하다.
INFO WWW.HANSPUMPKIN.COM 11만원대.

07. CHAPTER

무릎 보호대·아동용 헬멧

― 011 ―
걷거나 자전거를 탈 때 필요한 안전 장치

아이들은 돌이 지나 혼자서 걸을 수 있게 되면 아기 띠에 안기는 것을 거부하고 걷겠다고 나선다. 하지만 아이의 샘솟는 의욕과 달리 아슬아슬하게 걷다가 엄마의 가슴을 철렁하게 하는 상황을 여러 번 연출하고야 만다. 당연히 거쳐야 할 발달 단계이니 그저 너그러운 마음으로 응원해주고 싶지만, 넘어지기를 반복하는 아이를 보면 무릎이나 머리가 성할까 싶어 걱정이 이만저만 아니다. 그래서 무릎 보호대와 헬멧은 꼭 필요하다.

아이를 다시 걷고 싶게 만든 무릎 보호대

우리 큰아이는 조금 일찍 혼자 걷는 재미에 빠졌다. 내 눈에는 걷는 것인지 뛰는 것인지 구분되지 않을 정도로 의욕이 과다했다. 그렇다고 한창 걷는 데 재미가 들려 성취감을 맛보고 있는 아이를 말릴 수도 없는 노릇이었다. 그러다 보니 엉겁결에 넘어져 "으앙!" 하고 울기 일쑤였다. 하루는 넘어진 아이의 무릎이 까져 피가 났는데 아이는 아픈 것보다 피를 보고 충격을 받았는지 자지러지게 울어댔다. 문제는 그 이후부터였다. 집 밖에 나가면 걷는 것을 두려워하며 계속 안아달라고 떼를 쓰기 시작한 것. 어떻게 하면 아이가 넘어지는 것에 대한 두려움을 떨칠 수 있을까 고민하다 무릎 보호대를 구입했다. 처음에는 무릎에 무언가를 끼우는 게 이상했는지 싫어했지만, "이거 하고 나면 무릎이 아프지 않을 거야." 하고 차근차근 설명해주니 거부하지 않았다. 아이들은 대부분 무릎을 꿇으면서 넘어지는데 무릎 보호대를 착용하니 확실히 걱정이 줄었다. 피부와 닿는 안쪽은 부드러운 면 쿠션으로 되어 있고 바깥쪽은 딱딱한 소재라 충격 흡수에 훨씬 도움이 되었다. 아이 역시 혼자 걷다가 넘어져도 전처럼 아프지 않으니 걷는 데 다시 재미를 붙였다.

무릎 보호대는 직접 착용해보고 구입하자

무릎 보호대는 아이를 직접 데리고 가서 착용해보고 선택하는 것이 바람직하다. 대부분의 제품이 신축성이 있어 착용하는 데 불편은 없지만, 사이즈가 하나라 선택의 여지가 없는 경우가 많다. 그러므로 아이에게 직접 착용시켜보고 흘러내리지는 않는지, 아이가 불편해하진 않는지 등을 미리 체크해보는 것이 좋다. 또 아이의 체형이 너무 작거나 크다면 뒷부분을 벨크로로 고정할 수 있는 디자인도 있으니 참고한다. 여름용이라고 해서 무릎 뒷부분에 구멍 몇 개가 뚫려 있는 제품들도 있는데, 일반 무릎 보호대보다 가격이 비싼 데 비해 기능이 얼마나 좋을지는 의문이다. 손재주가 있다면 두꺼운 양말을 이용한 엄마표 무릎 보호대를 만드는 것도 방법이다.

헬멧 쓰는 습관을 길러주자

아이가 자전거나 인라인 등 탈것을 좋아하면 반드시 아동용 헬멧을 씌워야 한다. 미리 대비하지 않으면 언제 사고가 일어날지 모르기 때문. 한번은 아이가 아파트 주차장에서 킥보드를 타면서 장난을 치다가 그만 주차된 자동차에 머리를 부딪친 적이 있다. 아이를 따라가면서 사고를 직감했지만, 아이에게 앞을 보라고 소리쳤을 때는 이미 킥보드의 속도를 이기지 못하고 자동차에 부딪친 뒤였다. 놀라 달려가보니 넘어지면서 무릎과 손발이 바닥에 쓸려 상처가 심했다. 다행히 머리는 크게 다치지 않았지만, 그날 비로소 헬멧의 중요성을 실감하고 서둘러 헬멧을 구입했다.

평소 운동을 좋아하는 남편은 아이 헬멧에 대한 기준이 확실했다. 무거우면 아이 목에 무리가 갈 수 있기 때문에 가볍고 튼튼할 것, 구멍이 너무 크거나 많지 않을것. 통풍 기능을 강화한다며 구멍이 많이 난 헬멧은 상대적으로 튼튼하지 못할 거라고 했다. 그래서 충격 흡수가 잘되는 내구성 좋은 제품을 선택했다. 문제는 아이가 헬멧 쓰는 걸 너무 싫어한다는 점이었다. 킥보드를 좋아하니 반드시 써야 하는데도 싫다고 우기는 바람에 지금도 매번 신경전을 벌인다. 처음부터 헬멧 쓰는 습관을 들이지 못한 나의 잘못이다.

마미파워의 선택

1 뽀로로 · 패티 무릎 보호대
아이들이 좋아하는 캐릭터의 디자인이라 무릎 보호대를 거부하는 아이들도 좋아하는 경우가 많다. 밴드 뒤쪽은 망사 소재라 통풍이 잘돼 땀이 차지 않고 신축성이 뛰어나다. 앞쪽은 푹신한 스펀지로 쿠션을 살려 아이가 넘어졌을 때 찰과상, 타박상 등을 방지해준다.
마미파워의 한마디 위생을 위해 수시로 세탁해야 한다.
INFO WWW.PORORO SHOP.KR 9천원대.

2 자노드 비크롱 헬멧
선명한 색감이 눈에 띄는 유아용 헬멧. 회전 버튼으로 둘레 조절이 가능해 아이 두상에 맞게 착용할 수 있고, 통풍구가 있어 착용감이 쾌적하다. 헬멧 끈은 3단계로 조절된다.
마미파워의 한마디 사이즈를 확인하고 구매해야 한다.
INFO 오픈 마켓(11번가, G마켓, 옥션, 인터파크) 2만 4천원대.

네오온 실리콘 무릎 보호대
실리콘 재질이라 무릎을 펴고 구부리기 쉽다. 아이용품 같지 않아 스포티한 느낌을 좋아하는 엄마들이 선호하는 편.
마미파워의 한마디 끈을 이용해 사이즈를 조절할 수 있고 실리콘이라 때가 덜 탄다.
INFO 오픈 마켓(11번가, G마켓, 옥션, 인터파크) 1만 2천원대.

넛케이스 리틀넛 헬멧
디자인이 독특해 외국에서도 인기가 많은 제품. 써본 사람들은 착용했을 때 편안하다며 만족스러워한다. 턱 끈이 부드러워 아이들 피부에 닿아도 안심이다.
마미파워의 한마디 46~52cm 크기의 유아 머리에 맞도록 설계되어 있다.
INFO WWW.MONOBIKE.CO.KR 8만원대 후반.

HJC아동용 자전거 헬멧
HJC사의 아동용 헬멧. 어린이 머리에 맞게 디자인되어 있다. 전면에 그물망을 적용해 날벌레가 날아드는 것을 방지해준다. 사이즈 조절이 가능하다.
마미파워의 한마디 내피에 부드러운 원단을 사용하고 통풍구가 있어 착용감이 쾌적하다.
INFO 오픈 마켓(11번가, G마켓, 옥션, 인터파크) 2만원대 후반.

07. CHAPTER

미아 방지 제품

◀ 012 ▶

만일의 사고를 대비하는 최소한의 장치

아이를 키우다 보니 미아를 찾는 전단이나 현수막을 보면 남의 일처럼 느껴지지 않는다.
놀이공원 등에서 아이를 찾는다는 방송만 들어도 가슴이 아프다. 아이를 잃어버린다는 것은
상상만으로도 끔찍하고 일어나서는 안 될 일이다. 하지만 혹시 모를 사고를 대비해
최소한의 장치는 준비해둬야 한다.

아이를 순식간에 잃어버릴 수도 있다

잠깐이지만 아이를 잃어버릴 뻔한 적이 있다. 동생과 함께 각자의 아이들을 데리고 키즈 카페에 갔다가 나오는 길이었는데, 키즈 카페가 쇼핑센터에 있어 엘리베이터에 사람이 많았다. 집에 가기 싫다는 둘째를 달래느라 정신이 쏙 빠진 상태에서 엘리베이터로 밀려 들어갔는데, 엘리베이터 문이 닫히기 직전에 "엄마." 하는 소리가 들렸다. 안쪽에 있어 그 소리가 크게 들리진 않았지만 분명 우리 아들 목소리였다. 당연히 이모나 누나 옆에 있는 줄 알았는데 아이가 보이지 않았다. 그 순간 어디서 그런 괴력이 나왔는지 많은 사람을 제치고 엘리베이터의 열림 버튼을 눌러 순식간에 엘리베이터 밖으로 나왔다. 예상대로 엘리베이터를 타지 않은 우리 아들이 있었다. 둘째는 잠시 내려두고 얼른 큰아이를 안고서 왜 누나를 잘 따라다니지 않았느냐고 혼을 내며 놀란 마음을 진정시켰다. 그날 아이를 데리고 집으로 오면서 가장 먼저 확인한 것이 미아 방지 목걸이였다.

초등 저학년 때까지는 안심할 수 없다

아이를 잃어버리는 일은 한순간에 일어난다. 특히 놀이공원처럼 아이의 호기심을 자극하는 게 많고 복잡한 곳에서는 잠깐만 한눈을 팔아도 아이가 벌써 저만치 가 있다. 나는 아이가 자신의 이름과 엄마 아빠의 이름, 전화번호 정도는 기억할 수 있도록 계속 반복 학습을 시키고, 혹시나 엄마를 잃어버렸을 때는 주변에 있는 누나나 아줌마에게 도움을 요청하고 미아 방지 목걸이를 보여주라고 당부했다. 그런데 어느 날 육아 카페에 일곱 살 아이를 잃어버렸다가 찾은 아이 엄마의 글이 올라왔는데, 부모의 이름과 전화번호를 정확히 알고 있었는데도 혼자 남게 되자 무섭고 당황스러워 아무 말도 못했다고 했다. 일곱 살 정도 되면 미아 방지 목걸이를 하지 않아도 될 거라 생각했는데, 그 글을 보니 초등학교 저학년 때까지는 미아 방지 제품을 준비해 만약의 사고에 대비해야 할 것 같았다.

미아와는 조금 성격이 다르지만 요즘은 세상이 무서워 유괴에 대한 두려움도 있다. 예전에 한 TV 프로그램에서 아이를 유인하는 실험을 했는데, 실험에 참가한 대다수의 아이가 장난감이나 귀여운 동물로 유인하자 다른 사람의 차에 쉽게 올라탔다. 아이를 키우는 부모 입장에서는 정말 섬뜩한 일이었다. 아이에게 낯선 사람이 가자고 하면 따라가지 말라고 늘 말해왔는데, 그 프로그램에서는 막연하게 따라가지 말라는 교육보다 실제 일어날 수 있는 상황을 이야기해주며 방법을 제시하는 게 더 효과적이라고 했다. 예를 들어 "혼자 슈퍼를 가는데 누군가가 길이 어딘지 알려달라며 차에 함께 타자고 하면 어떻게 하겠니?"라거나, "좋아하는 장난감이 차에 있다고 타자고 하면 어떻게 하겠니?" 등 현실적인 이야기를 해주며 그 경우에 어떻게 해야 하는지를 알려주는 게 더 낫다는 것. 유괴와 같은 무서운 상황까지 대비해야 하는 현실이 슬프고 싫지만, 미리 아이 눈높이에 맞는 교육을 시켜 만약의 사태에 대비하는 게 가장 좋은 예방책이지 싶다.

마미파워의 선택

1 리틀라이프 미아 방지 가방

곤충과 동물을 모티브로 한 귀여운 캐릭터 디자인이라 아이들에게 친숙한 느낌을 준다. 화려한 원색을 사용해 어디서나 눈에 잘 띄며, 탈부착 가능한 미아 방지 밴드가 있어 외출 시 유용하다. 가방 상단의 지퍼를 열면 방수 소재 캐릭터 후드가 숨어 있어 비올 때 유용하며, 후드를 쓰고 재미있는 놀이도 할 수 있다. 기저기 2~3개, 물티슈, 빨대 컵 등을 넣을 수 있다.

마미파워의 한마디 아이가 달려갈 때 잡아당기면 반동으로 넘어질 수 있으니 주의해야 한다.

INFO 오픈 마켓(11번가, G마켓, 옥션, 인터파크) 4만원대.

미아방지 실버 목걸이·팔찌

아이들이 액세서리처럼 착용할 수 있는 제품으로 왕관 모양, 캐릭터 모양, 이니셜 목걸이 등 종류가 다양하다. 오랜 기간 사용할 수 있고 분실 염려가 적어 미아 방지 제품 중 선호도가 높은 편이다.

마미파워의 한마디 오래 사용하면 도색이 벗겨질 수 있다.

INFO 오픈 마켓(11번가, G마켓, 옥션, 인터파크) 1만원대부터.

2 인포밴드

아동용 미아 방지 팔찌. 무독성, 무알레르기의 안전한 제품이라 피부가 민감한 아이도 안심하고 사용할 수 있다. 부들부들한 특수 소재를 사용해 아이들이 착용하기 편하며, 잠금 버클이 있어 아이가 쉽게 열 수 없다. 잠금 버클로 밴드의 사이즈를 조절할 수 있고, 버클에 문제가 생기지 않는 한 계속 사용할 수 있다. 금이나 은 등의 고가 제품과 달리 '미아 방지' 목적에 충실한 실속 제품.

마미파워의 한마디 방수 제품이라 물놀이나 샤워 시에도 착용 가능하다.

INFO WWW.INFOBAND.CO.KR 5천원대.

07. CHAPTER

운동화·샌들

◄ 013 ►

디자인보다는 기능을 따져야 하는 제품

아이가 돌이 지나 걷기 시작하면서 엄마들의 눈이 이제 아이 신발로 쏠린다. 귀엽고 예쁜 신발은 또 얼마나 많은지 유혹을 견뎌내기가 쉽지 않다. 그러나 아이 신발을 구입할 때는 디자인보다 기능을 먼저 따져야 한다. 특히 바닥에 미끄럼 방지 처리를 하지 않은 신발은 아무리 예뻐도 신겨서는 안 된다. 아이들은 걸음이 서툴러 잘 미끄러지기 때문이다. 아이 물건은 신발 한 켤레도 이모저모를 따져 가장 안전한 제품을 선택하는 것이 중요하다.

아이의 신발을 구매할 때는 바닥부터 살펴보자

큰아이의 경우 첫아이라 그런지 신발 선물도 많이 받았는데, 사이즈가 맞아도 그냥 신기지 않았다. 몇 번의 경험이 신발을 선택하는 요령을 터득하게 만들어서다. 아이와 뮤지컬을 보러 간 어느 날, 복도에서 공연을 기다리고 있는데 청소를 마친 지 얼마 되지 않았는지 중간중간 물기가 보였다. 그런데 함께 간 친구에게 아이들이 넘어질 수 있으니 조심하자는 말을 하기가 무섭게 그쪽으로 달려간 우리 아이가 꽝 하고 넘어졌다. 또래 친구들과 함께 공연을 보러 온 게 신난 나머지 포스터가 있는 곳으로 냅다 달리다 그대로 미끄러진 것이다. 다행히 앞으로 넘어져 손바닥과 무릎만 다쳤지만, 만약 뒤로 넘어졌다면 머리를 크게 다칠 수도 있는 상황이었다. 속상한 마음을 누르고 아이에게 상황을 설명하며 뛰지 말라고 나무란 뒤 내 신발로 바닥을 쓱쓱 문질러보니 그렇게 미끄럽지 않았다. 그래서 아이 신발로 다시 문질러보니 미끄러운 느낌이 들었다. 아이 신발에는 기본적으로 미끄럼 방지 처리가 되어 있을 거라 믿은 것이 잘못이었다. 그 이후 아이 신발을 구입할 때는 제일 먼저 바닥부터 살펴보게 되었다.

아이 신발은 쿠션이 좋은 제품을 선택하자

지인에게서 플랫 형태의 바닥이 낮은 아이 신발을 선물 받아 아이에게 신긴 적이 있다. 쿠션이 좀 부족하긴 했지만 디자인이 너무 멋스럽고 예뻐 만족스러웠다. 그런데 아이와 함께 집 앞 마트에 갔더니 아이가 평지에서 제자리 점프를 하며 걸어 다녔다. 엄마 손 잡고 예쁘게 걷자는 내 말은 들리지도 않는지 아이는 장을 보는 내내 제자리 점프로 무료함을 달랬다. 이런 아이에게 디자인만 예쁜 신발은 소용없었다. 아이들은 점프하는 걸 좋아해 착지하다가 자칫 무릎 성장판을 다칠 수도 있어 아이들 신발은 쿠션이 좋아야 한다더니, 역시 플랫 신발은 무리였다. 그 이후 아무리 예쁘고 멋스러워도 쿠션이 부족하거나 바닥에 미끄럼 방지가 되어 있지 않은 신발은 신기지 않았다.

아이 신발을 선택하는 방법

아이 신발을 살 때 확인해야 하는 몇 가지가 있다. 첫째, 가벼울 것. 가벼워야 활동하기 좋다. 둘째, 바닥이 고무일 것. 그래야 잘 미끄러지지 않는다. 셋째, 발등 부분이 찍찍이(벨크로)로 되어 있을 것. 그래야 신고 벗기 편하다. 아이들은 쑥쑥 자란다고 일부러 사이즈가 큰 신발을 구입하는 경우도 있는데, 너무 큰 사이즈는 벗겨질 위험이 있으므로 피하는 게 좋다. 넷째, 복사뼈가 닿는 부분은 부드러운 원단으로 되어 있을 것. 그 부분의 소재가 너무 딱딱하면 아이가 걸을 때 긁혀 상처가 생길 수 있다.

마미파워의 선택

우미슈즈 윌리 코냑
도톰한 가죽 쿠션이 뒤로 쏠리는 것을 방지하며 벨크로로 발등 높이를 조절할 수 있다. 천연 고무 범퍼가 신발의 앞코가 까지는 것을 방지하고 발가락도 보호해준다. 뒤꿈치 쿠션이 편안한 걸음걸이 자세를 유지해주며 미끄럼 방지 기능이 있다.
마미파워의 한마디 같은 브랜드의 다른 신발들도 비슷한 기능이 있으니 참고 하자.
INFO WWW.UMIKOREA.COM 5만원대.

보그스 유아·아동 손잡이 운동화
천연 고무 밑창과 EVA 깔창을 적용해 아이 발을 보호해준다. 통기성과 흡수성이 좋고 땀에 의한 세균 증식이나 악취를 막아주어 위생적이다. 또 손잡이와 벨크로가 있어 신고 벗기 편하다.
마미파워의 한마디 물세탁을 해도 제품이 손상되거나 물이 빠지지 않는다.
INFO WWW.CREAMHAUS.COM 21만원대.

크록스
가볍고 유연한 소재의 샌들로 여름에 단연 인기가 높다. 밑창이 마사지 효과를 주어 편안하고 신고 벗기 쉽다.
마미파워의 한마디 제품에 따라 사이즈를 한 치수 크게 신어야 할 수도 있다.
INFO WWW.CROCS.CO.KR 5만원대.

1 나이키 다이나모프리
맨발 같은 편안함을 주는 신발. 신고 벗기 편한 슬립온 디자인이며 파일론 중창이 밑창 역할까지 한다.
마미파워의 한마디 경량 완충 작용으로 무게를 줄이고 마모되는 부분의 내구성을 높이기 위해 강화 고무로 제작했다.
INFO WWW.NIKESTORE.CO.KR 6만원대.

2 스트라이드 라이트
자동차와 변신 로봇을 모티브로 디자인한 운동화로 남자아이들이 좋아한다. 공차기 등의 충격에도 강할 만큼 튼튼해 운동량이 많은 남자아이들에게 특히 좋다.
마미파워의 한마디 걷거나 달릴 때마다 발등에서 불이 들어오는 LIGHT UP 제품도 있다.
INFO WWW.STRIDERITEKOREA.COM 7만원대.

07. CHAPTER

유아 가방

◀ 014 ▶

수납장부터 인형의 집까지 되는 제품

귀엽고 깜찍한 가방을 메면 확실히 아이가 더 예쁘고 사랑스럽게 보인다. 아이의 스타일을 살려주는 패션 아이템으로는 가방이 최고인 셈이다. 더욱이 요즘은 단순한 수납에서 벗어나 미아 방지용 가방, 펼치면 인형 집이 되는 가방까지 종류도 다양하다. 다만 아이들도 취향이 있으므로 만약 아이가 의사표현을 할 수 있다면 엄마가 먼저 후보 제품을 몇 개 고른 다음 그 안에서 아이가 마음에 드는 것으로 고르게 하는 것이 좋다. 우리 딸은 이제 겨우 세 살인데도 자신이 원하는 모양이 아니면 거부한다.

아이 가방은 엄마의 가방이기도 하다

돌이 지나 아이가 걷기 시작하면서부터 아이 가방을 사용했다. 돌 전에도 아이 가방이 있었지만 오히려 짐만 늘어나는 꼴이라 그때는 기저귀 가방으로 모든 것을 해결했다. 사실 막 걷기 시작했을 때도 상황은 크게 다르지 않아 가까운 놀이터에 가거나 차로 이동할 때만 아이 가방을 사용했다. 아이가 걷는 재미를 느끼면서 아파트 단지 내 놀이터에 종종 나갔는데, 아이가 넘어지면 손을 닦아줄 물티슈와 언제 돈 쓸 일이 벌어질지 몰라 지갑은 꼭 챙겨야 해 아이 가방에 필요한 소지품을 넣어 가지고 다녔다. 다른 사람들이 보기에는 엄마가 아이 가방을 들어주는 것 같았겠지만, 실은 엄마가 필요한 물건들이 들어 있었다. 아이 가방을 엄마가 필요한 용품을 넣는 위장 가방으로 사용한 셈이다.

다양한 용도로 사용하는 아이 가방

큰아이는 세 살이 되면서부터 외출할 때 자신이 아끼는 장난감들을 챙겼다. 그래서 작은 장난감들을 아이 가방에 챙겨 언제든 꺼내서 놀 수 있게 해주고, 아이가 좋아하는 간단한 간식도 아이 가방에 넣어 필요할 때마다 바로 꺼내주니 편했다. 또 아이가 어릴 때는 끈이 달린 미아 방지 가방을 이용했는데, 아이가 갑자기 달리면 끈의 반동으로 오히려 뒤로 넘어질 위험이 있으니 주의해서 사용해야 한다.

마미파워의 선택

1 마뉴엘라 유아 백팩
귀여운 강아지 모양 가방으로 독특한 디자인이 아이들의 상상력과 감성을 자극한다. 고급스러운 코듀로이 원단을 사용해 부드럽고 가벼워 사계절 내내 사용 가능한 것이 특징. 수납공간이 넓어 아이들의 소품이나 책을 넣기 편하고 네임택이 달려 아이의 이름을 적을 수 있다.
마미파워의 한마디 사이즈를 선택해서 구입하면 된다.
INFO MANUELLADESIGN.CO.KR 6만원대.

스테판조셉 백팩
어깨 스트랩에 쿠션이 있어 편안하게 착용할 수 있다. 비닐 소재라 오염이나 얼룩이 묻어도 지우개나 물걸레로 간단히 제거할 수 있다. 앞쪽에 수납공간이 있어 필기구 및 작은 소지품을 보관할 수 있다.
마미파워의 한마디 옆에 메시 포켓이 달려 추가 수납도 가능하다.
INFO WWW.TOYTREE.CO.KR 3만원대.

2 자노드캣 백팩
귀여운 고양이 캐릭터 가방으로 부리부리한 눈, 쫑긋한 귀 등 동물의 특징을 재미있게 살려 디자인했다. 가방 뚜껑을 열면 지퍼가 있어 가방 속 물품들을 한 번 더 안전하게 보관해 준다.
마미파워의 한마디 포켓이 달려 있어 잃어버리기 쉬운 작은 소지품을 넣을 수 있다.
INFO WWW.SELECTA.KR 3만원대.

3 스킵합 애니멀 백팩
예쁜 캐릭터 디자인이라 아이들이 좋아하는 가방. 앞에 안전띠가 있어 가방이 흘러내리지 않으며, 미아 방지 끈을 탈부착할 수 있다. 네임택이 달려 아이 이름을 적을 수 있고 사이드에 미니 포켓이 실용적이다.
마미파워의 한마디 크기가 작아서 사용 기간이 짧을 수 있다. 같은 브랜드의 다른 사이즈 제품도 있으니 참고하자.
INFO 오픈 마켓(11번가, G마켓, 옥션, 인터파크) 3만원대.

07. CHAPTER

우산·장화

◀ 015 ▶

아이들이 비 오는 날을 기다리게 만드는 물건

엄마는 비가 오면 아이에게 빗물이 튈까 걱정,
집 안이 눅눅해져 빨래가 마르지 않을까
걱정이지만, 아이는 엄마와 달리 비 오는 날을
손꼽아 기다렸다. 아이는 왜 비 오는 날을
그렇게 좋아했던 걸까?

유아용 우산은 시야 확보가 먼저다

큰아이가 어릴 때, 비가 하늘에서 내린다는 것을 알려주기 위해 아이를 아파트 화단으로 데리고 나가 비가 떨어지는 모습을 보게 하고 화단 숲을 뒤져 달팽이도 찾아주곤 했다. 그 기억이 좋았는지 아이는 비만 오면 달팽이를 찾겠다며 어른이 쓰는 큰 우산을 혼자 들려고 했다. 바로 유아용 우산을 사주었지만, 세 살 아이가 들기에는 무거운 편이라 우산을 쓰고 있어도 비는 그대로 다 맞았다.

유아용 우산을 처음 구입할 때는 아이가 어려 우산의 무게만 신경 썼다. 하지만 무게만 중요한 게 아니라는 것을 증명하는 사건이 일어났다. 비가 많이 오는 어느 날 아이와 함께 걷다가 바지 뒷자락에 빗물이 튀어 툭툭 털어내고 있었는데 그 순간 앞만 보고 걸어가던 아이가 마주 오던 사람과 쿵 하고 부딪쳤다. 불투명 우산이라 앞이 잘 보이지 않았던 것이다. 사람이었으니 망정이지 차나 오토바이였다면 큰일 났을 거란 생각에 정신이 번쩍 들었다. 유아용 우산은 무게도 중요하지만 시야 확보가 먼저라는 것을 깨닫게 된 것이다. 이후 투명 우산을 새로 샀는데, 캐릭터도 없고 색도 없다며 아이가 싫어해 제대로 사용하진 못했다.

아동용 장화는 한 치수 큰 것으로 고른다

우리 아이는 장화를 사주지 않았다. 집에서 어린이집까지의 거리가 가까워 필요성도 느끼지 못했고, 비가 많이 오면 장화 속으로 빗물이 잔뜩 들어가 발이 팅팅 부었던 어릴 적 경험도 한몫을 했다. 하지만 이웃의 여자아이들을 보면 비 오는 날 장화 신는 것을 정말 좋아했다. 장화가 좋아서 화창한 날도 장화를 신겠다고 난리를 피운다는 얘기도 들었다. 아동용 장화는 딱 맞는 것보다 한 치수 큰 것으로 골라야 통풍도 잘되고 신고 벗기가 편하다. 또한 안감이 있어 아이들이 맨발로 신어도 발에 땀이 차거나 짓무르지 않는 제품이어야 한다. 비 오는 날 신는 만큼 바닥을 미끄럽지 않게 만들었는지 확인하는 것도 필수. 장화를 신고 난 다음에는 빗물을 잘 닦아내고 그늘에서 말린 뒤 신문지를 말아서 넣어두면 습기도 제거되고 신발 모양도 유지된다.

마미파워의 선택

헤즈 아동 부츠
천연 고무를 사용해 100% 수작업으로 만들었다.
마미파워의 한마디 장화에 걸 수 있는 고리가 있어 보관하기에 좋다.
INFO 오픈 마켓(11번가, G마켓, 옥션, 인터파크) 2만원대.

플라잉독 키즈 레인 부츠
디자인이 독특하고 예쁜 장화가 많다.
마미파워의 한마디 겉감은 천연 고무, 안감은 면 소재를 사용해 아이들의 피부 자극을 줄여준다.
INFO WWW.FLYINGDOGKOREA.COM 3만원대.

1 킨더스펠 레인 부츠(페리칸아이즈)
화려한 색감과 독특한 디자인이 눈을 끄는 장화. 뒷면에 반사판이 달려 흐리고 비가 오는 날도 눈에 잘 띄어 안전하며, 천연 고무창이라 빗길이나 눈길에도 쉽게 미끄러지지 않는다.
마미파워의 한마디 사이즈가 다양하지 않다.
INFO WWW.KINDERSPEL.CO.KR 3만 3천원대.

키도러블 장화
발레리나, 꿀벌, 공룡 등 아이들이 좋아할 만한 아이템으로 장화를 디자인해 독특한 제품이 많다.
마미파워의 한마디 착화감이 뛰어나고 바닥이 미끄럽지 않다.
INFO WWW.KIDORABLE.CO.KR 4만원대.

스몰리퓨어 투명 우산
안전 투명 창으로 된 우산. 버튼을 누르면 손잡이가 자동으로 펴져 사용하기 편하다. 우산에 호신용 방범 호루라기를 달아 아이들의 안전을 한 번 더 생각했다.
마미파워의 한마디 방범용 호루라기를 장난감처럼 사용하게 된다.
INFO 오픈 마켓(11번가, G마켓, 옥션, 인터파크) 1만 4천원대.

2 오키즈 투명 우산
아이들이 좋아하는 캐릭터가 프린팅된 우산. 버튼을 누르면 손잡이가 자동으로 펴져 사용하기 편하다. 우산 전체가 투명 재질이고 대에 이음 부분이 없어 물이 새거나 뚫릴 염려가 없다.
마미파워의 한마디 미세한 스크래치는 실로 꿰매지 않아 생긴 것으로 불량이 아니다.
INFO WWW.OKIZ.CO.KR 7천원대.

07. CHAPTER

우의·바람막이
016
날씨가 궂을 때 아이들의 체온을 유지해주는 제품

아이들에게 우산을 들려주면 대부분이 무게 때문에 우산을 삐딱하게 들어 어깨 한쪽은 비를 다 맞고 만다. 그래서 아이들에게는 우산보다 우의가 좋다. 우의는 우산만으로는 완벽하게 비를 가리지 못하는 아이들이 비에 젖지 않도록 막아주고, 비바람이 부는 쌀쌀한 날씨로부터 체온도 지켜준다.

비 오는 날은 옷이 젖지 않도록 우의를 입히자

큰아이가 다녔던 어린이집은 우리 집에서 멀지 않아 걸어서 바래다주었다. 날씨가 좋은 날은 아이와 데이트하는 기분이 들기도 해 걷는 재미가 있었다. 하지만 날씨가 춥거나 비가 많이 오는 날은 얼마 안 되는 그 길이 멀게만 느껴졌다. 억수같이 퍼붓는 비를 우산으로 가리기도 힘들었지만, 바람이 불어 비가 들이치면 아이 옷이 젖어 감기에 걸리지는 않을까 걱정스러웠다. 이럴 때 요긴한 물건이 바로 우의다. 우리 아이는 색감이 예쁘고 모자가 달린 우의를 입혔는데 방수도 되지만 선명한 색이 눈에 확 들어와 아이를 발견하기도 쉬웠다. 몰아치는 비바람에도 옷 젖을 걱정이 없고, 모자까지 씌우면 쌀쌀한 날씨에 보온 효과도 있어 좋았다. 우의는 무릎까지 덮을 수 있는 길이로 준비하는 것이 좋다. 또 비가 오는 날은 어둡기 때문에 눈에 잘 띄는 밝고 선명한 색상으로 선택해야 한다. 소재도 중요하다. 너무 뻣뻣하거나 비칠 정도로 얇은 것은 아이들이 활동하는 데 제약이 따를 수 있으므로 부드러운 재질에 적절한 두께가 좋다. 또 소매를 통해 빗물이 들어오지 않도록 고무 밴드 처리가 잘되어 있는지도 확인한다.

간절기에 입히는 바람막이 점퍼는 한 사이즈 큰 것으로 준비하자

간절기에는 날씨가 어중간해 바람막이 점퍼를 많이 이용했다. 특히 여름에서 가을로 넘어갈 때는 일교차는 크지만 여전히 활동량이 많은 시기라 반팔을 입히고 가방 안에 바람막이 점퍼를 넣어 유치원에 보냈다. 바람막이 점퍼는 접으면 부피가 작아 가방에 넣어주기 편하고, 기본적으로 방수 기능이 있어 갑자기 비가 올 때도 유용했다. 특히 물놀이 이후 체온이 떨어질 때나 기온이 떨어지는 밤에 입혀두면 마음이 놓였다. 다만 바람막이 점퍼는 신축성이 없는 편이라 너무 딱 맞게 입히면 아이가 움직일 때 불편하고, 통기성이 좋지 않아 땀이 차는 경우도 있어 살짝 크게 입히는 편이 나았다.

마미파워의 선택

1 빅토리아앤프랜즈 바람막이 레인코트
두께가 얇고 가벼운 바람막이 겸 레인코트. 안감과 겉감은 물론 시접 부분까지 방수 처리가 되어 있어 비가 내려도 안쪽 옷이 젖지 않는다. 앞여밈이 지퍼 형태라 바람과 비를 꼼꼼하게 막아준다.
마미파워의 한마디 부드러운 아웃도어용 우븐 소재를 사용해 편안하게 착용할 수 있다.
INFO WWW.VICTORIAFRIENDS.CO.KR
6만 3천원대.

오키즈 캐릭터 우의
캐릭터가 있어 아이들이 좋아한다. 모자 앞부분은 투명 창이라 시야 확보가 가능하다. 손목 부분이 주름 형태이고, 안감이 메시 소재라 통풍이 잘된다.
마미파워의 한마디 보관 가방이 포함되어 있다.
INFO WWW.OKIZ.CO.KR 3만원대.

노스페이스 비리졸브리 플렉티브 재킷
노스페이스가 독자 개발한 하이벤트(HYVENT) 소재를 사용해 가볍고 편안하게 입을 수 있는 경량 키즈 재킷.
마미파워의 한마디 고기능성 제품이라 여러 가지 스포츠 활동에 적합하다. 발수, 방풍 기능이 좋다.
INFO WWW.THENORTHFACEKOREA.CO.KR
10만원대.

2 아디다스 키즈 오리지널 인펀트 터틀 바람막이
바람막이지만 운동복으로도 활용할 수 있다. 어린이용에 걸맞은 디자인이 특징으로 특히 거북이와 물고기를 연상시키는 패턴이 눈에 띈다.
마미파워의 한마디 안감이 메시 소재라 통기성이 좋고, 손목과 허리를 밴드 처리해 바람을 잘 막아준다.
INFO SHOP.ADIDAS.CO.KR 4만 7천원대.

07. CHAPTER

아이를 업어 키우거나
안아 키울 때 필요한 제품

◀ BONUS ▶

우리네 엄마들은 "내가 너를 업어 키웠다."는 말씀을 많이 하셨다.
그런데 이젠 이 말이 "내가 너를 안아 키웠다."로 바뀔지도 모르겠다.
여전히 뒤로 업는 포대기들이 있긴 하지만, 요즘은 앞으로 안는 게 대세이기 때문이다.

포대기

친정 엄마는 우리 아이들이 가면 늘 포대기로 업어주셨다. 엄마는 내게 포대기가 손이 자유로워 일하기도, 움직이기도 편하다고 권유하셨지만 나는 편하지 않았다. 아이가 뒤로 넘어갈 것 같아 등을 펴지 못하고 몸을 앞으로 숙이는 이상한 자세가 되곤 했다. 게다가 양쪽 끈을 아이 등과 엉덩이 밑으로 겹치게 두르는 것을 혼자서는 좀처럼 할 수가 없었다. 끈을 잡으려다 등에 있던 아이를 떨어뜨릴까 봐 겁이 났다. 도대체 우리네 엄마들은 어떻게 그토록 능수능란하게 아이를 업어 키우셨는지 존경스러웠다. 최근에 포대기 자세가 아이의 고관절 발달에 도움을 주고 아이와의 애착 형성에도 효과가 있다는 말을 들었다. 자궁 속 환경과 비슷해 아이가 훨씬 안정감을 느낀다는 것. 그래서인지 다시 포대기 바람이 서서히 불고 있다. 어려워서 사용을 꺼리던 젊은 엄마들이 포대기에 도전하고 있는 것이다.

슬링

큰아이를 낳고 손목이 많이 아파 고생하는 내 사정을 아는 친한 언니가 슬링을 선물했다. 그런데 막상 받고 보니 어떻게 쓰는 물건인지 도무지 알 수가 없어 당황스러웠다. 검색도 해보고 사용 방법도 읽어보았지만 막상 하려니 쉽지 않았다. 손목 통증 없이 아이를 안을 수 있어 백일 이전 아이들과 외출할 때 좋다는데, 첫아이라 모든 것이 조심스러운 그때는 그마저도 편하지 않았다. 나는 이런저런 방법으로 사용에 도전하다 이내 포기하고 말았다. 그런데 어느 날 아이의 예방접종을 위해 찾은 병원에서 한 아이 엄마가 능수능란한 몸짓으로 슬링을 다루는 모습을 보았다. 주사 때문에 목이 쉬어라 울던 아이도 안기자마자 안정을 찾았는지 울음을 그쳤다. 내 주변에도 슬링을 잘 사용하는 엄마들이 있었는데, 그들은 부러울 정도로 아이를 안고도 자유로웠다. 보통 둘째를 키우는 엄마들이 슬링을 잘 사용했다. 아무래도 첫째 때보다는 뭐든 대담해지기 때문일 것이다. 사실 잘만 사용한다면 슬링만 한 물건이 없다. 겨울에는 엄마 복장이 두꺼워 다소 불편할 순 있지만 그 외 계절에는 아주 유용하다. 아이가 너무 작아 그대로 안기에는 불안하고 아기띠를 사용하기에는 다소 이르다면 슬링을 써보라고 권하고 싶다.

마미파워의 선택

우리 슬링 노댄져
일반 슬링의 모든 기능에 안전성과 편리성이 더 좋아진 제품. 링 패드가 있어 아이 다리를 넣기가 쉽고 쿠션 역할을 해 아이를 보호해준다. 아이에게 엄마의 뱃속에 있는 것 같은 안정감과 편안함을 준다. 신생아부터 24개월까지 사용 가능하다.
마미파워의 한마디 몸무게가 55~62kg인 엄마까지 쓸 수 있다. 그 외 사이즈는 주문 제작해야 한다.
INFO WWW.WOORISLING.COM 6만원대.

알짬맘 포대기
아이와의 정서 교감에 좋다는 포대기. 리플 가공한 원단을 사용해 시원하고 바느질이 견고하다. 끈이 길어 사이즈 폭이 넓으며 소리가 적다. 간단한 소지품을 보관하는 주머니가 있어 편하다.
마미파워의 한마디 적어도 6개월 이상부터 사용 가능.
INFO 오픈 마켓(11번가, G마켓, 옥션, 인터파크) 1만원대.

・・・
아기 초점책
아이 체육관
러닝홈
점퍼루·소서
병원놀이
비눗방울
주방놀이
인형놀이
움직이는 동물 인형
공놀이
볼링놀이
트램펄린·농구대
악기 장난감
자석 칠판
롤러코스터·비지쮸
세계지도·지구본
구슬 꿰기·실 꿰기
유아 텐트
모래놀이
낚시놀이
미술놀이
클레이놀이
학습용 시계·숫자 세기
쌓기놀이
원목 장난감·교구
자석 교구·가베
퍼즐
스토리빔
유아용 자전거
실내외 승용완구
BONUS 집 안에 생긴
작은 놀이터

예방접종 때문에 신생아 때부터 병원을 자주 드나든 탓인지 우리 둘째는 병원 계단만 봐도 울어댔다. "어떻게 하면 아이가 병원에 대한 공포 없이 자연스럽게 받아들일 수 있을까?" 고민 끝에 아이와 병원놀이를 시작했다. 매번 만병통치 밴드를 온몸에 붙이고 나면 병이 낫는다는 단순한 레퍼토리였지만 놀이 덕에 드디어 아이에게 변화가 생겼다. 의사 선생님은 결코 무서운 존재가 아니라는 것을 스스로 깨달으면서 병원을 겁내는 게 조금씩 줄어든 것이다. 간단한 놀이로도 아이의 생각이 바뀔 수 있다는 것을 배운 시간이었다.
아이와 외출할 때는 비눗방울을 한번 준비해보자. 아이가 칭얼거릴 경우 효과적으로 달랠 수 있을 뿐만 아니라 주변의 다른 아이들로부터 관심과 시선을 한꺼번에 받을 수 있다. 이처럼 어른에게는 대수롭지 않아 보이는 사소한 놀이 하나가 아이들을 열광시키고, 더 나아가 엄마 아빠와 소통하는 창구이자 활력소가 되는 것이다.

08. CHAPTER

아이와 교감할 수 있게 도와주는 놀이용품

> 08. CHAPTER

아기 초점책

◀ 001 ▶

첫 번째 책으로 아이와 소통하기

시력이 발달하지 않은 신생아들의 시각을 자극하는 초점책.
책을 읽는다는 느낌보다는 흑백 모양을 보거나 책장이 넘어가는 소리를 즐기는 정도.
보기에는 별것 없는 단순한 그림책이지만, 아이는 자신의 첫 번째 책으로 엄마와 소통한다.

①

신생아에게 꼭 필요한 초점책

10개월간 엄마 뱃속에서 웅크리고 지낸 아이의 눈에 비치는 세상의 모든 것은 그저 신기하고 호기심을 자극하는 것 투성이다. 그런 아이에게 새로운 것을 하나라도 더 보여주고, 들려주고 싶은 것이 엄마의 마음. 하지만 갓 태어난 아이는 빛에 대해 반응만 하는 수준일 뿐 사물을 분별할 정도의 시력은 아직 발달하지 않은 상태이며 생후 1개월이 지나야 명암을 구분할 수 있다. 엄마의 무지와 넘치는 의욕으로 미리 준비해놓은 그림책들은 책장 한구석에서 적절한 때를 기다릴 뿐이다. 갓 태어난 아이에게 정말 필요한 책은 초점책이다.

흑과 백을 또렷이 구분할 수 있도록 도와주자

아이가 보는 앞에서 흰 도화지에 매직으로 그림을 몇 번 그린 적이 있는데, 그때마다 아이의 시선이 펜 끝을 따라 움직이는 것 같았다. 처음에는 인터넷에 있는 자료들을 출력해서 코팅을 한 후 고리로 연결해 아이를 위한 나만의 초점책을 만드는 열정도 보였지만 시중에 다양한 형태로 초점책이 나와 있고 그림도 재미있게 그려져 있는 걸 보니 내 초점책이 약간 초라하게 느껴지기도 했다.(미술에는 절대적으로 소질이 없다는 것을 미리 밝힌다.) 하지만 아이를 위한 최초의 DIY 제품이라는 수식어를 붙이며 아직까지 기념으로 간직하고 있는 중이다. 흑백 모빌을 사용했기 때문에 흑백에 관해서는 모빌로 만족하려고 했는데, 초점책이 있으니 아이가 볼 수 있는 것들이 늘어나 시각적인 효과가 더 큰 것 같다.

초점책으로 아이와 교감하자

아이는 초점책에 시선을 고정하며 몰입하기도 하고 야릇한 표정을 짓다가 특정 모양을 보고 방긋 웃기도 한다. 특히 흑백으로 그려진 스마일 그림을 볼 때면 몇 번이고 방긋거린다. 나는 그 모습이 신기해서 주변 사람들에게 흥분하며 전해주었는데, 막상 사람들이 볼 땐 아이의 반응이 냉랭하기만 해서 본의 아니게 거짓말쟁이가 되기도 했다. 아기 초점책은 아이의 시각 발달을 도울 뿐 아니라 아이의 호기심을 자극하고 엄마와 아이의 공통 화제를 만드는 데도 도움이 되므로 꼭 추천한다. 다만 신생아들은 빛에 대한 호기심이 많아 집중하는 경우가 많은데 이때 조명의 파장 때문에 눈이 쉽게 피로해진다고 한다. 따라서 아이에게 초점책을 보여줄 때는 책에 반사되는 조명 빛이 아이의 눈을 자극하지 않도록 주의해야 한다.

마미파워의 선택

1 애플비 초점책
병풍 형태의 보드 북에 여러 가지 모양의 모빌이 대롱대롱 매달린 책이다. 시각을 자극해 아이 시력의 초점을 맞춰주는 효과가 있고 흔들거리는 모빌이 호기심과 집중력을 길러준다. 신생아 시기에는 흑백 초점 책, 3개월 이후 엄마와 눈을 마주치기 시작하는 시기에는 주목성이 강한 색을 보여준다.
마미파워의 한마디 가족이 그려진 그림을 보여줄 때는 우리 가족의 특징과 아이를 사랑하는 가족들을 소개하는 것도 좋은 방법이다.
INFO WWW.APPLEBEEBOOK.CO.KR 8천원대.

블루래빗 초점책
한 장씩 넘기며 보여주거나 병풍처럼 세워서 보여주어도 좋은 초점 책이다. 안쪽에는 대비가 강한 흑백 패턴이 그려져 있고 바깥쪽은 굵은 선으로 그린 가족 그림이 있다.
마미파워의 한마디 강한 흑백 패턴이 아이들의 시각을 자극해 두뇌 개발을 돕는다.
INFO WWW.BRBOOKS.CO.KR 6천원대.

2 애플비 아이 헝겊 초점책
갓 태어난 아이부터 유아까지 볼 수 있는 시각 자극용 초점 책이다. 부드럽고 폭신한 느낌의 바스락 소리가 나는 스펀지, 비닐 내장 헝겊 책으로 시각뿐 아니라 촉각과 청각의 발달도 돕는다. 아이 손에 꼭 맞게 작고 가볍다. 모빌에 매달아 사용할 수도 있다.
마미파워의 한마디 아이가 입으로 빨지 않도록 주의해야 한다.
INFO WWW.APPLEBEEBOOK.CO.KR 1만 4천원대.

08. CHAPTER

아기 체육관

— 002 —

아이가 깨어 있는 시간을 즐겁게 만들어줄 발육용품

아기 체육관이라는 말을 처음 들었을 땐 아이를 위한 체육 시설이라고 생각했다. 친구가 아기 체육관을 샀다고 했는데, 아이들 문화센터처럼 유아들을 위한 체육관 이용권을 산 거라고 생각했던 것. 그로부터 며칠 뒤 친구네 집에 갔다가 아이가 누운 채로 버둥거리며 자기 앞에 있는 장난감을 가지고 노는 모습을 보았다. 난생처음 보는 물건에 이게 뭐냐고 물었더니, 그게 바로 아기 체육관이라고 했다. 그 체육관이 이 체육관이었어? 그제야 아기 체육관의 실체를 알게 되었다.

누워서 놀 수 있는 아기 체육관

아이는 태어나서 몇 개월 동안 낮잠 자는 생활을 주로 하다가 개월 수가 늘수록 서서히 깨어 있는 시간이 길어진다. 이때 혼자서 멀뚱히 누워 있는 아이를 심심하지 않게 해 주는 것이 아기 체육관이다. 아기 체육관을 아이 앞에 놓아주면 어떤 아이는 누워서 신나게 발차기를 하고, 또 어떤 아이는 툭 건드릴 때 흘러나오는 음악 소리를 좋아한다. 그러나 아기 체육관은 호불호가 뚜렷한 제품이라 장난감 대여소에서 빌려 아이의 반응을 살펴본 뒤 구입하거나 중고 마켓에서 저렴한 제품을 구입하는 것이 좋다.

아기 체육관에 영 반응 없는 아이

내 경우에는 아이 발 쪽으로 아기 체육관을 놓아주었는데 아이는 그저 멍하니 바라만 보고 소리만 듣고 있을 뿐, 신나게 발차기를 하지 않았다. 이게 아닌데 싶어 아이 발을 붙잡고 뻥뻥 같이 쳐주면서 놀아줬지만 별 반응이 없었다. 그래도 이왕 구매한 거 잘 놀아주자는 마음으로 아이가 누워 있으면 그 앞에 놓아주고 소리도 들려주며 반응을 살폈는데, 그쯤 뒤집기를 시작한 아이가 오히려 뒤집다가 아기 체육관에 다리가 막혀서 낑낑거리는 날이 더 많았다. 일단 아기 체육관을 옆으로 빼놓고 이따금씩 아이를 안고 앉아서 가지고 놀아주는 것으로 만족했다. 친구한테 괜히 산 것 같다며 아이가 별로 반응이 없다고 하자, 친구는 아이가 앉기 시작하면 그때 혼자 앉아서 가지고 놀기도 하니 조금 더 지켜보다가 안 되면 중고로 팔라고 조언해주었다. 아기 체육관은 눕기, 앉기, 서기 등 3단계로 나뉘어 있기 때문에 아이가 자라는 동안 계속 활용할 수 있는 장난감이었던 것이다.

혼자 앉기 시작하면서부터 아기 체육관에 꽂히다

그 사이 우리 아이는 뒤집기 선수가 되었고 제법 혼자 앉아서 놀기도 했다. 그리고 잊혀졌던 아기 체육관이 빛을 보기 시작했다. 혹시나 하는 마음에 아이에게 아기 체육관을 놓아주었더니 혼자 툭툭 건드리고 건드린 곳에서 소리가 나니 좋다고 웃는 게 아닌가? 아이는 손까지 버둥거리며 아기 체육관을 가지고 놀면서 아주 좋아했다. 이래서 국민 아기 체육관이라 불렸나 보다. 이후에도 아이는 앉아서 놀 때는 아기 체육관을 잘 갖고 놀았고 혼자서는 연습을 할 때도 소파와 함께 아기 체육관이 유용하게 쓰였다. 단, 아기 체육관을 잡고 일어서다가 몇 번 넘어진 적이 있어서 아이가 아기 체육관을 가지고 놀면 항상 옆에서 쳐다보고 있어야 했다. 이후 둘째 조카가 태어나서 아기 체육관을 동생에게 주었는데, 동생은 나한테 물려받은 아기 체육관이 정말 유용하다며 침이 마르도록 칭찬했다. 우선 아이가 아기 체육관으로 혼자 노는 동안 엄마가 잠시나마 바쁜 일을 처리할 수 있어 좋다고 했고, 엄마가 항상 아이 옆에서 놀아주긴 하지만 가끔은 아이만의 시간을 갖게 해 주니 그것도 교육적으로 좋다고 했다. 또한 아이가 낮잠에서 깼을 때 아기 체육관이 있으면 심심하지 않게 혼자서도 놀 수 있다며, 괜히 국민 체육관이 아니라고 추켜세웠다.

마미파워의 선택

1 피셔프라이스 클래식 아기 체육관

눕기, 서기, 앉기 3단계 놀이와 각 단계마다 2가지 놀이 모드가 있다. 아이가 손을 뻗고 발차기를 시작할 때부터 앉아서 놀 수 있는 단계를 지나 일어서서 피아노를 혼자 연주할 수 있을 때까지 사용할 수 있다.

마미파워의 한마디 장난감이나 건반을 건드리면 별들이 반짝이며 연주가 된다.
INFO 오픈 마켓(11번가, G마켓, 옥션, 인터파크) 6만원대.

2 아이존 아기 체육관

눕기, 앉기, 서기 놀이 모드가 지원되고 치발기와 딸랑이가 있어 아이의 치아 발달에 좋다. 또 해님 드럼에서 나오는 반짝이는 빛을 반사판이 반사해 시각적인 효과를 극대화하며 아이의 흥미를 이끌어낸다. 음악 연속 재생 기능이 있어 음악이 나오며, 8가지 건반을 두드리면 한 옥타브 연주가 가능하다.

마미파워의 한마디 우리나라 동요가 나오는 것도 특징. 바닥 부분에 별무늬 디딤대가 있어 지면이 긁히는 것을 최소화한다.
INFO 오픈 마켓(11번가, G마켓, 옥션, 인터파크) 5만 9천원대.

코니토이스 에듀테이블 아기 체육관

모빌, 아기 체육관, 걸음마, 아이 책상 등 4가지 기능이 있어 신생아부터 이유어까지 이용할 수 있는 종합 놀이 완구. 해님, 별님, 달님 등에 반짝반짝 불빛이 들어오고 여러 가지 효과음과 멜로디, 소근육 발달 및 창의력을 향상시키는 다양한 놀이가 있다. 손으로 누르고 굴리며 갖고 노는 과정을 통해 두뇌 발달과 손의 협응력을 길러준다. 색상이 다채로워 색깔 인지 발달을 기대할 수 있고 오랜 기간 가지고 놀 수 있다.

마미파워의 한마디 효과음과 멜로디 소리가 날 때 엄마가 "어떤 소리일까?"라는 식으로 궁금증을 더해주면 아이가 소리에 더 집중하고 관심을 갖는다.
INFO 오픈 마켓(11번가, G마켓, 옥션, 인터파크) 6만원대.

08. CHAPTER

러닝 홈

◆ 003 ◆

'국민' 칭호가 아깝지 않은 대문 놀이 장난감

국민 대문 혹은 국민 문짝이라고 불리는 러닝 홈. '국민'이라는 말이 들어간 육아용품은 그만한 이유가 있는 것 같다. 우리 아이도 그랬지만 주변의 또래 아이들만 봐도 러닝 홈은 잘 가지고 놀았다. 가격이 상당히 높은 제품이지만 실패할 확률이 거의 없어 자신 있게 추천할 수 있는 육아용품이다.

①

아이들이 모두 좋아하는 러닝 홈

일명 '국민 대문'으로 불리는 러닝 홈은 그만큼 인기가 많아 장난감 대여점에서도 빌리기가 쉽지 않다. 문을 열면 끽 하고 문소리가 나고 공을 굴리면 숫자를 세어주는 기능이 있어 아이들의 호기심을 100% 만족시킨다. 러닝 홈이란, 이름 그대로 집 모양 장난감으로, 놀이를 하면서 글자와 숫자, 색깔을 자연스럽게 받아들일 수 있도록 만든 제품이다. 아이들은 러닝 홈 문을 몇 번이나 지나다니고 창문을 열었다 닫았다 하며 즐겁게 갖고 논다.

러닝 홈은 대체로 모든 아이가 좋아한다. 우리 아이들의 경우 네 살이었던 큰아이는 러닝 홈에서 흘러나오는 음악에 맞춰 자신의 기분을 춤으로 표현했고, 이제 막 기어 다니며 잡고 서기를 반복하던 둘째는 러닝 홈 문으로 들어갔다 나왔다 하며 오빠와 까꿍놀이 하는 것을 좋아했다. 동생에게 한글과 영어로 숫자를 읽어주기도 하고, 큰아이는 "딩동, 손님 왔습니다." 하며 슈퍼놀이 등의 역할놀이까지 자발적으로 했다.

러닝 홈, 미리미리 준비하자

러닝 홈은 아이가 잡고 서 있어도 쓰러지거나 넘어지지 않게 안정적으로 만들어 아이가 한참을 붙잡고 서서 놀아도 불안하지 않다. 아이는 오감이 만족되니 좋고 엄마는 아이가 좋아하니 더 만족하는 장난감이다. 둘째를 계획 중인 엄마라면 첫 아이 때 러닝 홈을 구입해서 사용하길 권한다. 보통 6개월부터 3세까지의 아이들이 정말 좋아하는 장난감이고 중고시장에서도 거래가 왕성한 편이니 아이를 하나만 낳더라도 구입해서 잘 사용하고 중고로 되파는 방법도 좋다. 단, 러닝 홈을 구입할 때는 정품인지 확인해야 한다. 소리가 나는 제품이라 고장이 날 수 있는데, 정품이어야 AS가 가능하다.

마미파워의 선택

1 피셔프라이스 러닝 홈
집의 양쪽 측면에 다양한 놀이 활동, 음악, 음성, 소리가 탑재되어 있다. 초인종, 빗방울 공, 노래하는 숫자 시계, 모양 맞추기 문, 전동 스위치, 돌아가는 해와 달 등으로 다양한 놀이가 가능하다.
마미파워의 한마디 한국어와 영어가 동시에 지원된다.
INFO 오픈 마켓(11번가, G마켓, 옥션, 인터파크) 13만원대.

2 아이코닉스 뽀로로 뮤직 플레이 하우스
유아에게 필요한 음악, 운동, 수학, 언어, 공간, 대인관계, 자연 탐구 등 다중 지능 발달에 도움이 되는 완구. 전화, 화장실, 대문, 초인종, 창문, 시계, 거울, 모양 퍼즐, 굴뚝 등 호기심을 자극하는 다양한 놀이 장치가 있다.
마미파워의 한마디 50개 이상의 단어와 10종의 동요가 내장되어 있다.
INFO WWW.POROROMALL.COM 12만원대.

3 리틀타익스 액티비티가든
아이의 상상력과 호기심을 자극하는 제품. 하우스 형태와 가든 형태로 변형할 수 있다. 신체놀이, 감각발달 놀이, 체험놀이 등 8가지 놀이 기능을 통해 아이들이 여러 가지 경험을 할 수 있도록 도움을 준다. 다기능 놀이판은 양면으로 사용할 수 있으며 탈부착과 각도 조절이 가능하다.
마미파워의 한마디 집중력 발달과 감각 기능 발달, 소근육 발달 등에 효과가 있다.
INFO WWW.LITTLETIKES.KR 18만원대.

08. CHAPTER

점퍼루·소서

004

아이는 즐겁고 엄마는 편하게 만들어주는 착한 발육 기구

점퍼루와 소서는 둘 다 가격이 있는 편이라 대여해서 쓰는 경우가 많다.
이유식을 만들거나 잠깐이라도 집안일을 할 때 점퍼루와 소서는 꽤 유용하다.
다만 가만히 앉아서 하나하나 만져보고 돌려보면서 소서에 적극적으로 반응하는 아이가 있는가 하면,
아이의 성향에 따라 소서와 기능은 비슷하면서도 더 액티브한 점퍼루에 반응하는 아이도 있다.

마미파워의 선택

소서에는 관심이 없는 아이

큰아이가 목을 가누기 시작한 5개월 이후부터 소서를 본격적으로 사용했다. 아이 앉은 자리가 360도로 회전하고 사방에 장난감이 달려 있는 제품이었다. 그런데 조금이라도 아끼려고 저렴한 소서를 들였더니 소리가 나는 장난감은 달려 있지 않아 아이가 금방 싫증을 냈다. 이미 소리도 나고 반짝거리는 다른 장난감에 노출된 아이에게 소서는 그저 그런 장난감이었다. 아이 이유식을 만들거나 잠깐이라도 집안일을 할 때 주로 소서를 이용했는데, 아이가 금방 싫증을 내서 다른 장난감을 소서에 더 올려줘야 했다. 소서에 흥미를 느끼지 못하는 우리 아이와 달리 조카는 여자아이라 그런지 전혀 달랐다. 소서에 조카를 앉혀두면 장난감을 돌리고 만져보며 한참을 잘 놀았다. 가만히 앉아서 이리저리 하나하나 만져보고 돌려보는 조카가 너무 신기할 따름. 우리 아이가 끈기가 없는 건가 싶은 말도 안 되는 비교까지 할 정도였다. 하지만 이후에 점퍼루를 다시 구입하고 나서야 그게 성향의 차이라는 것을 알게 되었다.

점퍼루, 엄마를 편하게 만들어주다

아이가 소서를 좋아하지 않아서 비슷한 기능의 점퍼루를 구입하는 것이 고민이 되었다. 저렴한 편도 아닌데 무턱대고 살 순 없어서 마침 점퍼루가 있던 친구네 집에 놀러가 아이가 좋아하는지 확인하기로 했다. 이미 점퍼루를 어떻게 타는지 알고 있는 친구의 아이는 폴짝폴짝 점퍼루 안에서 점프도 하고 발을 동동거리며 신나게 즐기고 있었다. 기대 반 걱정 반으로 우리 아들도 태워봤는데 처음에는 출렁거리는 점퍼루에 몸을 맡기고 그대로 얼음이 되어 두 눈만 동그랗게 뜨고 가만히 나를 쳐다보았다. 그동안 별 움직임이 없는 소서에 앉아 있던 게 습관이 되었는지 출렁출렁 탄성이 있는 점퍼루가 낯설었던 모양. 아이가 긴장을 하고 있는 것 같아 점퍼루에 달린 음악도 들려주고 움직이는 인형들도 흔들어주며 아이의 긴장을 풀어주었다. 낯설긴 한데 싫지는 않았는지 아이는 조금씩 점퍼루를 탐색하기 시작했다. 그러고는 곧 한 발을 동동거리며 점퍼루에 몸을 맡긴 채 리듬을 타기 시작했다. 아빠를 닮아 운동 신경이 있는 것 같아 흐뭇해하며 아이가 두 발로 뛸 수 있도록 발을 다시 움직여주었다. 아들은 발을 조금 동동거리더니 금세 두 발로 점프를 하며 점퍼루를 타기 시작했다. 게다가 까르르 소리 내어 웃기까지! 점퍼루에 대한 아이의 반응은 놀람 그 자체였다. 나는 곧바로 점퍼루를 구입했고 아들은 역시 기대했던 것만큼 점퍼루를 잘 타고 놀았다. 참고로, 점퍼루를 좋아하는 아이는 발톱에 상처가 날 지경으로 몰입하는 경우가 많아 양말을 신겨주는 것이 좋다.

모든 아이가 소서와 점퍼루를 좋아하는 것은 아니다

아이들에게 인기 만점인 점퍼루라고 해서 모든 아이가 점퍼루를 좋아하는 것은 아니다. 겁이 많은 아이들은 아예 점퍼루에서 뛰려고 하지도 않고 점퍼루의 흔들림이 무서워 우는 경우도 있다고. 대체로 활동적인 남자아이들은 점퍼루를 좋아하고 탐색하는 걸 좋아하는 여자아이들은 소서를 더 좋아한다. 하지만 우리 둘째처럼 여자아이지만 점퍼루를 더 좋아하는 경우도 있으니 모든 아이에게 해당되는 이야기는 아니다. 요즘은 소서 기능과 보행기 기능을 함께 갖춘 제품도 많이 나오고 있다.

1 피셔프라이스 점퍼루
신생아부터 사용할 수 있고 혼자서도 점프하며 놀 수 있는 점퍼루. 3단계 높이 조절 기능이 있어 아이의 신장에 맞춰 조절할 수 있다. 틀은 철재로 만들어 아이가 점프를 해도 위험하지 않게 지탱해주며, 스프링이 부드러운 소재라 안심하고 쓸 수 있다. 등받이 시트는 2단계로 각도 조절이 가능하고 이유식을 먹일 때나 재울 때 벨트와 하단 지지대를 이용해 고정해서 쓰면 편하다.

마미파워의 한마디 아이가 점프를 하면서 360도로 회전이 가능하며 곳곳에 장난감이 있어 아이의 호기심을 자극한다. 시트는 분리해서 세척할 수 있다.

INFO 오픈 마켓(11번가, G마켓, 옥션, 인터파크) 10만원대.

2 이븐플로 트리플펀 아마존 액서 소서
플레이 매트, 액서 소서, 액티비티 테이블까지 아이의 월령에 따라 3단계로 활용할 수 있다. 360도 회전 가능한 시트로 아이의 시야가 넓어지고 다양한 장난감을 스스로 선택해서 놀 수 있다. 바닥 밑면에 동글어 아이가 움직일 때마다 흔들거리는 바운스 기능이 가능해 균형감각을 길러줄 수 있는 것도 특징. 4개의 기둥에 스프링이 있어 아이가 스스로 몸을 움직이면 위아래로 놀이판이 움직여 점핑된다.

마미파워의 한마디 다리 부분의 버튼을 이용하면 아이 성장에 맞춰 조절할 수 있다.

INFO WWW.EVENFLO.CO.KR 19만 8천원대.

브라이트스타트 어라운드 위고
2명의 아이가 동시에 사용할 수 있는 제품. 15가지 사운드와 놀이 기능이 있고 장난감이 많다. 보조 안장이 360도로 회전해 놀이터 주위를 돌며 다양한 놀이를 할 수 있다. 아이의 키에 따라 시트의 높낮이를 조절할 수 있고 걸음마가 끝나면 보조 안장을 떼어내고 놀이터만 따로 사용할 수 있다.

마미파워의 한마디 식기 트레이가 있어 컵이나 과자 등을 담아줄 수도 있다.

INFO 오픈 마켓(11번가, G마켓, 옥션, 인터파크) 14만원대.

08. CHAPTER

병원놀이

◁ 005 ▷

병원이 무섭지 않은 곳임을 미리 알려주는 놀이

병원 입구만 봐도 들어가지 않으려는 아이들에겐 병원을 친숙한 공간으로 만들어줘야 한다.
이때 병원놀이 장난감으로 실제 병원에서 사용하는 진료 기구들에 미리 친근감을 갖게 하면
적어도 병원에서 자지러지게 우는 일은 줄일 수 있다.

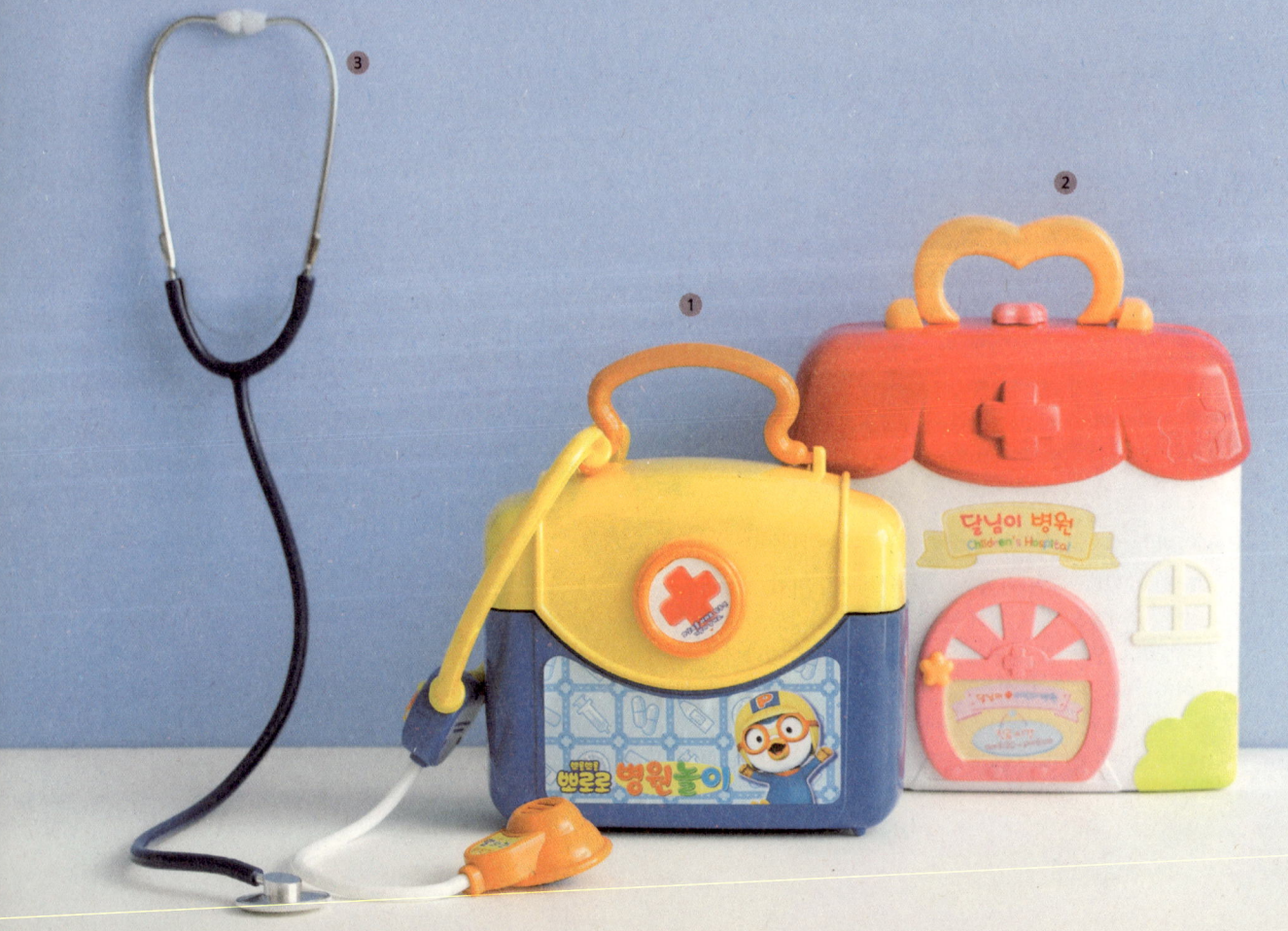

아이에게 너무 낯선 병원 풍경

어쩌다 걸린 감기로 찾아간 병원 풍경은 아이에게 공포 그 자체다. 흰 가운을 입은 어른이 환한 불빛으로 자신의 입 안과 귓속을 들여다보고 옷을 들춰 차가운 물건을 배 위에 갖다 대기까지 하니 말이다. 집에서는 전혀 접해보지 않은 경험에 아이는 당황스럽고 무섭기만 하다. 모든 과정이 끝나면 간호사 선생님이 주는 달콤한 비타민에 "별거 아니네." 하며 귀여운 허세를 부리기도 하지만 그래도 다시는 오고 싶지 않은 곳. 자칫 잘못하면 아이에게 큰 트라우마를 줄 수도 있기에 병원이란 곳이 어떤 일을 하는지 설명하고 이해시키는 것은 필수다. 그래서 이때 필요한 것이 병원놀이 장난감이다.

병원놀이 장난감으로 병원을 이해시켜주자

감기에 걸려 두통이 오거나 코가 막혔을 때의 답답함을 아이가 정확히 설명하기란 쉽지 않지만 넘어진 무릎에 고인 피를 보고 나면 이야기가 달라진다. 이때의 경험으로 아이는 자기가 아프다는 것을 확실히 인지하고 상처가 아물면 낫는다는 것도 알고 있다. 이럴 때 환자는 아픈 사람이고 의사 선생님이 아픈 사람을 치료해주는 어른이라는 것을 설명해주면 된다. 절대 아이를 괴롭히거나 겁주려는 사람이 아니라 아픈 곳을 낫게 해주는 좋은 사람으로 이해를 시키는 것. 엄마인 내가 의사 선생님이 되어 장난감 병원 도구를 하나하나 설명해주며 진찰하는 모습을 보여주니 아이도 안정감을 느끼고 병원에 대한 이해를 높일 수 있었다. 또 이런 역할놀이에서 아이도 스스로 의사가 되기를 자처하니 자연적으로 직업 체험도 가능했다. 인형 몇 개를 준비해 여러 증상을 호소하는 환자로 만들면 아이는 자신이 아픈 인형을 치료해준다는 뿌듯함과 높은 성취감을 느꼈다. 때로는 엄마를 환자로 만들어 아픈 곳이 없냐며 장난감 청진기를 여기저기에 대보기도 한다. 아픈 환자에게 용기를 주고 위로도 할 줄 아는 감정도 길러주고 사회성도 동시에 길러주니 이만한 놀이가 또 어디 있을까. 이렇게 하고 나니 확실히 병원을 덜 무서워하게 되었고 지금은 주사만 아니라면 자연스럽게 진찰을 받아들이고 있다. 게다가 이제는 한술 더 떠서 간호사 선생님이 깜빡 잊고 주지 않은 사탕까지 스스로 챙겨서 받아오기까지 한다.

병원 계단만 봐도 우는 둘째

이제 둘째 아이를 병원에 대한 두려움에서 극복시켜야 하는 미션이 주어졌다. 여자아이라 워낙 눈치가 빨라서 병원 계단만 봐도 울었다. 그래서 집에 병원놀이 장난감이 다시 등장했다. 요즘 나오는 병원놀이 장난감은 소리로 증상을 나타내는 장난감 청진기가 있어 아이들의 호기심을 더 크게 자극한다. 또 놀이 제품 중에는 그림으로 증상을 보여주는 제품들도 있으니 이것들을 활용하면 더 실제 같은 흥미로운 병원놀이가 될 수 있다. 의료도구 외에도 병원에 갈 때 준비해야 할 진료수첩이나 진료 후에 받는 처방전도 병원놀이를 할 때 미리 놀잇감으로 준비해둔다면 병원 진료의 전체적인 과정을 이해시키는 데 더 효과적일 것 같다.

마미파워의 선택

쿠쿠토이즈 코코몽 병원놀이
버튼을 누르면 반짝반짝 불이 들어오고 체온계 앞부분을 누르면 온도가 나타나 실제 같은 생생한 느낌을 준다. 다양한 차트와 표가 같이 들어 있고 가방이 있어 정리하기 편하다.
마미파워의 한마디 정리함이 넉넉한 편이라 밴드 등을 추가해 놓아주면 아이의 만족도가 더 크다.
INFO KUKUTOYS.COM 1만 4천원대.

1 미미월드 뽀로로 병원놀이
청진기를 가슴에 대면 청진기가 말하는 방식의 병원놀이 장난감이다. 혈압계를 누르면 혈압계의 바늘이 돌아가 아이들의 흥미를 자극한다.
마미파워의 한마디 뽀로로와 등장 캐릭터 인형이 있다면 함께 환자가 되어주자.
INFO WWW.MIMIPIA.COM 2만 8천원대.

2 토이트론 달님이 말하는 병원놀이 (달님이 인형 포함)
가방을 열면 집 모양 그림이 등장하는 병원놀이. 진찰 도구가 함께 들어 있어 모든 소품을 한번에 정리해 들고 다닐 수 있다. 달님이 인형이 어디가 아픈지 말을 하며 진찰을 하면 불빛이 들어오고 17종의 진찰 사운드가 나온다.
마미파워의 한마디 재미있는 엑스레이도 찍을 수 있다.
INFO 오픈 마켓(11번가, G마켓, 옥션, 인터파크) 4만원대.

숲소리 병원놀이
원목으로 만든 병원놀이 장난감. 차가운 청진기에 놀라는 아이들에게 병원에 대한 친숙한 이미지를 잘 전달해줄 수 있다. 주사기를 꾹 누르면 진짜처럼 놀란다.
마미파워의 한마디 원목 장난감이라 피부간 민감한 아이들이 사용하면 좋다.
INFO WWW.SOOPSORI.CO.KR 2만 7천원대.(예약 할인가.)

3 러닝리소스 청진기
심장 소리 같은 몸 안의 소리가 들리는 청진기. 장난감이라고 믿기 힘들 정도로 정교하게 제작되었다.
마미파워의 한마디 체내소리를 관찰할 수 있다.
INFO M.KSDOME.COM 2만원대.

08. CHAPTER

비눗방울

◆ 006 ◆

아이에겐 호기심을, 어른에겐 동심을 자극하는 예쁜 장난감

입으로 바람을 만들어 후 하고 불면 무지갯빛 방울이 그 자태를 뽐내며
둥둥 떠다니는 모양이 참 예쁘다. 아이들의 눈에는 그저 물이었던 것이 입 바람 하나로
동그란 풍선이 되어 날아가니 여간 신기한 게 아닐 터. 어른에게도 동심을 자극하긴 마찬가지다.
동동거리며 날아가는 비눗방울을 뭐에 홀리듯 따라가며 잡아본 경험,
아마 누구나 한 번쯤은 있을 거다.

야외로 놀러 간다면? 비눗방울을 준비하자

놀이동산에 놀러 갔던 날 칭얼대는 아이를 달래기 위해 동물 모양의 비눗방울을 구입했다. 역시 우는 아이 달래기에 비눗방울만 한 게 없었다. 실내에서는 공간적 제약이 따라 잘 사용하기 어렵지만 야외로 나갔을 때만큼은 비눗방울이 필수 아이템! 손으로 빨대를 잡고 부는 수동식 비눗방울에서 벗어나 요즘에는 건전지를 넣고 쓰는 자동식 비눗방울도 있어 한번 누르기만 하면 비눗방울이 무한대로 만들어져 날아올랐다. 유모차에 앉아 있는 아이에게 비눗방울 기구를 쥐어주니 스스로 비눗방울을 만들어내며 즐거워했다. 그런데 문제는 놀이동산 이곳저곳에서 비눗방울을 따라 우리 아이를 따라오는 아이들이 하나둘씩 생기기 시작했던 것. 나중에는 꽤 많은 무리의 아이들이 저마다 비눗방울을 잡겠다고 야단법석이었다. 밀려드는 팬들의 성원에 호응해주느라 이곳저곳에 비눗방울 자비를 베풀다 보니 어느덧 비눗물이 바닥났다. 짧지만 강렬했던 영광을 뒤로한 채 놀이동산을 빠져나왔지만, 아이에게는 꽤 즐거운 경험이었는지 한동안 만나는 사람마다 붙잡고 이 이야기로 자랑을 늘어놓았다.

비눗방울 드디어 집으로 들여오다

아이가 비눗방울을 워낙 좋아해 비눗방울과 관련된 체험이나 공연도 보러 가곤 했다. 대형 비눗방울 안에 사람을 넣거나 비눗방울로 갖가지 동물 모양과 머리띠 같은 액세서리를 만들어 내는 모습이 아이에게는 마술처럼 신기한 일이었다. 그럼에도 밖에서 갖고 놀았던 비눗방울에 대한 미련을 버리지 못해 결국 목욕 장난감용 비눗방울을 새로 장만했다. 흥겨운 멜로디에 맞춰 비눗방울이 솟아오르는 장난감이었는데 정말 효과 만점이었다. 비눗방울 덕에 아이가 목욕 자체를 즐겨하니 이전처럼 빨리 씻고 나가려고 하는 아이의 비위를 맞추는 데 급급하지 않아도 되어 좋았다. 비록 집 안에서는 욕실에서만 갖고 노는 것으로 제한을 두긴 했지만 비눗방울 하나로 아이 눈높이에 맞춰 공감하며 놀아줄 수 있고, 엄마 아빠와 함께 목욕하면서 즐겁고 소중한 추억을 하나 더 보태준 것 같아 마음이 뿌듯했다. 비눗방울도 동글동글한 모양뿐 아니라 다양한 모양으로 만들어내는 제품부터 흔들어서 비눗방울을 만들어내는 제품까지 다양하게 나와 있는 만큼 비눗방울로 아이들의 호기심을 충족시켜주고 그 이상의 재미를 선사해주면 좋을 것 같다.

마미파워의 선택

1 짐보리 비눗방울 자동 버블 팬
입으로 불지 않아도 되는 제품. 많은 비눗방울이 한번에 나와 아이들도 좋아한다.
마미파워의 한마디 유아는 자칫 비눗방울을 쏟을 수 있다. 연령이 어린 아이는 집에 있는 깊은 볼로 바꿔주면 비눗방울 액을 쏟을 염려가 없다.
INFO WWW.GYMBOREESHOP.CO.KR 1만 7천원대.

피셔프라이스 버블모어
마치 잔디 깎는 기계처럼 디자인된 버블 메이커. 끌고 다니면 양쪽에서 비눗방울이 마구 뿜어져 나온다. 원터치 리필 시스템이라 간편하고 디스펜서를 갖추고 있다. 비누 액 1개가 포함되어 있다.
마미파워의 한마디 피부가 민감한 아이들이 직접적인 접촉 없이 비눗방울놀이를 할 수 있는 제품이다.
INFO 오픈 마켓(11번가, G마켓, 옥션, 인터파크) 5만원대.

2 짐보리 비눗방울 세트
받침대에 비누 액을 넣고 대에 입을 대고 바람을 불면 비눗방울이 분사된다. 한 번의 분사만으로도 풍성한 비눗방울이 나오고 공기 중에 오래 머물러 있으며 쉽게 터지지 않는다. 비누 액이 포함되어 있다.

마미파워의 한마디 입으로 불어야 하는 제품이므로 유아보다는 유치원 이상 아이들에게 알맞다. 조심스럽게 불면 주먹만 한 비눗방울도 만들 수 있어 아이가 아주 즐거워한다. 받침대는 꽂아 보관하는 용도로 사용하고, 깊이가 있는 볼을 사용하면 비누 액을 흘리지 않고 안전하게 보관할 수 있다.
INFO WWW.GYMBOREESHOP.CO.KR 1만 2천원대.

마더스콘 버블 세트 · 마더스콘 버블 라이트 세트
친환경 옥수수로 만든 버블 도구. 비눗방울이 많이 만들어질 수 있도록 5개의 구멍 구조로 되어 있으며 비눗방울도 크게 만들어진다. 공기 중에 비눗방울이 오랫동안 떠 있다.
마미파워의 한마디 피부가 민감한 아이들에게 좋은 제품.
INFO WWW.MOTHERSCORN.CO.KR 1만 6천원대 / 1만 2천원대.

캐릭터 비눗방울 버블건
아이들이 좋아하는 캐릭터로 만든 자동 버블 기계. 버튼을 누르면 풍부한 비눗방울이 자동으로 만들어진다.
마미파워의 한마디 많은 양의 비눗방울이 자동으로 분사되어 입으로 장난감을 불기 힘든 어린아이들에게 좋은 제품. 단, 아이의 손이 스위치를 당길 수 있을 정도의 힘이 있어야 한다.
INFO 오픈 마켓(11번가, G마켓, 옥션, 인터파크) 8천원대.

08. CHAPTER

주방놀이
◄ 007 ►
생활에 필요한 활동을 체험해보는 장난감

아이들의 눈에는 주방만큼 엄마를 위대하게 만드는 마법의 공간도 없다.
엄마가 주방에 가면 맛있는 간식을 뚝딱 만들어내니 그만큼 신기한 공간일 것이다.
진짜보다 더 진짜 같은 미니 주방 장난감은 아이들의 호기심을 충족시키기에 충분하다.
사실 이 장난감을 아이보다 엄마가 더 재미있어 한다는 것은 공공연한 비밀이다.

엄마의 요리가 궁금한 아이들

뚝딱뚝딱 맛있는 음식들을 준비하고 온 가족이 한자리에 모여 맛있는 식사를 하는 공간이니 주방이야말로 집 안에서 가장 중요한 장소임에 틀림없다. 한편 아이들에게 주방은 호기심 가득한 공간이다. 엄마가 주방에만 들어가면 지글지글 볶는 소리도 나고 맛있는 냄새가 솔솔 풍겨오니 오감이 그대로 자극되어 주방에 대한 환상이 더 커진다. 우리 아이들의 경우 내가 음식을 준비할 때면 옆에서 이런저런 참견을 하고, 효자 효녀가 되어 도와줄 것이 없는지 열심히 찾아다닌다. 엄마 입장에선 고맙기도 하지만, 그저 가만히 있는 것이 도와주는 것인데 그걸 알 리 없는 녀석들이 보기에는 엄마가 소꿉놀이를 하는 것처럼 보이는 것이다.

주방 장난감 하나로 다양한 역할놀이를 하다

주방놀이는 아이 장난감 중 가장 만족도가 높다고 해도 과언이 아니다. 육류, 채소류, 과일, 스낵, 스시 등 각양 각색의 음식 모형이 실제 음식을 방불케 할 정도로 먹음직스럽게 만들어져 보는 재미에 노는 재미까지 더해준다. 게다가 음식 모양이 한 덩어리가 아니라 벨크로로 연결된 조각들이라 장난감 칼로 벨크로 사이를 썰면 제법 요리하는 기분도 느낄 수 있다. 싱크대의 가스레인지도 버튼을 돌리면 불이 들어오고, 물이 끓어오르는 그럴듯한 소리도 나니 아이들이 재미를 느끼는 건 당연지사. 무엇보다 아이와 역할놀이를 하며 꽤 오랜 시간 놀아줄 수 있어서 좋다. 주방 장난감을 통해 주방 도구나 음식의 종류를 배울 수 있고, 식당에서 지켜야 하는 예절을 가르칠 수 있어 자연스럽게 교육 효과도 얻을 수 있다. 아이와 함께 많은 대화를 하면서 놀아주기 때문에 아이의 성향을 파악하고 엄마와 친밀감을 형성하는 데도 큰 도움이 된다.

마미파워의 선택

1 숲소리 주방놀이
천연 나무로 만들고 천연 오일로 마무리한 친환경 주방놀이 장난감. 모서리를 둥글게 처리해 안전하고 집 안 어디에 두어도 자연스럽게 잘 어울리며 실제 집에서 사용하는 싱크대와 비슷해 자기만의 부엌 꾸미기를 할 수 있다. 넓은 조리대와 개수대, 가스레인지와 선반, 오븐까지 있다. 선반은 총 두 칸으로 수납공간이 넉넉하고, 오븐은 자석으로 열리고 닫힌다.
[마미파워의 한마디] 원목 제품이라 피부가 민감한 아이에게 좋다.
[INFO] WWW.SOOPSORI.CO.KR 58만원대.(사전 예약 시 35만원.)

2 키드크래프트 라지 파스텔 키친
수도꼭지와 싱크대는 실제로 손잡이가 돌아가 진짜 주방 도구처럼 느껴진다. 전자레인지는 내부를 볼 수 있는 유리 문이 있으며 전면에는 조작 버튼이 인쇄되어 있다. 뒤집개, 냄비 받침, 주걱 등 세부적인 주방용품도 포함되어 있으며 냉장고 옆면에는 놀이에 필요한 시계가 부착되어 있다.
[마미파워의 한마디] 실제 주방과 흡사해 스스로 이야기를 만들어내고 놀이를 즐기는 활동적인 여자아이들에게 좋다.
[INFO] WWW.MATHEWHENDRICKSON.COM 27만원대.

스텝2 주방놀이
싱크대를 축소시켜놓은 듯한 주방놀이 장난감. 전자레인지, 조리용 버너, 오븐 등으로 다양한 주방놀이를 할 수 있다. 프라이팬에서는 지글지글 소리가 나고 냄비에서는 보글보글 소리가 나며 따르르 소리가 나는 전화기도 함께 구성되어 있다.
[마미파워의 한마디] 요리를 할 때 소리가 나 말수가 적거나 얌전한 아이들에게 주방 놀이를 재미있게 유도할 수 있다.
[INFO] 오픈 마켓(11번가, G마켓, 옥션, 인터파크) 16만원대.

콩순이 고기 굽는 부엌놀이
닫으면 가방이 되고 열면 부엌으로 변신하는 장난감. 각종 요리 도구, 다양한 음식물, 즉석 요리 모형 등으로 구성되어 있다. 지글지글 소리가 나고 반짝이는 불빛이 나오는 불판에 실제처럼 고기를 굽고, 물소리가 나는 싱크대에서 설거지도 하면서 주방에서 엄마가 요리하는 것처럼 놀 수 있다. 요리 가방에 주방용품을 한 번에 정리 보관할 수 있어 소품을 잃어버릴 염려가 없다.
[마미파워의 한마디] 작지만 구성이 알차고 무엇보다 자리를 많이 차지하지 않는다. 다른 주방놀이 제품에 비해 가격 부담도 덜하다.
[INFO] 오픈 마켓(11번가, G마켓, 옥션, 인터파크) 4만원대.

3 토이트론 달님이 냉장고놀이
냉장고 문을 열면 냉장실에 불빛이 환하게 비추고, 냉동실에 얼음 버튼을 누르면 얼음이 톡톡 나온다.
[마미파워의 한마디] 알록달록 다양한 입체 스티커로 냉장고 문을 내 맘대로 예쁘게 장식할 수 있다.
[INFO] WWW.TOYTRONMALL.CO.KR 3만 9천원대.

플레이서클 시장놀이 5종 세트
과일 바구니 세트, 채소 바구니 세트, 푸드 세트, 쇼핑 카트 세트, 시장놀이 계산기 세트로 구성되어 있다. 과일이 벨크로로 연결되어 벨크로 사이를 썰면 사각사각 소리가 나고 도마와 칼이 있어 채소 썰기도 가능하다. 계산기 세트는 실제 계산기 기능을 하고 카드 체크기를 사용하면 별도의 멜로디가 나온다. 바코드기는 램프 기능이 있어 버튼을 누르면 삐 소리가 나면서 레이저 불빛이 들어와 아이들이 실감나게 놀이를 할 수 있다.
[마미파워의 한마디] 방 한쪽에 시장을 꾸며 엄마가 물건을 팔고 아이가 물건을 사는 놀이를 하면 좋다.
[INFO] 오픈 마켓(11번가, G마켓, 옥션, 인터파크) 19만원대.

08. CHAPTER

인형놀이
008
여자아이들이 가장 좋아하는 놀이

여자아이를 키우니 가장 많이 하는 놀이 중 하나가 인형놀이다.
아들과 놀 때와는 다른 아기자기한 재미도 있고, 만들어낼 수 있는 이야깃거리도 다양해
딸아이와 놀아줄 때마다 인형놀이는 단골 코스가 되었다.

아이가 자라면서 선호하는 인형도 달라진다

아이가 지금보다 더 어릴 때는 동물 인형을 많이 갖고 놀았다. 아직 어려서 의사소통이 매끄럽지 않다 보니 엄마 혼자서 일방적인 원맨쇼를 하는 일이 많았는데 이 시기에는 주로 손에 끼워서 가지고 노는 인형을 많이 활용했다. 예를 들어 큰 입을 우왕 벌리는 악어 인형은 악당 역할을, 맛있는 거 달라고 입 벌리는 토끼 인형은 먹보 역할을 맡아 노는 식이었다. 아이가 돌이 지나면서는 관찰력이 절정에 이르러 무엇이든 따라 해보려 했다. 하루 중 가장 많은 시간을 함께하는 사람이 엄마이다 보니 엄마의 모습을 가장 잘 따라 했다. 애 앞에선 말도 함부로 해선 안 된다는 시기가 찾아온 것. 이때부터 아이는 동물 인형보다 사람 인형을 더 선호하기 시작했다.

특히 큼지막한 아기 인형을 좋아해 우유 먹이고 기저귀 갈아주고 업어주는 등 마치 자기가 엄마인 양 아기 인형을 돌봤다. 이렇게 딸아이가 온갖 엄마 흉내를 내는 모습이 정말 귀엽고 사랑스러웠다. 가끔은 평소에 내가 하는 말투나 행동을 그대로 따라 해 민망할 때도 있었지만 엄마 역할을 체험해 볼 수 있는 좋은 경험이라고 생각했다. 그러다가 아이가 두 돌이 지나면서는 신기하게도 예쁜 것에 눈을 뜨면서 드레스를 좋아하고 공주를 좋아하기 시작했다. 그러다 이모로부터 팔등신의 공주인형을 선물 받게 되었고 TV에서 보던 공주같이 예쁜 얼굴에 긴 머리를 한 팔등신 미녀는 어린 딸아이의 로망이 되었다. 인형 머리를 섬세하게 빗겨주고 어루만지는 모습에 웃음이 나왔다. 인형과 함께 공주인형의 옷도 많이 선물 받았는데 아직은 입히고 벗기는 게 미숙해서 항상 나에게 들고 와 입혀달라거나 벗겨달라고 한다. 대부분의 공주인형들은 드레스를 입고 있어서, 아이와 공주놀이를 할 땐 주로 파티에서 춤추는 상황을 설정해서 놀곤 한다.

스타일 변경이 자유로운 자석 인형 놀이

공주인형 놀이를 하면 아이는 인형 옷을 자주 갈아입혀 주고 꾸며주는 것을 가장 좋아했는데 인형 옷 수량에도 한계가 있고 벗겼다가 다시 입히는 걸 반복하니 꽤 번거로웠다. 그래서 우연히 알게 된 자석 인형 놀이를 샀다. 자석 인형 놀이는 그림 인형이라 공주인형의 입체감 있는 관절을 느낄 수는 없지만 자석의 특성상 쉽게 옷을 붙였다가 뗄 수 있어 스타일 변경이 자유로워 놀이가 흥미로웠다. 실생활에서도 때와 장소에 맞는 복장이 있듯 이 자석 인형 옷도 파티복, 홈웨어, 레저복, 액세서리 등이 다양하게 구성되어 있어, 역할놀이의 상황에 따라 복장을 설정하는 재미가 있었다. 아이가 인형놀이를 하면서 치마, 드레스, 바지 등의 이름도 자연스럽게 익히게 되었고 아직 어리지만 선호하는 스타일이나 취향이 있다는 것도 알았다. 또 인형놀이를 하다 보면 아이와 많은 이야기를 나누고 그 안에서 여러 가지 감정을 교류하게 되는데, 아이의 대화와 감정을 자연스럽게 끌어내고 공감하는 데 이보다 더 좋은 놀이가 있을까 싶다. 아이와 엄마가 세상에서 가장 친한 친구가 되는 순간을 인형놀이를 통해 만끽해보길 바란다.

마미파워의 선택

청양토이 동물 모양 손 인형
밝은 표정의 동물 모양 손 인형으로 아이들이 동물을 친근하게 느끼게 해준다. 인형에 손을 넣어 입을 열었다 닫았다 하면서 생동감 있게 표현할 수 있다. 동화나 이솝우화 등을 더 실감나게 들려줄 수 있다.
마미파워의 한마디 아이에게 동화를 읽어줄 때 손 인형을 사용하면 아이가 이야기에 더 집중한다.
INFO WWW.KKUMI-NARA.COM 1만원대 초반.

1 미미월드 프린세스 미미의 집
집과 침대, 화장대, 옷장, 의자와 잠옷 소품들이 들어 있다. 인형도 포함되어 있고 핑크색으로 꾸며져 여자아이들이 좋아한다.
마미파워의 한마디 말을 배우기 시작하는 여자아이의 경우 인형 친구 놀이를 통해 아이의 속마음을 들여다볼 수 있다.
INFO WWW.MIMIPIA.COM 4만원대.

키움하우스 자석 인형 옷 입히기
자석 옷과 액세서리들을 골라 붙였다 떼었다 하는 형태의 자석 인형 세트. 의상 디자이너가 직접 디자인해 디테일이 살아 있는 테마 의상과 소품들이 90조각 들어 있다. 인형이 쉽게 망가지지 않도록 양면 고무 자석 소재로 만들었으며 원목 케이스가 있어 보관과 휴대가 편리하다.
마미파워의 한마디 자석 옷 입기 놀이를 통해 특정 색깔을 고집하는 여자아이에게 다른 컬러의 옷을 입혀보게 할 수 있다.
INFO WWW.KIUMHOUSE.COM 3만 4천원대.

08. CHAPTER

움직이는 동물 인형
◦ 009 ◦
애완동물을 키우기 어려울 때 필요한 인형

부드러운 털, 초롱초롱한 눈망울. 요즘 동물 인형들은 실제를 능가할 정도로 섬세하게 표현되어 있다.
어떤 인형은 동물 특징을 살린 귀여움을 부각해 아이들의 사랑을 한 몸에 받기도 한다.

아이가 자기보다 더 작은 동물을 만났을 때

엄마 아빠나 선생님에게 돌봄을 받던 아이들이 스스로 무엇인가를 돌본다는 것은 새로운 경험이 된다. 엄마 아빠 놀이 등의 역할놀이를 하다 보면 아이들 대부분이 엄마나 아빠 역할을 하고 싶어 하는것도 경험하지 못한 것에 대한 막연한 동경 때문. 그런데 돌봐줘야 하는 대상이 주인만 보면 꼬리를 흔들며 갖은 애교를 부리는 귀여운 강아지라면 어떨까? 첫째가 세 살 때 우연히 공원에서 산책 중인 강아지를 만났다. 인형인지 진짜 동물인지 분간이 어려울 정도로 앙증맞은 푸들 강아지였는데 처음으로 보는 '진짜' 강아지임에도 귀여운 외모 때문인지 아이가 전혀 거부감 없이 손으로 강아지를 만졌다. 행여 물릴까 하는 걱정 때문에 오히려 내가 불안해서 만지지 말라고 다그칠 정도였다. 강아지를 보는 아이의 시선과 행동이 귀여워 사진을 몇 장 찍으려는데, 이게 웬걸! 아이가 자기를 찍지 말고 강아지를 찍어달라고 요구했다. 내가 우리 아이를 보는 시선처럼 아이도 강아지가 그저 사랑스럽게만 보였나 보다.

애완동물 대신 준비한 움직이는 강아지 인형

하지만 아이가 아무리 강아지를 좋아해도 살아 있는 강아지를 집 안에서 키우는 것은 선뜻 결정할 수 있는 문제가 아니었다. 개털이 날리거나 똥오줌을 치워야 하는 그런 사소한 부분도 영 자신이 없었고 아이를 키우면서 강아지도 함께 위생적으로 관리하며 키운다는 것도 어려웠다. 그래서 대신 움직이는 강아지 인형을 샀는데, 인형들이 생각보다 종류도 많고 신기한 기능도 많아서 놀랐다. 예를 들어 박수를 치면 멍멍 짓거나, 몇 가지 멘트에 반응을 하는 강아지도 있고, 산책시키듯이 데리고 다닐 수 있거나 혀로 주인을 핥는 강아지도 있었다. 아이도 아무 반응 없는 무표정한 인형들보다 움직이는 동물 인형을 훨씬 더 오래 가지고 놀면서 좋아했다.

동물농장이 된 우리 집

이렇다 보니 어느덧 우리 집에는 강아지 인형뿐 아니라 말을 따라 하는 앵무새, 깡총깡총 뛰어다니는 토끼, 우유 먹는 고양이까지 인형들이지만 방 한쪽이 동물농장을 능가할 정도로 그 수가 늘어났다. 하지만 아이가 동물 인형들의 반응에 즐거워하며 생동감 있게 노는 모습을 보니 그동안 인형을 많이 산 것이 전혀 아깝지 않았다. 단, 개월 수가 너무 어리거나 겁이 많은 성격의 아이는 움직이는 인형을 무서워할 수도 있으니 주의해야 한다. 아직 어린 둘째 딸은 한창 움직이는 동물들에 푹 빠져 있는 오빠의 장난에 여러 번 울음을 터뜨리기도 했다. 지금은 조금씩 적응하고 만져보려 용기를 내기 시작하는 중. 내가 어릴 때만 해도 집집마다 작은 마당이 있어서 강아지를 키우는 집들이 꽤 많았는데 요즘은 주택이나 환경, 이웃 등 많은 것을 고려해야 하니 애완동물을 키우는 일이 좀처럼 쉽지 않다는 게 씁쓸하다. 하지만 이렇게라도 대리 만족할 수 있는 장난감들이 잘 나와 있어서 아이들의 정서를 풍요롭게 해주니 다행이란 생각이 든다.

마미파워의 선택

1 따라쟁이 앵무

배에 있는 스위치를 켜면 자고 있던 앵무새가 깨어나고 등을 쓰다듬으면 말을 따라 한다. 해바라기 씨를 모이통에 넣어 먹이를 준다.

마미파워의 한마디 오래 사용하지 않으면 전원을 켜두어도 작동되지 않는 경우가 있다. 이럴 때는 다시 껐다가 켜면 반응한다.

INFO 오픈 마켓(11번가, G마켓, 옥션, 인터파크) 2만원대.

2 수다쟁이 삐약이 집

가방을 열면 삐약이의 집으로 변신한다. 인형을 손바닥에 올려놓으면 삐약삐약 소리를 내며 잘 돌보면 기분 좋게 노래하고 제대로 돌보지 않으면 불만을 뿜어낸다. 다양한 소리로 아이들의 흥미를 자극한다.

마미파워의 한마디 가방 형태라 분실할 염려가 적고, 작고 귀여운 병아리들이라 아이가 가방을 들고 다니며 소중하게 아낀다.

INFO 오픈 마켓(11번가, G마켓, 옥션, 인터파크) 2만원대.

08. CHAPTER

공놀이
010
동그랗고 통통 튀는 공의 매력에 빠진 아이들

아이 때부터 시작하는 공놀이는 학생이 되고 성인이 되어서도
축구나 농구 등으로 꾸준히 이어진다. 그야말로 남녀노소를 가리지 않고
공 하나만 있으면 그곳은 즐거운 운동장이 된다.

돌 전후부터 시작하는 공놀이

어느 집에나 한두 개는 꼭 있게 마련인 필수 장난감 공. 돌 전후의 아이들은 무엇이든 잡으려 하고, 던지는 것을 좋아해 이 시기에는 공놀이가 제격이다. 공을 굴리면서 주고받는 놀이를 하면 노는 재미도 있지만, 아이의 운동신경 발달에도 좋을 것 같았다. 그래서 되도록 공으로 많이 놀아주려고 했고, 날씨나 여러 사정으로 외출이 어려울 때는 실내에 미니 골대나 농구대를 만들어 골인 게임을 했다. 그렇게 하면 아이의 운동량도 확보할 수 있고, 가족 모두가 즐겁게 어울려 놀 수 있는 기회도 되었다.

캐릭터 공 vs 혼자서 움직이는 공

처음에는 캐릭터 공으로 시작해 아이가 자라면서는 손의 크기와 힘을 고려해 공도 크기별로 여러 개 구입했다. 놀이용 공 중에는 외부 소리에 자극을 받고 혼자서 움직이는 공도 있었다. 아이는 처음에 이 공에 충격을 받고 무서워하기도 했지만, 목표 지점에 공을 빨리 도착시키는 게임 등으로 금세 적응해서 잘 가지고 놀게 되었다. 층간 소음이 걱정되거나 일반 공이 조금 심심하다면 여러 기능이 가미된 실내용 공을 찾아보면 좋다. 아이가 좀 더 자라 놀이터나 공원에 자주 가게 되면서부터는 아빠와 아이가 공 하나로 실컷 잘 놀곤 했다. 이처럼 공간적 제약이 덜한 야외에서 아이들과 신나게 뛰놀면 운동도 되고 스트레스도 풀린다. 온몸으로 아이들과 놀아준다는 게 생각처럼 쉽지 않은데, 공놀이는 특별한 준비물 없이 공 하나만 있어도 아이와 자유롭게 놀 수 있어서 좋다.

아이의 흥미를 끄는 공을 선택할 것

공을 고를 때는 아이의 연령에 맞게 크기나 무게를 고려해야 하고, 실내용과 실외용을 구분해서 제품을 골라야 한다. 특히 어린아이에게는 너무 잘 튕기거나 무거운 공은 가지고 놀기에 적합하지 않으므로, 음악이 나오는 기능이나 캐릭터 등으로 흥미를 끌 수 있는 공이 좋다. 그리고 아이가 어느 정도 자란 뒤에는 바깥에서 가지고 놀 수 있는 활동성 좋은 제품을 선택하길 권한다.

마미파워의 선택

브랜드B 패밀리 볼
1개의 큰 공에 5개의 작은 공을 넣을 수 있는 퍼즐 형식의 공. 각각의 공의 촉감이 달라 아이들이 재미있어 하고 독성이 없는 고무 재질이라 아이들이 입으로 물어도 안전하다.

마미파워의 한마디 5개의 공 모두 탄성 재질이라 아이들이 안전하게 가지고 놀 수 있다.

INFO 오픈 마켓(11번가, G마켓, 옥션, 인터파크) 4만원대.

1 짐보리 오볼
32개의 구멍으로 구성된 망 구조의 공으로 어린아이들도 손으로 쉽게 잡을 수 있으며 탄성이 탁월하다. 공놀이뿐만 아니라 던져서 고리에 끼우는 등 다양한 창의적 놀이 활동이 가능하다.

마미파워의 한마디 매끄럽고 말랑한 재질이라 촉각 자극 및 치발기로도 사용 가능하며, 접착제를 사용하지 않고 열처리로 만들어 인체에 무해하다.

INFO WWW.GYMBOREESHOP.CO.KR 6천원대.

2 뽀로로 미니 주사위 공놀이
뽀로로 캐릭터를 사용해 아이들의 호감도가 높은 제품. 말랑말랑하고 가벼워서 아이들이 잡고 놀기 좋다. 6개의 면이 각각 다른 캐릭터의 그림으로 되어 있어 흥미롭고 숫자, 영어, 모양으로 표시된 번호가 학습 능력도 키워준다.

마미파워의 한마디 공이 말랑말랑해 아이가 잡고 던져도 충격이 거의 없어 공을 주고받는 놀이에도 좋다.

INFO 오픈 마켓(11번가, G마켓, 옥션, 인터파크) 6천원대.

08. CHAPTER

볼링놀이

011

집 안에서도 할 수 있는 공놀이

공을 좋아하는 아이들이 집 안에서 마음껏 놀기에는 한계가 있는 법.
그렇다고 아이가 혼자 밖에 나가서 공놀이를 할 수 있는 나이도 아니다.
엄마와 함께 나갈 수 있는 여건이 되지 않는다면 집에서도 쉽게 할 수 있는 볼링놀이를 추천한다.
아이뿐 아니라 엄마 아빠 모든 가족이 함께 즐길 수 있다.

①

실내에서 할 수 있는 공놀이는 없을까

큰아이가 세 살 정도 되었을 때 볼링놀이를 처음 해주었다. 아이는 어릴 때부터 공을 워낙 좋아해서 집 안에서 공을 발로 차고 던지는 게 매일같이 하는 일이었다. 때때로 나도 맞고 둘째 아이도 다치기도 해 최대한 조심을 시켜보았지만 오래가진 못했다. 조금만 더 컸어도 운동장에 가서 놀라고 했을 텐데 그건 어렵고, 그렇다고 무조건 공을 가지고 놀지 말라고 할 수도 없어 고민이 되었다. 그때 번뜩 눈에 들어온 것이 볼링놀이. 볼링은 공을 굴려서 핀을 맞추어 쓰러뜨려야 하는 것이라 아이는 공을 가지고 노는 것으로 만족했고, 공을 차고 노는 것보다 비교적 얌전하게 공놀이가 가능했기에 나도 만족스러웠다. 장난감 볼링핀을 세워주고 아이에게 일정 거리에서 공을 굴려 핀을 쓰러뜨리도록 했다. 아이가 핀을 쓰러뜨리면 와! 하고 환호를 해주며 그 순간에도 공부를 시키겠다는 욕심으로 쓰러진 볼링핀을 세우면서 하나, 둘, 셋… 하고 숫자를 세었다. 아이는 볼링도 재미있어 했고, 핀을 하나씩 세우면서 하는 숫자놀이도 좋아했다.

던져서 맞추는 놀이가 되어버린 볼링놀이

아이는 점점 볼링놀이에 진지하게 몰입했고 엄마가 한 것처럼 또르르 공을 굴려서 볼링핀을 맞추려 노력했다. 하지만 공에 집중할수록 힘이 분산되어 볼링핀을 계속 5개 이내로만 쓰러뜨리니 1부터 5까지의 숫자만 반복해서 세고 있었다. 나는 그 순간 더 욕심이 나서 아이에게 많이 쓰러뜨릴 것을 주문했다. 공을 힘껏 굴리면서 시범을 보여주자 아이도 공에 모든 힘을 주면서 굴렸다. 하지만 힘이 들어가니 공의 방향이 잘못되어 핀을 잘 맞추지 못했다. 핀이 쓰러지는 게 중요한 게 아니라 핀을 맞추기 위해 집중하고 공을 컨트롤하는 것이 더 중요한 놀이인데 결국 엄마의 욕심이 화를 불렀다. 나는 다시 집중하며 진짜 볼링을 하듯이 신중하게 공을 굴리는 시범을 보였고, 아이가 핀과 좀 더 가까운 거리에서 공을 굴릴 수 있도록 해주었다. 하지만 아이는 엄마처럼 10개를 모두 쓰러뜨리고 싶은 욕심에 공에 집중하기보다는 공에 힘을 더 많이 주기 시작했고, 결국 공을 굴리는 것이 아니라 던져서 쓰러뜨리는 꼴이 돼버렸다. 볼링의 룰을 정확히 알 리 없는 아들은 던지는 것이 힘이 더 많이 들어가고, 핀도 더 많이 쓰러진다는 것을 알았던 것이다.

놀이를 할 땐 엄마의 욕심을 줄이자

처음에 집중하면서 3개, 5개 정도 볼링핀을 쓰러뜨릴 때 그냥 열심히 하도록 두었어야 했는데 결국 내 욕심이 놀이를 그르쳤다. 돌이켜보면 첫아이 때는 모든 놀이를 교육으로 승화시키지 못해 안달이 났었던 것 같다. 놀이 자체가 주는 즐거움이 아이의 행복감을 더 키워준다는 사실을 여러 번 경험을 하고 난 후에야 알게 되었다. 그래서 나는 지금 두 돌이 넘은 둘째와의 놀이에서는 그 어떤 것도 계산하지 않는다. 계산하는 대로 아이가 따라와주지 않는다는 것을 몸소 체험했고, 또 계산된 놀이는 아무 의미가 없다는 것도 알기 때문이다. 놀이는 놀이로 즐길 때가 제일 즐겁다.

마미파워의 선택

1 리틀타익스 클리어리 볼링 놀이
실내외에서 간편하게 즐길 수 있는 볼링놀이 제품. 핀을 쓰러뜨리면 투명 핀 안에 색깔 공이 움직인다.
마미파워의 한마디 6개의 볼링 핀과 1개의 볼링 공으로 구성되어 있다.
INFO WWW.LITTLETIKES.KR 3만 3천원대.

삼진 캐릭터 볼링놀이 세트
뽀로로, 타요, 라바 등 아이들이 좋아하는 캐릭터 볼링놀이 세트. 핀 10개와 공 2개, 볼링핀 판 1개로 구성되어 있다.
마미파워의 한마디 실제 볼링과 핀의 숫자가 같아 실감나는 볼링놀이를 할 수 있다.
INFO TOYROD.CO.KR 1만 3천원대.

한립토이스 왕관 볼링놀이
예쁜 원색의 볼링핀이 눈에 띄는 볼링놀이 세트. 실제 볼링놀이를 하는 듯한 느낌을 받을 수 있다.
마미파워의 한마디 알록달록한 스티커를 볼링핀에 붙여 꾸밀 수 있다.
INFO WWW.HANLIPTOYMALL.CO.KR 2만 4천원대.

08. CHAPTER

트램펄린·농구대

012

아이가 안전하게 점프를 즐길 수 있는 실내 놀이기구

아이들은 점프를 좋아해 소파부터 침대까지 뛸 수 있는 모든 공간에서 서슴없이 점프를 한다. 층간 소음도 신경 쓰이지만 그렇게 뛰다가 무릎이라도 다치면 그게 더 문제. 가정용 트램펄린과 농구대는 엄마의 이런 걱정은 덜어주고 아이는 마음껏 점프할 수 있도록 해주는 놀이기구다.

도대체 왜 이렇게 점프를 좋아하는 걸까

층간 소음으로 인한 무서운 뉴스가 연일 보도되고 있는 요즘, 아파트에 살다 보니 이 부분이 여간 신경 쓰이는 게 아니다. 특히나 활동성이 많은 아들을 키우는 엄마들이라면 더욱 그럴 듯. 아들이라 그런지 걷기 시작하면서부터 활동량이 어마어마했고 안정적으로 걷고 뛰기 시작하면서부터는 걷는 것보다 뛰고 점프하는 것을 더 즐겼다. 소파에 올라가서 아래로 점프하는 것은 기본이고 제자리에서도 쿵쿵쿵- 뛰기까지. 아이를 아무리 조심시켜도 그때뿐, 돌아서면 다시 다다다다- 뛰어다녔다. 다행히 아래층이 같은 또래의 아이를 키우는 가족들이라 이해를 해주었지만 한동안 아이가 뛴다는 것에 엄청난 스트레스를 받았다. 층간 소음도 신경 쓰였지만 한편으로는 막무가내로 뛰어내리고 사정없이 점프를 하는 아들을 볼 때마다 아이가 다치지는 않을까, 무릎에 무리가 가서 성장판이 다치지는 않을까 하는 걱정도 들었다. 점프 동작이 아이의 키가 자라는 데 긍정적인 자극을 주기 때문에 무조건 말릴 수도 없는 노릇. 어떻게 하면 아이의 성장에는 자극을 주고 무릎에는 충격이 가지 않게 할 수 있을까? 고민하던 중 친구네 집에 놀러 갔다가 트램펄린을 보았다.

트램펄린으로 집 안에서도 점프할 수 있다

가정용 트램펄린이 있는 줄 몰랐던 나는 너무 반가운 마음에 냉큼 아이를 올려보았다. 역시나 20개월 된 아들도 신이 나서 트램펄린을 타기 시작했다. 원형의 트램펄린 가운데에 지지대를 놓아서 철봉처럼 잡을 수 있게 했는데 아들은 그 지지대에 매달리기도 하고, 점프를 하기도 했다. 하지만 이내 트램펄린에서 튕겨져 나가며 여기저기에 쿵쿵 부딪히고 말았다. 사용 연령이 36개월부터인 이유가 있었다. 아직 어린 아들에게는 위험 요소가 너무 많던 것. 좋아하는 아이를 못 본 척하고 이대로 접기에는 아쉬워 검색 끝에 아이에게 딱 맞는 트램펄린을 찾아냈다. 36개월 미만의 아이들이 안전하게 탈 수 있는 작은 제품이었다. 손잡이가 있어 아이가 손잡이를 잡고 점프를 하면 되는데 20개월인 아들에게 딱 맞았다. 제품 대비 가격이 비싼 편이라 고민했지만 안전하게 점프를 할 수 있다는 점과 무엇보다도 아이가 너무 좋아해서 구매했다.(지금은 단종된 상품이다.) 역시나 예상대로 아이는 무척 좋아했다. 트램펄린 덕분인지 몰라도 우리 아들은 지금까지는 또래보다 키가 더 크고 성장 발달이 좋은 편이다.

아이가 좋아하는지 미리 확인한다

우리 아이가 타는 모습을 보고 주변에 많은 또래 엄마들도 트램펄린을 구입했지만 발달이 늦어 두 발로 점프가 어려운 아이들이나 얌전한 성격의 여자아이들의 경우에는 우리 아이만큼 트램펄린을 즐기진 못했다고 한다. 우리 아이는 본전이 생각나지 않을 정도로 트램펄린으로 잘 놀아주었지만 일반적으로 사용 기간이 비교적 짧고 가격이 고가인 점을 감안하면 무턱대고 사는 것보다 아이가 잘 타는지 미리 시험해보고 구매하는 게 좋을 듯하다. 트램펄린 외에 점프를 즐길 수 있는 농구대를 알아보는 것도 좋은 방법이다.

마미파워의 선택

대형 안전망 트램펄린

안정망과 점프 매트가 일체형이라 아이들이 움직일 때 다리가 아래로 빠지지 않는다. 플라스틱 기둥 안쪽은 강철 프레임이라 튼튼하고, 바깥 테두리에 안전 범퍼를 설치해 안전성을 강화했다. 36개의 단지형 스프링을 사용해 탄력성이 뛰어나며 45kg의 아이까지 탈 수 있다.

마미파워의 한마디 설치할 수 있는 별도의 공간이 필요하고 조립하는 데 다소 시간이 걸린다.

INFO 오픈 마켓(11번가, G마켓, 옥션, 인터파크) 20만원대.

바투 정품 트램펄린

스프링 타입이 아닌 밴드형으로 저소음과 안전을 고려한 제품. 성인과 어린이 모두 사용할 수 있고 가정에서 아이들을 위한 놀이 또는 다이어트 및 유산소 운동용으로 즐길 수 있다.

마미파워의 한마디 사이즈가 다양해 선택의 폭이 넓고 접을 수 있어 장기간 보관 및 이동이 편리하다.

INFO WWW.BA2SPORTS.CO.KR 5만~9만원대.

드림토이즈 뽀로로 높낮이 농구대

6단계로 높이 조절이 가능한 농구대. 받침대가 넓어 안전하며 뚜껑을 열어 안에 물이나 모래를 채우면 더 안정감 있게 쓸 수 있다. 벽에 걸어 벽걸이 농구대로도 사용할 수 있고 접을 수 있는 방식이어서 보관이 편하다.

마미파워의 한마디 아이 키보다 살짝 더 높여 손을 뻗어서 넣을 수 있게 해주면 아이가 공을 지정된 곳에 넣어야 한다는 규칙을 배우는 데 도움이 된다.

INFO 오픈 마켓(11번가, G마켓, 옥션, 인터파크) 5만원대.

1 리틀타익스 걸이식 농구대

실내용 제품으로 방문에 걸어 사용할 수 있기 때문에 별도의 공간이 없어도 된다. 고리와 농구대를 연결해 3단계로 길이를 조정할 수 있고 골대를 접을 수 있어 보관이 편하다. 주니어 사이즈의 농구공 1개가 포함되어 있다.

마미파워의 한마디 층간 소음이 걱정 없다면 권장.

INFO WWW.LITTLETIKES.KR 4만원대.

08. CHAPTER

악기 장난감
013
자신의 내면을 마음껏 표출할 수 있는 장난감

엄마라면 누구나 자신의 아이가 악기 하나쯤 능숙하게 다룰 줄 알았으면 하는 바람을 가지게 마련이다.
장난감 악기로 시작해서 어느 날 '진짜' 악기를 다루는 아이의 변신을 기대해보자.

장난감 피아노로 음악을 즐기다

큰아이가 태어난 지 얼마 되지 않아 장난감 악기를 사주었다. 세트로 된 장난감 악기와 캐릭터 피아노였는데 악기 세트에는 큰북, 작은북과 탬버린이 있었다. 하지만 아직 아이가 너무 어려서 닥치는 대로 악기를 잡아 여기저기 사방을 두들겨대고 집어 던지는 일이 더 많았다. 큰북은 여기를 쳐야 하고, 탬버린은 이렇게 흔들어야 한다고 가르쳐주었지만 아이는 아랑곳하지 않고 자기 느낌대로 악기를 즐겼다. 조금 더 커서는 장난감 피아노로 연주를 해주면 자신도 할 수 있다며 엄마를 밀어내고 양손의 손가락을 마음대로 눌러 가며 이름 모를 곡을 혼신의 힘을 다해 연주했다. 피아노에 붙어 있는 마이크에 대고 엉성한 발음으로 노래를 부르고 자동 음악을 틀어놓고 댄스 삼매경에 빠지기도 하며 음악을 즐기기도 했다.

장난감 악기가 가져온 기적

이런 영향 때문인지, 우연히 TV에서 피아노와 바이올린 연주를 들은 아들이 악기 연주가 멋있다며 자기도 배우고 싶다고 했다. 여러 번 물어보아도 그렇다고 하기에 근처 학원에서 피아노와 바이올린을 동시에 배우게 했다. 아이가 원하고, 나중에 음악을 즐기면 좋겠다는 생각에 조금 이른 감이 있지만 음악학원에 보내기 시작했는데, 시간이 꽤 흐른 지금도 아들은 여전히 바이올린과 피아노가 재미있다고 한다. 장난감 악기로 시작된 아이의 음악 즐기기는 다섯 살이 된 지금 '진짜' 악기를 즐기며 배우는 것으로 바뀌었다.

마미파워의 선택

리틀 스타 바이엘 피아노
건반이 37개인 전자 피아노. 마이크, 받침대, 의자가 포함되어 있다. 8가지 악기와 리듬을 선택할 수 있고 DJ 리믹스 기능이 포함되어 피아노 연주 외에 음악놀이도 가능하다. 자신의 연주를 녹음해서 재생할 수 있으며, 스피커 음량이 풍부해 온 가족이 아이의 음악을 감상할 수 있다. 모서리를 곡선으로 처리해 안전하다.
마미파워의 한마디 피아노를 다룰 줄 아는 엄마라면 아이가 좋아하는 동요를 연주해주면 더욱 좋다.
INFO 오픈 마켓(11번가, G마켓, 옥션, 인터파크) 4만원대.

코니토이스 알루 하모니 피아노 책상
뚜껑을 닫으면 책상으로 변신하는 피아노. 5가지 드럼과 동물 소리, 12가지 악기, 리듬 전환 기능이 있고 노래방 기능과 자동 연주 및 녹음 재생 기능이 있다. 여러 곡의 동요가 들어 있는 것도 특징이다.
마미파워의 한마디 가족 모두가 자동 연주에 맞춰 춤을 추기도 하고 아이가 춤을 추도록 분위기를 띄우기에도 좋다.
INFO 오픈 마켓(11번가, G마켓, 옥션, 인터파크) 10만원대.

1 미미월드 뽀로로 전자 드럼
드럼을 치면 불빛과 함께 재미있는 소리가 난다. 뽀로로 주제곡, 곰 세 마리 등 아이들이 좋아하는 5곡의 동요 반주가 들어 있고 버튼에 따라 드럼 소리가 변해 동물 소리나 뿡, 띠용 등 재미있는 소리가 나는 것이 특징. 7단계 볼륨 조절 기능으로 드럼에서 나오는 모든 소리의 볼륨을 조절할 수 있다.
마미파워의 한마디 두드리기를 좋아하는 아이들에게 좋은 악기 장난감이다.
INFO WWW.MIMIPIA.COM 6만원대.

2 짐보리 마이크
말을 시작할 때 활용하면 좋은 마이크. 실물과 같은 모양에 가까이 댈수록 소리가 커진다. 마이크 내부에 울림판이 있어 소리의 증폭 효과를 내는 제품으로 건전지가 따로 필요 없다.
마미파워의 한마디 수은에 노출될 염려가 있는 건전지를 사용하지 않아 안전하며 무게가 가볍다.
INFO WWW.GYMBOREESHOP.CO.KR 1만 2천원대.

3 자노드 뮤직라이브 세트
기타, 리듬 악기 탬버린, 캐스터네츠, 트럼펫, 하모니카 등 다양한 악기로 구성돼 가족 모두 합주를 해볼 수 있다. 기타 줄을 조율해서 음계를 조절할 수 있는 것도 특징.
마미파워의 한마디 가족 구성원 중 한 명이 노래를 부르고 거기에 맞게 다른 가족들이 연주를 해보는 것도 좋다. 하모니카 등은 침이 많이 들어가니 사용 후 위생적으로 관리해야 한다.
INFO WWW.SELECTA.KR 4만원대.

브랜드B 파라팜팜 악기 세트
곤충 모양을 형상화한 생동감 있는 디자인으로 아이의 호기심과 음악적 감성을 자극한다. 북 외에 뱀 모양 북채, 애벌레 모양 탬버린, 벌 모양 마라카스, 알파벳 모양 징글 탭, 달걀 모양 에그 셰이커가 있으며 북 속에 악기를 넣어 보관할 수 있다. 음악적 감각은 물론 소근육 발달, 사물 인지, 간단한 영어 공부까지 가능하다.
마미파워의 한마디 두들기고 흔들면 소리가 나는 비교적 쉬운 방법의 악기 구성으로 월령이 낮은 아이들이 사용하기에 좋다.
INFO 오픈 마켓(11번가, G마켓, 옥션, 인터파크) 4만원대.

08. CHAPTER

자석 칠판
◀ 014 ▶
그림 그리기부터 자석 교구로 학습까지 가능한 칠판

아이가 스케치북을 거쳐 벽지에 낙서를 하기 시작했다면 자석 칠판을 들이길 권한다.
종이보다 몇 배는 더 큰 공간이라 그림을 그리는 영역이 넓어져 종이보다 훨씬 좋아한다.
더 이상 벽지에 그림을 그릴 일이 없어지는 셈. 또 알파벳 자석이나 한글 자석을 이용해
자연스럽게 학습도 할 수 있다.

펜을 쥐기만 하면 펼쳐지는 아이의 심오한 작품 세계

아이를 키우는 사람들 대부분은 집 안 인테리어를 포기한다. 심사숙고해 구입한 예쁜 가구들도 아이가 자라기 시작하면 저마다 모서리 보호대를 빙 둘러야 한다. 아이의 안전을 위해 절대 무시할 수 없는 부분이라 눈물을 머금고 그나마 예쁜 모서리 보호대를 찾는 것으로 위안을 삼는다. 그런데 아이가 돌이 지나면서 양손에 연필을 쥐고 뭔가 그리기 시작하는 시점이 오면 얘기가 달라진다. 이젠 모서리에서 아이를 지키는 것이 아니라, 아이에게서 벽지를 지켜야 하는 것. 이사하면서 새 벽지로 도배하고 쓴 돈이 얼마인데, 절대 잃을 수 없다. 아이가 연필을 쥐고 뭐라도 끄적거리는 그 순간만은 신기하고 대견하지만 아이에게 잘한다 잘한다 칭찬을 남발하기 시작하면 모든 종이에 제 작품을 남기고 만다. 절대 그렸던 자리에 또 그림을 그리는 법이 없다. 제 나름대로는 의미심장하게 그린 3차원 형상의 도형들을 엄마에게 자랑하듯 보여주고서는 곧바로 다른 새 종이에 그림을 그린다. 스케치북 한 권이 불과 1시간 만에 바닥나기도 했다. 이렇게 아까울 데가 있나. 그래서 이면지도 사용해보고 이런저런 노력도 해보았지만 아이의 작품 세계가 그리 호락호락하진 않았다. 그러다 결국 일이 터졌다. 우리 집 인테리어의 핵심인 새하얀 벽지에 웬 구석기 시대의 벽화가 그려진 것. 온몸으로 그렸는지 범위도 방대했다. 빨간색 크레파스가 아주 선명하게 그려진 작품이었다. 아이는 큐레이터가 되어 자신의 작품을 설명하기에 여념이 없었다.

자석 칠판의 매력에 빠진 아이

아이에게 벽에는 절대 그림을 그려서는 안 된다며 주의를 주었지만 영 믿을 수 없었다. 아이의 욕구도 만족시켜주면서 대안이 될 것이 없을까, 고민 끝에 구매하게 된 것이 바로 자석칠판이었다. 일부러 아이 방 한쪽 벽면의 반을 차지할 정도로 큰 사이즈를 구입해 작품이 아닌 낙서를 할 수 있는 공간으로 인지시켜주었다. 보드마카로 그림을 그리고 지우개로 지우는 방식을 아이가 아주 흥미로워했다. 제 맘대로 뭔가를 그리다가 수정도 할 수 있고, 싹싹 깨끗이 지워낼 수도 있는 지우개는 아이에게 하나의 놀잇감이 되었다. 끄적이다 만들어진 꽤 그럴듯한 그림은 사진으로 찍어 남겨두기도 했다. 종이를 남발하지 않아도 되니 자원 절약도 되었고, 벽지와 칠판의 경계가 엄연히 구분되면서 아이도 아무 곳에나 그림을 그리지 않게 되었다.

자석 교구를 이용해 학습용으로도 쓰는 자석 칠판

그림 그리기를 하려면 준비물을 찾아 준비하고 나중에 정리하는 일까지 꽤 번거로운데 자석 칠판이 생긴 후로는 언제라도 부담 없이 아이와 함께 그리기를 즐길 수 있는 게 가장 좋았다. 그림을 그리는 용도 외에도 칠판 자체가 자석이라 시중에 놀이 교구로 많이 나와 있는 자석 블록이나 한글, 알파벳 자석 등을 칠판에 붙여 활용하기 좋았다. 아이에게 글자를 불러주고 거기에 맞는 한글이나 알파벳 자석을 가져오게 해 글자를 맞추면 와락 안아주며 마구 뽀뽀를 해주는 상을 주었고, 틀리면 띠용~ 하면서 내가 몸을 흔들어 재미있게 반응해주었다. 그에 재미가 들렸는지 문자를 배우는 것도 즐거워했다.

마미파워의 선택

맘스보드 컬러 보드
제작부터 마감까지 100% 국내 생산 제품. 테두리 여러 가지 색과 패턴 중에서 마음에 드는 것으로 선택할 수 있다.
마미파워의 한마디 비교적 가격이 저렴한 편이라 경제적 부담이 덜하다.
INFO WWW.MOMSBOARD.CO.KR
13만원대.(120*150cm 기준)

1 강경숙의 로맨틱 칠판
아이들이 입을 맞춰도 안전한 최고급 친환경 자재로 만든 100% 수제품이다. 네 차례 코팅으로 품질을 높였다.
마미파워의 한마디 펜과 지우개, 예쁜 소품들을 올릴 수 있는 받침대가 포함되어 있다.
INFO WWW.ROMANTIC-BOARD.COM
29만원대.(120*150cm 기준)

2 레몬캔버스 앤티 스크래치 보드
스크래치에 강해 반영구적으로 사용할 수 있고 850°C가 넘는 고온에서 구워 날카로운 칼에도 긁히지 않는 내구성을 갖고 있다. 접착력이 뛰어나면서도 떼어내기 쉬워 벽지 손상이 적다.
마미파워의 한마디 모서리 보호대가 있어 안전하고 테두리 부분의 낙서도 잘 지워진다.
INFO WWW.LEMONCANVAS.CO.KR
27만원대.(95*120cm 기준)

08. CHAPTER

롤러코스터·비지쥬

---- 015 ----

손 움직임이 많아 소근육 발달에 좋은 놀이

지금 생각하면 나도 참 유별났다 싶지만 당시 영·유아 검진 항목에
소근육 발달 체크 사항이 있었고, 소아과에서도 아이 소근육 발달이 뇌에 영향을 준다고 하니
초보 엄마로서 신경 안 쓰이는 게 없었던 것 같다. 그래서 검색 끝에 알게 된 비지쥬.
소근육 발달에 이만한 게 없다는 주변 이야기에 혹했다.

소근육을 발달시킬 만한 놀이를 찾아라

아들의 소근육 발달 미션을 안고 폭풍 검색을 했다. 어떤 것이 아이 소근육 발달에 좋은지, 소근육 발달을 위한 좋은 행동이나 습관이 있는지 찾아보니 가위질 하기, 단추 끼우기, 버튼 누르기, 실 꿰기 등이 있었는데 이제 돌이 된 아이에게 가위질과 단추 끼우기는 불가능했고 실 꿰기는 너무 단순한 것 같았다. 지금 생각해보면 과자를 집어먹는 것 등 아이가 무언가를 잡으려고 하는 행동들이 모두 다 소근육을 움직이는 것인데, 그때는 직접적으로 소근육 발달에 영향을 주는 보조 제품이 있어야 한다는 생각이 더 컸다. 그렇게 해서 검색 끝에 알게 된 비지쥬. 사면이 다른 네모난 장난감이다. 아이들이 비지쥬·롤러코스터를 제일 좋아하고 손 움직임이 활발해서 소근육 발달에는 이만한 게 없다는 주변 이야기에 혹했다. 하지만 가격이 다소 부담스러워 중고로 알아보았는데, 아이가 좋아하지 않아서 새 제품을 몇 번 쓰지 않고 중고로 내놓는다는 판매자가 있었다. 사용감이 없는 건 반가웠지만 아이가 좋아하지 않는다는 말에 고민이 되었는데 고민하는 사이 다른 사람에게 팔릴까 싶어 새 제품보다 저렴한 가격으로 중고 비지쥬를 구입했다.

비지쥬의 용도는 무엇일까

제품은 생각보다 사이즈가 컸다. 아이에게 보여주니 역시 처음 비지쥬를 본 아이의 반응은 대박. 롤러코스터에 작은 구슬을 이리저리 굴려보며 어떻게 하는 건지 스스로 탐색했다. 다른 면에 있는 돌아가는 룰렛은 신나게 돌리고 또 돌리고. 소파를 잡고 일어서던 아들은 비지쥬를 잡고 일어서기도 했다. 잡고 일어서는 용도가 아니라는 걸 알려주고 싶었지만 며칠 지나고 적응되면 다른 아이들처럼 잘 가지고 놀겠지 싶은 마음에 기다렸다. 하지만 시간이 지나도 아이는 비지쥬를 그저 잡고 일어서는 용도와 룰렛을 돌리는 장난감으로, 가끔은 힘 자랑을 위해 비지쥬를 쭉 밀어버리는 용도로 사용했다. 이런 내 고민을 들은 이웃들은 우리 아이보다 더한 아이들도 있다며 어떤 집은 비지쥬를 걸음마 보조기처럼 사용하거나 어떤 집은 문을 열어 받쳐두는 용도로만 쓰기도 한다고 했다. 또 비지쥬에 관심을 보이는 아이도 비지쥬 앞에 앉아서 구슬을 옮기는 게 아니라 구슬을 깨물려고만 한다며 그나마 우리 아이 정도면 상전이란다. 이걸 정말 좋아해야 하는 건가. 조금 더 기다려보았지만 아이는 비지쥬를 그렇게 좋아하진 않았다. 오히려 소근육 발달에 좋다며 지인에게 선물로 받은, 실에 도형을 꿰는 장난감을 훨씬 더 좋아하고 집중했다. 비지쥬가 더 크고 화려해서 아이가 좋아할 거라고 기대했는데 현실은 그 반대였다.

비지쥬를 잘 갖고 노는 아이도 많다

아이가 좋아하지 않는다는 분에게 중고로 샀고 나 또한 아이가 크게 좋아하지 않아서 비지쥬는 아이들이 별로 좋아하는 장난감이 아니라고 생각했는데, 또래 아이 집에 놀러 가서 아이가 싫어하지 않느냐고 했더니 오히려 그 집은 아이가 가장 좋아하는 장난감이 비지쥬란다. 아이가 비지쥬 한쪽 면에 동물 맞추기를 하면서 까꿍놀이도 하고, 롤러코스터의 구슬을 옮기면서 오래도록 집중해서 논다고. 그제야 나는 내가 성급한 일반화의 오류를 저질렀구나 싶었다.

마미파워의 선택

다솔 페어런츠 특대형 롤러코스터
앉기를 시작한 아이부터 사용할 수 있고 걷기 전 아이들은 잡고 서는 연습도 가능하다. 고급 원목을 사용해 튼튼하며, 모서리를 부드럽게 처리하고 무독성 실크 인쇄를 해 아이의 손과 입에 닿아도 안전하다.
마미파워의 한마디 까꿍놀이, 알파벳 이니셜 놀이, 룰렛으로 같은 그림 맞추기 등을 통해 수와 모양, 색감, 패턴을 알게 해준다. 소근육 발달과 사고력에 도움이 된다.
INFO 오픈 마켓(11번가, G마켓, 옥션, 인터파크) 5만원대.

1 조이토이 바라바스 롤러코스터
네덜란드 완구회사 조이토이에서 제작한 공룡 모양 롤러코스터. 구슬이 걸림 없이 부드럽게 움직이도, 견고하다.
마미파워의 한마디 풍성하고 다양한 모양과 색의 구슬이 도형 인지, 색깔과 숫자 인지 능력을 돕고 유아의 집중력과 조작력 발달 등 두뇌 개발에 효과적이다.
INFO WWW.SELECTA.KR 6만 2천원대.

브랜드B 제니쥬 롤러코스터
아이의 소근육 발달과 언어, 지능 발달을 키워주는 교구. 원목 특유의 장점을 최대한 살린 친환경 디자인으로 색상이 화사하고 고급스럽다.
마미파워의 한마디 동물 이름 맞추기, 영어 단어 익히기, 동물의 위아래 모양을 맞추는 놀이 등 각 면에 특화된 놀이 학습 기능이 있어 총 5가지 놀이가 가능하다.
INFO 오픈 마켓(11번가, G마켓, 옥션, 인터파크) 8만원대.

08. CHAPTER

세계지도·지구본
016
아이에게 더 넓은 세상을 보여주는 도구

모든 엄마의 공통적인 바람은 '내 아이는 엄마와는 달리 세계를 향한 원대한 꿈을 갖고 그 꿈을 향해 쭉 나아갔으면' 하는 것이다. 일찍부터 아이에게 세계지도나 지구본을 보여주면서, 세계에는 여러 나라들이 있고, 그곳에는 우리와 다른 삶을 사는 사람들이 있다는 걸 설명해주는 마음에는 그런 엄마의 바람이 담겨 있는 것이다.

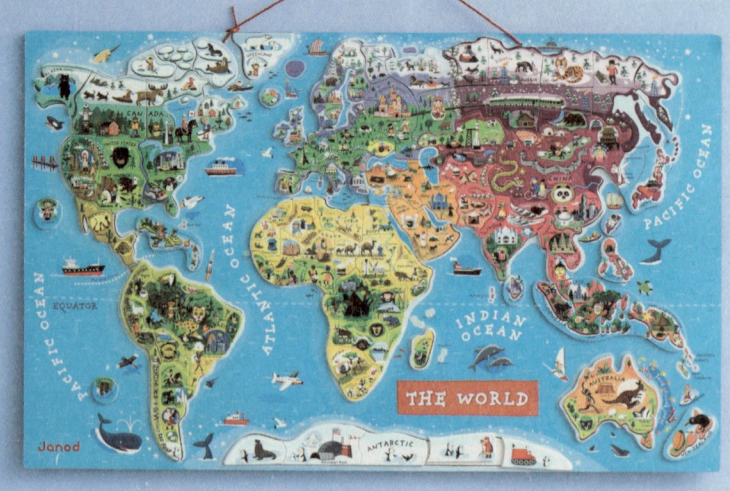

①

②

다른 나라에 관심을 보이는 아이

나는 아이에게 세계를 보여주겠다는 욕심으로 아이 눈높이를 고려해 처음에는 아이와 지구본을 돌리다가 아무 곳이나 손가락을 대고 누가 찍은 나라가 더 큰지 내기를 하는 게임을 했다. 게임을 하면서 나라 이름이나 대륙의 이름도 알려주었다. 또 특정한 나라를 대표하는 동물이 있으면 그것도 함께 알려주었다. 갖고 있던 지식이 바닥날 때는 인터넷 검색을 이용했다. 아이에게 지구본은 한동안 엄마와 '돌리기' 게임을 하는 장난감이었다. 그런데 어느 날 TV에서 나오는 동물을 보더니 "엄마, 저건 아프리카에 많이 있는데! 그치?" 하는 것이 아닌가? 지구본 놀이를 통해 자연스럽게 내가 살고 있는 나라와 다른 나라에 대한 개념이 습득된 것이다. 놀이를 통한 교육 효과를 실감한 순간이었다.

지구본이나 지도로 아이에게 세계를 보여주자

지구본 놀이는 아이에게 나라와 지구에 대한 개념을 심어주는 효과가 있다. 유치원에서 국기 외우기 등의 연계교육도 실시해 엄마와 즐기는 지구본 놀이의 효과가 적지 않다. 요즘은 지구본 자체에서 불빛이 나오기도 하고, 동전으로 긁으면 나라가 나오는 세계지도 등 재미있는 제품이 많다. 아이가 어릴 때부터 자연스럽게 넓은 세상을 보여주면 더 넓은 세상을 품게 되지 않을까. 그렇기는 해도 세계지도나 지구본을 서둘러 마련할 필요는 없다. 아이가 세계지도나 지구본에 관심을 가지고 직접 활용할 수 있을 때 구입하는 것이 아이의 흥미를 이끌어내는 데 훨씬 도움이 된다.

마미파워의 선택

1 자노드 퍼즐 모드 마그네틱
자석을 가지고 놀면서 세계 여러 나라의 지명을 배울 수 있는 세계지도 자석 퍼즐. 각 지역이 색으로 구분되어 있어 서로 다른 대륙을 구분할 수 있고, 각 지역의 특성을 알 수 있도록 귀여운 그림이 그려져 있어 아이가 쉽게 각 나라에 대한 정보를 습득할 수 있다.
마미파워의 한마디 지도를 벽에 걸어놓으면 세계지도로도 활용할 수 있다.
INFO WWW.SELECTA.KR 4만원대.

2 라고디자인 스크래치 세계지도·우리나라 지도
동전으로 긁으면 숨어 있던 예쁜 색깔의 지도가 드러난다. 스크래치 맵을 통해 세계지도와 우리나라 지도를 긁어보며 놀이도 할 수 있고, 세계의 다양한 나라, 도시의 명소가 소개되어 있어 긁는 재미뿐만 아니라 추억을 기록하는 재미가 있다. 고급스러운 디자인과 다채로운 색상이 조화를 이뤄 인테리어 소품으로 활용해도 좋다.
마미파워의 한마디 우리나라 지도의 경우 가족이 함께 다녀온 장소를 긁어 전국을 함께 여행하는 꿈을 이뤄보면 가족 모두의 추억이 된다.
INFO WWW.LAGO.CO.KR 각 2만원대.

데코트래블 세계지도
컬러풀, 인디고, 빈티지 3가지 타입으로 된 세계지도 위에 PVC 지도를 얹어 '따로 또 같이' 마음껏 꾸밀 수 있다. PVC 지도는 방수 소재라서 물이 묻어도 휴지로 간단히 닦아내면 되고 재질이 가벼워 무겁지도 않다. 종이 지도는 모조지로 제작해 어떤 펜이든 필기할 수 있고, 뒷면을 코팅 처리해 잘 찢어지지 않는다. 좌측에는 나라 이름이 알파벳 순으로 정리되어 있고, 색깔별로 대륙을 정리해 쉽게 구분할 수 있어 찾고 싶은 나라의 위치를 간단히 찾을 수 있다. 아이들과 국가도 붙여보고 여러 나라를 공부하는 데 도움이 된다.
마미파워의 한마디 아이가 좀 더 자라면 그 나라의 특징을 적어보는 방법으로 세계 여러 나라의 정확한 위치와 특징을 공부할 수 있다.
INFO 오픈 마켓(11번가, G마켓, 옥션, 인터파크) 1만 4천원대.

08. CHAPTER

구슬 꿰기 · 실 꿰기
017
아이의 새로운 모습을 발견할 수 있는 교구

아이가 한자리에서 장시간 집중하지 못한다면 구슬 꿰기나 실 꿰기를 시도해본다.
아이 스스로 창의적인 작품을 만든다는 성취감은 물론, 한 가지 활동에 엄청난 집중력을 발휘하는
새로운 모습도 발견할 수 있다.

집중력을 이끌어낼 수 있는 놀이

바느질하는 엄마를 보는 아이들은 작은 바늘귀에 실이 들어가는 모습을 몹시 신기해한다. 와이어 줄에 진주 구슬이나 크리스털, 조개 등의 작은 소품을 꿰어 액세서리를 만들면 위험한 바늘을 사용하지 않아도 쉽고 안전하게 구슬 꿰기, 실 꿰기 놀이를 할 수 있다.

구슬 꿰기와 실 꿰기 놀이는 한자리에 앉아서 오래 집중할 수 있다는 것이 무엇보다 큰 장점이다. 거기에 완성 작품까지 만들어내니 아이들이 느끼는 성취감도 큰 편이다. 완성된 작품을 친구들에게 선물로 주면 인기는 덤이다. 구슬 꿰기, 실 꿰기뿐만 아니라 아예 교육용으로 나온 제품들도 있다. 굵은 끈에 블록을 꿰는 교구나 구멍이 여럿 뚫린 판에 실을 꿰어 다양한 모양을 만들 수 있는 교구는 두 돌이 넘은 어린아이가 활용하기에도 적당하다. 활용하는 자체만으로도 집중력과 창의력을 이끌어내는 데 유익하고, 아이와 함께 완성된 블록으로 기차놀이를 한다거나 어묵꼬치 등을 연상시켜 다양한 장난감으로 활용할 수 있다. 아이들이 한자리에 앉아 집중할 수 있는 시간은 보통 10~20분을 넘기기 힘든 편인데, 구슬 꿰기 교구는 아이의 새로운 모습을 발견할 수 있는 좋은 기회가 된다.

마미파워의 선택

팝 아티
창의력과 소근육 발달에 좋은 교구. 알록달록한 500개의 조각으로 나만의 액세서리를 만들 수 있고 활용 교재가 들어 있어 다양하게 즐길 수 있다. 어린아이는 실 꿰기 놀이를 하며 집중도를 높일 수 있다. 모든 제품의 원재료는 무독성이며 재활용 가능한 소재로 만든 친환경 제품이다.
마미파워의 한마디 꾸미는 것을 좋아하는 아이의 경우 목걸이, 팔찌 등의 액세서리를 만들어 착용하기도 하고, 직접 만들어서 친구들에게 선물하기도 한다.
INFO 오픈 마켓(11번가, G마켓, 옥션, 인터파크) 2만원대.

1 숲소리 실 꿰기
18개월 이상 아이들이 사용할 수 있게 만든 나무 실 꿰기 도구. 손가락을 많이 움직이면 뇌가 발달하고 집중력이 좋아질 뿐만 아니라 눈과 손의 협응에 좋다. 실에 구슬을 꿰는 놀이부터 시작하고 후에 나무가 넘어지지 않게 앞뒤 균형을 맞춰 나무에 구슬을 꿰면 된다. 두 줄로 만들어 아이들 목에 줄이 감기지 않도록 했으며, 꽃과 열매는 삼키지 않도록 크고 안전하게 만들었다.
마미파워의 한마디 구슬 꿰기, 나무 꿰기 등의 놀이뿐만 아니라 동그란 구슬을 손에 놓고 어느 손에 있는지 알아맞히는 놀이로 활용해도 좋다. 동그란 구슬을 한 군데 두고 아이와 엄마가 함께 다른 구슬을 굴려 맞추는 놀이도 해보자.
INFO WWW.SOOPSORI.CO.KR 2만 4천원대.(사전 예약 가격)

2 셀렉타 페델라우페
친환경 소재로 만든 고급 원목 교구. 매끄러운 재질을 사용했으며 다양한 색상의 원형 블록을 이용해 여러 가지 모양을 만들 수 있다. 신체놀이, 표현놀이, 색깔 인지 놀이, 숫자 인지 놀이, 언어 인지 놀이 등 다양한 방식으로 활용할 수 있다.
마미파워의 한마디 실 꿰기 놀이로 활용해도 좋고 작은 원형 블록으로 탑을 쌓으면서 집중하는 놀이로도 좋다. 함께 들어 있는 주사위를 던져 같은 색으로 쌓아둔 블록 탑을 하나씩 빼는 놀이로도 활용해보자. 실 꿰기로 모양이 완성되면 엄마가 뱀이 되어 아이를 잡는 술래잡기놀이도 할 수 있다.
INFO 오픈 마켓(11번가, G마켓, 옥션, 인터파크) 1만 4천원대.

3 자노드 뻬흘리알파베
바다 모양 그림이 그려진 알파벳 원목 실 꿰기 제품. 원목 바늘이 쏙쏙 잘 들어가 어렵지 않게 성취감이 생기고 줄줄이 꿰는 놀이를 통해 아이의 집중력과 자신감을 높일 수 있다. 예쁜 비닐 가방에 담겨 있어 아이들이 갖고 다니기 좋다.
마미파워의 한마디 알파벳을 먼저 찾는 사람이 실을 꿰는 방법으로 놀아주어도 좋고, 알파벳을 배우는 아이라면 엄마가 불러주는 알파벳을 찾는 놀이로도 좋다. 유아라면 실 꿰기 놀이로 소근육을 발달시켜보자.
INFO WWW.SELECTA.KR 2만원대.

08. CHAPTER

유아 텐트
< 018 >
아이만의 놀이 공간을 확보해주는 아이템

아이들은 자신만의 공간을 정말 사랑한다. 때로는 아무것도 없는 좁은 식탁 밑에서 놀거나 미끄럼틀에
이불을 씌워 그 안에서 놀기도 하고, 2~3개의 우산을 펴서 우산 집을 만들어 놀기도 한다.
유아 텐트는 자신만의 공간을 좋아하는 아이들에게 더없이 좋은 아이템이다.
하나쯤 준비해둔다면 아이를 위한 작은 놀이 공간으로 잘 활용할 수 있다.

첫 텐트에 실패하다

첫아이가 돌이 지난 어느 날, 또래 엄마와 키즈 카페에 갔다. 키즈 카페를 즐기기에 아이는 어렸지만 이왕 온 거 잘 놀다 가야겠다는 생각에 볼풀에서 아이와 한참을 놀아주었다. 그 놀이가 너무 좋았는지 집에 와서도 굴러다니는 공들에 평소보다 관심이 많아졌다. 결국 아이가 제대로 공놀이를 할 수 있도록 볼풀 공을 사주기로 했고 볼풀 공을 담아둘 텐트까지 같이 알아보게 되었다. 처음에 샀던 텐트는 공기 주입식이었다. 입구는 오픈되어 있었고 천장까지 전체가 막혀 있어 텐트 안이 어두울 것 같았지만 공기가 들어가 푹신해서 아이가 안에서 장난을 치다가 넘어져도 충격을 완화시켜줄 것 같았다. 텐트를 설치하고 볼풀 공을 넣어주니 아이가 정말 좋아했다. 아이가 기대거나 드러누워도 공기가 있어 텐트가 쉽게 눌리거나 무너지진 않았지만 아이가 기대는 쪽으로는 심하게 기울어졌다. 아이는 그마저도 재미있다며 장난을 쳤다. 무조건 뒤로 기대거나 드러눕다가 밖이 보이지 않아 벽이나 바닥에 종종 부딪치기도 했다. 그래서 볼 텐트를 벽에서 좀 떨어진 위치에 다시 놓고 바닥에는 이불을 도톰하게 깔아주었다. 하지만 워낙 활동적인 아이라 그런지 얼마 지나지 않아 텐트는 여기저기 찢어졌고 바람이 빠져서 그 형태가 무너지고 말았다. 볼 텐트와 함께 들어있던 테이프로 찢어진 부분을 몇 번 막아서 써봤지만 결국 더 이상 사용하지 못하게 되었다.

휴대하고 접기 편한 텐트가 좋다

내가 두 번째로 마련한 텐트는 2개의 텐트가 터널로 이어진 제품으로, 터널 자체만으로도 아이들에게 아주 즐거운 놀이 공간이 되었다. 별다른 장난감이 없어도 아이들은 양쪽 텐트를 오가며 즐겁게 놀았다. 천장이 뚫려 있고 시원한 그물망이라 아이가 무엇을 하는지 확인할 수 있다는 것도 장점이었다. 문이나 창문이 지퍼식이라 문을 닫아주면 안에 있는 장난감을 밖으로 던지지 못했다. 하지만 아이가 심하게 장난을 치면 쉽게 무너지고 흐늘거리는 단점이 있었다. 또 아이가 텐트 안에 서서 그물망 벽을 잡은 채 기대면 넘어질 수도 있으니 주의가 필요했다. 우리 집 텐트는 펴놓으면 부피가 있어 보이지만 접이식 모기장처럼 몇 번 비틀어 접으면 부피가 작아져 휴대가 간편하다. 야외 공간에서 놀 때는 그물망이 적당히 바람도 막아주고 밖이 내다보이니 아이들도 집에서 놀 때보다 더 즐거워했다. 텐트를 펴놓을 공간이 마땅치 않다면 접고 펴기가 가능한 텐트로 구입하면 좋다. 아이를 키우다 보면 텐트 외에도 아이 장난감으로 많은 공간이 필요한데 늘 자리를 차지하는 텐트가 짐이 되는 경우도 있다. 따라서 디자인이나 재질 등도 중요하지만 이런 점을 고려해서 구입하자.

마미파워의 선택

1 아이존 뽀로로 멜로디 볼 텐트
아이들이 좋아하는 뽀로로가 텐트 전면에 디자인된 볼 텐트. 재미있는 뽀롱뽀롱 뽀로로 주제가와 총 4가지 테마 소리가 들어 있다. 업계 최초 메시 프린팅 기술로 만들었고, 메시(모기장) 부분에도 뽀로로가 있어 재미를 더한다.
마미파워의 한마디 초경량 재질이라 가볍고 신선한 공기 순환을 위한 통풍구가 있다. 간편한 휴대 주머니가 있어 이동과 보관이 쉽다.
INFO WWW.TOYDREAM.KR 5만 9천원대.

2 토이트론 공룡 텐트
공룡 소리가 나는 사운드 텐트. 내부에 공룡 이름으로 익히는 알파벳 커튼이 부착되어 있고 텐트 내·외부에 한반도의 공룡 점박이와 31마리 공룡이 실사로 인쇄되어 있다. 텐트를 한 번에 접고 펼 수 있는 원터치 방식이면서 내부 공간이 넉넉한 하우스 텐트로 선루프, 견고한 이중 문 장치가 되어 있다. 볼풀놀이, 낮잠, 독서 등 다양한 활동이 가능해 아이들과 다양하게 놀이를 즐길 수 있다.
마미파워의 한마디 공룡 텐트이기 때문에 남자아이들이 선호하는 편이다. 이동과 보관이 쉽다.
INFO WWW.TOYTRONMALL.CO.KR 7만 5천원대.

쿠나텐트 하우스 텐트
100% 면으로 만든 텐트로 폴대는 천연 원목으로 만들었다. 특유의 화사한 컬러와 동화적 감성 패턴이 아이들의 호기심을 자극한다.
마미파워의 한마디 전용 더스트 백이 있어 보관이 편하다.
INFO WWW.CUNATENT.CO.KR 22만원대.

배드아이 터널 텐트
크고 작은 두 개의 텐트를 연결할 수 있는 제품이다. 텐트의 모든면이 망사로 되어있어 통풍이 잘 된다.
마미파워의 한마디 보호자가 지켜 볼 수 있다.
INFO WWW.BADI.CO.KR 5만 5천원대.

08. CHAPTER

모래놀이
019
촉감이 부드러워 정서 발달에 좋은 놀이

이제는 모래도 가게에서 파는 시대다. 하지만 아이들 놀이용으로 나오는 모래는
우리가 아는 그 모래가 아니다. 놀이용 모래 덕분에 그동안 밖에서만
할 수 있었던 모래놀이를 이젠 집 안에서도 즐길 수 있게 되었다.
단, 집 안 여기저기에 모래가 묻을 수 있다는 걸 각오해야 한다.

놀이용 모래도 파는 시대

어린 시절에 모래놀이는 흔해도 너무 흔해서 쉽게 할 수 있는 것이었는데 요즘은 놀이터에서 모래를 찾아보기가 힘들다. 그땐 별 생각 없이 즐겼던 모래놀이가 이젠 추억이 되어 버린 것. 그래서 처음 모래놀이 제품을 알았을 땐 이젠 모래도 파는구나 하는 생각에 남편과 함께 씁쓸해했다. 우리가 어렸을 때와는 시대가 달라져도 너무 달라졌기 때문. 하지만 모래는 손을 사용하는 놀이라 뇌에도 자극이 되고 정서에도 도움이 되기에 꼭 아이에게 만지게 해주고 싶어 시중에 판매되는 모래놀이 제품을 구입했다. 그런데 이 모래놀이 제품은 내가 생각했던 것과 전혀 달랐다. 그냥 그런 모래가 아니라 하얗고 작은 입자에 물이 없어도 잘 뭉쳐지는 제품이었던 것. 일반 모래와는 달리 입자가 아주 곱고 부드러워 만지는 촉감이 너무 좋았다.

시작은 좋았지만 끝은 무서우리라

모래놀이가 만만치 않을 것을 대비해 돗자리를 펴고 시작했다. 어떤 아이들은 처음 모래놀이 제품을 접하면 만지는 것을 조심스러워한다고 하던데 우리 아들은 그런 것 없이 성큼 모래를 집어 들었다. 자신의 손에 부드러운 것이 닿는 게 신기하고 재미있었는지 헤헤 하고 웃으며 좋아했다. 내가 먼저 모래를 뭉쳐보기도 하고 모래놀이에 함께 있는 모양 틀로 다양한 모양의 모래를 만들어주었는데, 아이스크림을 만들어 먹는 시늉을 하니 아이도 금방 보고 따라 했다. 어릴 적에 했던 두꺼비집놀이도 해보았다. 모래로 만든 두꺼비집의 구멍을 내느라 모래를 살살 걷어내기도 했고, 모래 사이로 터널을 뚫기도 하니 아이가 무척 신기해했다. 이렇게 재미있을까 싶을 정도로 아이는 모래놀이에 만족해했다. 하지만 아이와 달리 나는 아이 옷에 묻어 털어도 잘 떨어지지 않는 모래와 돗자리 밖으로 흩어진 모래들이 신경 쓰이기 시작했다. 이때부터 아이와 노는 게 아니라 아이를 감시하는 태세로 변해 버렸다. 아이는 정말 즐거워하며 더 열심히 모래놀이에 빠졌지만 나는 아이가 움직일 때마다 이리저리 튀는 모래 때문에 점점 멘붕에 빠졌다. 간신히 모래놀이를 마치고 아이를 그대로 안고서 욕실로 직행했다. 아이를 씻겨놓고 아이가 입었던 옷은 모래를 털어낸 후 손빨래를 했다. 다행히 옷에 묻어 있던 모래들은 물에 잘 씻겨서 빨래하는 데는 어려움이 없었지만, 앞으로 집에서는 모래놀이를 하면 안 되겠다고 생각했다.

전용 모래놀이장으로 완벽하게 준비하자

다음 모래놀이는 아파트 마당에서 돗자리를 깔고 했다. 한 번의 경험이 있어서인지 아이는 더 신나게 모래놀이를 했다. 하지만 이번에는 돗자리 밖으로 나간 모래들을 그냥 버려야 하는 안타까운 상황이 발생했다. 돗자리에 떨어진 모래는 다시 담아서 사용하면 되었지만 아파트 마당으로 떨어진 모래는 다시 담을 수가 없어서 상당한 양의 모래를 그냥 버려야 했던 것. 집 안에서 했을 땐 방바닥이라 다시 주워서 모래놀이 통 안에 넣을 수 있었는데 밖에서 이대로 하다가는 모래가 금방 없어질 것 같았다. 모래만 따로 추가 구입이 가능했는데 이 때문인가 싶었다. 어린 둘째 때문에 집에서는 할 수가 없어 나중에 밖에서 몇 번 더 해주었는데 역시나 많은 양의 모래가 없어졌다. 내 이런 고민을 들은 이웃 엄마는 아이들 전용으로 바닥에 크게 까는 모래놀이장이 있다고 알려주었지만, 둘째가 아직 어려 두 돌이 넘으면 그때 구입하기로 했다. 전용 모래놀이장까지 준비한다면 엄마도 편하고, 둘째 아이까지 모래놀이를 즐겁게 할 수 있을 것 같다.

마미파워의 선택

⑤

1 샌디에고 모래 놀이 10kg
물 없이 뭉쳐지는 특수 모래. 100% 천연 재료로만 만들어 피부가 예민한 아이들도 안심하고 사용할 수 있다. 쉽게 털어지며 반영구적으로 사용할 수 있다는 것이 특징. 일반 모래의 촉감과 거의 비슷하다.
마미파워의 한마디 모래 놀이 전용 장을 깔면 실내에서도 비교적 청소 걱정 없이 사용할 수 있지만 모래 놀이 전용 옷을 입히는 게 좋다.
INFO 오픈 마켓(11번가, G마켓, 옥션, 인터파크) 10만원대.

2 촉촉이 모래 5L
표백제와 본드, 화학용품을 사용하지 않아 안전한 제품. 힘을 주면 뭉쳐지고 풀어주면 다시 보송보송한 모래 상태가 된다. 굳거나 마르는 일 없는 수용성이기 때문에 아이들 옷에 모래가 묻어도 빨래가 쉽다. 표백제를 사용하지 않아 미색이며 항균 기능 제품이라 장기간 사용해도 오염되지 않는다.
마미파워의 한마디 만지고 나면 손에 살짝 미끈한 느낌이 있다.
INFO MCASAND.COM 16만원대.

스텝2 모래놀이 테이블
모래 함의 키가 높아 제한된 공간에서 재미있게 놀이를 즐기고 청결을 유지할 수 있도록 도와준다. 함이 커 모래를 36kg까지 채울 수 있고 테이블 다리의 내구성이 뛰어나 모래 함을 고정적으로 지탱해준다. 보관용 덮개를 덮으면 모래를 습기 없이 깨끗하게 보관할 수 있고, 덮개 위에 만든 길을 이용해 다른 놀이로도 활용할 수 있다.
마미파워의 한마디 모래놀이를 자주 즐긴다면 좋은 제품이지만 모래가 바닥으로 떨어져 베란다에 놓고 쓰는 게 좋다는 의견이 있다.
INFO 오픈 마켓(11번가, G마켓, 옥션, 인터파크) 9만원대.

5 나와니스 유아 놀이복 토끼와 곰
미술놀이나 모래놀이를 할 때 평상복 위에 입히는 놀이복. 방수 원단이라 모래나 물감 등이 묻는 것을 걱정하지 않아도 된다. 우주복 스타일로 만들어 입고 벗기 편하고 품이 넉넉해 활동이 자유롭다. 말려 올라가지 않도록 바지 밑단을 밴딩 처리했다.
마미파워의 한마디 팔 부분의 오염을 방지하기 위해 토시를 별도로 구매해야 한다.
INFO WWW.NAWANIS.COM 1만 5천원대.

08. CHAPTER

낚시놀이

020

아이의 집중력과 인내심을 길러주는 장난감

쉽게 얻을 수 없는 것이 있으면 더 가지고 싶고, 가지려고 더 애쓰게 되는 법.
낚시놀이야말로 바로 이런 소유욕과 도전 의욕을 불러일으키는 장난감이다.
게다가 인내와 집중력을 요한다는 점에서 '진짜 낚시'나 다름없다.

아이의 모든 집중력이 한 곳에 모이는 시간

낚싯줄이 이리저리 흔들리며 고기를 잡을 듯 말 듯 흐느적거린다. 답답한 마음에 당장 손으로 낚아챌 법도 한데 끝까지 몰입하는 모습이 제법 진지하다. 낚시놀이에 집중하는 아이들은 침까지 흘리며 고사리 같은 손에 잔뜩 힘을 준다. 뱅글뱅글 움직이며 입을 벌렸다 오므렸다 어린 사공을 약 올리는 물고기부터 "나 죽었소." 하고 입 앞에 자석을 물고 드러누운 물고기, 물 위에 둥둥 떠다니는 물고기까지, 장난감 낚시놀이라고 무시해서는 안 된다. 느낌은 진짜 낚시 그 이상이다.

낚시놀이로 아이의 성취감을 키워주자

물고기를 잡았을 때의 성취감도 진짜 낚시와 비슷하다. 아이에게 잘했다고 박수를 쳐주며 엄지손가락을 치켜세우는 엄마의 칭찬이 더해지면 아이의 자존감은 급상승한다. 아이와 장난감 물고기를 서로 잡겠다며 경쟁해도 좋고, 잡은 물고기가 몇 마리인지 숫자를 세서 나누어 먹는 시늉을 해도 재미가 쏠쏠하다. 아이가 성취감을 느끼기에 낚시놀이보다 더 좋은 것이 있을까 싶을 정도다. 특히 아이가 목욕을 싫어한다면 낚시놀이를 통해 목욕 시간을 손꼽아 기다리게 만들 수도 있다. 다만 낚시놀이 장난감은 사이즈가 작아 잃어버리기 쉬운 아이템이라 관리를 잘 못하면 물고기들이 하나씩 없어져 몇 개 남지 않는 순간을 맞이할 수도 있다. 긴 낚싯대는 따로 보관하더라도 물고기 조각들은 작은 보관함이나 비닐봉투에 보관하는 것이 좋다.

마미파워의 선택

1 숲소리 낚시놀이 셋트
먹을 수 있는 아마기름으로 마감 처리되어 아이들이 물고 빨아도 안심할 수 있는 제품이다. 낚싯대 끝 찌와 물고기 몸에 작은 자석이 달려 있고, 낚싯대에 도르레가 달려 낚시놀이를 더욱 실감나게 해준다.
마미파워의 한마디 낚싯줄의 길이가 조금 짧지만 줄이 길면 아이들의 목에 감길 우려가 있어 안전성까지 고려한 제품이다.
INFO WWW.SOOPSORI.CO.KR 5만 7천원대.

부아키도 빼슈린니오 낚시놀이
12마리의 바다 생물을 다양한 색깔과 재미있는 모양으로 만든 낚시놀이 교구. 친환경 무독성 수성 페인트를 사용해 안전하며, 낚시놀이를 하면서 색깔 인지, 숫자 인지 능력이 향상될 수 있고 자석을 이용하는 원리를 통해 과학적 사고력이 향상된다. 균형감각과 소근육 발달에도 도움이 되며 보관함이 있어 정리하기도 좋다.
마미파워의 한마디 고기를 낚으면서 숫자를 함께 세어보고 어떤 물고기인지 알려주는 놀이로 활용하면 좋다.
INFO 오픈 마켓(11번가, G마켓, 옥션, 인터파크) 2만 5천원대.

한립토이스 슈퍼 낚시 게임
회전하는 원판 안의 물고기를 낚으면서 사물에 대한 집중력을 키울 수 있고 놀이에 대한 인내심도 향상된다. 자석으로 되어 있어 어렵지 않게 고기를 잡을 수 있으며, 물고기 수가 많고 낚싯대가 4개라 여러 명이 함께 놀 수 있다. 사회성과 협동심, 논리적인 사고를 기르는 데도 도움이 된다.
마미파워의 한마디 입을 벌렸다가 금방 닫아버리는 물고기를 잡다 보면 어른도 오기가 생기는 놀이 제품. 온 가족이 함께 시합을 하거나 지정된 색의 물고기를 먼저 잡는 사람이 이기는 방식 등으로 놀아주면 조금 큰 아이들과도 재미있게 가족 게임을 즐길 수 있다.
INFO WWW.HANLIPTOYMALL.CO.KR 2만 4천원대.

뽀로로 신나는 낚시놀이 소형
아이들이 좋아하는 뽀로로 캐릭터로 만든 낚시 기구. 낚싯대의 릴을 감아 고기를 잡아 올리는 방식이다. 낚싯대 추 끝과 물고기 앞에 자석이 있어 쉽게 들어올릴 수 있다.
마미파워의 한마디 물고기를 그냥 잡는 것보다 보이지 않는 통에 물고기를 넣어두고, 릴을 감아 올리는 동안 어떤 물고기가 잡힐지 아이와 함께 기대해주면 아이가 훨씬 재미있어 한다.
INFO 오픈 마켓(11번가, G마켓, 옥션, 인터파크) 5천원대.

드제코 컬러 피싱DJ1653
목재 낚싯대 2개와 합판으로 만든 바다 생물 12마리가 들어 있는 낚시놀이 교구. 바다 모양 케이스가 있어 물고기를 상자에 넣고 놀 수 있다. 현재 활동 중인 프랑스 일러스트 작가들이 만들어 아이들이 재미있는 그림을 접하면서 감성적 자극도 받는다.
마미파워의 한마디 감성을 자극하는 일러스트로 무뚝뚝한 성향의 아이들에게 추천할 만하다.
INFO QEDMALL.CO.KR 3만원대.

08. CHAPTER

미술놀이
021
아이의 상상력을 펼칠 수 있게 도와주는 도구

처음에는 만만하게 생각했다가 점점 어렵고 부담스러운 놀이로 변해 가는 것이 미술놀이가 아닐까 싶다. 아이가 어릴 때는 그저 하얀 종이에 색연필로 무언가를 그려주는 것만으로도 충분했는데, 아이가 자라면서 미술놀이도 진화해 재료도 점점 많아지고 복잡해져 엄마가 감당하기 힘들어진다. 그래도 아이의 창의력과 상상력 발달을 위해 포기할 수 없는 유익한 놀이가 미술놀이다.

엄마와의 그림 합작품 완성하기

처음에는 스케치북에 동물, 가족 얼굴, 눈사람 등을 그려주며 아이와 함께 그림 그리기를 즐겼지만, 아이가 점점 자라면서 내가 그려줄 수 있는 아이템이 바닥나 버렸다. 게다가 아이도 엄마가 그린 그림을 보는 것보다 자기 스스로 그리는 것을 더 좋아하게 되었다. 하지만 아이 혼자 그림 그리는 일은 너무 막막해 보여서, 아이가 엄마와 그림 합작품을 만들도록 유도했다. 내가 토끼 얼굴을 그려주면 아이가 토끼 귀를 그리는 식이다. 아이는 나름대로 그럴 듯하게 그림의 일부를 완성했고, 엄마와 즐겁게 작업한 작품을 보며 스스로 대견하게 여겼다. 처음부터 아이가 그림 전체를 그리게 했다면 부담스러웠겠지만, 엄마와 함께 완성하니 그림에 대한 흥미와 성취감도 생겼고, 엄마와 친밀감도 형성할 수 있었다. 실제로 시중엔 내가 했던 방법과 비슷한 미술놀이 제품이 나와 있었는데, 아이가 각 그림의 특징을 관찰하고 상상력과 창의력을 발휘하는 데 도움이 될 것 같았다.

그리기 재료만 잘 사용해도 미술놀이가 즐거워진다

부드러운 색연필보다 좀 더 자극적인 사인펜을 선호하는 아이들이 있는데 우리 아이도 사인펜을 좋아했다. 짓궂게도 녀석은 스케치북에만 얌전히 그려줬으면 하는 엄마의 마음에는 아랑곳없이 제 손등, 발등까지 보디페인팅을 해대 난감할 때가 한두 번이 아니었다. 수성 사인펜이라 해도 일반적인 제품은 낙서한 뒤 바로 지우지 않으면 잘 지워지지 않는다. 연약한 아이 피부를 벅벅 문지를 수도 없고, 금방 발견해서 지우더라도 또 언제 그릴지 모르니, 결국엔 사인펜이란 사인펜은 죄다 숨겨놓는 사태가 벌어졌다. 나는 이런저런 고민을 한 끝에, 손과 옷에 묻어도 쉽게 지워지는 물감 재료를 준비했다. 빨래에 대한 불안감은 줄어들고, 아이는 좀 더 적극적으로 놀 수 있었다. 아예 바닥에 자리를 펴놓고 자유롭게 그리게 하거나 욕실에서 실컷 그리게 해주니 아이도 엄마의 통제에서 벗어나 미술놀이에 더욱 흥미를 가지고 즐기게 되었다.

다양한 미술놀이 재료

아이의 미술놀이를 위해 이것저것 재료를 준비하려면 여간 번거로운 게 아니다. 그렇다고 미술놀이를 제한하면 아이의 창의력을 이끌어낼 수 있는 기회를 차단하게 되니 그렇게 할 수도 없고. 그런데 다행히도 요즘에는 다양한 미술놀이 재료들이 시중에 나와 있어 엄마들의 고민을 덜어주고 있다. 특히 낭비를 최소화할 수 있게 쉽게 지우고 세탁할 수 있는 재료, 한 번 그리고 나서 재사용할 수 있는 재료들은 아이가 부담 없이 마음껏 사용하면서 미술을 즐기고 상상력을 키우는 데 도움을 준다.

마미파워의 선택

어스본두들스 창의력 그리기 카드 3종
아이들의 관찰력과 상상력, 창의력 개발을 위한 그림 그리기 카드. 홀리데이 두들스(HOLIDAY DOODLES), 트레블 두들스(TRAVEL DOODLES), 몬스터 두들스(MONSTER DOODLES) 등 3가지 주제로 구성되어 있다.
마미파워의 한마디 카드마다 다른 화려한 색상의 기본 밑그림을 이용해 완성된 그림을 보고 따라 그리기, 부분적으로 그리기, 반쪽 그림 완성하기, 상상력을 표현해 자유롭게 그리기, 구불구불 길 찾기, 미로 찾기와 같이 다양한 기법의 그리기 활동이 가능하다.
INFO 오픈 마켓(11번가, G마켓, 옥션, 인터파크) 2만 6천원대.

1 크레욜라 미술용품
오랜 시간이 지나도 색이 잘 변하지 않고 부드럽게 색칠할 수 있는 크레용. 친환경 재료들로 만들었고 손에 잘 묻어나지 않는다. 크레용 외에 마카, 색연필, 보드 펜, 물감 등 다양한 미술용품이 있어 미술놀이를 하기 좋다.
마미파워의 한마디 색감이 다양하고 뛰어나며 색이 잘 혼색되어 다양한 효과를 표현할 수 있다.
INFO WWW.CRAYOLA.CO.KR 1천~4만원대.(색상 수에 따라 다름.)

2 미미월드 물로 싹 지우는 그림이 그리기
나만의 인형 꾸미기를 할 수 있는 그림놀이 세트. 토끼 인형과 사인펜이 흐르는 물에 쉽게 지워지도록 특수 처리되어 매일 새로운 토끼 인형을 꾸밀 수 있다.
마미파워의 한마디 그림이 봉제 인형, 그림이 옷, 모양 자, 전용 수성 사인펜 5종으로 구성되어 창의력을 키울 수 있다.
INFO WWW.MIMIPIA.COM 1만 9천원대.

3 미미월드 그림놀이터
캔버스와 물감이 흐르는 물에 쉽게 지워져 매일 지우고 새로운 그림을 그릴 수 있다. 캔버스, 물감 5색, 붓 4종, 도장 3종 등으로 구성되어 있으며 실내나 실외 어디서든 사용할 수 있다. 벽에 걸 수도 있고 물이 흐르지 않게 막아주는 받침대도 있다. 팔레트에는 미술 도구들을 보관할 수 있다.
마미파워의 한마디 전용 물감을 사용해야 깨끗이 지워진다. 일반 수성 물감 사용 시 얼룩이 잘 지워지지 않는다.
INFO WWW.MIMIPIA.COM 4만 5천원대.

08. CHAPTER

클레이놀이
022
말랑말랑한 촉감으로 무엇이든 만들 수 있는 물건

과거에는 찰흙과 지점토가 만들기 놀이의 주재료였다면, 요즘은 클레이가 대세다.
컬러가 다양하고 말랑말랑한 클레이는 만지는 느낌도 재미있고 손에 묻지 않아 위생적이다.

만지는 대로 모양이 나오는 클레이

내가 클레이를 처음 본 건, 조카가 클레이로 귀여운 동물을 만들어 왔을 때였다. 굳은 상태의 클레이는 상당히 가벼워서 스펀지 같은 느낌이었는데, 굳기 전에는 말랑말랑하고 부드러운 찰흙 같다고 했다. 그로부터 몇 년 뒤, 첫아이가 두 돌쯤일 때 처음으로 클레이놀이를 시도했다. 날이 추워서 밖에 나갈 수도 없고, 매번 똑같은 장난감으로 노는 걸 지루해하기에 집에서 놀 수 있는 놀잇감을 찾다가 클레이를 구입한 것이다. 빨강, 노랑, 파랑 3가지 기본 색의 클레이를 아이와 반반씩 나눠 가지고 놀이를 시작했다. 제일 먼저 클레이를 손으로 만져보게 했더니 아이는 말랑말랑한 촉감이 좋았는지 손으로 꾹꾹 눌러보기도 하고 나를 따라 클레이를 쭉 늘려보기도 했다. 동글동글하게 뭉쳐서 만든 클레이 공을 장난치듯 아이에게 던졌을 때는 꺅꺅거리며 그렇게 좋아할 수가 없었다.

뭉치고 늘리는 단순한 놀이를 더 좋아하다

본격적으로 클레이 작품을 만들어볼까 싶어서 비록 손재주는 없지만 아이가 좋아하는 캐릭터에 도전했다. 얼굴 모양을 만들고 눈을 만들려는 순간 아이가 내 작품을 뭉개버렸다. 아직 어린 아들에게는 무언가를 만들기보다 그저 클레이를 늘리고 뭉치고 던지는 놀이가 더 재미있었던 것이다. 어쨌거나 더 이상의 만들기는 불가능했고, 그날은 아이와 함께 클레이를 뭉치고 늘리면서 신나게 놀았다. 클레이를 길게 늘어뜨려서 뚝 끊기게 하는 단순한 놀이에도 아이는 폭발적인 반응을 보였고, 뭉쳐서 점점 더 크게 만든 클레이 공에 열광했다. 마지막에는 모든 클레이를 바닥에 넓게 펼치고 손으로 누르는 핸드프린팅을 해주었는데, 클레이를 만지는 동안 아이가 손을 많이 움직이기 때문에 소근육 발달에도 도움이 될 것 같았다.

혼자서도 무엇이든 뚝딱 만들어내다

아이가 좀 더 커서는 스스로 만들기 놀이를 할 때 클레이를 사용했다. 아이는 말랑한 클레이를 동그랗게, 때로는 길쭉하게 손으로 주물러 자신이 원하는 모양을 만들었다. 동물의 눈이나 로봇의 칼 등 작은 장식을 표현할 때는 클레이 속으로 빠져들 듯이 집중해서 만들었는데, 그 모습이 얼마나 기특해 보이던지. 그렇게 아이가 신중하게 한참을 집중해서 만든 작품은 자신이 제일 좋아하는 장난감을 표현한 것이다. 얼마나 소중하게 여기던지 동생이 만지지 못하도록 높은 곳에 놓아달라고도 했다. 아이는 또 가끔 모양틀로 찍기놀이도 하고, 클레이의 색을 섞으며 색의 변화를 관찰하기도 했다. 그리고 여동생이 생긴 지금은 동생과 함께 소꿉놀이를 할 때 음식 재료로 클레이를 많이 사용한다. 이처럼 클레이는 장난감 칼로도 쉽게 잘리고, 또 잘 뭉쳐지므로 여러 가지 놀이에 활용할 수 있다.

마미파워의 선택

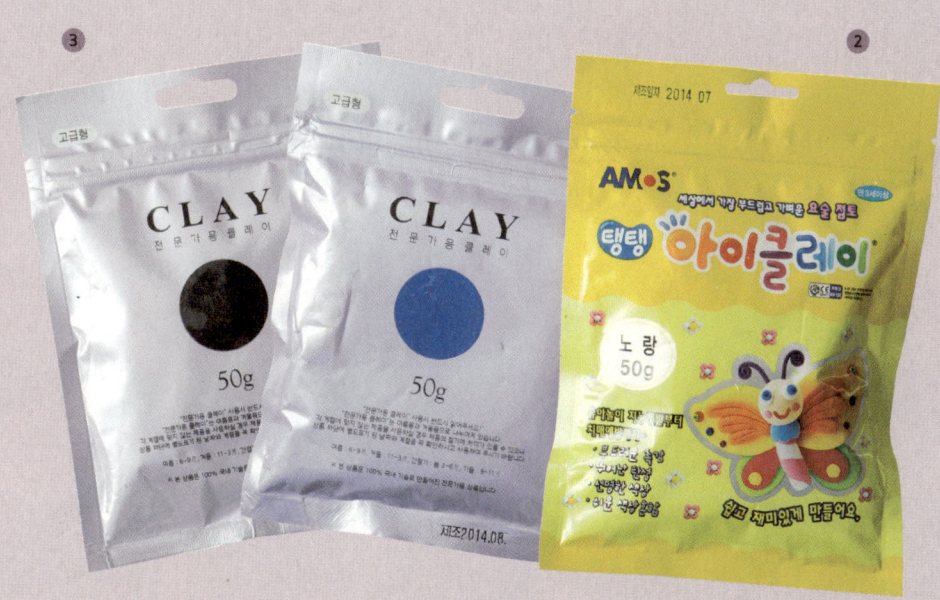

1 플레이도우 크리에이티브센터 (핑크)
품질이 우수해 손에 잘 묻어나지 않고 놀이 중 옷이나 손에 묻더라도 쉽게 지워진다. 다양한 모양틀과 도구로 상상력과 창의력을 키워줄 수 있고 놀이판이 있는 크리에이티브센터로 깔끔하게 놀이를 할 수 있는 점이 특징.
마미파워의 한마디 5개의 넓은 보관함이 딸려 있어 도우와 도구들을 쉽게 정리할 수 있다.
INFO 오픈 마켓(11번가, G마켓, 옥션, 인터파크) 4만원대.

2 아모스 탱탱 아이클레이 1 (18G 6색)
부드럽고 가벼운 점토. 색이 매우 잘 섞여 누구나 쉽게 만들 수 있는 공작용 재료다. 많이 주무를수록 매끄러운 작품을 만들 수 있고 색상이 밝고 선명하다.
마미파워의 한마디 탄성이 있어 공을 만들었을 때 통통 튕기는 느낌이 재미있다. 야광 컬러와 일반 컬러를 섞어 사용하면 야광 효과가 떨어지므로 단독으로 사용하는 것이 좋다.
INFO WWW.AMOSKOREA.KR 5천원대.

3 전문가용 클레이 (1세트)
부드럽고 가벼우며 말랑말랑한 클레이. 전문가용 클레이답게 섬세한 작품을 만들기 좋으며 입체감이 뛰어나다. 마른 후에는 통통 튀는 느낌을 주는 점도 매력이다.
마미파워의 한마디 옷에 달라붙으면 잘 떨어지지 않으니 앞치마를 두르고 하는 것이 좋다.
INFO WWW.KIDK-KIDK.CO.KR 4천원(개당 6백원대).

08. CHAPTER

학습용 시계·숫자 세기

023

숫자 세는 방법을 쉽게 가르칠 수 있는 도구

어른이 된 지금이야 1~12까지의 시계 속 숫자들이 자연스럽게 보이지만, 어린 시절에는 1을 왜 5분이라고 하는지 도통 이해하기 어려웠을 것이다. 예나 지금이나 어린아이들에겐 시계 읽기가 쉬운 일이 아닌데, 요즘에는 분을 표시한 학습용 시계가 있어 아이가 시계를 읽는 데 도움을 준다.

시간 규칙을 정해주면 시간과 좀 더 빨리 친해진다

아이와 놀다가 이유식 시간이 되어 밥을 주려고 하면 아이들은 대체로 더 놀고 싶은 마음에 밥을 밀어내고 칭얼대곤 한다. 밥을 먹여야 하는 엄마와 더 놀고 싶은 아이 사이에 신경전이 벌어지는 것이다. 나는 그럴 때마다 시계를 가리키며 "어! 맘마 먹을 시간이다! 지금 안 먹으면 맘마 없어진대!" 하며 아이를 얼렁뚱땅 식탁으로 이끌었다. 그 외에도 아이가 일과대로 움직여 주지 않을 때마다 시계를 들이대며 목욕 타임, 이유식 타임에 취침 타임까지 만들어냈다. 물론 아이는 시계를 전혀 볼 줄 몰랐지만 뭔가가 규칙적으로 흘러가고 있다는 걸 어렴풋이 느끼는 것 같았다.

학습용 시계로 현재 시각을 읽을 수 있게 도와주자

학습용 시계는 아이가 숫자만 어느 정도 알아도 쉽게 접근할 수 있도록 디자인된 제품이다. 1이라고 적혀 있는데 왜 어른들은 5분이라고 읽는지 일반 시계로는 설명하기 어려운데, 학습용 시계는 1자리에 5가 함께 적혀 있어 아이가 시간의 흐름까진 이해하지 못하더라도 매 시각을 읽을 수 있다. 시계 보는 방법을 일부러 가르치면 공부로 받아들여 거부할 수도 있으므로 당장은 시계를 제대로 볼 줄 모르더라도 아이가 관심을 보일 때 손목시계를 선물하거나 학습용으로 재미있게 디자인된 시계들을 활용해 친근하게 접근하는 것이 좋다.

시계와 함께 가르쳐야 할 수 세기

숫자 세기는 교구가 아니라도 생활 속에서 언제 어디서나 즐겁게 할 수 있다. 과자를 함께 먹으면서도 하나, 둘, 셋 숫자를 세어보고, 엘리베이터를 탈 때도 숫자를 보면서 헤아리게 한다. 이렇게 수 세기를 재미있는 놀이처럼 제시하면, 아이가 훨씬 오래 기억한다. 생활 속에서 수 세기를 하는 것이 어렵다면 아이와 놀아줄 때 수 세기 도구를 이용해 숫자에 대해 알려주는 것도 좋은 방법이다. 수 세기 도구들은 가격 차이가 큰 편이니 엄마가 보았을 때 사용하기 편리한 제품으로 선택하는 것이 좋다.

마미파워의 선택

1 마젠 물방울 시계
분을 표시해 아이들이 쉽게 시계 읽기를 배울 수 있도록 만들었다. 친환경 플라스틱 원료를 사용했으며, 무소음 무브먼트라 째깍째깍 하는 시계 소리에 민감한 아이들에게 좋다.
마미파워의 한마디 시간을 가르칠 때 분에 대한 개념을 좀 더 쉽게 설명할 수 있다.
INFO 오픈 마켓(11번가, G마켓, 옥션, 인터파크) 2만 5천원대.

2 고키카운팅 프레임
주판을 연상시키는 디자인. 100개의 컬러 구슬로 수 세기를 배울 수 있다.
마미파워의 한마디 수 세기 외에 가위바위보 게임으로 이기는 사람이 한 칸씩 구슬을 옮기는 놀이를 해도 좋고, 덧셈 뺄셈 등의 기본 산수 개념을 이해시키기도 편리하다.
INFO WWW.SELECTA.KR 1만원대.

3 우드피아 기린 숫자 놀이
기린 모양 셈 놀이판으로 아이들이 친근하게 접근할 수 있다. 100개의 구슬을 이용해 수와 셈의 기본 원리를 이해할 수 있게 했으며, 왼쪽에 10부터 100까지의 숫자를 10단위로 표시해 아이들이 잘 이해하도록 돕는다.
마미파워의 한마디 수 세기 외에 가위바위보를 해서 이기는 사람이 한 칸씩 구슬을 옮기는 놀이를 해도 좋고, 덧셈 뺄셈 등의 기본 산수 개념을 이해시키기도 편리하다.
INFO WWW.WOODPEER.COM 4만 9천원대.

08. CHAPTER

쌓기놀이

< 024 >

쌓고 무너뜨릴 때 더 즐거운 장난감

알록달록한 컵을 하나씩 쌓고, 다 쌓으면 무너뜨리고 다시 하나씩 또 쌓고.
똑같이 반복하는 쌓기놀이는 엄마들에게는 지루할지 모르지만 아이들은
매번 세상을 다 가진 듯 좋아한다.

쌓기놀이보다 이게 더 좋은 거야

똥, 방귀, 뽀옹. 아이들은 이런 단어가 나오면 그렇게 좋아한다. 결혼 전에 조카를 통해 방귀대장 뿡뿡이란 캐릭터를 보고 대체 왜 저런 캐릭터를 좋아할까 싶었는데 막상 아이를 낳아 키우고 보니 아이들은 단순하고 원초적인, 어른들이 보기에는 굉장히 사소한 것들에 뒤로 넘어갈 정도로 웃는 일이 많았다. 쌓기놀이도 마찬가지였다. 단순히 쌓고 무너뜨리는 놀이인데 세상을 다 가진 것처럼 좋아했다. 처음 했던 쌓기놀이는 유교전(서울국제유아교육전)에서 구입한 컵 쌓기였다. 사실 그 전에 함께 사온 영어책을 먼저 꺼내 놀아주었다. 엄마 마음에는 당연히 비싼 장난감이나 책들이 훨씬 아이에게 좋을 것 같고 기능적으로 좋으니 아이도 더 좋아하지 않을까 하는 생각이었다. 그런데 아이는 영어 책으로 놀 때와는 비교할 수도 없는 폭발적인 반응을 쌓기놀이 앞에서 보였다.

엄마! 쌓기놀이가 더 재미있어요

알록달록 예쁘고 큰 컵에서 컵이 나오고 또 나오고. 8개의 모든 컵이 나오는 동안 아들은 완전히 집중하며 컵을 쳐다보았다. 컵을 하나 꺼내며 "여기 있네~." 또 하나를 꺼내며 "여기 있네~ 또 있네~." 하는 리얼한 액션과 함께 컵을 보여주니 아이는 숨이 넘어갈 정도로 웃으며 좋아했다. 영어 노래에 맞춰 엉덩이를 흔들며 리듬을 탔을 때보다 훨씬 좋아했다. 어라? 이 반응은 뭐지? 컵만 보고도 이런 반응이 나올 줄이야. 컵을 다 꺼낸 다음에는 컵을 큰 것부터 하나씩 올려서 높이 쌓는 놀이를 했다. 내가 먼저 하나를 놓으면 아이가 그 위에 하나를 올리도록 해 하나씩 교대로 게임을 시작했다. 다 쌓으면 잘했다고 박수도 쳐주고 그 밑을 살짝 건드려서 우르르 무너지게도 했다. 아이의 반응은 가히 폭발적이었다. 제대로 웃음이 빵 터진 아들은 정말 신이 나서 어쩔 줄을 몰라 했다. 그러고는 이내 다시 하자며 나보고 빨리 먼저 하나를 바닥에 놓으라고 손짓을 했다. 그렇게 시작된 쌓기놀이를 거짓말 하나 안 보태고 열 번을 넘게 했다. 나뒹구는 컵을 하나하나 주워서 다시 반복해야 하는 놀이가 지루했던 나와 달리 아이는 정말 즐거워했다.

처음에는 엄마를 따라 블록을 쌓게 하다

손에 힘이 생기고 끼고 만들기가 가능 했을쯤 단순한 쌓기 놀이를 벗어나 블럭으로 놀아 주었다. 블록을 처음 접하는 아이가 스스로 뭔가를 만들어내기란 쉽지 않다. 돌 전후 아이에게는 엄마의 작품을 모방하면서 자기 것으로 만드는 것이 중요하단 생각이 들어서 단순한 구조로 만들되 실물의 형태를 유추할 수 있게 설명해줬다. 그리고 아이는 내가 만든 것을 따라 하기 시작했다. 아이가 무심결에 쌓아 올린 블록도 해석해주기 나름이라 아이에게 뜻밖의 성취감을 가져다줄 수 있다. 처음부터 대단한 작품을 만들려고 하면 아이에겐 어렵기만 할 뿐. 아이 입장에선 자신이 아는 만큼만 보이기 때문에 제아무리 디테일이 살아 있고 멋스러운 작품이라도 별 볼일 없어 보인다. 따라서 아이가 이미 알고 있거나 이해하기 쉬운 형태들을 유추해낼 수 있도록 작품들을 선택해야, 아이와의 첫 블록놀이가 재미있고 인상 깊게 남을 수 있다.

점점 늘어나는 블록 실력

처음 아이에게 선물한 블록은 아이가 입으로 삼키지 않게, 그리고 한 손에 안정감 있게 잡을 수 있도록 비교적 큰 사이즈를 골랐다. 돌 전후의 아이는 집어 던지는 성향도 있어서 만약을 대비해 블록의 모서리는 둥근 것으로 선택했다. 처음에는 쌓기 등 단순한 놀이로 시작하지만, 블록 사용법이 손에 완전히 익고, 손의 움직임이 민첩해지면 만드는 모양도 점점 진화되어 간다. 블록의 모양도 이전에는 사각 형태가 대부분이었는데, 요즘 나온 제품들은 형태가 더 다양하고 아이들이 좋아하는 동물이나 인형 모양과 함께 있어 테마를 정해서 놀 때 유용했다.

아이가 자라면 블록의 수준을 높여준다

아이 월령이 높아질 때마다 아이의 수준에 맞는 블록으로 조금씩 변화를 주었다. 형태를 이해하고 구조를 계산하게 될수록 블록의 크기는 점점 작아지고 복잡해졌다. 상상하는 대로 작품이 만들어지는 게 블록의 가장 큰 매력인데, 뜻밖의 신기한 작품들이 여러 번 나를 놀라게 했다. 블록은 가이드북에 따라 이런저런 형태를 만들어내는 재미가 있어 가족이 함께하기에도 좋은 놀이다. 게다가 모양도 끼우는 형식도 다양해 아이의 흥미를 이끌어내는 데 많은 도움이 되었다. 사물의 구조를 이해하고 표현하면서 공간감이나 수학적 교육 효과도 기대할 수 있어 만족감이 높았다. 또한 블록은 아빠가 아이와 더 잘 놀아줄 수 있는 놀이인 만큼 아빠와 아이의 공통된 취미 생활이 될 수도 있다.

마미파워의 선택

먼치킨 컵 쌓기
7가지 색깔의 컵을 쌓아 올리고 서로 연결해서 쓰는 장난감. 컵을 쌓는 행동을 통해 집중력을 발달시킬 수 있다. 컵을 서로의 꼬리에 연결하면 애벌레 모양이 되고 기차놀이도 할 수 있다. 모래놀이를 할 때 활용해도 좋고 다양한 컵 밑바닥 모양을 이용해 찍기놀이도 할 수 있다.

마미파워의 한마디 목욕놀이 장난감으로도 좋다. 컵을 쌓기도 하지만 큰 것부터 작은 것 순으로 포개는 놀이도 해보자.

INFO 오픈 마켓(11번가, G마켓, 옥션, 인터파크) 5천원대.

종이 벽돌 블럭
가격이 저렴해서 부담 없다. 종이 재질이라 가볍고 인체에 무해하며 표면은 특수 코팅 처리가 되어 있다. 아이가 벽돌 쌓기를 통해 자신만의 공간을 스스로 만들 수 있다.

마미파워의 한마디 집을 짓거나 자신만의 공간을 만들어 역할놀이를 하는 장으로도 사용할 수 있고, 누가 더 높이 쌓는지 조심스럽게 올리는 과정에서 집중력도 높아진다.

INFO 오픈 마켓(11번가, G마켓, 옥션, 인터파크) 1만원대.

1 고키 체어발란스
의자 모양 블록으로 색감이 예쁘고 여러 가지 모양으로 만들어볼 수 있다. 블록을 쌓으며 균형감각을 익힐 수 있고 소근육 발달에도 도움이 된다.

마미파워의 한마디 인형놀이 등에 작은 의자로 사용할 수 있고, 모양과 색감이 독특해 쌓기놀이 외에도 활용도가 높다.

INFO WWW.SELECTA.KR 3만원대.

2 부아키도 삐흐라미드꾸브
피라미드 탑을 쌓거나 겹치는 방법으로 쌓기놀이를 할 수 있는 제품. 큐브를 돌리는 놀이를 하면서 자연스럽게 학습할 수 있다. 각기 다른 크기로 구성된 5개의 큐브 사면에 동물, 식물, 숫자, 여러 가지 모양이 그려져 간단한 수 개념 인지 놀이, 색깔 인지 놀이가 가능하다.

마미파워의 한마디 캐릭터 그림이 예쁘고 모서리가 둥글게 처리되어 안전하다.

INFO WWW.SELECTA.KR 2만 5천원대.

레고 듀플로
미취학 아동에게 무한한 창의적 놀이거리를 제공하는 블록 제품. 듀플로 제품은 모든 디자인에 엄격한 물기 테스트, 당기기 테스트, 압력 테스트, 밟기 테스트 등을 실시해 최고의 품질을 자랑하고 안전 표준에 맞춰 제작한다. 작은 손에 맞도록 디자인한 특대형 레고 블록을 이용해 아이가 완전히 새로운 세계를 상상하고 만든다.

마미파워의 한마디 모양과 색상에 대한 이해도가 향상되며 역할놀이와 상황놀이, 흉내 내기 등의 놀이를 할 수 있다.

INFO SHOP.LEGO.COM/KO-KR 2만~9만원대.

옥스포드 플레이 베베 EQ
다양한 놀이로 활용할 수 있는 블록. 같은 모양 또는 같은 색깔 찾기 놀이, 짝 찾기 놀이, 숫자 따라 읽기, 끼우기, 소리놀이, 규칙대로 놓기 등의 놀이를 통해 언어 인지능력 발달, 정서 및 사회성 발달, 창의성 발달, 소근육 발달을 고루 기대할 수 있다.

마미파워의 한마디 12가지 음악이 나오는 멜로디 자동차가 함께 들어있다.

INFO 오픈 마켓(11번가, G마켓, 옥션, 인터파크) 6만원대.

3 에르찌고스트 블록
5개의 색상과 25개의 조각으로 이루어진 원목 블록. 블록 쌓기부터 도미노놀이까지 다양하게 활용할 수 있다.

마미파워의 한마디 블록을 위로 쌓으면서 균형감각을 익히고 집중력을 향상시킬 수 있다.

INFO WWW.SELECTA.KR 3만원대.

몰펀
다양한 링크를 이용해 견고하게 모형을 조립할 수 있고 크기별로 링크를 사용하면 실제 사물과 흡사하게 모형을 표현할 수 있다. 특히 몰펀의 방향 체인저(십자 링크)는 기능성이 뛰어나 블록과 블록을 연결할 때 상하좌우, 수직수평, 직각 방향으로 조립할 수 있고 완성 모형에 대한 경우의 수가 무궁무진하다.

마미파워의 한마디 평면 모형은 물론 삼각 블록과 링크를 활용한 원과 곡선, 3차원 모형, 구멍 블록, 회색 바퀴 블록 등을 활용해 다양한 형태의 모형을 만들 수 있다. 타사 블록 제품과 호환도 가능하다.

INFO WWW.MORPHUN.CO.KR 8만~20만원대.

메가블록 첫블록 빅빌딩백80
쌓으면서 놀 수 있는 블록 완구. 색과 모양을 구별할 수 있는 1세 이상 아이들에게 적합한 크기와 기본 컬러로 구성되어 있다. 블록이 크고 모서리가 날카롭지 않아 어린 아이들이 사용하기에도 안전하며 쉽게 끼우고 뺄 수 있다.

마미파워의 한마디 블록끼리 끼우고 빼는 반복 과정과 쌓고 무너뜨리는 놀이를 통해 색감과 크기의 인지 능력, 손의 협응력, 소근육 발달, 균형감각, 집중력 향상, 창의력 발달에 큰 도움을 준다.

INFO 오픈 마켓(11번가, G마켓, 옥션, 인터파크) 4만원대.

08. CHAPTER

원목 장난감·교구

◂ 025 ▸

나무가 주는 따스함을 그대로 담은 제품

아이가 어릴수록 놀이와 교육을 위한 장난감이나 교구는 원목 제품을 쓰는 것이 좋다.
뭐든지 물고 빠는 시기의 아이들에게는 원목 제품이라야 화학 성분이 없어 안심할 수 있고,
자연스런 느낌도 주기 때문이다.

오래 두고 활용할 장난감은 원목 제품이 좋다

원목을 가공해 수작업으로 만든 제품은 같은 기능의 플라스틱 제품에 비해 2~3배 더 비싸다. 하지만 원목에 따라 다르게 표현되는 나뭇결이나 부드러운 촉감은 아이뿐만 아니라 어른들도 좋아해 원목 제품 교구는 인기가 높다. 주방놀이나 병원놀이 등의 역할놀이 소품부터 교구까지 다양한 원목 제품이 있는데, 가격 부담을 무시할 수는 없으므로 오래 활용할 장난감이나 교구에 한해 원목을 선택하는 것이 좋다. 원목은 견고하고 유행을 잘 타지 않아 오래 사용할 제품은 가격대가 높아도 사용 기간이 길어 오히려 경제적이다. 아이가 어릴 때는 원목 블록을 같은 모양의 큐브에 끼우는 소근육 발달 장난감으로 쓰고, 조금 더 자라면 수학 원리나 개념을 이해시킬 때 사용할 수 있다.

원목 장난감으로 놀 때는 항상 주의하자

원목의 고급스런 재질은 오래 간직하고 싶은 느낌을 줄 정도로 만족스럽다. 비싸기 때문에 다른 장난감에 비해 더 잘 챙기고 정리하게 되는 장점도 있다. 그러나 원목에 색을 입힌 제품은 대부분 무독성 도료를 사용하기 때문에 칠이 쉽게 벗겨지는 단점이 있다. 칠이 벗겨지지 않게 하려면 화학 처리가 필수라니 마음에 안 들어도 어쩔 수 없다. 물고 빠는 시기의 아이라면 색깔 없이 원목으로만 가공된 제품을 선택하는 것이 좋고, 두 돌 이후 아이라면 색감이 있는 원목 제품을 권한다. 그리고 원목의 특성상 작은 장난감이라도 어느 정도 무게가 있기 때문에 뭐든 던지고 흔드는 것을 좋아하는 아이들에게는 특별히 주의를 시켜야 한다.

원목 장난감으로 나무의 소중함을 전해주자

요즘 아이들은 자연을 접할 기회가 많지 않아서 그런지 자연, 친환경 등의 이름이 들어간 제품들이 인기다. 내 아이에게 자연의 따뜻한 정서를 심어주고 싶은 부모의 마음일 것이다. 하지만 원목 장난감들도 결국 나무를 베어 만든다. 아이들에게 원목 장난감을 선물할 때는 작은 나무를 한 그루 심어보게 하는 것도 의미 있다.

마미파워의 선택

1 롤리킹 패밀리
8종류의 캐릭터와 121조각의 블록으로 1만 8천 가지가 넘는 새로운 조합을 만들어낼 수 있다. 아이의 상상 속 이야기들을 직접 손으로 표현하다 보면 상상력이 풍부해지고 창작의 즐거움을 배울 수 있는 것이 특징이다.
마미파워의 한마디 놀이터, 시장, 동물원, 학교 등 매일 다른 에피소드로 스토리텔링이 가능하며 친구들과 함께하는 역할놀이나 독후 활동에 활용하면 좋다.
INFO WWW.GONGGAN27.COM 18만 5천원대.

2 쉐이프·페이스메이커
25조각의 정육면체 블록으로 구성된 친환경 원목 블록 세트. 각각의 블록에 다양한 색상의 독특한 기하학적 문양들이 프린트되어 있다. 25조각 6면을 활용하면 무궁무진한 조합이 가능하고 수천 종류의 동물과 식물, 기발한 아이디어가 돋보이는 형태들을 만들 수 있다. 결과물을 중심으로 이야기를 풀어나가는 스토리텔링을 통해 다양한 지적 발달을 유도할 수 있다. 유럽의 엄격한 품질 검증 테스트를 통과해 안전한 제품이다.
마미파워의 한마디 쌓기놀이, 집 만들기 등에 활용할 수도 있다. 정육면체 개념을 이해하는 데도 많은 도움이 된다. 창의적인 생각을 형상으로 표현하기에 좋은 제품이다.
INFO WWW.GONGGAN27.COM 11만원대.

3 슈필아트 턴원켈
12가지 색상으로 구성된 기둥을 이용해 다양한 조합을 표현할 수 있는 교구. 직각 형태의 원기둥 모형을 직선이나 직각 방향으로 움직여 입체로 만들면서 다른 각도에서 형성되는 구조미를 발견할 수 있다. 공간 지각력을 향상시키고 구성 감각을 키우기에 좋다.
마미파워의 한마디 힘 조절을 통해 소근육 발달에도 도움을 준다.
INFO WWW.SELECTA.KR 3만 8천원대.

4 셀렉타 쿠바트리노
친환경 소재로 만든 원목 장난감. 촉감이 매끄럽고 어린아이들이 좋아하는 다양한 원색을 사용했다. 정육면체의 사각 통 안에 입체 도형을 맞추어 넣고 정답을 확인할 수 있다.
마미파워의 한마디 입체의 부피와 질량의 개념, 전체와 부분에 대한 이해를 도와주는 유익한 제품. 수 인지 놀이, 모양 인지 놀이, 색깔 인지 놀이, 표현놀이 등이 동시에 가능하다.
INFO WWW.SELECTA.KR 3만 7천원대.

마미파워의 선택

5 부아키도 쌩껑뜨뻬에쓰 블록(50블럭)
친근하고 따뜻한 파스텔 톤이 아이들의 호기심을 자극하는 프랑스 디자인 원목 교구. 수성 콩기름을 이용한 채색공법을 사용했으며 각종 착색제, 나무 방부제, 중금속 검사에서 모두 합격 판정을 받아 안심하고 쓸 수 있다. 50조각의 다양한 색깔과 개성이 뚜렷하고 재미있는 캐릭터들이 아이들의 호기심을 깨워주며 도형의 기본 요소가 담겨 있어 블록놀이를 하며 자연스럽게 도형의 특징을 알 수 있다.
마미파워의 한마디 블록을 쌓고 부수는 놀이를 통해 아이의 균형감각과 소근육 발달을 도울 수 있다.
INFO WWW.SELECTA.KR 4만 5천원대.

6 네프쥬바
스위스의 단풍나무를 사용해 100% 수작업으로 제작한 원목 애벌레 쥬바. 유연한 재질이 포함된 관절이 있어 진짜 애벌레처럼 다양하게 움직일 수 있다. 쥬바를 손으로 만지고 움직이는 놀이를 통해 소근육 발달, 감각기관 자극, 인지 발달에 도움을 준다.
마미파워의 한마디 그립감도 좋고 전체를 움직여 표현하는 방식이 신선하다.
INFO WWW.SELECTA.KR 6만 5천원대.

플레이셰입스
74조각의 기하학 모형으로 구성된 독특하고 재미있는 나무 블록 세트. 무한한 조합을 통해 다양한 표정의 얼굴, 자동차, 비행기, 건물 등 10만 개 이상의 입체 형태를 표현할 수 있다. 환경 친화적인 단단한 질감의 고무나무로 만든 블록들을 통해 창작의 재미와 놀라움을 끊임없이 자극할 수 있다.
마미파워의 한마디 보관 가방과 30여 종의 예시 이미지가 함께 들어 있다.
INFO WWW.GONGGAN27.COM 20만원대.

리찌 프리미엄 원목 교구 11종
원목 교구 풀 세트. 색상별로 구슬을 넣고 굴려보는 볼 하우스, 링을 시소에 올려 수평을 잡는 밸런스 게임, 크고 작은 다양한 모양을 만드는 타워 쌓기, 같은 모양의 도형을 퍼즐에 넣는 퍼즐 박스, 수 막대로 덧셈과 뺄셈을 인식할 수 있는 수 막대 놀이, 음악 감각을 발달시켜주는 실로폰 등 11종의 원목 장난감으로 구성되어 한 세트로 다양한 놀이를 할 수 있다.
마미파워의 한마디 원목 교구치고는 종류에 비해 가격이 저렴한 편이다.
INFO 오픈 마켓(11번가, G마켓, 옥션, 인터파크) 10만원대.

08. CHAPTER

자석 교구·가베

◆ 026 ◆
아이 손으로 직접 만드는 장난감

아이들과 어떻게 놀아줘야 할지 몰라 난감해하는 아빠들도 자석 교구만큼은
어렵지 않게 활용한다. 이미 완성된 장난감으로 놀아주는 것보다 자석 교구로
이것저것 만들어가며 다양한 창작품을 만드는 재미가 있기 때문이다.
이런 특기를 살려 자석 교구는 아빠가 아이와 놀아주는 메인 아이템이 되었다.

무엇이든 만들 수 있는 자석 교구

자석 교구는 여러 가지 도형에 자석이 부착되어, 틀에 박힌 형태에서 벗어나 다양한 창작품을 만들 수 있다. 자석 처리가 되지 않은 장난감은 공들여 만들었다가 쉽게 무너지기도 하고 다른 사람이 건드려서 헛수고가 되는 일도 있지만, 자석 교구는 온전하게 그 모양을 유지해 아이가 어릴수록 만족도가 높다. 놀이터나 수영장, 마을 등 아이들이 좋아하는 장소를 표현할 때 장소에 대한 특징도 살릴 수 있고, 아이가 어떤 걸 좋아하는지 이해하는 데도 도움이 된다. 자석 교구에 바퀴나 다른 부품을 더해 움직이는 제품을 직접 만들면, 조종하면서 얻는 성취감 때문에 일반 장난감보다 훨씬 더 좋아하기도 한다.

안전성을 꼭 확인하자

자석 교구는 도형의 모양이나 색상이 다양해야 사물이나 장소를 좀 더 창의적으로 표현할 수 있다. 또 자석이 한 방향으로 붙는 것보다 다방면으로 떼었다 붙일 수 있어야 일일이 맞는 자석을 찾는 번거로움을 피할 수 있다. 자석 교구인 만큼 자석의 힘도 중요하다. 자석의 힘이 너무 약하면 놀이터나 그네 등을 만들 때 떨어지는 경우가 있어 집중력에 방해가 된다. 하지만 영유아에게는 자석의 힘이 너무 세도 문제가 된다. 우리 딸아이는 세 살 무렵 오빠의 자석 교구를 가지고 놀다 자석의 힘이 너무 세서 살이 집힌 적이 있다. 그래서 딸아이는 지금도 그 교구를 보면 아프다고 말한다. 또한 아이가 장시간 손으로 가지고 노는 제품인 만큼 재질의 안전성을 확인해야 한다. 자석 교구 중에는 자석이 노출된 제품도 있으니 주의하자.

어린 둘째에게는 자석 교구가 낚시놀이 장난감이 된다

탈부착이 가능한 자석 교구라 둘째에게는 낚시놀이를 할 수 있는 이점도 생겼다. 아직 무언가를 만들기 어려운 어린 둘째는 오빠가 자석 교구로 자신만의 작품을 만드느라 자기와 놀아주지 않는다며 혼자서 장난감 낚싯대를 가지고 자석 교구를 낚는 놀이를 했다. 때때로 오빠의 작품을 일부러 낚아 올려 오빠에게 무언의 항의를 하기도 했지만, 오히려 첫째의 화만 돋울 뿐이었다. 다른 때는 동생에게 한없이 자비로운 오빠지만 자신이 작품을 만들 때 방해하거나 이미 만들어진 작품을 건드리는 것은 참지 못했다. 그래서 딸아이가 낚싯대를 잡을 때는 내가 먼저 나서서 딸아이와 놀아줌으로써 갈등이 일어나는 것을 방지했다.

섬세한 표현이 가능한 가베놀이

가베는 일반적인 자석 교구보다 훨씬 디테일하고, 세세한 부분까지 표현할 수 있어 연령이 높아질수록 아이가 흥미로워한다. 가베는 점, 선, 면, 입체 등의 모양을 기본으로 한 교구라 아이의 상상력에 따라 얼마든지 새로운 형태를 만들 수 있어 시야를 넓혀주고, 창의력 발달에도 효과적이다. 엄마가 신경써서 함께 하면 입체적인 작품뿐 아니라 평면 그림도 표현할 수 있고, 수학적, 미술적 교육 효과도 얻을 수 있다. 바쁜 엄마들은 방문 가베 수업이나 가베 수업을 진행하는 센터에서 아이에게 가베놀이를 시킬 수 있다. 그리고 가베는 점까지 표현할 수 있을 정도로 작아 반드시 케이스에 보관해야 한다.

마미파워의 선택

1 가베
원목과 품질 좋은 면실을 사용하여 촉감이 좋다. 자발성과 안정된 정서 발달, 사물에 대한 이해력과 분별력 발달, 창의력과 수리력, 공간 지각력과 표현력 등이 향상된다.
마미파워의 한마디 가베 외에도 가베 도장 놀이 등 다양한 제품이 있다.
INFO WWW.LITTLEGABE.COM 50만원대.

2 맥포머스 메가 브레인
창의력과 두뇌 발달에 좋은 3차원 입체 교구. 새로운 모양과 형태를 만드는 활동을 통해 창의력이 발달한다. 기본 도형, 다면체 등을 만들어보면서 기하학적 개념들을 인지하고 부분과 전체, 패턴, 대응 등 수학적 사고력도 키우게 된다.
마미파워의 한마디 LED 조명이 장착되어 있어 조형물과 어우러지면 신비로운 분위기가 연출되고 빛이라는 새로운 놀이 영역을 통해 감성을 자극할 수 있다.
INFO WWW.GYMBOREESHOP.CO.KR 32만원대.

08. CHAPTER

퍼즐

— 027 —

작은 조각들로 전체의 모양을 완성하는 장난감

아이가 장난감을 맞지도 않는 틈에 꽂아 넣기 시작한다면 퍼즐의 즐거움을 알려줘야 할 때가 왔다는 신호다. 엄마의 눈에는 지극히 단순해 보이는 사각형, 삼각형 퍼즐을 끼워 맞추는 것도 아이들에겐 실로 대단하고 뿌듯한 일이다.

아이가 자라면 퍼즐에도 변화가 필요하다

아이는 두 돌 전후로 언어 표현은 아직 미숙하지만 인지 능력이 발달하면서 엄마의 말을 거의 다 이해하고 작은 심부름도 제법 해낸다. 그리고 처음 퍼즐을 접할 때는 동그라미를 네모에 가져다 끼우거나 퍼즐의 한 부분만 비슷해도 무작정 들이대지만 두 돌 전후가 되면서부터는 스스로 퍼즐 위치도 찾아내고 퍼즐의 이름까지 말할 정도로 실력이 향상된다. 아이가 한창 퍼즐에 대한 관심이 많아지면 퍼즐 스타일에 변화를 주어 흥미를 유도해보자. 자석이 부착된 퍼즐로 낚시 놀이를 겸하면서 퍼즐 맞추기를 하는 등 퍼즐 판도 수준을 높인다. 아이가 좋아하는 그림의 퍼즐이나 단순 맞추기와 놀이를 겸할 수 있는 퍼즐도 좋다.

아이 수준에 맞는 퍼즐로 접근하자

아이가 어릴 때는 아이 수준에 맞는 단순하고 큰 그림의 퍼즐부터 접근하는 것이 좋다. 엄마 입장에서는 쉽고 단순해 보이더라도 아이에겐 아주 대단한 것일 수 있기 때문이다. 아이가 퍼즐을 다 맞추면 크게 칭찬해주고 다시 한 번 보여 달라는 식으로 반복적인 연습을 유도하면 아이가 퍼즐에 성취감과 매력을 느끼게 된다. 처음부터 아이의 수준에 맞지 않는 제품을 접하면 퍼즐 자체를 어렵게 느끼고 아예 포기하는 경우도 종종 있기 때문에 엄마 욕심이 너무 앞서지 않도록 주의하자. 퍼즐은 아이의 월령에 맞는 크기로 선택하고, 아이 취향을 잘 파악해 아이의 관심을 끄는 그림이나 스타일로 마련하는 것이 중요하다. 퍼즐을 가족 놀이로 발전시켜 아이와 친밀감을 높이는 데 활용하는 것도 괜찮다. 그리고 퍼즐 조각은 분실할 수 있기 때문에 보관이 쉬운 제품을 구입해야 한다.

마미파워의 선택

1 고키 패턴팜 퍼즐
알록달록한 원색이 돋보이는 원목 퍼즐. 너도밤나무, 단풍나무 등 최고급 독일산 원목을 사용해 만들었다. 43개의 조각으로 이루어졌고 색감과 패턴이 다양해 아이들의 호기심을 자극한다.
마미파워의 한마디 퍼즐로도 활용하고 각각의 조각으로 여러 가지 창의적인 작품을 만들어보기에도 좋다.
INFO WWW.SELECTA.KR 1만 3천원대.

2 고키 애니멀 서클 퍼즐
퍼즐 판과 퍼즐 모두 원목으로 만들었다. 총 27개의 동물 그림 퍼즐 조각으로 구성되어 있고 동그란 띠 모양 퍼즐을 따라 맞추는 방식. 동물의 디테일한 부분까지 잘 표현된 그림이 인상적이다.
마미파워의 한마디 끊긴 동물의 모양을 맞추면서 동물의 부분과 전체 모습을 모두 인지할 수 있고 퍼즐을 모두 맞췄을 때의 성취감에 뿌듯해한다
INFO WWW.SELECTA.KR 9천원대.

다솔 6종 원목 동물 퍼즐 기획 세트
크기와 동물 모양을 익히는 퍼즐놀이. 선명한 색깔과 여러 가지 모양의 퍼즐로 아이들의 흥미를 이끌어낼 수 있다. 손에 쥐고 만지고 끼우는 동작으로 손가락의 협응력을 기르는 데 도움이 되고, 창의력과 상상력도 발달한다. 원목의 부드러운 촉감이 정서적인 안정감도 준다.
마미파워의 한마디 퍼즐 조각이 작아서 유아들도 쉽게 맞출 수 있고 기본 컬러를 함께 알려주면 더 좋다. 맞추고 나면 잘했다고 박수를 쳐주는 것도 잊지 말자.
INFO 오픈 마켓(11번가, G마켓, 옥션, 인터파크) 2만원대.

08. CHAPTER

스토리빔

028

우리 집 벽에 생기는 동화 세상

유아용품도 그렇지만 아이들 교육 제품도 나날이 새로운 것이 많아지고 있다.
그중 하나가 바로 스토리빔. 어른들이 스크린으로 영화를 보듯이 아이들도
하얀 벽을 스크린 삼아 여러 가지 동화를 볼 수 있다.

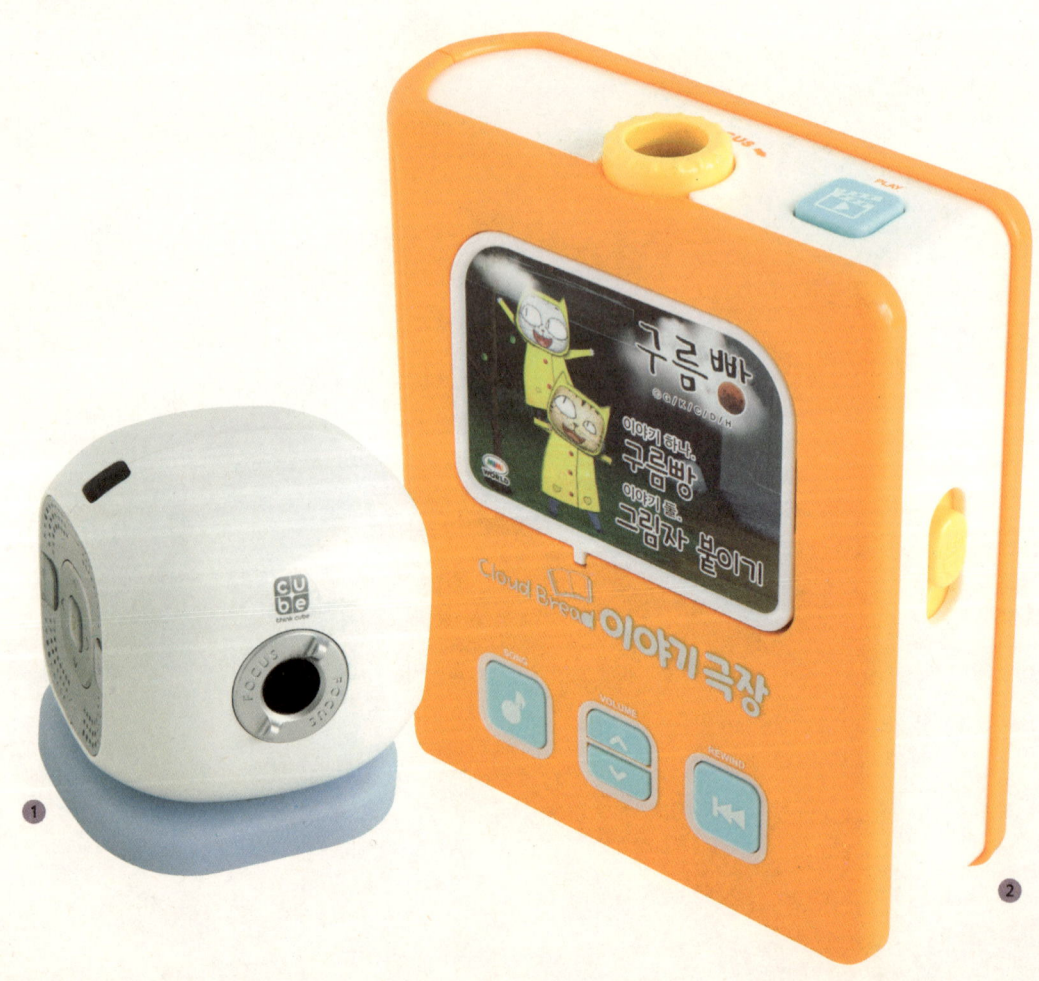

벽에 나오는 화면이 신기한 아이들

처음 TV에서 스토리빔 광고를 보고 정말 괜찮은 제품인 것 같아 아이가 좀 더 크면 꼭 사줘야겠다고 생각했다. 동화는 엄마가 직접 읽어주는 게 가장 좋다는 것을 알지만 이런저런 일들로 바빠서 아이에게 책을 많이 읽어주지 못하는 게 항상 미안했다. 스토리빔은 전래동화나 세계명작 등을 아이에게 들려줄 수 있어 정말 매력적이었다. 하지만 아이가 자라면서 구입한 책들이 음성펜으로 책을 찍기만 하면 읽어주는 시스템을 갖추고 있어, 스토리빔의 필요성을 느끼지 못했다. 그런데 얼마 전 우리 큰아이가 이모 집에서 하룻밤을 자고 온 적이 있는데, 잠들기 전에 조카들과 함께 스토리빔으로 동화를 보고 무척 좋아했다고 한다.

읽는 동화에서 보는 동화로 바뀌다

아이가 좋아해서 결국 사게 된 스토리빔을 아이와 함께 처음 본 날, 큰아이는 물론이고 둘째도 아주 신기해하며 집중해서 봤다. 그리고 아이들과 스토리빔을 보면서 동화 내용에 대해 같이 이야기를 나누는 경험도 정말 좋았다. 스토리빔을 보기 전에는 대부분 내가 지어낸 엄마표 창작동화로 아이가 잠들기 전까지 들려주었는데, 늘 소재가 부족해서 이야기가 다소 억지스럽게 끝난 적이 많았다. 그런데 스토리빔이 그런 수고를 덜어주니 마음이 홀가분했다. 다만 눕기만 해도 쉽게 잠이 들곤 했던 아이들이 스토리빔 때문에 수면 패턴이 바뀌고, 좋아하는 이야기만 계속 보려고 하는 부작용이 나타났다. 특히 둘째는 켜기만 하면 무조건 '선녀와 나무꾼'부터 본다고 고집을 피웠다. 얼마나 많이 봤는지 이젠 내가 '선녀와 나무꾼'의 대사를 다 외울 지경. 큰아이도 처음 몇 개의 이야기는 집중해서 잘 보다가 무섭다고 느낀 동화가 있었는지 컨디션에 따라 틀지 말라는 날도 있었다. 주변에서 스토리빔의 이야기를 무서워하는 아이들이 있다고 들은 적이 있는데 우리 큰아이가 그랬다.

사진을 담으면 추억을 영상으로 볼 수 있다

스토리빔은 동화를 가끔 영상으로 보여주는 용도로 활용하는 것이 좋은 것 같다. 지금은 남편이 스토리빔에 우리 가족의 사진을 많이 담아서 큰아이가 스토리빔을 보며 무섭다고 할 때나, 아이들이 잠들기 직전에 소리 없이 가족 사진들을 슬라이드로 보여주고 있다. 스토리빔은 동화를 보여주는 기능으로도 좋지만, 우리 부부, 아이들이 함께 찍었던 추억의 사진들을 가족이 다 함께 공유하는 장치로도 훌륭한 것 같다.

마미파워의 선택

1 웅진 스토리빔

그림책 100권이 담긴 빔 프로젝터. 별다른 준비 없이도 매일 꾸준히 볼 수 있다. 불을 끈 상태에서 천장에 빔을 쏘는 방식이어서 바로 편안한 잠자리에 들 수 있고, 구연동화 기능을 이용하면 특별한 동화를 들려줄 수 있다. 4G 내장 메모리와 별도의 전원 연결 없이 USB 연결만으로 동작이 가능하며, 사진과 음악 동영상을 2만 시간 동안 재생할 수 있다. 사진을 찍어 슬라이드처럼 상영할 수도 있다.

마미파워의 한마디 이야기에 따라 무섭다고 싫어하는 아이도 있다.

INFO 오픈 마켓(11번가, G마켓, 옥션, 인터파크) 20만원대.

2 미미월드 구름빵 이야기극장

고가의 빔 상품보다 가격은 낮추고 퀄리티는 높여 가격 대비 성능이 좋은 제품. 네 편의 이야기를 생생하게 보여주며 아기자기한 디자인에 구름빵 주제곡이 나오는 버튼이 따로 있다. 볼륨 버튼으로 4단계 볼륨 조절이 가능하고 되감기 버튼으로 다시 보기도 가능하다.

마미파워의 한마디 5분간 작동하지 않으면 자동으로 꺼진다.

INFO WWW.MIMIPIA.COM 5만원대.

3 삼성출판사 핑크퐁 드림큐브3

명작, 창작, 영어, 동화, 파닉스, 뮤지컬 동화, 중국어까지 400편의 교육 콘텐츠가 담겨있다. 전용 가방이 있어 외출 시 편하게 들고 다닐 수 있다.

마미파워의 한마디 리모콘이 있어 다루기 편하고 270g으로 매우 가볍다. 캠핑장이나 야외에서 즐기기 좋다.

INFO 오픈 마켓(11번가, G마켓, 옥션, 인터파크) 35만원대.

08. CHAPTER

유아용 자전거

◀ 029 ▶

스스로 운전하는 기쁨을 주는 용품

아이가 첫돌이 지나면 자기 고집이 생기고 무엇이든 스스로 해보려 안간힘을 쓰기 시작한다. 두 돌 전후가 되면서는 열심히 타고 다니던 유모차를 서서히 거부하고 자전거에 관심을 보인다. 전적으로 엄마에게 의지해야 하는 유모차와 달리, 자전거는 스스로 운전해 앞으로 나아가는 특별한 기쁨을 선사한다.

처음 만난 자전거의 세계

우연히 놀이터에서 두어 살 많은 형의 유아용 세발 자전거를 타보면서 아이가 처음으로 자전거를 접하게 되었다. 하지만 방향감각과 다리의 힘이 부족해서 유아용임에도 스스로 운전하기에는 역부족이었다. 아직은 엄마의 도움이 필요한 단계라, 엄마가 뒤에서 손잡이를 잡고 밀어주는, 안정감 있는 유아용 자전거를 사게 되었다. 엄마가 뒤에서 밀어주는 힘으로 움직이지만 앞에서도 아이 스스로 페달을 밟으며 기동력을 더할 수 있고, 핸들을 꺾어 가며 방향도 잡을 수 있기 때문에 아이는 자전거를 탈 때마다 "아빠가 운전하는 것 같지?"하면서 우쭐해했다.

유모차와 자전거 사이

아이 스스로도 유모차에 대해서는 자기보다 더 어린 아이가 타는 것이라는 인식이 생겼는지 자전거를 타면서부터는 유모차를 거부했다. 하지만 엄마인 내 입장에서는 유모차에 아이를 태웠을 때 가졌던 장점을 자전거에서도 최대한 끌어내야 했다. 우선 외출용품을 실을 수 있는 바구니가 필수로 달려 있어야 했고, 비닐봉지를 걸거나 가방을 걸었을 때 미끄러지지 않도록 손잡이 부분에 마찰력이 있는지도 체크해야 했다. 한편 유모차에 태우고 산책을 하면 아이가 낮잠을 자는 경우가 많았는데 자전거를 타기 시작하면서부터는 낮잠 시간이 거의 생략되었다. 어쩌다 피곤해서 잠이 들면 눕지도 기대지도 못하는 자세 때문에 아이가 찡찡대는 난감한 상황이 벌어질 때도 있었다. 그래서 유모차처럼 등받이 시트가 각도 조절이 되면 좋겠다고 생각했는데, 나중에 알고 보니 각도 조절이 가능한 자전거도 있었다. 낮잠을 즐기는 아이라면 자전거 구매 시 참고하면 좋을 것 같다.

아이들도 지나가는 자전거를 눈여겨본다

어른들에게 차 욕심이 있다면 아이들에게는 자전거 욕심이 있다. 한번은 아이가 동네에서 캐릭터 자전거를 발견하고 무조건 떼쓰기 시작했다. 공교롭게도 우리 아이가 좋아하는 캐릭터 제품이라 더욱 부러움을 샀던 것이다. 그러고 보니 우리 아이의 자전거에는 흥미를 끌 만한 액세서리가 없다는 느낌이 들었다. 자전거를 살 때 엄마인 내가 보기에 좀 더 세련된 느낌을 찾았고, 안정성이나 견고함을 우선으로 하다 보니 아무래도 아이 취향이 배제된 느낌이었다. 그래서 자전거에 별도로 장착할 수 있는 보조 벨과 장난감 인형을 사서 달아주었더니 아이가 무척 좋아했다. 캐릭터 제품을 사다 보면 유행을 타거나 아이의 연령에 맞지 않아 보일 때도 있는데, 그렇더라도 아이의 취향을 어느 정도는 존중해줄 필요가 있다. 만약 사려는 자전거 제품 디자인이 심플하다면, 별도로 액세서리 장착이 가능한지 알아봄으로써 아이와 엄마 모두 만족할 수 있는 방안을 찾아보면 좋을 것 같다.

유아용으로 자연스럽게 자전거를 배우자

아이와 함께 자전거를 운전하며 교통질서에 관해 일러줄 수 있다는 점, 아이가 스스로 바퀴를 굴리며 성취감을 크게 느낄 수 있다는 점에서 유아용 자전거는 적극 추천하고 싶다. 이렇게 엄마나 아빠가 뒤에서 밀어주다가 손잡이 부분을 분리해서 아이 스스로 운전할 수 있게 해주면 아이는 어느새 스스로의 힘으로 자전거를 움직인다. 부모가 되어 아이 스스로 전진하는 모습을 바라보는 것만큼 기쁘고 감탄할 만한 일이 또 있을까. 아이가 우선 유아용 자전거를 경험하고 나면, 그 다음 단계의 자전거를 시도하는 일이 한결 수월할 것 같다는 생각이 든다.

마미파워의 선택

1 삼천리 모디 자전거
아이의 성장에 따라 유모차 단계인 1~2단계부터 유아 자전거인 3~4단계까지 사용할 수 있다. 알루미늄 재질이라 튼튼하면서도 가벼워 이동이 편하고 엄마들이 끌어주기 좋다. 특히 유모차 단계에서는 엄마와 아이가 서로 얼굴을 마주 볼 수 있고 등받이 각도를 조절할 수 있다. 앞 바퀴가 회전할 때 같이 돌지 않도록 해주는 페달 클러치와 핸들 클러치가 있어 보호자가 방향을 바꿀 때 회전에 방해를 받지 않는다.

마미파워의 한마디 분리할 수 있는 보조 발판과 대형 메시 바구니가 있어 넉넉한 수납이 가능하다.

INFO 삼천리자전거 대리점 또는 오픈 마켓(11번가, G마켓, 옥션, 인터파크) 25만원대.

2 샘트라이크 500
유모차 단계, 보호자 어시스트 단계, 독립형 세발자전거 등 아이의 성장에 따라 3단계로 활용할 수 있다. 아이가 편하게 쉴 수 있도록 등받이 조절이 가능하고 탈착식 보조 발판과 개폐형 안전가드로 편리하고 안전하게 자전거를 탈 수 있다. 풋 브레이크 시스템을 적용하여 정차시 발로 가볍게 브레이크를 밟아주면 된다.

마미파워의 한마디 바구니가 커서 수납하기 좋고 유모차형 캐노피가 있어 자전거를 타지 않을 땐 아이가 편하게 쉴 수 있다.

INFO 삼천리자전거 대리점 또는 오픈 마켓(11번가, G마켓, 옥션, 인터파크) 10만원대.

3 스마트 트라이크 리클라이너
유아 모드부터 독립형 세발자전거까지 아이의 성장에 따라 4단계로 조절할 수 있다. 등받이 각도 조절로 약 30도 정도 시트가 뉘어진다. 아이의 성장을 고려한 성장 단계별 시트 조절이 가능하다. 소리 없이 부드러운 광폭 타이어로 충격을 흡수한다.

마미파워의 한마디 UV차단된 캐노피와 컵홀더, 수납 바구니 등이 부착되어 있어 실용적이다.

INFO 오픈 마켓(11번가, G마켓, 옥션, 인터파크) 19만원대.

조코 C600
유아 모드부터 독립형 세발자전거까지 아이의 성장에 따라 3단계로 활용 가능하다. 보호자 손잡이가 있어 자전거를 안정적이고 편안하게 밀어줄 수 있다. 성인 자전거에 쓰는 프레임이라 튼튼하고 광폭 타이어를 적용해 승차감이 좋다. 앞 바퀴에 위험 방지 시스템이 있어 아이의 안전을 지켜준다.

마미파워의 한마디 바구니는 수납공간이 넉넉하고 풋 홀더, 라이더, 선세이드 등 다른 액세서리를 추가로 구매해 활용도를 높일 수 있다.

INFO 오픈 마켓(11번가, G마켓, 옥션, 인터파크) 15만원대.

08. CHAPTER

실내외 승용 완구
030
집 안이나 밖에서 탈 수 있는 제품

예나 지금이나 아이들이 사랑하는 완구는 굴러가는 장난감 자동차다. 남자아이들의 경우 4~5살이 되면 자전거보다 좀 더 속도를 즐길 수 있고 핸들링 재미도 느낄 수 있는 승용 완구들을 선호한다.

여러 가지 승용 완구를 맛보다

큰아이는 어릴 때부터 점퍼루나 보행기 등 움직임이 많은 탈 것들을 유난히도 좋아했다. 그래서인지 아이는 자라면서 점점 더 적극적이고 과감한 승용 완구를 원했고, 나는 아이가 원하는 스피드와 재미, 공공 주택에서 지켜야 할 소음 방지까지 갖춘 제품들을 찾아보게 되었다. 그러나 이 모두를 한꺼번에 충족하는 제품을 찾기는 어려워, 각각 특색이 있는 승용 완구들을 사서 즐기곤 했다. 무소음으로 빠르게 스피드를 즐기는 자동차, 차체에 발바닥을 올리고 핸들링과 동력만으로 색다른 승차감을 주는 자동차, 타고 있으면 마치 승마를 하는 듯한 착각을 일으키는 거대한 말 모양의 승용 완구까지. 그동안 아이가 탔던 제품들은 대부분 집 안의 공간이 충분히 확보되어야 재미있게 즐길 수 있는 것들이었고, 아이 스스로 제어하며 타는 방식이라 방향감각과 거리감을 키우는 데 도움이 되었다.

아이가 탈 승용 완구는 직접 체험해보고 구입하자

이렇게 거쳐간 승용 완구가 여러 대일 정도로 아이가 타는 것을 너무 좋아하다 보니 집 밖에서도 당연히 탈것을 찾게 되었다. 큰아이의 경우 어느 정도 연령대가 되었고, 운동 신경도 있는 편이라 과감하게 킥보드와 세발자전거에 도전해 보았다. 그동안 밖에서는 유아용 자전거로 엄마가 뒤에서 밀어주는 것이 전부였는데, 아이 스스로 진로 방향을 선택하고 자유롭게 움직일 수 있어 굉장히 즐거워했다. 아이의 무게를 실어 직접 타는 것인 만큼 안전은 필수요소. 제품을 선택할 때 손잡이 부분이 너무 짧으면 균형을 유지하기 힘들어 위험할 수 있으므로, 아이가 넘어지지 않도록 손잡이의 길이를 잘 체크하는 것이 좋다. 또 스피드를 즐기는 아이라면 바퀴가 발에 걸릴 위험은 없는지, 소음이 많지는 않은지 확인해야 한다. 아이는 앉고 부모가 밀어주는 형태라면 승차감을 고려해봐야 하고, 아이가 직접 운전하는 제품이라면 아이가 기능을 활용하고 즐기기에 충분한지 직접 체험해보는 것이 좋다.

아이의 넋을 쏙 빼놓는 전동차의 비주얼

첫아이가 두 돌쯤 되었을 때 대형 잔디 공원에 놀러 간 적이 있었다. 공원 여기저기서 신나게 걷고 뛰는 아이 주변으로 갑자기 씽 하고 자동차 한 대가 스쳐갔다. 작은 사이즈의 전동차이긴 했지만 아이가 그 자동차에 부딪칠까 놀랐는데 자동차가 지나고 나서는 저런 유아 전용 전동차가 있다는 사실에 놀랐다. 처음에는 별 반응이 없던 아들도 두 번째로 만난 전동차를 보고는 신기했는지 손가락으로 가리키며 "나도! 나도!"라며 타고 싶다는 표현을 했다. 물론 그 말은 곧 갖고 싶다는 이야기. 아빠가 목마를 태워주는 것으로 아이의 관심을 돌려보았지만 아들은 전동차가 자신의 시야에서 사라질 때까지 넋 놓고 쳐다보았다. 1년의 시간이 흐르고 아들과 함께 또래 친구네 집에 놀러 갔던 날, 아주 멋진 전동차가 거실에 떡 하니 있는 것이 보였다. 예전에 공원에서 본 전동차의 비주얼과 확연히 다른 모습에 제일 먼저 얼마냐는 질문부터 했다. 돌아오는 대답은 '200만원 정도'. 트레일러 등을 추가 구매하면 아이도 타고 남편도 탈 수 있다고 했다. 차마 아들에게는 가격이 비싸서 전동차를 사줄 수 없다는 말을 못하고 다른 핑계를 대 간신히 설득했다.

아직도 아쉬움이 남는 전동차

계절이 바뀌고 겨울이 되어 친구의 SNS에 올라온 사진을 보니 눈 위에서 전동차를 타는 친구 아이들의 모습이 있었다. 눈에서도 미끄러지지 않아서 썰매 대신 태운다는 친구의 말에 한번 더 욕심이 났지만 가격 부담으로 결국 구매하진 않았다. 이후에 다른 저렴한 전동차들도 많이 나왔지만, 아이가 이제 어느 정도 자랐고, 이미 자동차 시리즈 장난감으로 사 달라는 것도 많고 살 것도 많아서 전동차는 따로 사주지 않았다. 둘째가 딸인 것도 한몫했다. 가격대가 있어서 쉽게 구입하진 못하지만 구입하고 나면 남자아이들은 정말 좋아하는 전동차. 전동차 하나면 공원에 산책 나온 사람들의 시선을 한 몸에 받을 수도 있다.

마미파워의 선택

1 코레카
100% 국내에서 만든 제품. 자동차 본체를 곡선 처리해 안전하며 소음이 없어 층간 소음을 염려하지 않아도 된다. 손잡이가 안정적이고 뒷바퀴가 3개라서 뒤로 넘어지는 일이 없다. 어른이 타도 잘 굴러간다.
`마미파워의 한마디` 속도감이 있으니 반드시 손잡이를 잡고 타게 한다.
`INFO` WWW.CORESHOP.KR 8만 9천원대.

2 플라즈마카 흔들 카
핸들만 흔들면 앞으로 나가는 무소음, 무동력 자동차로 집 안팎에서 모두 사용할 수 있다. 주행감과 승차감 모두 뛰어날 뿐 아니라 실내에서 타고 놀아도 층간 소음 걱정이 없다. 핸들을 180도 돌려서 흔들면 후진하는 것도 특징. 좁은 공간을 팔 운동만으로 주행할 수 있고 후진도 가능해 팔 근육 발달과 공간 지각 능력 발달에도 좋다.
`마미파워의 한마디` 공간이 넓은 실내나 야외에서 활용하면 더 재미있게 놀 수 있고 유아는 보호자가 태우고 움직일 수도 있다.
`INFO` WWW.MYDREAMFACTORY.CO.KR 9만 6천원대.

스텝2 2인용 밴 네 발 지붕 카
아이 2명이 탈 수 있는 넓은 지붕 차. 뒤쪽의 문을 내리면 한 명이 더 탈 수 있고 지붕이 있어 진짜 자동차 같은 느낌을 준다. 핸들에 딸깍 소리가 나는 시동 키와 빽빽 소리가 나는 경적 기능이 있어 아이들의 흥미를 유발하기 좋다. 발로 굴러 차를 움직이도록 되어 있어 행동 발달에 도움이 된다.
`마미파워의 한마디` 너무 어린 아이들은 의자 아래 공간으로 빠질 수 있으니 주의한다.
`INFO` 오픈 마켓(11번가, G마켓, 옥션, 인터파크) 21만원대.

고나토이즈 리락쿠마 4IN1 스프링 카
스프링과 시소를 동시에 즐길 수 있는 자동차. 고정 받침대만 꺾으면 간편하게 스프링으로 사용할 수 있고, 하단 프레임을 빼면 시소로 이용할 수 있다. 장치들을 모두 빼면 360도 회전하는 붕붕 카로 쓸 수 있어 성장 단계별 승용 완구가 하나에 다 포함되어 있는 셈이다.
`마미파워의 한마디` 탑승 시 밀려나지 않도록 스토퍼가 부착되어 있고 자동차 바퀴에도 미끄럼 방지 처리가 되어 있어 소음 걱정 없이 사용할 수 있다. 멜로디 기능도 있어 아이들이 좋아한다.
`INFO` 오픈 마켓(11번가, G마켓, 옥션, 인터파크) 6만원대.

스텝2 파란 말
목마 타기를 좋아하는 아이들을 위한 승용 완구. 아이 스스로 손잡이를 잡고 탈 수 있도록 설계했으며 등받이 부분이 높아 아이의 허리와 엉덩이를 편안하고 안전하게 받쳐준다. 12개월부터 36개월까지 쓸 수 있다.
`마미파워의 한마디` 활동성이 좋은 아이들은 앞뒤로 너무 심하게 흔들거나 장난 치지 않도록 주의를 주어야 한다.
`INFO` 오픈 마켓(11번가, G마켓, 옥션, 인터파크) 5만원대.

마미파워의 선택

3 포니 사이클
직접 조립하는 말 모양의 승용 완구. 아이가 엉덩이를 들썩이면 말이 앞으로 나가는 이동 방식이다. 실제 말에 올라 탄 것 같은 느낌이라 아이에게 새로운 놀이를 제공할 수 있다. 아이들에게 정서적 유대감을 형성해줄 수 있는 것도 장점. 아이의 안전을 위해 후진은 불가능하게 만들었다.

마미파워의 한마디 넓은 공간에서만 자유롭게 탈 수 있다.
INFO WWW.PONYCYCLE.CO.KR 30만원대.

4 라디오플라이어 쿠페
앞 바퀴가 360도로 회전한다. 한 손으로도 방향 조절이 원활하며, 발판을 앞뒤로 움직이면 위치를 조절할 수 있고, 발을 발판 위에 올리거나 발판을 밀어 넣고 발로 직접 땅을 굴러 차를 움직일 수도 있다. 시트의 폭이 넉넉하고 안전벨트가 있어 아이가 편안하고 안전하게 앉을 수 있으며, 문이 달려 있어 아이 스스로 문을 열어 타고 내릴 수 있다.

마미파워의 한마디 보호자 손잡이 버튼을 누르면 높낮이를 쉽게 조절할 수 있고, 실제로 돌아가는 핸들과 각종 소리가 나는 버튼, 주유구 소품까지 아이들의 흥미를 자극하는 요소가 많다.
INFO WWW.OLLYMALL.COM 24만 8천원대.

5 라디오 플라이어 스쿠터2(킥보드)
균형감 있게 설계해 한쪽으로 넘어지지 않아 킥보드를 처음 배우는 아이들도 안전하게 탈 수 있다. 두 발 모두 올려놓을 수 있는 넓은 발판은 엠보싱 처리되어 미끄럽지 않고, 2개의 앞 바퀴가 넘어지지 않고 안정적으로 방향을 조절할 수 있게 해준다.

마미파워의 한마디 간단한 조작으로 움직일 수 있어 안정적이다.
INFO WWW.OLLYMALL.COM 9만 5천원대.

주주토이스 바이키 전동 스쿠터 1인승
작고 귀여운 유아용 전동 스쿠터. 페달을 밟으면 전진하고 페달에서 발을 떼면 천천히 속도를 줄이다가 멈추는 방식이다. 아이의 몸에 맞는 유선형 디자인으로 앞 바퀴 1개, 뒷바퀴 2개로 구성된 3륜 스쿠터라 아이들이 혼자 주행해도 안정감이 있다. 스쿠터 헤드램프에 불이 들어오고, 핸들은 엠보싱 처리되어 잘 미끄러지지 않으며, 스쿠터 안에 간단한 소품을 보관할 수 있는 트렁크도 있다.

마미파워의 한마디 배터리 충전 방식은 간편하지만 8~12시간 충전하면 1시간 사용할 수 있어 보조 배터리가 필요하다.
INFO WWW.JOOJOOTOYS.COM 9만 9천원대.

대호토이즈 랜드로버 레인지로버 이보크
12V의 듀얼 모터 시스템을 적용해 파워와 안정성이 뛰어나다. 실제 차와 흡사한 도색이지만 아이들에게 유해한 성분은 전혀 들어 있지 않다. 차체에 사용된 PP는 강도가 좋고 탄력성이 좋아 쉽게 파손되지 않으며, 탄소와 수소로만 이루어져 인체에 무해하다. 야외에서 운전할 때 다른 조종기와 혼선되지 않도록 블루투스 방식의 조종기로 운행할 수 있다. 이외에도 돌발 상황이 발생할 경우 버튼 하나로 전동차를 정지시킬 수 있는 무선 긴급 정지 기능까지 기본으로 적용된 점이 돋보인다. 충전 중에는 전원을 차단해 충전 중 차량 작동으로 인한 사고를 방지하고, 자동 브레이킹 시스템이라 운전자가 보다 안전하고 신속하게 차량을 정지시킬 수 있다.

마미파워의 한마디 혹시 발생할 수 있는 자전거나 다른 놀이기구와의 충격에 대비해 튼튼한 안전벨트가 장착되어 있다.
INFO WWW.DAEHOTOYS.COM 39만 8천원대.

6 디트로네 전동차
고급스러운 외관이 눈에 띄는 전동차. 실제 차와 같은 랙·피니언 조향 장치를 사용했다. 핸들링이 부드럽고 승차감이 좋으며 충격을 흡수해주는 서스펜션 구조다. 전기 자동차에 들어가는 고효율 리튬 배터리를 사용하고 최고급 에어튜브 타이어로 안전성을 강화했다. 어린이 안전 모드로 6km까지 속도 제한이 있으며, 전원이 켜진 상태에는 항상 저속 모드로 운행된다. 핸들은 2단계로 높낮이 조절이 가능하고 자동 전원 차단 기능이 있어 만약의 사고를 예방할 수 있다.

마미파워의 한마디 이탈리아산 천연 가죽 베이비 시트와 천연 원목을 사용한 리얼 우드로 고급스러움을 더했다. 트레일러를 연결하면 3~4인이 함께 탑승할 수 있다.
INFO DTHRONE.KR 210만원대.

HENES M7
핸들 축의 물리적 결합 없이 2개의 센서와 조향 모터로 작동해 핸들링 감각과 조향 편의성을 제공하는 파워 스티어링 핸들을 자랑한다. 차량의 속도를 제어할 수 있는 다이얼 타입 전자식 5단 자동변속기와 3단계 주행 모드 중 선택할 수 있고, START·STOP 버튼에 주행 중 전원 차단 방지 기능과 오토 세이버 기능이 내장되어 있다. 초경면 마감과 국내산 최고급 고광택 복합 PP가 적용되어 자외선으로 인한 변색이 적으며, 후방 범퍼의 충격 흡수력과 내구성이 뛰어나다.

마미파워의 한마디 최고급 가죽과 고밀도 폴리우레탄 폼으로 만든 수제 가죽 시트를 적용해 아이들이 안락하게 자동차를 운전할 수 있다.
INFO 오픈 마켓(11번가, G마켓, 옥션, 인터파크) 60만원대.

08. CHAPTER

집 안에 생긴 작은 놀이터

◆ BONUS ◆

아이가 걷기 시작하면 자주 가는 놀이터.
그네나 미끄럼틀이라도 한번 타려면 형이나 누나들에게 치여 한참을 기다려야 한다.
유아들을 위한 작은 미끄럼틀과 그네를 집 안에 설치해보는 것은 어떨까?
엄마는 편하고 아이는 오랜 시간 즐겁게 놀 수 있다.

참새에게 방앗간이 있다면 아이들에게는 놀이터가 있다. 하지만 자외선 지수가 너무 높거나 비가 오거나 너무 추워서 나가기 어려울 때도 많다. 그럴 때 무리해서 외출을 감행하면 준비물도 많고, 설령 나갔다 하더라도 준비한 시간에 비해 제대로 놀지도 못하고 들어오기 일쑤다. 이럴 때 실내용 미끄럼틀과 그네는 놀이터를 대신할 수 있는 최고의 대안이다. 바깥에서만 볼 수 있는 미끄럼틀과 그네를 집 안으로 들여주면 아이의 반응이 가히 폭발적이다. 바깥 놀이터에서는 여러 아이가 사용하니 엄마나 아이의 움직임이 제한적이고 차례를 기다려야 할 때도 많아 마음껏 놀이를 즐기는 데 한계가 있다. 그러나 집 안에 미끄럼틀이 있으면 그런 불편들이 사라진다. 외부 놀이터의 미끄럼틀은 아이 월령에 맞지 않게 너무 높거나 굴곡이 심해 아이에게 위험할 수 있지만, 실내용 미끄럼틀은 내 아이에 맞게 높이를 조절할 수 있고 안전장치들을 함께 꾸며놓을 수 있어 안심이 된다. 미끄럼틀에 있는 계단은 몇 개 되진 않지만 계속 오르내리니 체력 강화는 덤이다. 이렇게 실컷 놀고 나서 목욕시킨 후 낮잠을 재우면 다른 때보다 아이가 깊은 잠에 빠진다.

한편 실내용 그네의 경우, 집 안 공간에 제약이 있긴 하지만, 아이가 어릴 때만 사용한다면 장점이 더 많다. 놀이터 그네에는 없는 안전벨트가 있어 더욱 안전하고, 무엇보다 차례를 기다리지 않아도 된다는 것이 장점이다. 실외 놀이터에는 보통 그네가 2개뿐이라 줄을 서야 하는 경우가 많은데, 집 안에서는 마음껏 탈 수 있다. 단, 아이가 둘 이상이라면 서로 먼저 타겠다고 실랑이를 벌일 수 있으니, 그때는 엄마가 나서서 차례를 지도해주고 양보심을 길러주자. 그래야 자연스럽게 질서도 익히고 배려심도 기를 수 있다. 사촌들이나 친구들이 놀러 오면 장난감 하나를 두고 쟁탈전을 벌이는 광경을 자주 보게 되는데, 미끄럼틀이 있으면 다 함께 즐길 수 있는 놀이 공간이 되니 아이들 친목에도 좋고, 여러 놀이를 다용도로 할 수 있어 실용적이다. 다만 층간 소음에 대한 주의와 안전에 대한 관리 감독이 필요하다. 실내에 설치하더라도 미끄럼틀의 특성상 높이가 있다 보니 미끄럼틀 위에서 장난을 치거나 일어선 상태로 미끄럼틀을 내려오지 못하게 잘 살펴야 한다. 그네는 앞뒤 좌우 면에 부딪치는 일이 없도록 적당한 높이로 설치하고, 아이가 그네를 탈 때는 반드시 보호자가 지켜보아야 한다.

마미파워의 선택

쿠쿠토이즈 그네
유럽의 안전 규격을 획득한 제품. 삼각대 손잡이라 뒤로 넘어지지 않아 안전하다. 아이의 성장에 따라 3단계로 조절해 사용할 수 있고 체중 30kg인 아이까지 무리 없이 쓸 수 있다.
`마미파워의 한마디` 아이가 앞으로 올 때 다양한 동물 소리를 들려준다거나 잡아먹을 것처럼 장난을 치면 더 좋아한다.
`INFO` KUKUTOYS.COM 6만 3천원대.

쿠쿠토이즈 그랜드 슬라이드 킹덤
튼튼한 대형 미끄럼틀. 올라서는 부분이 넓어 아이가 편안하고 안전하게 미끄럼틀을 탈 수 있고, 안전한 설계를 위해 원료를 많이 사용해 무게감이 있어 튼튼하다. 성벽 모양의 디자인이라 아이들이 좋아한다.
`마미파워의 한마디` 튼튼해서 두 아이가 올라가도 흔들림이 없고 5~6세까지 활용 가능하다.
`INFO` KUKUTOYS.COM 18만원대.

야야 플레이 그라운드 4 IN 1 플레이 미끄럼틀
미끄럼틀과 농구대, 공이 함께 구성되어 다양한 놀이를 할 수 있다. 2단계로 높이를 조절할 수 있어 아이 연령대에 맞게 사용할 수 있다. 색감이 예뻐 아이의 감성을 자극하는 효과가 있다.
`마미파워의 한마디` 인형들을 태워 누가 빨리 내려오나 시합하는 것도 좋아하고, 좀 더 자라서는 이불을 뒤집어씌우고 자신만의 공간으로 만들어 활용한다.
`INFO` 오픈 마켓(11번가, G마켓, 옥션, 인터파크) 7만원대.

부록

엄마를 위한
출산 준비 용품·
아이를 위한
어린이집 용품

★ 오직 출산을 위한 엄마만의 준비 용품 ★

처음 임신 테스터의 두 줄을 확인했을 때 기분이 묘했다. 철저하게 계획한 임신이 아닌, 아이를 맞이할 준비도 되지 않은 상태에서의 허니문 베이비였다. 내 안에 생명이 살아 있다는 것이 전혀 실감나지 않았다. 확인을 위해 처음 병원을 찾았을 때는 아기집이 보이지 않는다며 6주 후에 오라고 했다. 6주가 지나 병원에 갔다. 그날 나는 처음으로 아이의 심장 소리를 들었다. 아이가 자리를 잘 잡았고 심장 소리도 건강하다는 한마디에 나도 모르게 눈물이 흘렀다. 아이가 잘 있고 건강하다는 그 한마디에 말로 형용할 수 없는 안도감과 손끝이 떨릴 정도의 벅찬 행복감을 느꼈다. 내 뱃속에 아이가 있다는 현실이 신비롭고 경이로웠다.

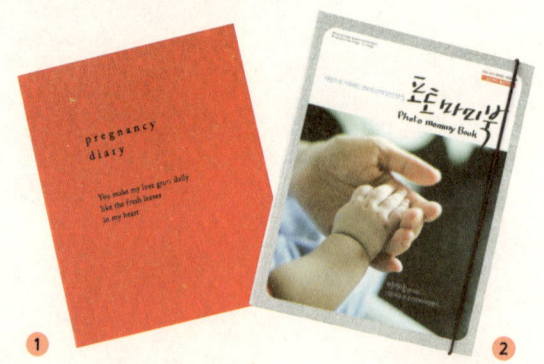

1   2

01. 태교 다이어리

먼저 결혼한 동생이 선물로 준 '포토 마미북'이라는 태교 전용 다이어리에 몸의 변화와 아이에게 해주고 싶은 말 등을 적기 시작했다. 주로 병원에서 받은 초음파 사진들을 붙여가며 포토 일기처럼 썼는데 이것도 임신 6개월이 지나 체중이 붙고 몸이 무거워지면서 그 횟수가 줄기 시작했다. 처음에는 의욕 과다로 매일매일 쓰다가 그 다음에는 일주일에 한두 번씩, 마지막에는 입체 초음파 사진 등 아이 초음파 사진을 보관하는 용도로 사용했다. 물론 태교 다이어리가 완벽하게 완성되지는 않았지만, 다이어리 쓰기를 잘했다고 생각한다. 가끔씩 태교 다이어리를 펼쳐보면 그때 느꼈던 행복한 기운이 그대로 남아 있다. 이때가 아니면 내가 이런 다이어리를 언제 썼을까 싶다. 그런 의미에서 임신한 예비 엄마들에게 태교 다이어리를 꼭 써보라고 권하고 싶다. 끝까지 완성하지 못할지언정 다이어리를 쓰는 것 자체만으로도 아이와 함께 무언가를 하고 있다는 생각에 행복해지기 때문이다. 시간이 많이 흘러 나중에 태교 다이어리를 볼 때면 정말 사랑스럽고 즐거운 추억으로 남는다. 요즘은 아이를 위해 이것저것 만들어주는 손재주 많은 예비 엄마가 많다. 시중에서 파는 제품이 아니라 자신의 스타일에 맞게 디자인 수첩이나 노트를 활용해 세상에 하나뿐인 태교 다이어리를 만드는 것도 의미 있다.

1 웰스테일
임신한 엄마와 태아의 변화를 기록할 수 있는 다이어리. 궁금한 임신 정보와 주의사항들도 제공한다. 인체에 무해한 안정성 검증을 획득한 친환경 원단으로 이탈리아 현지에서 커버를 제작했다. 석유계 잉크 대신 콩기름을 사용해 친환경적이다.
`마미파워의 한마디` 스티커와 밴드, 보관함이 함께 있어 오래 보관할 수 있다.
`INFO` STOREFARM.NAVER.COM/WELS-TALE
3만 5천원대.

2 포토 마미북
예쁘고 사랑스러운 이미지가 많아 엄마가 다 채워야 하는 부담이 덜하다. 출산 전후 기록 공간이 분리되어 있다. 내지를 빼거나 넣을 수 있어 편리하고 튼튼하다.
`마미파워의 한마디` 사진을 많이 붙여도 벌어지지 않도록 고정 밴드가 있다. 박스가 있어 선물용으로도 좋다.
`INFO` 오픈 마켓(11번가, G마켓, 옥션, 인터파크)
2만원대.

02. 임부복

주변에서 임부복을 물려주기도 했지만 유행이 지난 디자인들은 잘 입지 않게 되었고 사람마다 체형이 다르다 보니 내 몸에 딱 맞지도 않았다. 그래서 7개월부터 본격적으로 내게 맞는 임부복을 찾아 쇼핑에 나섰다. 예전 임부복들은 체형을 꽁꽁 감추는 스타일이 많았다면 요즘은 과감하게 D라인을 어필하는 것이 대세라고 했다. 비록 핫팬츠는 입어보지 못했지만 스키니 진은 무난히 소화해 만삭 때까지 입었다. 집에서는 가끔 남편의 큰 박스 티를 입기도 했는데 언뜻 비슷한 사이즈로 보이지만 일반 박스 티와 임산부의 변화되는 체형을 고려한 임부복은 차이가 컸다. 2개를 나란히 펼쳐놓고 보면 임부복 티셔츠보다 남편 옷의 사이즈가 더 넉넉해 보였는데 막상 입으면 옆구리나 배가 오히려 더 불편했다. 길어봤자 몇 개월 입지 못한다는 생각에 구매를 망설인 적도 있었지만 착각이었다. 임부복 중에는 수유까지 고려해 디자인한 것들도 있다. 가슴에 가로줄로 지퍼를 달았거나 이중으로 겹 처리를 해서 출산 후 아이에게 젖을 먹일 때 편하게 만든 수유 티셔츠들도 있다. 당시에는 필요성을 느끼지 못해 미리 구매하진 않았는데 우연히 출산 후에 선물을 받아 입어보니 아주 유용했다. 외부에서 수유를 할 때 내 몸을 최대한 가릴 수 있는 게 큰 장점! 특히 겨울에는 옷을 껴입기 때문에 수유할 때 매우 불편한데 이럴 때 수유 티셔츠를 입고 있으면 정말 편했다.

데스티네이션 마티니티
신축성이 좋고 디자인이 예쁜 제품이 많다.
마미파워의 한마디 간편하게 입을 수 있는 일상복부터 결혼식 같은 격식 있는 자리에 입고 갈 수 있는 임부복이 많다. 사이즈도 77까지 있다.
INFO WWW.DESTINATIONMATERNITY.CO.KR 평상복 2만~3만원, 원피스 5만~20만원대.

드레스나인
임부복이지만 디자인이 예쁘고 실용적이라 출산 후에 입어도 무난하다. 수유가 편하도록 여밈 단추로 된 제품들도 많아 출산 후 수유할 때도 입기 편하다.
마미파워의 한마디 가격이 저렴한 편이라 여러 벌 구매해도 부담스럽지 않다.
INFO WWW.DRESS9.COM 2만~6만원대.

마미마루
귀여운 스타일의 옷이 많다. 모델이 실제 임신한 여성이어서 옷을 입었을 때 어떤 느낌인지 눈으로 확인할 수 있다는 것이 큰 장점. 디자인이 부담스럽지 않아 일상복으로 입을 수 있는 제품이 많고 다양한 임부용 속옷도 함께 구매할 수 있어 편하다.
마미파워의 한마디 저렴하면서 실용적으로 입을 수 있는 옷이 많다.
INFO WWW.MOMMYMARU.COM 1만~5만원대.

딘트 스타일
고급스럽고 우아한 스타일의 옷이 많다. 2만원대의 실속 제품부터 고가의 아우터까지 다양한 가격대의 제품이 있다. 특히 만삭 촬영용 드레스나 돌잔치 등에 입을 수 있는 예쁜 원피스들이 눈에 띈다.
마미파워의 한마디 직장에 다니는 임산부라면 한 번쯤 눈여겨볼 만하다.
INFO WWW.DINTSTYLE.COM 2만원대부터.

03. 회음부 방석과 손목 보호대

출산이 코앞으로 다가오자 아이를 만날 기쁨과 설렘, 그와 동시에 경험해보지 못한 출산에 대한 두려움이 컸다. 그렇게 지내던 어느 날 드디어 배가 아프기 시작했다. 병원에서 내진 후 자궁이 4cm가 열렸다는 이야기를 듣고 무통주사를 맞아가며 아프고 덜 아픈 상태로 꼬박 18시간을 보냈다. 그렇게 절정의 아픔이 30분쯤 지났을 무렵 도무지 안 되겠는지 담당 선생님께서 간호사에게 뭘 준비하라고 하셨다. 아픈 나는 그런 줄도 모르고 있는 힘껏 사력을 다해 힘을 주었는데 갑자기 "산모! 힘주지 마세요! 밑 다 찢어져요!" 하는 소리가 들렸다. 그렇게 보조 기계의 도움으로 아이가 태어났고, 출산의 기쁨도 잠시 마취를 하고 한참이나 밑을 꿰매야 했다. 출산 직후에는 아이를 낳은 아픔으로 마취하거나 꿰매는 것에 통증을 느끼지 못했는데 출산 후 시간이 지나면서 아픔이 밀려왔다. 아이에게 모유도 줘야 하고 불어버린 젖도 짜야 하는데 엉덩이를 바닥에 대는 일이 너무 힘들었다. 동생이 미리 사준 회음부 방석에 간신히 앉을 수 있었는데, 이 방석마저 없었다면 얼마나 아팠을까 싶다. 가운데가 뻥 뚫린 도넛 모양의 회음부 방석은 밑이 바닥에 닿지 않게 해주는 구세주 같은 존재였다. 출산 후에는 회음부 관리가 정말 중요한데 힘들고 귀찮더라도 좌욕과 건조를 잘해주어야 염증이 생기지 않는다. 좌욕을 하면 통증도 많이 완화되어 좋았다. 또 출산 때 침대 난간을 붙잡고 엄청난 힘을 주었는데 그 때문인지 손목이 너무 아파서 아이를 들기조차 힘들었다. 누워 있는 아이를 내 품으로 안으려고 두 손을 받쳐 들면 손목이 시큰거렸는데, 물려받은 손목 보호대를 하니 조금은 편안해졌다. 그런데 손목 보호대가 부어버린 손에 꽉 끼어 단단하게 조여주는 것은 좋았지만 너무 압박이 되는 느낌에 오래 착용하고 있지는 못했다. 이웃은 아이를 낳고 거의 한 달 동안 손목 보호대를 하고 있었다는데, 나는 손이 퉁퉁 부어 일주일도 하기 힘들었다. 그래서 임산부용 손목 보호대 대신 테니스 칠 때 쓰던 스포츠용 아대로 손목을 보호했다. 땀을 닦아도 되는 면 소재라 산모용보다는 확실히 편했지만 단단하게 조여주는 힘은 부족했다.

3 마더스베이비 회음부 링형 방석
자연분만 후 앉기 힘든 임산부를 위해 꼭 필요한 방석.
[마미파워의 한마디] 때가 쉽게 타지 않는 특수겉감으로 오염도 쉽게 제거할 수 있다.
[INFO] WWW.BABIZMALL.CO.KR 1만원대.

4 마더스베이비 스테인리스 좌욕기(일반형)
국내산 스테인리스로 제작한 좌욕기. 대부분의 좌변기에 사용할 수 있도록 디자인되어 편리하고, 가스레인지에 직접 가열할 수도 있고 100% 멸균 처리해 위생적이다.
[마미파워의 한마디] 스테인리스 스틸이라 깨질 염려가 없고 환경호르몬을 유발하지 않기 때문에 안심하고 사용할 수 있다.
[INFO] WWW.BABIZMALL.CO.KR 1만 5천원.

5 마더스베이비 손목 보호대(일반형)
출산 후 약해진 관절을 부드럽게 압박해 관절통을 예방해주는 손목 보호대. 복원력이 뛰어나 장시간 사용해도 신축성이 변하지 않는다. 부드럽고 땀 흡수력이 좋으며 빠르게 건조되는 소재를 사용해 사계절 내내 쾌적하게 착용할 수 있다.
[마미파워의 한마디] 겨울철에는 시린 관절을 보호해줘 보온 효과까지 얻을 수 있다.
[INFO] WWW.BABIZMALL.CO.KR 9천원대.

04. 튼살 크림

몸무게는 이제 두 아이를 낳기 전으로 돌아왔지만 아직도 돌아오지 못한 것이 있다. 바로 늘어진 뱃살과 흉하게 터버린 피부다. 선배 맘이 임신 초기부터 튼살 크림을 발라 배가 트지 않게 조심하라고 조언해주었지만 사실 임신 초기에는 배가 그렇게 나오지도 않았고, 배가 본격적으로 나온 5개월에도 그 말을 크게 실감하진 못했다. 체중이 많이 늘어 배가 많이 나오긴 했지만 배가 튼 것처럼 보이진 않았던 것. 같이 임신한 친구는 배가 트는 것을 미리 방지한다며 남편이 저녁마다 튼살 크림으로 배 마사지를 해준다고도 했다. 임신 7개월이 넘은 어느 날 동생과 이야기를 하다가 "배가 이렇게 나왔는데도 하나도 트지 않았다."고 자랑을 했는데 이미 출산 경험이 있는 동생은 그럴 리가 없다며 잘 보라고 했다. 보이는 배 쪽보다 거대하게 불러온 아랫배 쪽으로 트는 경우가 많다는 것. 설마 나도 그럴까 싶어 눈으로 보이지 않는 아랫배 부분을 거울로 비춰본 순간 피부가 빨갛게 수박 줄무늬처럼 터 있었다. 늘 윗배만 거울에 비춰보고는 트지 않는구나 안심했는데 아니었다. 그제야 상황의 심각성을 깨닫고 열심히 튼살 크림을 발라보았지만 이미 늦은 지 오래였다. 출산을 하고 나니 배가 바람 빠진 풍선에 수박 줄무늬를 그어놓은 것처럼 붉게 터져 괴물처럼 보이기까지 했다. 선배 맘들이 조언해줄 때부터 튼살 크림을 발랐어야 했는데, 후회스러웠다.

아토팜 인텐시브케어 매터니티 타이트닝 크림
피부과 자극 테스트를 거친 저자극 무첨가 제품으로 임신 후 피부를 탄력 있게 가꾸는 데 도움이 된다. 식물성 스쿠알렌과 식물성 콜라겐이 피부에 수분과 영양을 공급한다.
`마미파워의 한마디` 촉촉해서 배와 엉덩이 등을 마사지하기 좋으며 끈적임 없이 빠르게 흡수된다. 향이 강하지 않아 부담 없이 쓸 수 있다.
`INFO` WWW.NEOPHARMSHOP.CO.KR 2만 8천원대.

프라젠트라 마더스 크림
피부에 영양과 수분을 공급해 피부가 처지는 것을 완화하고 피부 탄력에 도움을 준다. 매끈하게 잘 발리고 끈적임 없이 빠르게 흡수된다. 향에 민감한 임산부에게도 적합하다.
`마미파워의 한마디` 하루 2회 정도 바르되 듬뿍 바른다고 효과가 좋은 것은 아니니 얇게 펴 바른다.
`INFO` WWW.PLAGENTRA.KR 5만 6천원대.

6 프라이웰 클래식 오일
부드러워서 마사지에 적합하고 흡수가 빠르다. 예민해진 피부를 진정시키는 효과가 있다. 향에 민감한 임산부에게도 적합한 제품.
`마미파워의 한마디` 합성 방부제 등 석유계 오일 성분이 들어가지 않아 안전하고 전 성분이 표시되어 있다.
`INFO` 오픈 마켓(11번가, G마켓, 옥션, 인터파크) 3만원대.

05. 아이 손발 모형

처음 아이 손발 모형을 만들겠다고 했을 때 "요즘 많이 안 하던데 뭐 하러 만들려고 그래?" 하며 말리는 사람들도 있었지만 손발 모형을 만들어두기를 잘했다고 생각한다. 우리 집 거실에는 두 아이의 손발 모형과 탯줄이 보관된 액자가 있는데, 가끔 그것을 보면 회상에 잠긴다. 물론 아이의 어릴 때 사진을 봐도 아이의 성장이 느껴지지만, 입체감이 있는 모형이라 그런지 아이의 성장을 훨씬 더 크게 체감할 수 있는 것 같다. 아이 손발 모형은 손과 발 기본 구성에 탯줄, 사진, 머리카락 등 추가 구성이 다양하다. 액자의 가격과 손발 모형을 바르는 칠의 종류에 따라 금액이 천차만별이다. 손발 모형을 직접 만드는 DIY 제품도 있지만 혹시나 실패하면 아이를 두 번 고생시킬 수 있었고, 직접 만들기에는 자신이 없어 방문해서 만들어주는 업체를 선택했다. 또 작은 탯줄을 따로 보관하기가 쉽지 않을 것 같아 탯줄이 포함된 액자 구성으로 선택했다. 아이의 소중한 추억을 보관하는 장소이니 값비싼 재질이나 구성이면 더 좋겠지만, 보관상 문제만 없다면 비교적 저렴한 구성을 선택하는 게 합리적이지 않을까 싶다. 석고를 떠야 했기에 생후 한 달 남짓 된 아이를 고생시키긴 했지만, 손발 모형은 두 번 다시 살 수 없는 우리 부부만의 보물이다. 탯줄이 두 아이 모두 일주일 정도 있다가 떨어졌는데, 저절로 말라서 떨어질 때까지 물이 들어가지 않게 조심해야 했다. 목욕을 시킬 때도 최대한 물이 닿지 않게 했고, 목욕 후에는 반드시 알코올로 소독을 하고 잘 말려줬다. 그래야 탯줄이 예쁘게 잘 떨어지기 때문이다. 요즘은 아이가 태어나면 탯줄로 도장을 만들거나 붓을 만들어 아이에게 선물하기도 한다.

7

7 아기스토리
화이트&핑크로 깔끔하게 구성된 제품. 인체에 무해한 식물성 실리콘을 사용해 아이 피부에 닿아도 안전하다. 조형물이 섬세하고 생동감이 있으며 고강도 합성수지로 제작해 영구 보관할 수 있다. 탯줄은 코팅 처리 후 밀봉해서 함께 넣어준다.
마미파워의 한마디 일체형 고급 통액자로 유리까지 포함되어 있다.
INFO WWW.AGISTORY.COM 13만원대(손발 세트).

베이비쿡
고급스러운 느낌을 주는 제품. 동판에 아이 프로필과 엄마 아빠가 아이에게 하고 싶은 말을 남길 수 있다. 특수 용액 속에 탯줄을 넣어 굳히는 방식이라 탯줄이 손상 없이 영구 보존된다.
마미파워의 한마디 100% 순식물성 치과 재료인 알지네이트를 사용해 제품을 만들 때 아이 피부에 닿아도 안전하고 실물과 동일하게 섬세한 작품을 만들어준다.
INFO WWW.BABYQOOK.COM 13만원대.

도담베이비
진주 펄 소재로 금박을 입히는 기존의 손발 모형과는 다르다. 아이의 이름과 글을 캘리그래피로 넣어주어 고급스러운 핸드메이드 작품을 보는 기분이 든다. 최고급 알지네이트를 사용해 신생아에게도 안전하다.
마미파워의 한마디 가격대가 높은 편이지만 한지와 비단을 사용하고 동양적인 패턴을 넣어 오래 보아도 질리지 않는 것이 장점이다.
INFO WWW.DODAMBABY.CO.KR 17만원대.

셀프 아이기 손발 모형
아이 손발 모형을 제작하는 비용이 부담스럽다 보니 스스로 만드는 엄마도 많다. 셀프 손발 조형 재료는 일단 저렴해서 잘 못 만들어도 부담 없이 다시 만들 수 있다. 인체에 무해한 알지네이트로 사용 방법을 잘 따라 하면 어렵지 않게 만들 수 있다. 직접 만드는 데 의미를 둔다면 좋은 제품이다.
마미파워의 한마디 한 번에 만족할 만큼 만들기는 어렵고 액자는 따로 구매해야 한다.
INFO 오픈 마켓(11번가, G마켓, 옥션, 인터파크) 8천원대.

06. 유축기

자연 분만으로 큰아이를 낳았는데 바로 그날 저녁부터 병원에서 모유 수유를 시작했다. 첫아이인 데다 초유가 좋다는 이야기를 들었던 터라 아이에게 꼭 모유 수유를 하고 싶었기 때문이다. 처음에는 아이를 낳으면 모유가 바로 나오는 줄 알았는데 막상 해보니 그렇지 않았다. 아이에게 가슴을 물리는 것도 쉽지 않았고, 모유의 양도 많지 않아 걱정이었다. 그런데 퇴원하고 이틀 정도가 지나자 가슴에서 '지잉' 하고 전기가 오는 듯한 찌릿함과 무언가 가슴에 꽉 차는 듯한 뻐근한 느낌이 들었다. 바로 모유가 차는 느낌이었다. 모유의 양이 적어 걱정이었던 처음과 달리 이때부터 넘치는 모유와의 전쟁이 시작되었다. 큰아이를 낳고 제일 힘들었던 것은 2~3시간마다 일어나서 수유를 하는 일이었다. 아이가 젖을 먹고 나면 나도 같이 잠들고 싶은 마음이 굴뚝같았지만, 아이가 다 먹지 못한 모유가 가슴에 한 가득 남아 모유를 짜야 해서 잠을 잘 수가 없었다. 모유가 차 있을 때 제대로 빼주지 않으면 고여 있는 모유가 세균에 감염되어 유선염이 될 수도 있고, 젖몸살이 와서 고생을 할 수도 있다. 또 모유를 유축하지 않으면 가슴이 돌덩이처럼 딱딱하게 굳는데, 이 통증 때문에도 잠을 잘 수 없었다. 그래서 아이에게 젖을 물리고 난 후 새벽에 몇 번씩 유축을 해야 했다.

요즘 나오는 제품들은 역류 방지가 잘되어 있어 둘째 아이 때 쓴 제품은 역류로 고생하진 않았다. 또 양쪽 가슴을 한 번에 유축할 수 있게 만들어 시간도 절약할 수 있었다. 모유량이 많아서 유축이 반드시 필요한 경우도 있지만 모유량이 적어 일부러 유축을 하기도 한다. 유축을 자주 하면 모유량이 늘기 때문이다. 하지만 이런 노력에도 불구하고 모유량이 적거나 아이가 모유를 거부하는 경우 유축기를 샀다가 오래 쓰지 못하고 되파는 사례도 심심치 않게 보았다. 무턱대고 유축기를 사기보다는 모유량을 보고 구입하길 권한다. 최근에는 유축기를 대여하거나 물려받아 사용하는 사람이 많아졌는데, 모유량이 많은 사람들은 구입해서 쓰는 것이 더 좋을 것 같다. 친정이나 시댁 방문 등 특히 집 밖에서 자고 올 때는 항상 유축기를 가지고 다녔다. 유축기 없이는 가슴이 불어서 잠도 제대로 잘 수 없고 아이가 먹는 모유량은 한계가 있어 유축기 없이 다니는 것은 상상도 할 수 없었다. 또 유축기를 다 챙겨놓고도 유축기 호스를 집에 두고 나와 혼자 가슴에 찬 모유를 짜내느라 오랜 시간 고생한 적도 있다. 그 뒤로 유축기 전용 가방을 따로 구입해 유축기 호스 등 부속품을 미리 가방 안에 넣어두고 외출 시에는 유축기만 챙겨도 되게끔 했다. 아이와 외출하다 보면 유축기 외에도 챙겨야 할 물건이 많아 평소 쓰지 않는 부품들은 미리 준비해두면 편했다.

아벤트 전동 유축기
젖병에 바로 유축하고 젖꼭지만 끼우면 아이에게 바로 먹일 수 있어 간편하다. 역류 방지 기능이 있고 꽃잎 모양 실리콘이 유륜을 마사지해 유축이 부드럽게 잘된다.

마미파워의 한마디 휴대가 가능하고 수동으로도 사용할 수 있다.
INFO 오픈 마켓(11번가, G마켓, 옥션, 인터파크) 14만원대.

8 각시밀 G1 전동 유축기
국산 브랜드로 조리원에서 많이 쓰는 제품. 싱글형과 더블형으로 구분되어 한쪽 기능이나 양쪽 기능으로 선택해서 구매할 수 있다. 유선 트임 마사지 기능과 54단계 미세 압력 조절이 가능해 유축이 부드럽고, 모유 역류 방지 기능이 있다. 내부 오염 및 세척이 필요하지 않은 컴프레서 방식의 유축기.

마미파워의 한마디 최근에 나온 제품은 기존 제품보다 작아 휴대하기 좋다.
INFO WWW.GAKSIMIL.COM 16만원대.

9 씨밀레 전동 유축기
소음이 적은 유축기. 스펙트라와 같은 회사라 흡입기를 호환해서 쓸 수 있고 엔젤, 아벤트, 스펙트라, 더블하트 등 모든 젖병과 호환해서 쓸 수 있다. 5단계 압력 조절, 유축 전 마사지 기능, 역류 방지 기능이 있고 양쪽을 동시에 유축할 수 있다.

마미파워의 한마디 충전식이라 편하다. 배터리가 있는지 사용 전에 체크해야 한다.
INFO CIMILREBABY.COM 9만원대.

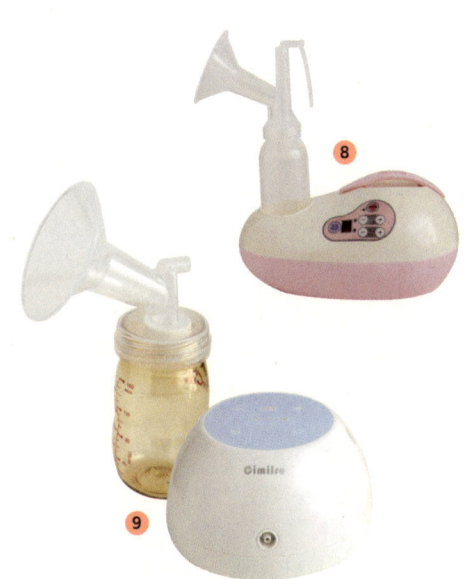

07. 수유 쿠션

내 경우에는 아이가 가슴 안쪽으로 바짝 올라와야만 모유 직수가 가능해 수유 쿠션을 편하게 잘 활용했는데, 분유 수유의 경우 젖병의 위치를 자유자재로 변경할 수 있으니 굳이 수유 쿠션이 없어도 될 것 같다. 몇 년 전 수유 쿠션을 집에 두고 시댁을 가는 바람에 임시방편으로 베개를 쿠션 삼아 수유를 한 적이 있는데, 어깨와 손목이 너무 아파 힘들었다. 물론 내가 이미 수유 쿠션에 적응된 상태라 더 그랬을지도 모르지만 이때의 경험으로 수유 쿠션이 얼마나 소중한지 새삼 깨달았다. 수유 쿠션이 있으면 아이를 조금 더 안정적으로 받칠 수 있고 수유를 하면서 무리가 가는 목, 팔목 등을 어느 정도 보호할 수 있다. 또 수유 쿠션을 소파나 의자 등에서 사용할 때 한쪽 다리를 조금 더 높여주는 것이 아이의 모유 역류를 막아주는 방법이다. 그래서 수건을 말아 높이를 조절하거나 발 밑에 책 같은 것을 괴어 높이를 조절하기도 한다. 젖먹이 자세에 익숙해지기 시작하면 일반 쿠션이나 베개를 사용해도 무리가 없다. 첫아이 때 모유가 잘 나오지 않아 고생했던 이웃은 모유 수유를 위해 다양한 수유 자세를 취해봤는데, 일반적인 요람형 수유 자세부터 풋볼형 자세까지 모두 수유 쿠션이 있는 게 훨씬 편하다고 했다. C자형 수유 쿠션은 쿠션이 쉽게 바닥으로 떨어지기 때문에 아이가 잠들었을 때 아이만 안고 이동해서 눕히면 되어 편하다. 반면에 D자형 수유 쿠션은 허리에 매기 때문에 쿠션이 미끄러지지 않고 좋다. 대신 뒷부분까지 고정된 수유 쿠션이 잘 내려가지 않아 아이가 잠들어도 그대로 안고 있어야 하는 경우가 있다.

10 마더스베이비 수유 쿠션
D자형 수유 쿠션. 엄마의 허리에 안정적으로 고정되어 쿠션이 움직이거나 흘러 내리지 않는다. 수유 자세를 편하게 해주는 디자인으로 허리, 어깨 팔 등의 통증을 줄여주고 곡선 형태의 디자인이 제왕절개 부분을 보호해주는 것도 장점.
`마미파워의 한마디` 커버는 분리해서 세탁할 수 있다.
`INFO` WWW.BABIZMALL.CO.KR 4만원대.

자연생각 오가닉 수유 쿠션
화학 성분 0%, 표백하지 않은 100% 유기농 면으로 만든 오가닉 제품. 엄마의 배를 감싸는 부분을 시중의 수유 쿠션보다 더 넓혀 출산 후 부기가 빠지지 않은 산모의 배에 부담을 주지 않으면서 편안하게 수유할 수 있다. 쿠션 끝부분을 너무 길게 빼지 않아 수유 시 쿠션을 돌리거나 움직여도 걸리지 않아 좋다. 커버는 분리해서 세탁할 수 있다.
`마미파워의 한마디` 가격이 비싼 편이지만 부피가 줄어들지 않고 항상 폭신한 상태를 유지해 처음 상태 그대로 모양이 지속된다.
`INFO` 오픈 마켓(11번가, G마켓, 옥션, 인터파크) 8만원대.

08. 수유 가리개

한번은 동네 엄마들과 식당에 갔다가 잠에서 막 깬 아이가 젖을 달라고 울어대는 통에 너무 당황한 적이 있다. 식당에는 수유할 만한 공간이 없었고, 여름이라 옷차림도 가벼워서 가릴 수 있는 것도 없었다. 결국 보다 못한 동네 엄마들이 나를 빙 둘러싸 수유를 하도록 가려주었다. 갓난아기일 때는 모유 수유를 하는 동안 얌전히 있어 방향을 잘 돌리면 수유하는 모습이 가려지기도 하지만, 6개월이 지나면 아이가 모유 수유 중에도 쉴새 없이 꼼지락거리며 옷을 잡아당기고 가슴을 들추기도 해 긴장하지 않으면 민망한 상황이 벌어지기도 했다. 이럴 때 수유 가리개가 있으면 아주 유용하다. 돌 이후에는 공원이나 공연장 등을 자주 다녔는데 대부분 수유실이 없었고, 있다 해도 너무 멀어 사람이 적은 곳을 찾아 수유 가리개를 이용해 수유를 하곤 했다. 또 시댁이나 친정에서 유축을 할 때도 수유 가리개는 요긴하게 쓰였다. 그리고 본래의 용도는 아니지만 외출 시 아이가 잠이 들면 따로 낮잠 이불을 들고 다니지 않고 수유 가리개로 베개를 만들어 바닥에 깔아주거나 아이 배를 덮어주는 용도로도 잘 활용했다. 수유 가리개는 원단이 두껍지 않은 것으로 선택해야 한다.

베베오래 수유 가리개
땀 흡수가 잘되고 통기성이 뛰어난 머슬린 원단을 사용해 체온 조절이 쉽지 않은 아이들에게 좋다. 와이어가 타원형이라 아이와 교감하며 젖을 먹일 수 있다. 수유 가리개 안쪽의 소품들을 수납할 수 있는 주머니가 테리 원단이라 젖을 먹일 때 아이의 입을 닦아줄 수 있다.
마미파워의 한마디 외출 시 유모차 덮개나 아이 띠, 바람막이로도 사용할 수 있다.
INFO 오픈 마켓(11번가, G마켓, 옥션, 인터파크) 4만원대.

11 나와니스 수유 가리개 겸용 덮개
수유 가리개 겸용 덮개. 윗부분 가운데를 고무 밴딩으로 처리해 아이 머리를 덮어줄 때 흘러내리는 일반 담요나 타월의 불편을 해소했다. 고정 클립으로 쉽게 착용할 수 있고 수유 외에 아이를 업을 때나 유모차에도 쓸 수 있다.
마미파워의 한마디 디자인이 다양하지는 않지만 저렴하고 실용적이다.
INFO 오픈 마켓(11번가, G마켓, 옥션, 인터파크) 1만원대.

09. 수유 브래지어

수유 브래지어는 가슴 안쪽의 똑딱이 오픈식과 어깨 끈 부분의 고리 오픈식이 있었는데 나는 똑딱이 오픈식으로 구입했다. 출산 후 모유 수유를 하면 가슴이 처진다는 이야기를 많이 들어 언더 와이어 제품도 고려했지만 아이가 모유를 좀 더 편하게 먹을 수 있을 것 같아 노 와이어 제품으로 선택했다. 출산 후 젖이 돌기 시작하면서 수유 브래지어를 본격적으로 사용했다. 모유량이 많다 보니 수유 패드를 넘어 브래지어까지 젖는 경우가 허다해 하루에 두세 번씩 브래지어를 갈아 입는 날이 다반사였다. 아이가 좀 커서는 밤중 수유를 아이와 함께 누워서 하다가 그대로 잠이 들어버리곤 했는데 브래지어가 열린 채로 잠이 들어 입고 있던 잠옷까지 젖기도 했다. 생각했던 것보다 브래지어가 더 많이 필요했다.

그래서 추가로 구매한 수유 브래지어 중 똑딱이 오픈 방식이 상대적으로 편해 자주 입었는데 어느 정도 사용하고 나니 똑딱이 부분의 조임이 헐거워져 벌어지기 시작했다. 조임이 헐거워진 브래지어는 모유가 돌아 가슴이 부풀어 오르면 너무 쉽게 열리고 말았다. 특히 여름철에 얇은 옷을 입고 외출했을 때 이런 일이 벌어지면 정말 곤혹스러웠다. 그래서 헐거워진 똑딱이 수유 브래지어는 집에서만 사용하고 새 제품인 고리 오픈식 브래지어는 짱짱함을 오래도록 유지하기 위해 외출 시에만 사용했다. 외출 후 집에 오면 이미 젖을 대로 젖은 수유 패드도 난리였지만 불어 오른 가슴도 문제였다. 만지기만 해도 아픈데 만약 가슴 처짐을 방지하기 위해 와이어까지 있는 것으로 사용했으면 가슴이 얼마나 더 답답했을까 싶다. 언더 와이어 제품을 사지 않은 것은 정말 잘 한 일이었다. 경험해보니 모유량이 많은 사람은 언더 와이어 제품보다 노 와이어 제품이 낫다. 어떤 엄마는 가슴이 작아서 오히려 와이어 제품은 사용하지 않았다고 했다. 아이에게 모유 직수를 하려면 가슴이 작아서 아이를 최대한 품 안으로 밀착해야 하는데 그 경우 유두가 아이 입에 잘 닿도록 수유 브래지어를 아예 가슴 위로 올린다는 것. 와이어가 있으면 브래지어를 가슴 위로 올리는 것이 불편했을 거라고 했다. 한편 직장을 다니면서 모유 수유를 하는 엄마들의 경우 언더 와이어 제품을 많이 사용했다. 직장 생활을 하다 보니 수유를 한다 해도 옷의 맵시를 고려해 편한 옷을 입지는 못하는 것. 또 모유가 나오긴 하지만 모유량이 그리 많지 않은 경우 아이와의 애착을 위해 아이가 찾을 때만 수유를 한다는 엄마들도 있었는데, 이런 경우 수유 기능이 있는 언더 와이어 제품을 사용한다고 했다.

비비안 마터니티
비비안의 임산부 전문 속옷 브랜드로 시기마다 달라지는 임산부의 체형에 맞춰 디자인한 것이 특징. 고리 부분을 따로 분리할 수 있어 수유 시 여닫기 쉽다. 날개 부분을 넓게 처리해 크고 무거워진 가슴을 확실하게 받쳐준다. 4단 후크로 가슴둘레에 맞게 조절할 수 있고 AA~G컵까지 사이즈가 다양하다.
마미파워의 한마디 세탁기 사용은 가능하지만 손세탁을 권장하는 편. A/S가 가능하다.
INFO WWW.VIVIENESHOP.CO.KR 7만~8만원대.

10. 수유 패드

큰아이를 낳고 6개월쯤 되었을 때 또래 엄마들과 함께 어린이대공원으로 놀러 간 적이 있다. 집에서 꽤 거리가 있음에도 불구하고 아이에게 동물을 보여주고 싶은 마음에 대중교통을 이용해 대공원에 도착했다. 동물을 보고 신기해하는 아이는 새로운 환경 때문인지 그 시간쯤이면 늘 찾던 모유를 달라고 하지 않았다. 아무래도 배가 고플 것 같아 만들어간 이유식을 조금 먹인 후 모유를 더 먹이려고 수유실로 이동하던 중 아이가 잠이 들었다. 함께 온 엄마들은 가슴이 불면 아프니 아이를 깨워 젖을 물리라고 했지만, 일부러 자는 아이를 깨워가면서까지 모유를 먹여야 하나 싶어 서둘러 집에 돌아가기로 했다. 그런데 화장실에서 수유 패드를 새로 바꾸려고 하자 기저귀 가방 안에 여러 개 있어야 할 수유 패드가 1개밖에 없었다. 함께 간 엄마들은 이미 모유를 끊어 빌릴 수 있는 패드도 없어 난감했다. 일단 필요했던 건 스피드! 일단 한쪽 가슴만 패드를 갈고 다른 쪽은 모유가 새어 옷이 젖을 것을 염려해 아이 손수건으로 대충 막고 집으로 출발했다. 수분을 마시면 모유가 돌기 때문에 최대한 물을 마시지 않으려고 했지만 도무지 참을 수가 없어 들고 갔던 보리차를 마셔버렸다. 그리고 그때부터 모유가 더 돌기 시작해 가슴이 모유로 꽉 찼다. 수유 패드를 착용한 가슴은 패드의 방수 기능으로 잘 버텨주었지만 손수건으로 막아놓은 가슴은 손수건이 젖어 브래지어까지 젖는 느낌이었다. 게다가 아기 띠로 안고 있던 아이가 얼굴을 가슴에 대고 자고 있어서 눌린 가슴에서 더 많은 모유가 새는 느낌이 들었다. 집에 오자마자 아이를 눕히고 바로 불어버린 가슴을 유축 했다. 가슴을 진정시키고 보니 손수건이 흥건히 젖어 모유가 뚝뚝 떨어질 정도였고 손수건을 대어놓았던 쪽의 브래지어와 입었던 옷도 흠뻑 젖어 있었다. 그래도 수유 패드를 한 가슴은 패드의 방수 기능 덕분에 속옷만 젖어 있고 그 양이 많지 않아 옷으로 새어 나오지는 못했다. 이후로 나는 수유 패드를 아이 기저귀 다음으로 꼼꼼하게 챙겨 다녔다. 내 경우엔 축복받은 모유량 덕분에 수유 패드가 많이 필요했지만 지인 중에는 수유 패드를 샀다가 다 쓰지 못한 경우도 여럿 있었다. 수유 패드는 한 상자에 보통 100개 이상 들어 있는데, 모유량이 많은 엄마들이라면 수시로 패드를 갈아 주기 때문에 다량을 쓸 수밖에 없지만, 모유량이 적거나 적당해서 모유가 흘러내리지 않을 때는 이 많은 양을 다 쓰지 못한다는 것. 오히려 쓰고 남아 다른 사람에게 나눠주기도 한단다. 그래서 수유 패드는 모유량이 정말 많은 사람이 아니라면 개수가 제일 적은 것을 구입하는 것이 좋다.

12 더블하트 수유 패드
전면 통기성 시트로 쾌적하고 더블 밀림방지 테잎으로 컵이 한쪽으로 쏠리거나 모양이 변형되는 것을 막아준다.
마미파워의 한마디 순간흡수 기능으로 많은 양의 모유도 역 배출되지 않는다.
INFO 오픈 마켓(11번가, G마켓, 옥션, 인터파크) 1만원대(126매 기준).

13 마이비 수유 패드
가격은 저렴하고 성능은 우수한 제품. 수유 패드가 하나씩 개별 포장되어 있고 이중 처리한 고정 테이프로 패드가 밀리지 않게 해준다. 천연 펄프 소재라 흡수가 빠르고 통기성이 좋다.
마미파워의 한마디 상하 좌우 4개의 샘 방지선과 순간 흡수 폴리머로 모유가 새는 것을 막아준다.
INFO 오픈 마켓(11번가, G마켓, 옥션, 인터파크) 7천~8천원대 (120매 기준).

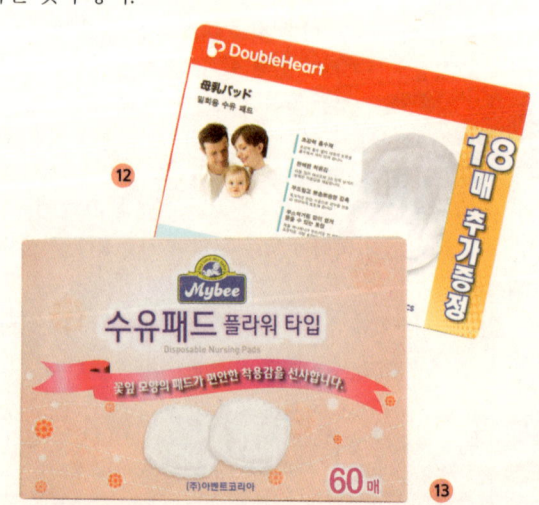

11. 임산부용 보디 필로

보통 임신을 하면 10kg 전후로 살이 찐다고 하는데 나는 이때가 기회다 싶어 정말 말그대로 폭풍 흡입을 했다. 먹고 싶은 것이 생기면 아이가 먹고 싶다고 위장하며 있는 대로 실컷 먹었다. 그 덕분에 큰아이를 임신했을 때는 28kg, 작은 아이 때는 20kg 이상 몸무게가 늘었고, 몸이 무거워지니 다리가 너무 무겁고 아파왔다. 원래 체격도 하체보다 상체에 살이 더 많았는데 임신 후 살이 배를 중심으로 거대하게 쪄 고도 비만 환자처럼 보이기까지 했다. 상황이 이러니 걸을 때도 숨이 차고 심지어는 자려고 누워도 숨이 헉헉 찼다. 배도 배지만 다리가 너무 아파서 거대해진 다리를 남편에게 올리고 잤는데, 어느 날 남편이 너무 무겁다는 말을 조심스럽게 건넸다. 남편에게 무겁다는 소리를 듣고 베개를 하나 끼고 잤는데 사이즈가 작아 편하지는 않았다. 그래서 큰 사이즈의 등 쿠션을 다시 구입했는데, 이번에는 쿠션이 너무 커 배나 다리를 받치기에는 높고 불편했다. 어떻게 해도 편하지가 않고 만삭이 되었을 땐 자는 것도 힘들어 그저 아이가 빨리 나오면 좋겠다는 생각만 했다. 배가 너무 나와 소파가 아니면 앉는 것도 무척 힘들었다. 소파 쿠션이 푹신하긴 하지만 직각 형태라 비스듬히 앉아야 배가 좀 편했는데, 그 자세는 또 허리가 아팠다. 그래서 항상 소파에 앉더라도 베개나 쿠션을 등에 대고 허리를 받쳐주었다. 만삭에 배까지 나왔으니 어쩔 수 없지 하며 지내던 어느 날, 친구네 집에서 친구 아버지의 마사지 의자에 앉아보고 신세계를 경험했다. 물론 마사지는 하지 않고 그냥 앉기만 했는데도 각도 조절이 가능한 푹신한 소파 의자가 임산부가 앉기에 정말 딱 좋았다. 집에 돌아와 검색을 하면서 임산부가 편하게 앉을 수 있는 의자가 따로 있다는 것을 알았지만 가격도 비쌌고 출산이 코앞이라 포기했다. 둘째 때 다시 소파 구입을 고민했지만 지내다 보니 둘째는 큰아이보다 배가 덜 나와 견디는 게 훨씬 수월했다. 하지만 첫째를 임신했을 때 미리 알고 구입했다면 전용 휴식처로도 쓰고, 출산 후 모유 수유를 하거나 아이를 재울 때 잘 사용했을 듯하다.

더월 COBRA-RED 리클라이너
배가 많이 나와 앉기도 눕기도 불편한 임신 후기에 사용하면 좋은 제품. 등받이 기울기에 따라 헤드 레스트 각도는 물론 허리의 높이도 자동으로 조절된다. 앉았을 때는 허리 라인에 맞춰 허리가 올라와 요추 부위를 지지하며 등을 기대고 누우면 허리 부위가 아래로 내려가 체중이 분산되도록 조절된다. 소음 없이 부드럽게 360도 회전하는 제품으로 체형에 맞는 사이즈를 선택하면 된다.
`마미파워의 한마디` 출산 후 젖을 먹일 때나 아이와 함께 휴식을 취할 때도 좋다고 한다.
`INFO` WWW.THEWALL.KR 150만원대.

리치코 임산부 바디 필로우
임산부를 위한 전신 베개. 임신 중 허리가 아프고 배가 불편해서 잠들기 어려울 때 사용하면 좋다. 온몸을 안정적으로 받쳐주고 옆으로 누워도 몸이 배기지 않아 편안하다. 평소 다리를 올리고 자거나 베개를 끌어안는 습관이 있다면 더없이 편하게 쓸 수 있다.
`마미파워의 한마디` 출산 후에는 수유 쿠션으로 쓸 수 있다.
`INFO` 오픈 마켓(11번가, G마켓, 옥션, 인터파크) 7만원대 후반.

★ 내 아이를 위해 그때그때 사야 하는 어린이집 용품 ★

큰아이가 태어나자마자 대기 신청을 해둔 어린이집에서 연락이 왔다. 그 기쁨은 정말 말로 다 표현할 수 없었다. 이제 곧 사회생활을 시작할 아이에 대한 설렘도 있었지만 아이를 어린이집에 보내면서 생길 자유에 대한 기대감과 행복감이 더 컸다.

01. 스티커

실내화, 칫솔, 컵 등 어린이집에서 사용할 준비물을 알아보면서 산 것이 아이 이름을 써줄 스티커다. 예쁘게 네임 스티커를 만들어 아이의 물건들에 붙이면 손으로 쓰는 것보다 훨씬 깔끔해 보일 것 같았다. 그중엔 의류용 스티커도 있었는데, 아이가 어릴 때는 여벌 옷을 자주 어린이집에 보내게 된다고 해서 네임 스티커와 같이 준비했다. 스티커를 아이 물병, 식판, 칫솔 그리고 치약 등에 삐뚤어지지 않도록 줄을 맞춰가며 정성스럽게 붙였다. 내 모습을 보고 남편이 수험생 엄마 같다며 놀랄 정도였다. 그래도 물건에 이름까지 다 붙여놓으니 뿌듯한 마음이 들었다.

1 디자인아지트 네임 스티커
방수성이 우수한 특수 코팅 소재로 제작해 물이 닿아도 젖거나 떨어지지 않는다. 컵이나 도시락 등에 부착 후 세척해도 떨어지지 않는다.
`마미파워의 한마디` 용도에 따라 소형, 중형, 대형을 선택할 수 있으며 이름, 폰트, 모티브를 선택해 인쇄할 수 있다. 소량 단위로 인쇄, 제작할 수 있다.
`INFO` WWW.DESIGNAGIT.COM 제품별 가격 별도.

퍼니맨 의류 스탬프
빨아도 지워지지 않는 스탬프. 유성 펜으로 따로 적거나 바느질할 필요 없이 옷이나 소지품 등에 간편하게 찍으면 된다. 면으로 된 라벨이나 종이, 플라스틱에도 활용할 수 있다.
`마미파워의 한마디` 마음에 드는 디자인으로 선택할 수 있으며 아이 물건이 분실되지 않도록 예방하는 효과가 있다.
`INFO` WWW.FUNNYMAN.CO.KR 1만원부터.

02. 실내화

사실 내가 어릴 때는 실내화를 문방구에서 구입했지만 요즘에는 유아용 실내화를 문방구에서 팔지 않는다. 실내화 바닥이 미끄럽지는 않을지, 볼이나 사이즈가 너무 꽉 끼지는 않을지, 실내화를 사려고 얼마나 검색을 했던지. 하지만 기대와 달리 유아용 실내화의 선택 폭은 그리 넓지 않아 그중 아이들이 가장 많이 신고 평이 좋은 것으로 결정했다.

2 빅토리아 앤 프렌즈 실내화
실내화는 아이가 오랜 시간 신고 지내야 하는 물건이므로 아이 발이 피곤해지지 않는 디자인을 고려한다. 바닥 창 안쪽에 3mm 두께의 EVA 쿠션을 깔고 3중 입체 바닥이어서 발이 편하다. 외피와 내피 모두 옥스퍼드 순면 100%를 사용했으며 망점 처리한 특수 접착 방식이라 통기성이 뛰어나다.

`마미파워의 한마디` 부드러운 고무를 사용하고 발바닥의 움직임을 패턴화해 발이 땅에 닿으며 걷는 발 모양과 같이 유선형으로 자연스럽게 휘어진다.

`INFO` WWW.VICTORIAFRIENDS.CO.KR 2만 9천원대.

03. 이불과 베개

야심 차게 준비한 첫 낮잠 이불은 실패였다. 아이가 생활하는 어린이집 환경을 너무 모르고 구입한 것이 문제였다. 우리 아이가 다니는 어린이집은 난방이 너무 잘돼 바닥이 아주 따뜻했는데, 그것도 모르고 두꺼운 이불을 구입한 것이다. 이불이 너무 두꺼워 아이가 땀을 많이 흘리는 것 같다며 얇은 이불로 교체해 달라는 담당 선생님의 연락을 받고서야 봄가을용으로 나온 이불을 다시 구입했다. 새로 산 이불로 여름을 제외한 계절에 모두 썼고, 여름에만 시원한 원단의 이불로 교체해주었다. 이때 이불과 같이 산 베개도 우리 집으로 다시 돌아왔다. 아이가 두 돌을 넘기긴 했으나 베개가 너무 폭신해서 질식할 우려가 있다며 베개도 바꿔달라는 요청이 있었던 것. 그 당시 제일 인기 있는 브랜드의 제품이었던 그 베개는 결국 36개월이 될 무렵에야 사용할 수 있었다.

3 한스펌킨 어린이집 이불 세트
미니 패드와 미니 베개, 담요까지 함께 구성된 실속 세트. 촉감이 부드럽고 매끄러우며 흡수성이 좋아 피부에 닿는 느낌이 좋다.

`마미파워의 한마디` 마이크로 파이버를 활용한 특수 원단을 사용해 집 먼지 진드기 및 알레르기를 막아주며 구성품을 한 번에 담아 보관할 수 있는 보관 가방이 있다.

`INFO` WWW.HANSPUMPKIN.COM 9만원대.

어린이집마다 챙겨줘야 할 물건이 다르다

우리 아이가 다니는 어린이집은 패드와 이불을 모두 가져갔지만, 패드는 어린이집에서 제공하고 각자 이불만 챙겨오라는 곳도 많다. 또 이불의 규격을 정해주는 곳도 있다고 하니 어린이집 환경에 맞게 구입하는 것이 좋다. 오리엔테이션 이후에 사는 것도 한 방법. 아이들은 자면서 땀을 많이 흘리므로 100% 면 재질에 아주 가벼운 이불이 좋다. 또 아이가 가만히 같은 자세로 자지 않는 경우가 많으니 베개는 살짝 큰 것이 좋지만 여러 명이 함께 사용하는 공간임을 고려해서 선택한다. 우리 아이가 다니는 어린이집은 필요한 준비물이 많지 않은 편이었지만 이웃의 경우 손수건부터 아이들 생필품까지 준비해야 했다. 어린이집마다 보내야 하는 물건들이 다르므로 미리 준비하는 것보다 어린이집에서 보내주는 목록을 참고하면서 준비하는 것이 좋다. 잘 모를 때는 어린이집과 상의해서 준비하는 것이 가장 바람직하다.

4 빅토리아 앤 프렌즈 굿빈 스낵스
작은 가방에도 쏙 들어가는 도시락 통. 과자나 과일 등을 한 번에 담을 수 있고 크기도 적당해 큰 도시락 통이 부담스러울 때 쓰면 좋다.
마미파워의 한마디 같은 컬러의 반투명 뚜껑으로 안에 담긴 음식물을 볼 수 있어 아이들의 관심을 높인다.
INFO WWW.VICTORIAFRIENDS.CO.KR 1만 1천원대.

빅토리아 앤 프렌즈 보냉 피크닉 백·물통·도시락 통 세트
도시락 통과 물통, 피크닉 백이 세트로 구성된 실속 상품. 보냉 피크닉 백은 압축 토이론과 방수 코팅으로 온도를 두 번 잡아줘 외부 온도는 차단하고 내부 온도는 유지하는 효과가 우수하다. 또한 겉감과 안감 모두 방수 처리해 공기를 이중으로 차단하는 효과가 있고, 내용물이 흘러도 스며들지 않는다. 아이에게는 소풍 가방, 엄마에게는 이유식 가방으로 유용하다.
마미파워의 한마디 도시락 통이 3단이라 과자나 과일, 음식 등을 고루 담을 수 있고, 물통은 도시락 통 안에 들어갈 수 있는 크기라 아담하고 귀엽다.
INFO WWW.VICTORIAFRIENDS.CO.KR 6만 9천원대.

5 빅토리아 앤 프렌즈 앞치마 머릿수건 세트
목 부분의 단추로 사이즈를 조정할 수 있고 전체를 꼼꼼하게 박음질 처리해 깔끔하다.
마미파워의 한마디 마음에 드는 디자인으로 선택할 수 있으며 아이 물건이 분실되지 않도록 예방하는 효과가 있다.
INFO WWW.VICTORIAFRIENDS.CO.KR 3만 7천원대.

스테판조셉 물병 가방
아이들이 좋아하는 각종 동물, 로봇, 캐릭터 등으로 디자인한 물병 가방. 모양이 독특하고 망사 소재라 가벼워 아이들이 들고 다니기 편하다.
마미파워의 한마디 500mL 생수병에 알맞은 크기로 어깨에 메는 끈의 길이 조절이 가능해 크로스로도 착용할 수 있다.
INFO WWW.TOYTREE.CO.KR 1만원대.

6 한스펌킨 어린이집 수건
부드럽고 통기성이 좋은 순면 거즈. 피부에 자극이 없어 면역력이 약한 아이들이 위생적으로 사용할 수 있다.
마미파워의 한마디 봉이나 벽걸이에 걸 수 있는 고리가 있어 편리하며 휴대가 간편하고 실용적이다.
INFO WWW.HANSPUMPKIN.COM 9천원대.

뽀로로 치약·칫솔·양치 컵
아이들이 좋아하는 캐릭터로 치약, 칫솔, 양치 컵이 한 세트라 편리하다. 칫솔 손잡이에 미끄럼 방지 처리가 되어 있어 양치질 도중 손에서 미끄러지지 않고, 칫솔 머리 부분은 부드러운 고무로 코팅 처리해 입안의 연약한 조직이나 잇몸에 상처가 나지 않는다.
마미파워의 한마디 치약에 파인애플 향을 더해 양치질에 대한 거부감을 없앴다.
INFO WWW.POROROMALL.COM 3천원대.

슈가부거 스푼·포크 세트
스테인리스 스틸 소재로 만든 스푼과 포크로 구성된 세트. 휴대가 간편한 케이스가 포함되어 있고 케이스가 자석 홀더라 열고 닫기 편하다.
마미파워의 한마디 오래 사용해도 변질이 없어 장기간 사용할 수 있으며 손잡이 부분의 멜라민 및 스테인리스 소재 모두 환경호르몬 검사를 통과한 안전한 제품이다.
INFO WWW.COOCHI.CO.KR 1만 6천원대.

7 스테인리스 어린이 숟가락·포크
국내 생산 제품으로 디자인과 크기가 다양하다. 스테인리스 재질이라 안전하고 오래 사용할 수 있으며 가격도 저렴하다. 아이들을 위해 포크를 곡선 처리한 부분이 돋보인다.
마미파워의 한마디 아이들이 깨물거나 씹으면 이가 상할 수 있으므로 주의해야 한다.
INFO 오픈 마켓(11번가, G마켓, 옥션, 인터파크) 숟가락·포크 세트 3천원대.

8 에디슨 숟가락·포크 세트
아이가 스스로 먹는 습관을 기를 수 있도록 귀엽게 만들었다. 포크에 홈이 있어 아이가 면을 먹을 때 잘 흘러내리지 않는다.
마미파워의 한마디 숟가락이 어느 정도 깊이가 있고 한 손에 잡기 편하다.
INFO INPKOREA.COM 숟가락·포크 세트 6천원대.(오픈 마켓 가격 비교 권장.)

9 에디슨 젓가락
젓가락질을 처음 배우는 아이가 일반 젓가락을 사용할 때와 같은 움직임을 느낄 수 있도록 실리콘 링이 부착되어 있다. 반복 사용하면서 젓가락질의 원리를 터득할 수 있게 만든 제품. 엄마, 아빠를 따라 젓가락질을 하고 싶어 하는 아이들의 욕구를 만족시켜준다.
마미파워의 한마디 플라스틱 소재라 너무 오래 사용하지 말고 정기적으로 교체해주는 것이 좋다.
INFO NPKOREA.COM 6천원대(1단계 뽀로로 기준).

마미파워의 깐깐하게 고른 육아용품

1판 1쇄 인쇄 2014년 11월 24일
1판 1쇄 발행 2014년 11월 28일

지은이   양혜숙

발행인   양원석
편집장   김순미
책임편집 차선화

디자인   전아름, 백은주(PROJECT)
사진   백경호(Studio plannar)
교정·교열 박성숙
해외저작권 황지현, 지소연
제작   문태일, 김수진
영업·마케팅 김경만, 정재만, 곽희은, 임충진, 이영인, 장현기, 김민수
       임우열, 윤기봉, 송기현, 우지연, 정미진, 윤선미, 이선미, 최경민

펴낸 곳   (주)알에이치코리아
주소   서울시 금천구 가산디지털 2로 53, 20층(한라시그마밸리)
편집문의   02-6443-8861
구입문의   02-6443-8838
홈페이지   www.rhk.co.kr
등록   2004년 1월 15일 제2-3726호

ISBN   978-89-255-5463-1 13590

· 이 책은 (주)알에이치코리아가 저작권자와의 계약에 따라 발행한 것이므로
  본사의 서면 허락 없이는 어떠한 형태나 수단으로도 이 책의 내용을 이용하지 못합니다.
· 잘못된 책은 구입하신 서점에서 바꾸어드립니다.
· 책값은 뒤표지에 있습니다.

RHK 는 랜덤하우스코리아의 새 이름입니다.